REGISTRES

DE

L'HÔTEL DE VILLE

DE PARIS

PENDANT LA FRONDE

TOME II

A PARIS

DE L'IMPRIMERIE DE CRAPELET

RUE DE VAUGIRARD, N° 9

M. DCCC. XLVII

REGISTRES

DE

A L'HOTEL DE VILLE

DE PARIS

PENDANT LA FRONDE

SUIVIS

D'UNE RELATION DE CE QUI S'EST PASSÉ DANS LA VILLE ET L'ABBAYE
DE SAINT-DENIS A LA MÊME ÉPOQUE

PUBLIÉS
POUR LA SOCIÉTÉ DE L'HISTOIRE DE FRANCE

PAR
MM. LE ROUX DE LINCY ET DOUËT-D'ARCQ
ANCIENS ÉLÈVES-PENSIONNAIRES DE L'ÉCOLE DES CHARTES

TOME DEUXIÈME

A PARIS
CHEZ JULES RENOUARD ET Cie
LIBRAIRES DE LA SOCIÉTÉ DE L'HISTOIRE DE FRANCE
RUE DE TOURNON, N° 6

M. DCCC. XLVII

EXTRAIT DU RÈGLEMENT.

Art. 14. Le Conseil désigne les ouvrages à publier, et choisit les personnes les plus capables d'en préparer et d'en suivre la publication.

Il nomme, pour chaque ouvrage à publier, un Commissaire responsable, chargé d'en surveiller l'exécution.

Le nom de l'Éditeur sera placé à la tête de chaque volume.

Aucun volume ne pourra paraître sous le nom de la Société sans l'autorisation du Conseil, et s'il n'est accompagné d'une déclaration du Commissaire responsable, portant que le travail lui a paru mériter d'être publié.

———

Le Commissaire soussigné déclare que le tome II de l'édition des REGISTRES DE L'HÔTEL DE VILLE DE PARIS PENDANT LA FRONDE, *préparé par* MM. LE ROUX DE LINCY ET DOUËT-D'ARCQ, *lui a paru digne d'être publié par la* SOCIÉTÉ DE L'HISTOIRE DE FRANCE.

Fait à Paris, le 30 mai 1847.

Signé RAVENEL.

Certifié,
Le Secrétaire de la Société de l'Histoire de France,
J. DESNOYERS.

SUITE DU
TABLEAU CHRONOLOGIQUE
DES
PRINCIPAUX ÉVÉNEMENTS DE LA FRONDE,
DEPUIS LE 5 AVRIL 1649 JUSQU'AU 22 JUIN 1652.

AVRIL 1649.

5. — *Te Deum* à Notre-Dame et à Saint-Germain des Prés, pour la paix de Ruel. — Entrevue du prince de Condé avec le prince de Conti et la duchesse de Longueville (à Chaillot). — Revue et licenciement des troupes parisiennes.

6. — Députation du parlement à Saint-Germain, pour aller remercier la reine de la paix de Ruel.

7. — Semblable députation de la chambre des comptes, de la cour des aides et de l'Hôtel de Ville.

8. — Levée de la garde des portes dans Paris.

15. Le maréchal de La Meilleraye quitte Saint-Germain, après s'être démis de sa charge de surintendant des finances. — Dîner à l'Hôtel de Ville donné aux colonels de Paris, auquel assiste le duc de Montbazon, gouverneur de Paris. — Arrivée du duc d'Orléans à Paris. — La Ville va le complimenter. — Ordonnance des maréchaux de France pour la sûreté des routes.

16. — Arrivée du prince de Condé à Paris. — Gracieuse réception faite au comte d'Harcourt à Saint-Germain. — Le prince de Conti va saluer le roi et la reine à Saint-Germain. — Semblable démarche des officiers de l'Élection de Paris.

17. Le duc d'Orléans se rend à Notre-Dame et y distribue de grandes aumônes.

19. — Députation des cent vingt métiers de Paris à Saint-Germain. (Elle était composée d'environ trois cents membres.)

20. — Le duc de Longueville va saluer Leurs Majestés à Saint-Germain. — Le prince de Condé présente le marquis de Noirmoutier et de Laigue à la reine.

30. — Départ de la cour pour le voyage de Flandre. — Rentrée du chancelier à Paris. — Réinstallation du Conseil et du conseil des finances.

21. — Les princesses de Condé se retirent à Chantilly.
22. — Arrêt du parlement en faveur du duc de Beaufort, du coadjuteur, de Broussel et autres. — Élargissement du maréchal de Rantzaw, détenu à Vincennes.
24. — Disgrâce de l'abbé de La Rivière.
29. — Le sieur de Motteville, premier président de la chambre des comptes de Normandie, assure le roi de la fidélité de sa compagnie.

FÉVRIER 1650.

1er. — Déclaration du roi contre le duc de Bouillon, le maréchal de Turenne et le prince de Marsillac (vérifiée en parlement le 5). — Départ de la cour pour la Normandie (le cardinal ne part que le 3). (Troupes envoyées en Nivernais sous la conduite de La Ferté-Imbault. — Le gouvernement de Bourgogne donné au duc de Vendôme. — Celui de Normandie au comte d'Harcourt. — Celui de Champagne au maréchal de L'Hospital. — Celui de Berri au comte de Saint-Aignan.)

Février. — Réception du roi à Rouen. (Il quitte cette ville le 20 et rentre à Paris le 22.)

28. — Bal au Palais-Cardinal.

MARS 1650.

3. — Départ du roi pour la Bourgogne. (Le cardinal le suivit le lendemain.)
16. Arrivée du roi à Dijon.
23. — Réception des ambassadeurs suisses par le duc d'Orléans (à Paris).
28. — Ouverture des États de Bourgogne. (Ils se séparèrent le 8 avril. — Ils se montrèrent bien disposés pour le roi.)
30. — Le roi reçoit à Dijon les ambassadeurs de Genève.

AVRIL 1650.

17. — Audience donnée par le roi aux députés du parlement de Bordeaux (à Dijon).
18. — Comminges s'empare du château de Saumur.
21. — Reddition de Bellegarde.
27. — Requête de la princesse de Condé (la princesse mère) au parlement.

Avril. — Maladie du prince de Conti. — Arrestation de la duchesse de Bouillon. — Déclaration du roi portant abolition pour les troubles du 11 décembre 1649. (Elle fut donnée à Dijon sur la fin d'avril, et vérifiée en parlement le 12 mai suivant.)

MAI 1650.

2. — Retour du roi à Paris (de son voyage de Bourgogne).
9. — Déclaration du roi contre la duchesse de Longueville, le duc de Bouillon, le maréchal de Turenne, le prince de Marsillac et leurs adhérents. (Vérifiée en parlement le 16.)
23. — Mort du surintendant d'Hémery.
25. — Le président de Maisons nommé surintendant des finances.
30. — Arrivée de la princesse de Condé à Bordeaux. — Plusieurs personnes qui avaient fait des prêts considérables au roi, reçoivent une audience favorable de la reine.

JUIN 1650.

1er. — Le duc de Vendôme prête serment comme grand maître et surintendant de la navigation et du commerce. (Ses lettres de provisions sont du 12 mai. Le duc de Beaufort, son fils, eut la survivance de cette charge.)
2. La cour part pour Compiègne. (Le duc d'Orléans la rejoignit le 9 et revint à Paris le 12.)
13. — Audience donnée à Compiègne aux députés de la province de Guienne.
22. — Arrivée à Compiègne du cardinal Mazarin, venant de l'armée. (Il y retourna le 24.)
29. — Retour du roi à Paris.

JUILLET 1650.

2. — Les députés de l'Assemblée générale du clergé vont saluer Leurs Majestés.
4. — Départ de la cour pour le voyage de Guienne.
8. — Mort de Nicolas de Bellièvre, président à mortier.

AOUT 1650.

8. — Le duc d'Orléans traité de mazarin dans la grand'salle, au palais.
9. — Arrêt du parlement, portant que le roi serait supplié de pardonner à la ville de Bordeaux.
22. — On craint une émeute au palais.
23. — Remontrances du parlement de Bordeaux au roi.
28. — Les princes transférés de Vincennes à Marcoussis.

SEPTEMBRE 1650.

4. — On affiche dans Paris des placards séditieux, portant le nom de Turenne. (Un homme qui voulait en arracher un, est tué au bout du Pont-Neuf.)
5. — Députation du parlement de Paris au roi. (Pour les affaires de Bordeaux.)
11. — Arrivée de don Gabriel de Tolède à Paris. (Il eut une audience du duc d'Orléans, et repartit le 15.)
14. — Mort du maréchal de Rantzaw.
20. — Interrogatoire des prisonniers de la Bastille.

OCTOBRE 1650.

1er. — Déclaration du roi pour la pacification des troubles de Bordeaux.
23. — Capitulation de Montrond. (En conséquence du traité de Bordeaux.)
29. — Assassinat de Saint-Eglan, gentilhomme du duc de Beaufort. (Dans la rue Saint-Honoré.)
Octobre. — La reine tomba malade à Amboise, à son retour de Guienne.

NOVEMBRE 1650.

4. — Placards séditieux affichés dans Paris. — (Portraits du cardinal Mazarin ayant la corde au col.)
10. — Le duc d'Orléans se décide à aller trouver la reine à Fontainebleau.
15. — Translation des princes, de Marcoussis au Havre.
16. — Rentrée du roi à Paris (*en petit équipage*).
18. — Visite du cardinal Mazarin au duc d'Orléans.
19. — Mort du comte d'Avaux.
22. — Mariage du maréchal de La Mothe-Houdancourt.

DÉCEMBRE 1650.

1er. — Départ du cardinal Mazarin pour l'armée.
2. — Mort de la princesse douairière de Condé. (La mère de Condé.)
7. — Lettre des princes au parlement. (Elle fut précédée d'une requête de la princesse de Condé et d'une autre de mademoiselle de Longueville.)
9. — Le parlement mandé à ce sujet au Palais-Royal.
22. — Placards affichés dans Paris.
29. — Mort du président de Mesme.

30. — Séance orageuse au parlement. — Ses remontrances au roi touchant la captivité des princes.
31. — Retour du cardinal Mazarin à Paris. (Il venait de l'armée de Champagne.)

JANVIER 1651.

20. — Remontrances du premier président à la reine, au sujet de la prison des princes. (La reine s'en montre blessée.)
28. — Audience donnée aux députés du parlement de Bordeaux.

FÉVRIER 1651.

3. — Rupture ouverte entre le duc d'Orléans et le cardinal Mazarin. — Départ du maréchal de Grammont pour aller mettre en liberté les princes au Havre. — Séance orageuse au parlement. — Violentes attaques contre Mazarin.
4. — Le duc d'Orléans fait une violente sortie contre Mazarin au parlement.
6. — Retraite du cardinal Mazarin. (Il quitte le Palais-Royal à 11 heures du soir.)
8. — Grand bruit au parlement sur ce que le cardinal Mazarin est encore à Saint-Germain.
9. — Arrêt du parlement contre Mazarin. (Par cet arrêt il lui était ordonné de quitter le royaume dans quinze jours, et les communes étaient engagées à lui courir sus.)
10. — Le duc d'Orléans vient au parlement accuser la reine d'avoir voulu emmener le roi de Paris.
13. — Mazarin va au Havre mettre les princes en liberté.
16. — Arrivée des princes à Paris.
20. — Arrêt du parlement portant défenses aux étrangers d'entrer dans les conseils du roi.
27. — Lettres du roi pour la déclaration d'innocence des princes.

MARS 1651.

11. — Arrêt du parlement portant décret de prise de corps contre Mazarin.
13. — Arrivée de la duchesse de Longueville à Paris.
29. — Levée de la garde montée par les bourgeois dans Paris.
30. — Arrivée de don Gabriel de Tolède à Paris.

AVRIL 1651.

3. — Les sceaux ôtés à Châteauneuf et donnés au premier président Molé (il les rendit le 13, et ils furent remis le 14 au chancelier Séguier).
13. — L'assemblée du clergé se sépare.
18. — Déclaration du roi pour exclure des affaires d'État les étrangers et les cardinaux français.

JUILLET 1651.

6. — Le prince de Condé se retire à Saint-Maur.
19. — Placards dans Paris contre les ministres (Servien, de Lyonne et Le Tellier).
20. — Ils quittent le ministère.
21. — Condé vient au parlement. (Le premier président l'engage fortement à voir la reine.)

AOUT 1651.

17. — Lecture des articles dressés contre le prince de Condé. (Elle fut faite au Palais-Royal en présence du duc d'Orléans, des compagnies souveraines et du corps de la Ville.)
21. — Arrêt du parlement contre ceux qui s'attroupent en armes au palais.
23. — Assemblée générale à l'Hôtel de Ville, pour dresser les cahiers pour les États généraux. (Ces États n'eurent pas lieu.)

SEPTEMBRE 1651.

4. — Assemblée tenue en la salle de l'archevêché de Paris pour la nomination des députés de la ville, prévôté et vicomté de Paris, aux prochains États généraux.
5. — Majorité du roi.
7. — Tenue d'un lit de justice pour la majorité du roi.
8. — Les sceaux rendus au premier président Molé.
21. — Promotion du coadjuteur au cardinalat.

OCTOBRE 1651.

8. — Déclaration du roi contre le prince de Condé (donnée à Bourges, vérifiée en parlement le 4 décembre suivant).

DÉCEMBRE 1651.

6. — Émeute dans la rue de Tournon. (Le prévôt des marchands

et les échevins, qui sortaient du Luxembourg, y coururent de grands dangers. Voy. au 30 avril 1652.)

11. — Rappel de Le Tellier.
13. — Arrêt contre Mazarin.
27. — Départ du garde des sceaux pour la cour. (Elle était à Poitiers.)
29. — La tête de Mazarin mise à prix par arrêt du parlement. (Cet arrêt fut cassé par un arrêt du Conseil qui arriva à Paris le 21 janvier 1652.)
30. — Rentrée de Mazarin en France. — Le parlement fait mettre en vente sa bibliothèque.

JANVIER 1652.

2. — Lettres du parlement de Paris aux autres parlements, touchant l'arrêt du 29 décembre.
10. — Audience donnée à Poitiers au président de Bellièvre et autres députés du parlement de Paris. (Il en fit la relation au parlement le 24.)
11. — Le parlement reçoit la nouvelle de l'arrestation du conseiller Bitaut, par ordre du maréchal d'Hocquincourt. (C'était l'un des deux députés envoyés pour s'opposer à la rentrée en France du cardinal Mazarin.)
24. — Le duc d'Orléans signe un traité avec le prince de Condé.
28. — Mazarin rejoint la cour à Poitiers. — Translation du Grand Conseil à Châtellerault.

FÉVRIER 1652.

1ᵉʳ. — Lettre de cachet du roi, datée de Poitiers, pour arrêter la vente de la bibliothèque du cardinal Mazarin. — Arrivée de Turenne à Poitiers.
5. — Le parlement ordonne des informations contre les libellistes.
8. — Arrêt pour le payement des rentes de l'Hôtel de Ville. — Les gentilshommes du pays Chartrain font des protestations de service au duc d'Orléans.
9. — Arrêt du parlement contre ceux qui font des levées de troupes contre le roi (dans la Brie).
11. — Lettre du roi au parlement sur l'entrée du duc de Nemours en France à la tête de troupes espagnoles (datée de Saumur.) — Semblable, datée également de Saumur, du 22. La première fut lue en parlement le 15, et la seconde, le 27.

24. — La Ville se plaint au parlement de la cessation du payement des rentes assignées sur les aides. — On reçoit à Paris un arrêt du parlement de Toulouse contre le cardinal Mazarin.
27. — Remontrances du parlement de Toulouse au roi.
28. — La nouvelle de la promotion du coadjuteur au cardinalat arrive à Paris. — Joie qu'elle y cause.

MARS 1652.

5. — Arrivée du duc de Nemours à Paris. (Il amenait à la Fronde une armée de 7 000 hommes.)
13. — Le maréchal de L'Hospital, gouverneur de Paris, vient se plaindre au parlement des désordres causés par les gens de guerre aux alentours de Paris.
14. — Arrêt du parlement à ce sujet.
15. — Les fameuses assemblées de la chambre de Saint-Louis recommencent.
20. — Défense à ceux qui ne sont pas du parlement de rester dans la grand'chambre.
21. — Jonction des troupes du duc de Beaufort et du duc de Nemours.
23. — Remontrances du parlement de Paris au roi sur le retour du cardinal Mazarin. (Le président de Nesmond et huit autres conseillers partirent de Paris le 28 pour les lui porter.)
24. — Arrivée du duc de Beaufort à Paris.
25. — Départ de Mademoiselle pour Orléans. (Elle revint à Paris le 4 mai.)

AVRIL 1652.

2. — Émeute au Pont-Neuf (causée par des placards affichés pendant la nuit dans Paris, qui annonçaient le retour du prince de Condé).
3. — Suite de l'émeute du Pont-Neuf.
4. — Arrêt du parlement à ce sujet. (Un des émeutiers pendu sur le Pont-Neuf.)
7. — Le maréchal d'Hocquincourt se laisse battre par le prince de Condé à Bleneau.
8. — Information contre ceux qui avaient imprimé une lettre supposée de l'archiduc au parlement.
11. — Arrivée du prince de Condé à Paris. (Les présidents Le Bailleul, de Novion, de Mesmes et Le Coigneux se concertent pour s'opposer à ses projets.)

13. — Arrêt du parlement portant qu'il sera envoyé une nouvelle députation au roi, et qu'il sera fait une assemblée générale à l'Hôtel de Ville. (Cette assemblée s'ouvrit le 19. Le même jour, il vint des lettres du roi qui la défendaient, mais le parlement, par un arrêt du 20, passa outre et ordonna sa continuation.)
20. — Le duc d'Orléans et le prince de Condé se rendent au parlement (à la chambre des comptes, le 22; à la cour des aides, le 23).
24. — Désordres à la porte Saint-Antoine à l'occasion des octrois.
25. — L'abbé Fouquet, frère du procureur général, est arrêté comme il se rendait à Corbeil
26. — Le prévôt des marchands se plaint au parlement de la rupture des ponts ordonnée par les princes, et des ravages causés par leurs troupes; — qu'on a forcé les bureaux des octrois. (Il fut maltraité par quelques conseillers.)
28. — Le duc de Rohan, Chavigny et Goulas, députés par les princes pour aller traiter d'un accommodement à Saint-Germain.
30. — Émeute de la rue de Tournon. — Dangers que courent le prévôt des marchands et deux des échevins au retour du Luxembourg. (On avait fait courir le bruit calomnieux que le prévôt des marchands avait fait sortir des blés de Paris pendant la nuit.)

MAI 1652.

3. — Plaintes de la Ville au parlement, au sujet de l'émeute du 30 avril.
4. — Les maréchaux de Turenne et d'Hocquincourt battent l'armée des princes sous les murs d'Étampes.
6. — Députation du parlement et de la chambre des comptes à Saint-Germain.
7. — Semblable députation de la cour des aides et du corps de la Ville. — Turenne campé à Palaiseau.
10. — Fermeture des boutiques dans les environs du palais. — Rupture des prisons de la Conciergerie. — Assemblée chez le duc d'Orléans.
11. — Prise de Saint-Denis par le prince de Condé.
12. — Reprise de Saint-Denis par le marquis de Saint-Mégrin.
13. — Des femmes insultent des membres du parlement.
14. — Le duc d'Orléans s'empare du commandement de la force armée dans Paris.
Mai.— Prières des quarante heures pour la pacification des troubles.

JUIN 1652.

2. — Attaque du maréchal de Turenne sur la ville d'Étampes.
6. — Pont de bateaux jeté sur la Seine, près Villeneuve-Saint-Georges, pour le passage de l'armée du duc de Lorraine.
7. — Turenne campé à Arpajon.
8. — Le parlement reçoit une lettre de la reine de Suède, Christine. (Elle y déplorait les troubles de la France et offrait son intervention.)
10. — Le duc d'Orléans et le prince de Condé viennent au parlement pour s'opposer aux conférences pour la paix. (Le parlement passa outre et nomma une députation au roi. Elle partit le 12 et eut audience du roi, le 14, à Melun.)
11. — Procession de la châsse de sainte Geneviève.
12. — Le parlement ordonne la tenue d'une assemblée générale de police dans la Chambre de saint Louis, pour le soulagement de la multitude des pauvres qui se trouvent dans Paris. — Les princes vont visiter l'armée du duc de Lorraine campée près de Choisy.
14. — Le prévôt des marchands vient se plaindre au parlement des désordres commis par les troupes de Lorraine.
16. — Retraite du duc de Lorraine (par suite d'un accord avec Turenne). — Procession de la châsse de saint Germain.
17. — L'armée des princes campée entre Berny et Antony. — Celle de Turenne, à Villeneuve-le-Roi.
20. — Le duc d'Orléans fait marcher huit cents chevaux sur Poissy, et jette six cents hommes dans Vincennes.
21. — Émeute au palais et à la Place-Royale. — Arrêt du parlement qui ordonne aux évêques de se retirer dans leurs diocèses.
22. — Le président de Longueil attaqué au palais par des gens appartenant au duc de Beaufort.

REGISTRES

DE

L'HÔTEL DE VILLE

PENDANT LA FRONDE.

DU DIMANCHE 4ᵉ AVRIL, JOUR DE PASQUES, 1649.

Ledict jour, neuf heures du soir, M. de Sainctot, maistre des cérémonies, seroit allé chez M. le prévost des marchands luy porter une lettre de cachet du roy. Lequel l'ayant leue, l'auroit aussy-tost envoyée au greffier de la Ville, et mandé qu'il falloit faire des mandemens pour le *Te Deum* qui se devoit chanter en l'église Nostre-Dame, le lendemain lundy, 5ᵉ dudict mois d'avril, quatre heures de relevée, auquel le parlement se devoit trouver en robes rouges, ensemble les autres compagnies; et qu'il falloit advertir le cappitaine de l'artillerie de la Ville, à ce qu'il fist conduire le canon d'icelle en la place de Grève avec les boites, pour estre tirez durant ledict *Te Deum*. Mais, d'autant que la quantité de batteaux qu'il y avoit à sec dans ladicte place de Grève depuis la creue des grandes eaues, qu'on n'avoit pu faire oster, quelque diligence qui eust esté faicte allencontre des marchans, voituriers et gardes-batteaux, il fut advisé que ledict canon et boites seroient conduictz sur le port au grain[1], pour y estre tirez en la manière accoustumée.

Il fut aussy advisé que l'on feroit tenir les compagnies de la colonelle de M. de Champlastreux soubz les armes, pour empescher qu'il n'arrivast aucun désordre pendant que MM. des compagnies souveraines iroient et retourneroient dudict *Te Deum*; et, à cette fin, des mandemens envoyez, ainsy qu'il s'est tousjours pratiqué.

Ensuit la teneur desdictes lettres de cachet.

De par le roy.

« Très-chers et bien amez. Ayans esté informez qu'en procédant par nostre cour de parlement à l'enregistrement de la déclaration que nous avons faict expédier pour la cessation du trouble dans nostre royaume, elle a tesmoigné désirer qu'il en fust rendu grâces publiques à Dieu, nous avons approuvé cette bonne et pieuse pensée, et nous mandons au sieur archevesque de Paris que notre intention est que, pour cette fin, il face chanter le *Te Deum* en son église le plus tost qu'il se pourra, suivant ce que ledict sieur Sainctot, maistre de nos cérémonyes, luy dira de nostre part. Ce que nous avons bien voulu vous faire sçavoir par cette lettre, et vous dire, de l'advis de la reyne régente, nostre très-honorée dame et mère, que nous trouvons bon et désirons que vous assistiez en corps au *Te Deum* qui sera chanté en ladicte église,

---

[1] Le port aux Grains était situé sur le quai de la Grève, à la hauteur de la rue de la Mortellerie. Voy. Jaillot, *Recherches sur Paris*, t. III. *Plan du quartier de la Grève.*

au jour et à l'heure que ledict sieur de Sainctot vous fera entendre. A quoy nous remettans, nous ne vous ferons la présente plus longue ny plus expresse. Donné à Sainct-Germain en Laye, le 3ᵉ jour d'avril 1649. Signé *Louis;* et plus bas : *de Guénégaud.* » Et au dos est escript : « A nos très-chers et bien amez les prévost des marchands et eschevins de nostre bonne ville de Paris. »

Ensuit la teneur desdicts mandemens.

« M. le président Aubry. Plaise vous trouver demain, trois heures de relevée, en l'Hostel de cette ville, pour nous accompagner au *Te Deum* qui sera chanté en l'église Nostre-Dame, pour rendre grâces à Dieu pour la cessation des troubles dans ce royaume. Vous priant n'y vouloir faillir. Faict au bureau de la Ville, ce 4ᵉ jour d'avril 1649. Les prévost des marchands et eschevins de la ville de Paris, tous vostres. »

Pareil envoyé à tous MM. les conseillers de ville.

De par les prévost des marchands et eschevins de la ville de Paris.

« Sire Jacques Tartarin, quartinier. Trouvez-vous demain, trois heures de relevée, en l'Hostel de cette ville, pour nous accompagner au *Te Deum* qui sera chanté en l'église Nostre-Dame, pour rendre grâces à Dieu de la cessation des troubles de ce royaume; dont vous ferez d'abondant faire des feux par les dizaines de vostre quartier. Sy n'y faictes faulte. Donné à Paris, ce 4ᵉ avril 1649. »

Pareil envoyé à tous les autres quartiniers.

De par les prévost des marchands et eschevins de la ville de Paris.

« François Drouart, colonel des archers de la Ville. Faictes trouver demain, deux heures de relevée, en l'Hostel de cette ville, tous ceux de vos nombres, ayans leurs hoquetons et hallebardes, pour nous assister à aller à l'église Nostre-Dame, où sera chanté un *Te Deum*, pour rendre grâces à Dieu de la cessation des troubles de ce royaume. Sy n'y faictes faulte. Faict au bureau de la Ville, ce 4ᵉ avril 1649. »

De par les prévost des marchands et eschevins de la ville de Paris.

« M. de Champlastreux, colonel. Nous vous prions de faire demain tenir toutes les compagnies de vostre colonelle soubz les armes, depuis deux heures de relevée jusques à six heures du soir, pour empescher qu'il n'y arrive aucun désordre pendant que MM. des compagnies souveraines iront et retourneront au *Te Deum* qui se chantera en l'église Nostre-Dame, à quatre heures, par ordre du roy. Vous priant n'y vouloir faillir. Faict au bureau de la Ville, le 4ᵉ avril 1649. »

Et ledict jour lundy, 5ᵉ avril 1649, MM. les prévost des marchands, eschevins, procureur du roy et greffier de la Ville, assistez d'aucuns de MM. les conseillers et quartiniers, sont partis de l'Hostel de ladicte ville, quatre heures de relevée, pour aller en l'église Nostre-Dame, en l'ordre qui ensuit.

Premièrement marchoient, faisant haye des deux costez les archers de la Ville, à pied, conduicts par le sieur Drouart, colonel, à cheval.

Entre eux marchoient le maistre d'hostel de la Ville, l'espée au costé, et ensuitte les dix sergens de la Ville ayant leurs robes de livrées à la nef d'argent sur le bras gauche, tous à pied.

Après marchoit le greffier de ladicte Ville, à cheval et en housse, ayant sa robbe mipartye.

Suivoient après, MM. les prévost des marchands, eschevins et procureur du roy et de la Ville, aussy à cheval et en housse, ayant leurs robbes de livrées, allant deux à deux.

Après marchoient MM. les conseillers de Ville et quartiniers, ayant leurs habits ordinaires.

Et, en cet estat, toute la compagnie fut arrestée proche la rue Gallande par Messieurs[1] qui passoient de là en la rue Neuve-Nostre-Dame, en sorte qu'ils entrèrent et furent placez dans l'église avant que MM. de la Ville y pussent entrer, comme ils firent incontinant après. Et furent esbaïs de voir un si grand nombre de robbes rouges; car, hors les premières six places proche la chaire archiépiscopale, le surplus, en tirant vers la porte, hault et bas, estoit tellement remply qu'à peine se pouvoient-ilz remuer tant ils estoient les uns sur les autres. La Ville fut placée à main gauche, à l'endroict où elle a accoustumé d'estre quand le roy n'y est pas. MM. de la chambre des comptes et de la cour des aydes y arrivèrent en mesme temps, et furent tous devancez par M. l'archevesque, lequel, non obstant son indisposition, s'estoit faict apporter dans sa chaire, devant quatre heures. M. le coadjuteur s'y trouva aussy avec sa robbe violette et son surpely, qui se mit au-

---

[1] Du parlement.

dessus de M. le doyen de Nostre-Dame. Il y avoit d'ailleurs un si grand peuple dans l'église et au hault des voutes Nostre-Dame, qu'on avoit peine à les faire ranger.

Et sera remarqué que M. de Champlastreux, colonel, avoit faict mettre toutes les compagnies de ladicte colonelle en haye des deux costez, depuis le palais jusques au hault de la nef de l'église Nostre-Dame, dans laquelle estoit sa compagnie colonelle, commandée par le sieur Rocollet, son lieutenant-colonel, qui receut toutes les compagnies à la grand porte de ladicte église, où M. de Sainctot les venoit prendre pour les placer dans le chœur. Les trois premiers présidens des cours souveraines s'y trouvèrent en personnes. M. l'archevesque, s'estant faict lever de sa chaire, où il estoit assis, a commencé à chanter *Te Deum laudamus*, en fin duquel, et pendant qu'il disoit les oraisons, ont tiré les boites de la Ville et ensuitte le canon d'icelle. Et après le *Domine, salvum fac regem*, toutes les compagnies sont sorties, le parlement d'un costé, et la chambre des comptes de l'autre : et MM. de la Ville sont remontez à cheval et retournez en l'Hostel d'icelle au mesme ordre qu'ils estoient allez[1].

Et d'autant que MM. de la Ville s'estoient trouvez empeschez sur la question qui s'estoit meue, si l'on continueroit la garde des portes ou non, il fut advisé

[1] Voici ce qu'on lit à ce sujet dans la *Gazette de France* :

« Il est difficile d'exprimer avec quel empressement le peuple se portoit à cette cérémonie, toutes les rues et les fenestres par où le parlement et les autres compagnies passèrent, comme aussi la nef de Nostre-Dame, en estant si fourmillantes, que le parlement, qui estoit là au nombre de cent quatre-vingts personnes, et les autres compagnies furent plus d'une heure à passer depuis la porte de la nef jusqu'au chœur. »

de mander MM. les colonels à l'église dudict *Te Deum* en l'Hostel de Ville. Lesquelz s'estans trouvez en la grand' salle avec ceux de MM. les conseillers et quartiniers de ladicte Ville qui avoient assisté audict *Te Deum*, M. le prévost des marchands leur proposa la question. En suitte de quoy il fut arresté et conclud que la garde des portes de la ville seroit continuée jusques à ce que la Ville fust retournée de sa députation de Sainct-Germain, où elle iroit mercredy prochain; qu'elle assembleroit le lendemain pour rendre raison de ce qui se seroit passé et déterminer ce qui seroit de ladicte garde.

DU MERCREDY 7ᵉ AVRIL 1649.

Ledict jour ayant esté arresté pour aller vers le roy, suivant la délibération faicte en l'Hostel de Ville le jeudy 1ᵉʳ jour dudict mois, MM. de la Ville auroient envoyé advertir MM. les députez de se rendre à cette fin audict Hostel de Ville, huict heures du matin : où toute la compagnie estant assemblée, à l'exception des maistres et gardes des six corps[1], après y avoir desjeuné, seroient partys en huict carrosses, assistez de cinquante archers de la Ville. Et, arrivez à Sainct-Germain-en-Laye, entre midy et une heure, trouvèrent que MM. de la chambre des comptes et ceux des

[1] Dans leur délibération du 2 avril, ils avaient résolu de ne pas s'unir à la Ville, et d'aller séparément à Sainct-Germain, ce qu'ils firent le 8 avril, en six carrosses. Cornillier, grand-garde de la draperie, fit le compliment au roi.

aydes estoient là, devant eux. Mesmes M. de Sainctot, maistre des cérémonyes, se trouva à la descente de la Ville, qu'il fist entrer en une salle basse, en la cappitainerie du vieil chasteau, où il y avoit grand feu et une table de trente couverts dressée, sur laquelle on mit aussy-tost le couvert et quelque temps après le disner, qui fut magnifique, servy par un controlleur de la maison du roy et par tous les officiers des sept offices. Après le disner, où il fallut encorres une seconde table de douze couvers, nous vismes que M. de Sainctot vint prendre MM. des cours souveraines et ensuitte MM. de la Ville, pour avoir leur audiance, qui leur fut donnée très-favorable dans le grand cabinet de la reyne, en présence du roy, la reyne régente sa mère, M. le duc d'Anjou, Mlle d'Orléans, M. le prince de Condé, le cardinal Mazarin, M. le chancelier, M. de Villequier, M. de La Ville-aux-Clercz, dict comte de Brienne, M. de Guittault, M. de Guénégaud et autres personnes de grande condition. Et s'estant M. le prévost des marchands aproché de Leurs Majestez, un genoul à terre, leur dict en ces termes :

« Sire,

« Nous venons au nom de vostre bonne ville de Paris, nous jetter aux piedz de Vostre Majesté pour implorer sa clémence et sa protection, en luy renouvellant les hommages et la fidélité que nous luy devons. Cette ville, l'ouvrage de douze siècles, le siége de soixante-quatre roys, vos ayeulx, et l'ornement de vostre Empire, toute couverte de honte et de confusion, vient mettre les armes à vos pieds, que l'horreur de la mort et l'effroyable image de la famine luy avoient faict prendre avec beaucoup d'aveuglement. Semblable à ces malades qui se jettent avec furie et sans jugement sur leurs médecins, comme sur des ennemis jurez de leur vie, elle n'a pas eu recours à son roy sy tost comme elle debvoit, et est sortye sans faire réflexion hors des bornes de son devoir, et a couru avec précipitation à sa perte asseurée pour éviter une ruine imaginaire. Il fault, Sire, qu'elle advoue et qu'elle confesse son crime puisqu'elle est tombée dans une indignation et qu'elle a provoqué la colère de Vostre Majesté. Mais permettez que je vous dise, Sire, que ce crime, pour avoir esté commis par une nécessité forcée et prédominante, est, sans injustice, une infidélité innocente et une rébellion sans malice. Toutesfois, nous venons, pleins de respects et d'humilité, implorer la bonté et la clémence de Vostre Sacrée Majesté; laquelle, dans vos conquestes et dans vos victoires, vous n'avez jamais refusée aux plus grands ennemis de vostre Estat. C'est par vous et par vostre intercession, Madame, que nous espérons cette grâce de nostre grand monarque. De vous, dis-je, qui estes non-seulement la plus grande des reynes, mais la plus douce et la plus libéralle; qui avez toujours préféré les couronnes des vertus à celles des empires et des royaumes, et avez éternellement faict plus d'estat d'une victoire acquise par la douceur et par la clémence que de cent conquestes faictes par les armes et par la guerre. Comme vous estes l'esclat et l'ornement de ce grand royaume, soyez-en aussy les délices et le génie tutélaire; puisqu'il est très-véritable qu'en obligeant de vos faveurs et de vos graces vostre bonne ville de Paris vous obligez par un contre-coup tout vostre royaume. Dans la conjoncture et dans l'estat des affaires présentes, vous allez donner la loy à toute la terre, puisque les ennemis de la couronne vous demandent avec instance et empressement cette paix tant désirée de toute l'Europe, et que tous vos subjets, en la personne des Parisiens, qui sont prosternez à vos genoulx, demandent à Sa Majesté, par vostre intercession, l'oubly du crime innocent qui les avoit jettez dans son indignation. Nous espérons, Madame, par ce grand trésor de vertus que vous avez si esgallement pratiquées dans les afflictions et dans les félicitez, que vous ramènerez bientost sur nostre horizon ce soleil brillant duquel nous avons esté privez si longtemps, et qu'au retour du printemps et de la plus belle saison de l'année, vous nous rendrez cet astre royal accompagné de la paix, pour nous donner par sa douce et bénigne influence un siècle d'or et de félicitez. C'est ce retour tant désiré et souhaitté, non-seullement de tous vos subjectz de Paris, mais aussy de tous ceux de vostre royaume, que nous vous demandons, Sire, avec des prières ardentes et affectionnées, et que nous espérons de la bonté, douceur, clémence de Vos Majestez; puisque, par ce retour, non-seullement vous rendrez la joye et la vie à tous vos fidelles subjectz et serviteurs de vostre bonne ville de Paris, mais aussy vous retiendrez dans la fidélité et dans le debvoir tous les autres subjectz de vostre royaume, qui ne croiront jamais toutes les divisions passées entièrement esteintes et assoupies que lorsqu'ils sçauront que Vos Majestez seront establis dans le lieu du monde où elles sont les plus chères, respectées et honorées. Ce sont, Sire, les submissions, les vœux et les prières des bourgeois et habitans de vostre bonne ville de Paris, qui protestent vivre et mourir vos très-humbles, très-obéissans et vos très-fidelles serviteurs et subjectz. »

La reyne répliqua : que le roy, M. son fils, et elle, recevoient volontiers les submissions des habitans de sa bonne ville de Paris; que c'estoit le lieu qu'elle a tousjours le plus aymé; qu'il ne luy falloit poinct de persuasion pour les y faire retourner; qu'elle en avoit un entier désir, et que la ville se pouvoit assurer qu'aussytost que les affaires du roy luy pourront permettre d'aller reprendre son séjour et demeure ordinaire, qu'elle n'en laissera passer l'occasion. Et ce pendant, qu'elle prioit les magistrats de ladicte ville de contenir le peuple en leur devoir et dans l'obéissance qu'il devoit à son prince; que, de sa part, elle porteroit tousjours le roy à aymer sa bonne ville de Paris, et d'oublier tout ce qui s'estoit passé, qui luy auroit peu donner du mescontentement.

Ce faict, la compagnie se leva et se retira après les révérences et cérémonies accoustumées, et fut conduicte, au mesme ordre qu'elle estoit venue, à la capitainerie, ayant fait rencontre dans la salle des gardes du corps, de l'université, que M. de Sainctot fist attendre jusques à ce qu'il fust de retour de la conduicte de MM. de la Ville. Lesquelz ayant trouvé leurs carrosses prests se seroient mis dedans et retournez à Paris, sans veoir aucune personne en particulier.

DU JEUDY 8ᵉ JOUR D'AVRIL 1649.

De par les prévost des marchands et eschevins de la ville de Paris.

« Monsieur ...., colonel. La garde des portes de Paris se pouvant lever sans qu'il en puisse arriver aucun inconvénient, nous vous prions de faire cesser ladicte garde en l'estendue de vostre colonelle, mesmes faire oster et abattre les barricades qui se sont faictes en quelques endroictz pour la seureté de ladicte ville, et qui incommoderoient à présent. Vous priant n'y voulloir faillir. Faict au bureau de la Ville, le 8ᵉ avril 1649. »

De par les prévost des marchands et eschevins de la ville de Paris.

« Sire Jacques Tartarin, quartinier. Faictes en sorte, près des cinquantiniers et diziniers de vostre quartier, que toutes les chaisnes qui sont dans l'estendue d'icelluy soient incessamment relevées et rattachées à leurs crochetz par ceux qui sont chargez des rouetz desdictes chaisnes, en sorte qu'il n'y en ayt aucune qui traisne par les rues dans ce soir, à peine de vingt-cinq livres d'amande pour chaque défaillant. Vous recevrez aussy, par inventaire, du Maistre des OEuvres de la Ville, tous les meubles, rattelliers et ustancilles qui se pourront transporter des corps-de-garde des portes de vostre quartier, et dont vous vous chargerez pour les représenter quand il en sera besoing. Sy n'y faictes faute. Faict au bureau de la Ville, le 8ᵉ avril 1649. »

Pareil envoyé à tous les autres quartiniers.

De par les prévost des marchands et eschevins de la ville de Paris.

« Il est permis à M. le comte de Lislebonne, et aux capitaines de son régiment qui subsistent, de reprendre tous les cavalliers de leurs compagnies pour y rendre le service qu'ils y doibvent. Comme aussi les capitaines du régiment de M. le duc d'Elbeuf, ceux de M. le comte de Rieux et ceux du régiment de Fouges reprendront tous les cavalliers de leurs dictes compagnies pour les faire servir dans le régiment dudict sieur de Lislebonne. Sinon et faulte de ce faire, ayant excuses légitimes, pourront lesdicts capitaines reprendre les armes et chevaux qu'ils auront donnez ausdictz cavalliers, en leur payant leur subsistance pour le temps qu'ils ont servy, ainsy qu'il leur est ordonné. Faict au bureau de la Ville, le 8ᵉ jour d'avril 1649. »

DUDICT JOUR 8ᵉ AVRIL 1649.

En l'assemblée de MM. les prévost des marchands, eschevins, conseillers, colonelz, quartiniers, et deux bourgeois mandez de chacun quartier, pour entendre la relation de ce qui s'est faict en la députation faicte, il y a aujourd'huy huit jours, à Sainct-Germain-en-Laye[1], sont comparus :

Messire Hiérosme Le Féron, prévost des marchands. — Eschevins, etc. — Conseillers de ville, etc. —

---

[1] La députation qui avait été résolue le 1ᵉʳ avril, s'y transporta le 7.

MM. les colonels, etc. — Quartiniers, etc. — Deux bourgeois de chacun quartinier, etc.

Avec la plus grande partie des mandez qui estoient en l'assemblée précédente.

La compagnie estant assemblée, M. le prévost des marchands luy a fait entendre tout ce qui s'estoit passé le jour d'hier en la députation que la Ville avoit faicte près du roy et de la reyne régente à Sainct-Germain-en-Laye; l'accueil qu'on avoit faict à ladicte Ville, et ensuite a répété de mot à mot ce qu'il avoit dict à Sa Majesté de la part de ladicte Ville, et ce que ladicte dame reyne y avoit respondu. Et comme en suitte il l'avoit entretenue de la garde des portes de ladicte Ville pour en sçavoir sa volonté : qui luy auroit dict qu'elle ne voyoit aucun inconvénient à faire lever ladicte garde : que néantmoings elle remettoit cela à ce qui en seroit faict et ordonné par nous. De quoy il estoit bien aise d'advertir la compagnie, affin d'adviser tous ensemble ce qu'il sera à propos de faire à l'esgard de ladicte garde. Et après avoir sceu les sentiments d'un chacun, qui alloient à faire cesser ladicte garde, il a esté arresté ainsy, et qu'à cet effect mandement seroit envoyé à MM. les colonels, que M. le prévost des marchands a pris occasion de remercier de tous les services qu'ils ont rendus à ladicte Ville, où il s'est amplement estendu, et ayant passé jusques aux grands soings et dilligences qu'ils ont apporté à l'entière exécution des mandemens de ladicte Ville, et supporté la brutalité de quantité de personnes peu dissiplinez à l'obéissance qu'ils devaient rendre à des personnes de leurs conditions et mérites; et conclud par les excuses qu'il leur demandoit, si, dans de mesmes temps, il avoit esté nécessité de leur envoyer des mandemens si fréquens et quelquefois différens les uns aux autres : que la diversité des advis qu'on leur donnoit les avoit obligez à ce faire. A quoy lesdicts sieurs colonels auroient reparty par des complimens remplis de respects qu'ils avoient envers la Ville, et aux personnes de MM. les prévost des marchands et eschevins, qu'ils louèrent haultement de la prudence dont ils avoient usé à gouverner les bourgeois et habitans de cette grande ville pendant ces mouvemens; de l'expérience qu'ils s'estoient acquise au maniement des affaires de cette conséquence, qu'ils avoient conduictes jusques au bout sans accident quelconque; et conclurent par la satisfaction de l'obéissance qu'ils avoient trouvée dans les peuples qu'ils ont commandez sous leurs ordres, ayant veu souvent de pauvres gens sortir des marchez avec de l'argent à la main sans y trouver du pain, les larmes aux yeux, sans mumurer. Et toute la compagnie reconnut que c'estoit un coup du ciel et une singulière providence de Dieu, d'avoir peu demeurer trois mois bloquez dans Paris sans y voir de plus grands désordres et nécessitez que ceux qui y ont parus. MM. les conseillers de Ville furent aussy remerciez par M. le prévost des marchands, et ensuitte MM. les quartiniers, qui dirent aussy beaucoup de belles choses en la louange les uns des autres. En sorte que toute la compagnie se sépara fort satisfaicte. Et comme elle estoit preste de se lever, le procureur du roy et de la Ville requit que la dernière déclaration du roy fust registrée au greffe de la Ville, après que lecture en auroit esté faicte. Mais comme c'estoit une pièce publique, et qui avoit esté publiée et criée par la ville, chacun en sçachant la teneur, il fut ordonné qu'elle seroit registrée sans qu'il fust nécessaire de la lire.

De par les prévost des marchands et eschevins de la ville de Paris.

« Sur ce qui nous a esté représenté par le procureur du roy et de la Ville qu'il s'est faict plusieurs désordres aux portes de cette ville, aux corps-de-garde et autres maisons joignant lesdictes portes, pendant les gardes qui s'y sont faictes pendant trois mois tant de jour que de nuit, dont il y avoit de grandes plaintes, ausquels il estoit nécessaire de pourveoir; sur quoy ouy ledict procureur du roy en ses conclusions, avons ordonné qu'il sera par nous faict descente sur les lieux, pour veoir et faire procès-verbal de l'estat d'iceux. Scavoir: le sieur Fournier, aux portes de la Conférence, Sainct-Honoré, de Richelieu, de Montmartre et Sainct-Denis; le sieur Hélyot, aux portes de Sainct-Martin, du Temple, de Sainct-Anthoine et Sainct-Bernard; le sieur Hachette, aux portes Sainct-Victor, Sainct-Marceau, Sainct-Jacques et Sainct Michel; et le sieur Lescot, aux portes Sainct-Germain, de Bussy, Dauphine et de Nesle : pour, lesdictes descentes faictes et lesdicts procès-verbaux rapportez, iceux préalablement communiquez au procureur du roy et de la Ville, estre par nous ordonné ce que de raison. Faict au bureau de la Ville, le treiziesme avril 1649. »

DU JEUDY 15ᵉ AVRIL 1649.

Ledict jour, cinq heures de relevée, Messieurs de la Ville furent à l'hostel de Luxembourg[1] attendre M. le duc d'Orléans, où ils eurent advis qu'il devoit arriver, ce qu'il fist une heure après; où la Ville le fut saluer et luy tesmoigner le contentement qu'elle recevoit de le revoir retourner dans son pallais. A quoy il répliqua qu'il avoit eu autant d'envie d'y estre comme la Ville luy rendoit des tesmoignages de contentement de l'y recevoir, dont il les remercioit en général et en particulier.

Le lendemain, toutes les cours souveraines furent saluer ledict seigneur duc, et ensuitte toutes les autres compagnies.

DU SAMEDY 17ᵉ AVRIL 1649.

Ledict jour, dix heures du matin, Messieurs de la Ville ayant eu advis que M. le prince de Condé estoit en cette ville, et que la cour de parlement avoit députépour l'aller saluer, ils furent aussy-tost luy rendre leurs devoirs; où ils furent fort bien accueillis par ledict seigneur prince, qui leur tesmoigna aymer Paris et avoir desplaisir de tout ce qui s'estoit passé. Touttes les autres compagnies le furent veoir les unes après les autres[2].

[1] Aujourd'hui le palais de la Chambre des Pairs.
[2] Le prince de Condé séjourna peu à Paris; il se retira dans son gouvernement de Bourgogne, ce qui donna de l'inquiétude au cardinal Mazarin.

De par les prévost des marchands et eschevins de la ville de Paris.

« Il est ordonné au cappitaine Loison, lieutenant colonel des archers de la Ville en l'absence du colonel, d'envoyer présentement douze des archers de ladicte Ville, ayans leurs casaques, halbardes et carabines, à la porte Sainct-Anthoine, avec un officier pour les commander, pour empescher qu'il ne s'y face aucune rumeur à la perception des droits d'entrée ordonnez estre restablis par arrest de la cour des aydes du seiziesme jour des présens mois et an, et se saisir de tous ceux qui y voudroient faire empeschement et les amener prisonniers ès prisons de ladicte Ville, ainsy qu'il est porté par nostre ordonnance du jour d'hier qui est affichée à ladicte porte. Sy n'y faictes faulte. Faict au bureau de la Ville, le vingt-quatriesme avril 1649. »

DU LUNDY 26º AVRIL 1649.

Ledict jour, Messieurs les prévost des marchands, eschevins et greffiers de la Ville furent à dix heures du matin, en carrosses, à l'hostel de Longueville[1] saluer M. de Longueville et le remercier de ce qu'il avoit

---

[1] Plusieurs hôtels de ce nom existèrent dans Paris à des époques différentes : le premier était rue de la Cerisaye ; le second, rue des Fossés-Saint-Germain l'Auxerrois, sur la place du même nom ; le troisième, dans la place du Carrousel, en avant de la rue du Carrousel. C'est du second qu'il est ici question. Voy. de Chuyes, le *Guide de Paris*, 1646 ; in-18, p. 190.

faict l'honneur à la compagnie de luy faire tenir M. le comte de Sainct-Paul, son fils, né à l'Hostel de Ville, sur les fonds, et l'assurer qu'à jamais la Ville lui en demeureroit obligée.

A quoy ledict seigneur duc repartit qu'il avoit tousjours aymé la Ville, aussy luy avoit-elle tesmoigné avoir quelque créance en luy dans les affaires passées, dans lesquelles il n'estoit entré que pour servir le parlement et ladicte Ville; qu'elle en avoit gardé le gage le plus précieux qu'il eust au monde, qui est la duchesse de Longueville, sa femme, laquelle se louoit extrêmement des civilitez qu'elle avoit receues dans l'Hostel de Ville, et qu'elle ne pouvoit faire choix de compères qui luy fussent plus agréables que les magistrats de la première ville du royaume; que c'estoit une nouvelle alliance dont il estoit très-satisfait et content, et prioit ces Messieurs de se servir de luy aux occasions, et de s'asseurer de la continuation de son affection.

De par le roy.

« Très-chers et bien amez. Nous avions résolu de retourner en nostre bonne ville de Paris avec la reyne régente, nostre très-honorée dame et mère; mais, comme nous estions sur le point d'exécuter ce desseing, nous avons veu que les Espagnols ont entrepris deux siéges en mesmes temps, l'un de la ville d'Ypre en Flandre, qui est l'une des plus considérables, l'autre de celle de Sainct-Venant, scituée sur la rivière du Lis, qui est un poste très-important; faisant en outre de grands préparatifs, ou pour nous attaquer quelques-unes des places de nostre frontière de deçà, ou pour entrer dans le royaume. Et jugeant que nostre présence sur nostre frontière, en y faisant rendre incessamment nos principales forces, estoit nécessaire pour arrester le cours de leurs progrez, et les obliger à donner les mains à la paix généralle, nous avons résolu de nous y acheminer au premier jour. Ce que nous avons bien voulu vous faire sçavoir par cette lettre, et vous dire, par l'advis de la reyne régente, nostre très-honorée dame et mère, que vous ayez, pendant que nous serons de ce costé-là, à vous employer en tout ce qui dépendra de vous pour faire qu'il n'arrive rien dans nostre bonne ville de Paris qui en puisse troubler le repos, ny préjudicier à nostre service; et nous promettant bien que, pendant que nous nous emploirons en personne et avec noz armées pour acquérir la paix à nostre royaume, il n'y a aucun de nos officiers et subjects, mesme dans nostre dicte bonne ville de Paris, qui ne soit entièrement porté à y contribuer par ses soins, fidélité et obéissance, nous ne vous ferons la présente plus longue, ny plus expresse. Donné à Sainct-Germain-en-Laye, le 28ᵉ jour d'avril 1649. Signé : *Louis*, et plus bas : *de Guénégaud.* » Et au dos est escript : « A nos très-chers et bien amez les prévost des marchands et eschevins de nostre bonne ville de Paris. »

De par le roy.

« Très-chers et bien amez. Ayant résolu, comme nous vous avons desjà mandé, de nous acheminer vers la frontière de Picardie pour nous opposer aux entreprises des ennemis de cet Estat, nous avons estimé à propos, de l'advis de la reyne régente, nostre très-honorée dame et mère, d'envoyer en nostre bonne ville de Paris nostre très-cher et féal chancelier, avec une partye de nostre Conseil, pour donner ordre et pourvoir autant qu'il se pourra à l'affermissement de la tranquilité publique, et restablir toutes choses en l'estat qu'elles estoient auparavant. C'est pourquoy nous vous faisons cette lettre, de l'advis de la reyne régente, nostredicte dame et mère, pour vous dire que vous ayez à exécuter les ordres qui vous seront donnez pour l'effect susdict par nostredict chancelier, et à contribuer de vostre part à ce que, par vos soings et vos services, nous recevions en ce rencontre important des preuves de vostre fidélité et affection. N'y faictes donc faulte, car tel est nostre plaisir. Donné à Sainct-Germain-en-Laye, le 29ᵉ jour d'avril 1649 [1]. Signé : *Louis*, et plus bas : *de Guénégaud.* » Et au dos est escrit : « A nos très-chers et bien amez les prévost des marchands et eschevins de nostre bonne ville de Paris. »

DU MERCREDY 30ᵉ ET DERNIER JOUR DE JUIN 1649.

Ledict jour, unze heures du matin, M. de Sainctot, maistre des cérémonies, est venu présenter à MM. les prévost des marchands et eschevins, estans au bureau de ladicte Ville, les lettres de cachet du roy à eux adressées, escriptes d'Amiens le 28ᵉ dudict mois, portant nouvelles du siége mis devant Cambray [2] par l'armée de Sa Majesté, commandée par M. le comte

---

[1] La cour partit le lendemain pour Chantilly; de là elle se rendit à Compiègne, où elle séjourna jusqu'au 15 juin.

[2] Il y a une relation de ce siége dans la *Gazette de France*. On sait que le comte d'Harcourt fut obligé de le lever, à la grande joie des frondeurs.

d'Harcourt, le 25ᵉ dudict mois, desquelles la teneur ensuit.

De par le roy.

« Très-chers et bien amez. Comme nous ne pouvons doubter que nostre bonne ville de Paris ne souhaitte avec autant de passion le succès de nos desseins qu'elle est intéressée aux prospéritez de cet estat, et que tous les bons bourgeois et habitans d'icelle ont toujours paru et se montrent journellement de plus en plus affectionnez à nostre personne et à nostre service, aussy nous ne pouvons faire une entreprise de si grande conséquence que celle du siége de Cambray sans leur en donner part. C'est pourquoy nous avons bien voulu, par l'advis de la reyne régente, nostre très-honorée dame et mère, vous faire sçavoir qu'après avoir différé pendant quelque temps à employer nos armées contre les forces des Espagnolz, croyans qu'ils se rendroient capables d'entendre à la paix par le besoing qu'ils en ont, aussy grand dans leurs Estats comme est le désir que nous avons de la procurer à noz subjects, et par les ouvertures raisonnables qui leur ont esté faictes, avec nostre participation, par l'entremise du nonce du pape et de l'ambassadeur de Venize près de nous, qui s'y sont portez avec beaucoup d'affection et de soin, nous avons enfin reconnu que nos ennemis avoient encorres des espérances secrettes de veoir renouveller les mouvemens passez dans nostre royaume, et de restablir leurs affaires par cette voye, qui leur faisoient mespriser toute proposition de paix. En sorte qu'il estoit absolument nécessaire de leur faire sentir de rechef qu'ils ne peuvent attendre que du dommage en continuant la guerre contre la France, et qu'il n'y auroit rien, ny au dedans ny au dehors, qui la peust empescher de combattre l'Espagne avec advantage, comme (grâces à Dieu) elle l'a presque tousjours faict jusques icy. Si bien qu'après avoir donné quelque repos à nos trouppes, et ne voulant plus les laisser à charge à nostre frontière ny à aucunes des provinces de nostre royaume, nous nous sommes advancez de deçà en personne, accompagné de nostre très-cher et très-amé oncle, le duc d'Orléans, pour résoudre avec luy ce que nous aurions à exécuter, et donner chaleur à l'employ de nos armées de Flandres et de Luxembourg. Et aussytost qu'elles ont peu estre assemblées, nous les avons envoyées attaquer Cambray, comme une place des plus considérables de toutes celles qui reconnoissent la couronne d'Espagne; de la perte de laquelle, s'il plaist à Dieu de favoriser nos armes, comme la justice de nos desseins nous le peut faire espérer, nos ennemis ressentiront un préjudice insigne, qui les pourra bien faire penser sérieusement à désirer le repos public. Et nous en recevrons un bien très-notable avec tout nostre royaume, et spéciallement nostre bonne ville de Paris, en estandant nos limites et asseurant nostre frontière du costé qui en est le plus proche, outre que rentrerons en une des plus anciennes et des plus illustres possessions des roys noz prédécesseurs. Ayant donc faict investir la place par nostre très-cher et très-amé cousin, le comte d'Harcourt, nostre lieutenant-général commandant nostre armée, le 25e du présent mois, avec ordre de bien sçavoir l'estat de la garnison avant que d'en former le siége, nous venons de recevoir advis de luy qu'après avoir sceu qu'il n'y avoit pas dans la place un assez grand nombre de gens de guerre pour en rendre la prise impossible, il y avoit estably ses quartiers, et commencé de faire travailler à la circonvalation ; et si diligemment, qu'en trois jours il en a fait la cinq ou sixiesme partye, et qu'il espère dans peu de temps d'avoir achevé le reste : à quoy nous n'obmettrons aucun ordre ny soing de nostre part, espérant d'un si bon acheminement que nous en aurons, avec l'assistance divine, une heureuse issue. Ce que nous serons bien aise que vous communiquiez à nos bons et fidels subjects de nostredicte ville, vous exhortans de continuer à vous employer pour faire que, pendant que toutes nos pensées sont appliquées et nos armées occupées à un effect qui peut être de si grande utilité au général de nostre royaume, et particulièrement de nostredicte ville, elle demeure dans une parfaicte tranquillité, et que tous les faux bruicts et libelles qu'on faict respandre par chacun jour ne causent aucun mauvais événement, et ne facent impression sur l'esprit du peuple, au préjudice de la sincérité de nos intentions et de notre dernière déclaration, si solennellement publiée et si ponctuellement exécutée. Et, nous promettant bien que vous y apporterez vostre bonne conduitte et fidélité accoustumées, dont nous avons une entière satisfaction, nous ne vous en dirons pas davantage. Donné à Amiens, le 28e jour de juin 1649. Signé : *Louis*, et plus bas : *de Guénégaud*. » Et sur la suscription est escrit : « A nos très-chers et bien amez les prévost des marchands et eschevins de nostre bonne ville de Paris. »

DU LUNDY 3ᵉ JOUR DE JUILLET 1649 [1].

Ledict jour, MM. les prévost des marchands et eschevins, ayans esté advertis par Son Altesse Royalle de l'aller trouver à Luxembourg, sur les unze heures, avec nombre de bourgeois de ladicte ville, auroient à l'instant mandé les personnes qui ensuivent :

Conseillers de Ville.

M. le président Aubry. — M. le président Perrot. — M. Martineau. — M. Barthelemy. — M. Ladvocat. — M. de Faverolles. — M. Héron. — M. Santeuil. — M. Gervais. — M. Baudequin.

Quartiniers.

Sire Jacques Tartarin. — Sire Pierre Eustache. — Sire François Sanson. — Maistre Claude Boucot. — Sire Anthoine de Laporte. — Sire Jehan Rousseau. — Maistre Nicolas Philippes. — Sire Nicolas Souplet. — Sire Claude Prévost.

Bourgeois.

M. Denison. — M. de Poix. — M. Cramoisy. — M. Hervé. — M. Maillet. — M. Périchon. — M. Cordier. — M. Geoffroy. — M. Presty. — M. Ticquet.

Lesquelz sieurs prévost des marchands, eschevins, conseillers et quartiniers de ladicte Ville, avec les bourgeois ci-dessus nommez, sont partis de l'Hostel de cette Ville en six carosses, et sont allez au

---

[1] Désordres dans Paris, occasionnés par les libelles.

pallais d'Orléans, conduicts par M. de Sainctot, maistre des cérémonies, ou ayans mis pied à terre et esté introduicts dans un cabinet où estoit M. le duc d'Orléans, accompagné de M. l'abbé de La Rivière et plusieurs autres seigneurs, Son Altesse leur dit qu'elle avoit un grand desplaisir de tous les mauvais bruicts que les ennemis du repos public faisoient courir dans Paris des intentions du roy et de la reyne régente, ayans voulu faire croire au peuple de cette grande ville qu'il n'y estoit pas en asseurance, et que l'intention de Leurs Majestez estoit de chastier les Parisiens; et qu'au retour de cette campagne, les trouppes qui sont maintenant sur pied les viendroient investir. Ce qui a donné subject à Son Altesse de venir exprès à Paris pour asseurer la Ville et tous les bourgeois et habitans d'icelle du contraire, sçachant que Leurs Majestez n'avoient rien de plus esloigné de leurs pensées, et que Paris se contenant dans l'affection et obéissance qu'il a tousjours rendue à son prince et souverain, qu'il les asseurait par sa foy et sa parolle, qui estoit foy et parolle de prince, que Paris ne recevra que toutes sortes de bons traitements de Leurs Majestez; qu'ils sçavoient tous combien Son Altesse a tousjours aymé et chéry la ville de Paris ; qu'il les prioit de croire qu'il ne s'en départiroit jamais, et les conjuroit par mesme moyen de n'adjouster aucune foy à tous ces faux bruicts, d'empescher autant qu'ils pourront le cours et le débit de tant de libelles qui se sont impunément vendus par les rues, au mespris des princes et de ceux qui gouvernent l'Estat, afin d'avoir d'autant plus d'occasion de persuader le roy et la reyne de retourner dans leur domicille ordinaire avec toute la cour. A quoy Son Altesse promit de s'employer de tout son cœur; et ensuitte remonstra de quelle importance estoit pour Paris la prise de Cambray, dont le siége avoit esté entrepris, afin de nous mettre d'autant plus à couvert de ce costé-là : ce qu'il avoit bien voulu leur venir dire en personne.

Sur quoy M. le prévost des marchands a pris occasion de remercier très-humblement Son Altesse Royalle de la faveur qu'il faisoit à toute la ville, qui l'a toujours tenu pour son favorable protecteur; qu'elle recevra incessamment avec honneur et respect tout ce qui luy sera proposé de sa part, le suppliant, dans le mesme désir qu'il a tesmoigné avoir depuis ces derniers mouvemens, de ramener le roy à Paris; que Sa Majesté ne peut estre en lieu où elle soit plus souhaittée et honorée, et où il semble que non-seulement les Parisiens, mais encore toute la France, le désire avec ardeur et passion; que c'estoit l'absence de Sa Majesté qui donnoit lieu à tous ces libelles, dont tous les bons bourgeois avoient assez de desplaisir, mais que nous espérions que sa présence dissipera la liberté que se sont donnez les mauvais espritz, d'escrire et de parler avec peu de respect de ceux qui gouvernent.

DU LUNDY 5ᵉ JOUR DE JUILLET 1649.

En l'assemblée générale ledict jour tenue, en la grand' salle de l'Hostel de Ville, par MM. les prévost des marchands, etc. Sont comparus, etc.

M. le prévost des marchands dict à la compagnie,

lorsqu'elle a esté assemblée, tout ce qu'il avoit pleu à M. le duc d'Orléans de luy faire entendre sur le faict de ces libelles, et y adjousta les moyens qu'il a creu y devoir estre apportez. Sur quoy, ouy le procureur du roy et de la Ville en ses conclusions, l'assemblée demeura d'accord de mander aux colonels et quartiniers ce qui ensuict; et, ensuitte, d'aller voir et remercier Son Altesse Royalle de la bonne volonté qu'il tesmoigne avoir pour les bourgeois et habitans de cette ville, et luy donner compte de ce qui avoit esté résolu en cette assemblée. A quoy M. le duc de Montbazon a offert de se trouver, si la compagnie vouloit prendre la peine de passer par son hostel en y allant.

De par M. le duc de Montbazon, gouverneur de Paris, et les prévost des marchands et eschevins de la ville de Paris.

« Monsieur....., colonel. Suivant le résultat de l'assemblée ce jourd'huy tenue en l'Hostel de cette ville, nous vous prions de vouloir assembler les cappitaines, lieutenans et enseignes de vostre colonelle, pour leur faire entendre les bonnes intentions qu'ont Leurs Majestez pour la ville de Paris, contraires à tous les faux bruicts que l'on y faict courir, ainsy que nous avons esté asseurez par monseigneur le duc d'Orléans; et l'intérest qu'a toute la ville qu'il ne s'y imprime, crie, vente ne débite à l'advenir aucun libelle diffamatoire, soubz quelque prétexte que ce soit; à ce qu'ils apportent pour leur part tout le soing qu'ils pourront pour l'empescher, se saisissant de ceux qui impriment, crient, vendent et débitent lesdicts libelles, pour estre mis ès mains des juges ordinaires; mesmes leur prester main forte en cas de nécessité. A quoy vous tiendrez la main, s'il vous plaist. Faict au bureau de la Ville, ce 5ᵉ jour de juillet 1649. »

Pareil envoyé à tous MM. les colonels.

De par M. le duc de Montbazon, gouverneur de Paris, et les prévost des marchands et eschevins de la ville de Paris.

« Sire Jacques Tartarin, quartinier. Appellez chez vous les cinquantiniers et diziniers de vostre quartier, pour leur faire entendre les bonnes intentions qu'ont Leurs Majestez pour la ville de Paris, contraires à tous les faux bruicts que l'on faict courir en icelle, ainsy que nous avons esté asseurez par monseigneur le duc d'Orléans, et l'intérest qu'a toute la ville qu'il ne s'imprime, crie, vende ne débite à l'advenir aucun libelle diffamatoire, soubz quelque prétexte que ce soit. Et, à cette fin, vous ferez et ferez faire par lesdicts cinquantiniers et diziniers de vostre quartier une exacte recherche de tous ceux qui impriment, crient, vendent et débitent lesdicts libelles, et de tout dresser un procès-verbal que vous apporterez dans trois jours au greffe de ladicte ville, pour y estre pourveu ainsy que de raison. Sy n'y faictes faulte. Donné au bureau de la Ville, le 5ᵉ jour de juillet 1649. »

Pareil envoyé à tous les autres quartiniers.

DU MERCREDY 21ᵉ JOUR DE JUILLET 1649.

En l'assemblée de MM. les prévost des marchands, eschevins, conseillers, colonels et quartiniers de la ville de Paris, ledict jour tenue en l'Hostel d'icelle pour adviser aux affaires et seureté de ladicte ville, sur ce qui s'y passa le jour d'hier[1], sont comparus :

Messire Hierosme Le Féron, etc., prévost des marchands.

Eschevins.

M. Fournier. — M. Hélyot. — M. Hachette. — M. Lescot.

Conseillers.

M. le président Aubry. — M. d'Oinville. — M. Bonneau. — M. Guillois. — M. Gaigny. — M. Le Vieulx. — M. Héron. — M. Gervais. — M. Tronchot. — M. de La Court.

Colonels.

M. Favyer. — M. Myron. — M. Scarron. — M. Boucher. — M. Tronson, lieutenant-colonel de M. de Chastignonville. — M. de Bailly, lieutenant-colonel de M. de Bouville. — M. de Sainct-Martin, pour M. d'Estampes-Valençay.

Quartiniers.

Sire Jacques Tartarin. — Sire Pierre Eustache. — Sire François Sanson. — Maistre Claude Boucot. — Sire Juillien Gervais. — Sire Anthoine de La Porte.

---

[1] Il s'agit de l'affaire de l'imprimeur Morlot, condamné à mort par arrêt du parlememt, et qui fut soustrait au supplice par une émeute. Voir plus bas la note qui le concerne, p. 34.

— Maistre Nicolas Voisin. — Sire Jehan Rousseau. — Sire Jehan Le Vieulx. — Maistre Nicolas Philippes. — Maistre Jehan de Monhers. — Sire Nicolas Souplet. — Sire Claude Prévost. — Sire Jehan Cottard. — Maistre Robert Hamonin. — Sire Jehan d'Espinay.

La compagnie estant assemblée, M. le prévost des marchands y a représenté les obligations que la Ville avoit à Son Altesse Royalle M. le duc d'Orléans, de la peine qu'il a voulu prendre de venir asseurer la ville de Paris des bonnes volontez et affections que le roy et la reyne régente avoit pour cette grande ville; dont Sadicte Altesse nous avoit donné sa foy et sa parolle, en nous reprochant néantmoins la liberté que l'on avoit donnée dans Paris à la vente et débit de quantité de libelles diffamatoires, et nous conjurant d'en faire cesser le commerce : ce que faisant, il auroit plus de moyens de persuader à Leurs Majestez de retourner en cette ville, ce que nous luy aurions promis de faire; ce qu'il auroit occasion de nous reprocher, si aucuns de ceux qui estoient dans l'assemblée que nous feismes exprès pour vous le faire ainsy entendre, et par vous à tous les bons bourgeois et habitans de Paris, avoient trampé en cette action du jour d'hier. Mais comme il ne s'y estoit remarqué aucune personne de condition, il croyoit qu'il estoit à propos de faire sçavoir partout qu'il n'y a eu que des mercenaires et des gens sans adveu qui ayent entrepris d'empescher l'exécution des arrests de la cour avec des violences qui s'y estoient passez; qu'il avoit faict assembler cette compagnie pour adviser ensemblement ce qu'il estoit à propos de faire en ce rencontre pour empescher tous les soubçons qu'on en pourroit avoir, tant près de Leurs Majestez, que partout ailleurs. Sur quoy, ouy le procureur du roy et de la Ville en ses conclusions, et l'affaire mise en délibération :

A esté arresté et conclud qu'il sera faict et dressé procès-verbal de tout ce qui se passa le jour d'hier, au veu et au sceu de toute la ville, tant en la place de Grève, qu'ailleurs; et comme la violance faicte par la canaille et gens ramassez a prévallu, par les ordres[1] que nous nous estions efforcez de donner, envers quelques cappitaines de la ville, qui commandent depuis le Palais jusques à la Grève, dans le peu de temps que nous avons eu, depuis deux heures de relevée, que M. le procureur général a pris la peine de passer à l'Hostel de Ville pour advertir quelques-uns de nous de l'exécution qui se devoit faire dans la place de Grève de la personne d'un nommé Morlot, attainct et convaincu d'avoir imprimé desdicts libelles diffamatoires, jusques après sept heures qu'arrivèrent ces violances et voyes de faict; et icelluy porté à la cour de parlement et à M. le chancelier, afin d'asseurer les uns et les autres de l'obéissance que la Ville apporte à tous les ordres qui viennent de leur part, et qu'il n'a pas tenu à nos offices que les choses n'ayent esté ponctuellement exécutées.

Et afin que le roy, la reyne régente, Son Altesse Royalle et toute la cour sachent pareillement qu'il n'y a que la lie du peuple qui se soit porté dans cet excedz, et que les officiers des cours souveraines et autres, les bons bourgeois et habitans de Paris, conservent leurs cœurs et affections au service de Leurs Majestez, il a esté résolu que M. le prévost des marchands, un de

---

[1] Lisez : *par suite des ordres*, etc.

MM. les eschevins, un conseiller de ville, un de MM. les colonels et un des quartiniers, iront de la part de cette grande ville en asseurer Leurs Majestez et toute la cour : dont il sera pareillement donné advis audict sieur chancelier et au parlement.

Et pour faire ladicte députation, M. le prévost des marchands a nommé M. Guilloys, conseiller au Chastelet, conseiller de Ville, M. Myron, maistre des comptes, pour colonel, et sire Jacques Tartarin, pour quartinier.

MM. les colonels ont esté priés que, lorsqu'il se présentera quelques exécutions par justice dans l'estendue de leurs colonelles, d'advertir aussy-tost les cappitaines et soldats de leurdicte colonelle qu'ils ayent à se tenir en estat de se deffendre, au cas qu'il y arrivast quelque sédition, sans attendre autre mandement de la Ville, qui les auctorisoit, en conséquence de la présente délibération et résolution, de faire en sorte que la force en demeure à justice. De quoy lesdicts sieurs colonels ayant requis un mandement spécial, il a esté résolu qu'il leur seroit envoyé après l'assemblée qui sera faicte en ce lieu pour entendre la relation de ce que MM. les députez auront faict près de Leurs Majestez, qu'ils ont charge de supplier très-humblement de retourner au plus tost dans cette ville.

« L'an 1649, le 20ᵉ juillet, nous, prévost des marchands, eschevins et procureur du roy et de la Ville de Paris, assemblez de relevée avec MM. les conseillers pour délibérer sur le bail des aydes à nous envoyé par la chambre des comptes, aurions eu advis, après la levée de l'assemblée, que l'heure approchoit de l'exécution d'un nommé Morlot, condamné à mort, par arrest de la cour, pour avoir imprimé un libelle diffamatoire préjudiciable à l'Estat[1] ; ce qui nous auroit obligez d'entrer dans la grande salle qui a veue sur la place de Grève, avec les sieurs Barthelemy et Ladvocat, maistres des comptes, et plusieurs autres conseillers de Ville, en laquelle il y avoit aussy plusieurs autres personnes, pour veoir cette exécution et paroistre à la fenestre, pour reconnoistre ce qui se passoit et voir s'il n'y avoit rien qui requist nostre ministère. Ayans faict venir dans ledict Hostel de Ville le nombre d'archers que l'on avoit peu ramasser cette après disnée par la diligence du colonel, et ayans veu toutes choses paisibles en apparence, aurions bien espéré de ladicte exécution, jusques à ce qu'en un moment une trouppe de gens de néant, inconnus, faisans grand bruict, vin-

---

[1] Ce Morlot, imprimeur de Paris, avait été convaincu de s'être fait l'éditeur de l'une des Mazarinades les plus hardies et les plus licencieuses. Cette pièce, intitulée *la Custode de la reyne qui dit tout*, en vers, 1649, in-4°, est fort rare et très-recherchée.

Voici ce qu'on lit à ce sujet dans les *Mémoires de Guy Joly* : « Il arriva dans ce temps une affaire de la même nature (il vient de parler d'un pamphlet dirigé contre le prince de Condé) à l'occasion d'un nommé Marlot, qui avoit été condamné à être pendu, pour avoir imprimé un libelle très-sale et offensant contre l'honneur de la reine, intitulé *la Custode*. Mais, comme il sortoit de la Conciergerie pour être mené en Grève, plusieurs garçons libraires et imprimeurs se trouvèrent à la porte du Palais, qui chargèrent brusquement les archers à coups de pierres, et criant sur eux *aux Mazarins!* Ils furent secondés par les gens de boutique du quartier; de sorte que Marlot fut sauvé, y ayant eu plusieurs archers de blessés, et même le sieur Le Grani, lieutenant-criminel, qui les commandoit, et qui eut assez de peine à se sauver, après avoir reçu plusieurs coups de bâton. » (*Mém. de Guy Joly*, coll. Petitot, p. 69.)

Voy. aussi l'*Esprit de la Fronde*, publié en 1772 (par Mailly), cinq vol. in-12, t. II, p. 540.

rent en ladicte place, du costé du pont Nostre-Dame, avec bastons, espées et pierres, et abattirent la potence et l'eschelle, qu'ils rompirent en plusieurs morceaux. Non contens de ce, ayant apperceu que nous estions dans l'Hostel de Ville pour apporter nos soings à l'exécution dudict arrest, auroient rué plusieurs pierres et cailloux dans les vistres de ladicte salle et des bureaux, et continué le bruit et le désordre dans ladicte place jusques à neuf heures du soir. Ce que nous certiffions véritable. Faict les jour et an que dessus. »

DU VENDREDY 23e JOUR DE JUILLET 1649[1].

Ledict jour, entre six et sept heures du matin, MM. les prévost des marchands, eschevins, procureur du roy et greffier de la ville de Paris, sont partis dudict Hostel de Ville, accompagnez de MM. Guilloys, conseiller, Myron, colonel, et Tartarin, quartinier, commissaires députez à cet effect, pour aller au parlement : où estans arrivez, sont allez au parquet de MM. les gens du roy, où estoit M. le procureur-général, qui les a conduicts à la grand chambre. Auquel lieu M. le prévost des marchands a faict entendre à la cour tout ce qui s'estoit passé en l'Hostel de Ville, place de Grève et lieux adjacens pendant l'après disnée du 20e de ce mois, et le voyage que la Ville avoit résolu de faire en cour, par ses députez, afin de confirmer au roy et à la reyne régente l'obéissance et l'affection de toute la

[1] Suite de l'affaire des libelles.

Ville au service de Leurs Majestez; leur faisant connoistre qu'aucun officier ny bourgeois d'icelle n'avoit trempé dans cette rebellion à justice, et que nous conserverons tous nos cœurs et nos volontez dans l'obéissance à leurs commandemens. Et, en mesme temps, a présenté à ladicte cour le procès-verbal qui en avoit esté dressé, qu'on luy a ordonné de mettre entre les mains des gens du roy, avec une très-grande satisfaction de ce que la Ville avoit opéré en ce rencontre.

DUDICT JOUR 23ᵉ JUILLET 1649, DE RELEVÉE.

Ledict jour, quatre heures de relevée, MM. les prévost des marchands et eschevins, procureur du roy et greffier de la ville de Paris sont partis de l'Hostel d'icelle, accompagnez de MM. d'Oinville, conseiller, Myron, colonel, et Tartarin, quartinier, commissaires à ce députez, pour aller chez M. le chancelier : où estant arrivez, ont esté conduicts à la troisiesme salle en allant à la gallerie basse, où ledict sieur chancelier est venu rencontrer la Ville; auquel M. le prévost des marchands a faict un récit bien au long de tout ce qui s'estoit passé mardy dernier en cette ville; le regret qu'avoient tous les bons Parisiens de ce que telles violances estoient arrivées dans les temps qu'ils cherchoient les occasions de tesmoigner au roy et à la reyne régente les obéissances qu'ils vouloient rendre à Leurs Majestez, afin de les convier à retourner en cette ville : ce qui avoit porté ladicte Ville à députer vers Leurs Majestez, tant pour se justifier de cette brutale action, à laquelle il n'y avoit pas un homme d'honneur qui y eust trempé, que pour supplier Leurs Majestez de ne nous en rien imputer, et de ne diminuer rien de l'asseurance qu'ils ont donnée de leurs affections et bonnes volontez envers cette ville, qui persévérera constamment à honorer, servir et respecter son prince et son roy, que nous avons charge de supplier de retourner en bref, afin d'affermir la paix de son royaume en recevant les hommages que le peuple de Paris est disposé à luy rendre : de quoy la compagnie l'avoit chargé de venir donner compte audict seigneur chancelier, et le supplier de vouloir favoriser ce voyage et d'honorer la compagnie de ses commandemens ; ce que ledict chancelier receut avec joye et contentement, ayant dict qu'il avoit tousjours creu que cette action brutale ne seroit advouée d'aucunes personnes qui eussent esprit et conduite, n'ayant paru qu'une haulte impudence que la pétulance d'une quantité de gens de néant a poussé à outrance, afin de faire naistre occasion de piller; qu'il y alloit de l'honneur des magistrats et de l'asseurance des bons bourgeois que ces brouillons et séditieux fussent punis, et de ne pas souffrir que ceux qui estoient nez pour servir les autres en fussent les maistres ; qu'il se resjouissoit de la résolution qu'avoit faict la Ville d'aller donner compte au roy et à la reyne régente du desplaisir qu'ils en ont et comme les choses se sont passées, en leur renouvellans vos soumissions et obéissances envers Leurs Majestez; qu'il s'asseuroit qu'ils y seroient fort bien receuz, et qu'il escriroit volontiers en cour en faveur de la Ville, comme très-affectionné à tout ce qui regarde son contentement et satisfaction.

Ce faict, ledict seigneur chancelier ayant reconduit la Ville jusques dans l'autre salle joignant, il s'arresta tout court et dit à la compagnie qu'il se venoit de souvenir qu'il y avoit à présent peu de personnes de condition auprès de la reyne; qu'il croyoit à propos que la Ville ne précipitast point ce voyage, et donner loisir à M. le duc d'Orléans, M. le prince, M. le duc de Vendosme, M. le cardinal et autres de se rendre près d'elle avant que la Ville s'y présente : dont il fut très-humblement remercié.

De par les prévost des marchands et eschevins de la ville de Paris.

« Monsieur le colonel. Nous vous prions de mander aux cappitaines de vostre colonelle qu'ils facent en sorte que, par eux et les officiers de leurs compagnies, il se puisse descouvrir qui sont ceux qui ont eu l'audace de complotter entre eux l'enlèvement d'un nommé Morlot, condamné à mort par arrest de la cour pour avoir imprimé certains libelles séditieux et injurieux à l'Estat, à dessein de troubler le repos public, pour les livrer ès mains des juges ordinaires pour en faire faire justice exemplaire, conformément à ce qui vous fut proposé en l'assemblée tenue à ce subject en l'Hostel de cette ville le 20ᵉ jour des présens mois et an. Vous priant n'y vouloir faillir. Faict au bureau de la Ville, le 27ᵉ juillet 1649. »

Pareil envoyé à tous MM. les colonels.

De par les prévost des marchands et eschevins de la ville de Paris.

« Sire Jacques Tartarin, quartinier. Faictes, et faictes

faire, par les cinquantiniers et diziniers de vostre quartier, une exacte recherche de ceux qui ont eu l'audace de complotter l'enlèvement d'un nommé Morlot, condamné à mort par arrest de la cour pour avoir imprimé certains libelles séditieux et injurieux à l'Estat, à dessein de troubler le repos public, pour les livrer ès mains des juges ordinaires afin d'en faire faire justice exemplaire, conformément à ce qui en fut proposé en l'assemblée tenue à ce subject en l'Hostel de cette ville le 20ᵉ des présens mois et an. Si n'y faictes faulte. Donné à Paris, le 27ᵉ jour de juillet 1649. »

Pareil envoyé à tous les autres quartiniers.

DU JEUDY 29ᵉ JUILLET 1649 [1].

Ledict jour, sont partis de cette ville de Paris, six heures du matin, pour aller en cour, suivant la députation faicte en l'assemblée tenue en l'Hostel de ladicte ville le mardy 20ᵉ jour dudict mois de juillet :

Messire Hierosme Le Féron, seigneur d'Orville et de Louvre en Parisis, conseiller du roy en ses conseils et en sa cour de parlement, président ès enquestes de ladicte cour, prévost des marchands;

Nobles hommes, maistre Gabrielle-Antoine Fournier, conseiller de Sa Majesté, président en l'eslection de Paris, et Pierre Hélyot, conseiller de ladicte ville, eschevins; accompagnez de maistre Germain Pietre, procureur du roy, et Martin Le Maire, greffier de ladicte Ville;

[1] Députation de la Ville au roi, à l'occasion des libelles.

MM. Barthelemy, sieur d'Oinville, maistre des comptes, et Guilloys, conseiller au Chastelet, députez comme conseillers de Ville;

M. Myron, sieur du Tremblay, maistre des comptes, député par MM. les colonels;

M. Tartarin, député par les quartiniers,

Estans dans deux carrosses à six chevaux chacun, accompagnez de six archers de la Ville à cheval, ayans leurs hocquetons, pistolletz et carabine, et quatre autres cavalliers : et, en cet équipage, sont arrivez sur le midy à Louvre en Parisis, en la maison de M. le prévost des marchands, qui y a receu et traicté toute la compagnie.

Duquel lieu sommes partis, en mesme ordre que dessus, sur les trois heures de relevée, passé par la ville de Senlis et arrivé, sur les huict heures du soir, à Verbrye[1], où la compagnie a logé à l'hostellerie de l'Espée Royalle.

Le vendredy, 30ᵉ dudict mois, la compagnie est partie dudict Verbrye pour aller à Compiègne, où elle est arrivée sur les neuf heures du matin, et sont descendus en la maison marquée pour madame la princesse : en laquelle la compagnie ne fut pas plus tost arrivée, que MM. les prévost des marchands et eschevins envoyèrent le greffier de ladicte Ville vers M. du Plessis de Guénégaud, secrettaire des commandemens de Sa Majesté, l'advertir de leur arrivée en ce lieu, et le prier de sçavoir du roy et de la reyne régente à quelle heure il plairoit à Leurs Majestez de donner audiance aux députez de la ville de Paris. Lequel ayant sceu où la

---

[1] C'est Verberies.

compagnie estoit logée, il dict audict greffier qu'on ne parloit à la reyne que sur les unze heures, et que dans une demye heure qu'il passeroit par le logis desdicts sieurs députez, et qu'après les avoir entretenuz il iroit au logis du roy pour sçavoir l'heure de leur audiance. Ce que ledict greffier ayant rapporté à la compagnie, elle demeura plus d'une heure à attendre ledict sieur de Guénégaud, qui vint enfin la trouver. Demeurèrent d'accord ensemblement que ledict greffier iroit avec luy au logis du roy pour les revenir quérir à l'heure que la reyne auroit agréable de leur bailler audiance : ce qu'ayant esté faict, ledict sieur de Guénégaud passant par la salle des gardes, M. Le Tellier, aussi secrettaire des commandemens, voyant ledict greffier à sa suitte, luy dict que la reyne avoit résolu d'entendre MM. les députez de la ville de Paris aussy-tost qu'elle auroit ouy la messe; ce qui fut confirmé audict greffier dans la chambre de ladicte dame reyne, après y avoir demeuré quelque temps, par ledict sieur de Guénégaud. Et tost après, la reyne estant sortie de son cabinet pour aller à la messe, ledict greffier partit à l'instant pour en venir donner advis à la compagnie, qui vint au château du roy; où ils ne furent pas plus tost arrivez que ledict sieur de Guénégaud leur vint à la rencontre leur dire que le roy et la reyne les attendoient dans le cabinet de ladicte dame reyne.

Auquel lieu estant entrez, trouvèrent le roy et la reyne régente assis l'un auprès de l'autre, le roy à la droite, M. le duc d'Anjou debout proche ladicte dame reyne, M. le duc d'Orléans aussy debout à costé du roy, mademoiselle d'Orléans proche de M. d'Anjou, M. le duc Joyeuse, grand chambellan, M. le mareschal de Villeroy, le cappitaine des gardes de Sa Majesté et autres personnes de grande qualité au derrière du roy et de la reyne. Et s'estant la Ville approchée de Leurs Majestez, et mis le genoul à terre, M. le prévost des marchands leur dict :

« Sire,

« Nous venons, au nom de voz bons et fidels subjects, réytérer à Vostre Majesté les dernières promesses que nous avons faictes à M. le duc d'Orléans d'empescher, au péril de nos vies, le cours de ces libelles insolens, faicts à desseing de semer et fomenter les divisions dans l'Estat; estant très-véritable que, dans le pernitieux attentat faict à la justice, il ne s'est trouvé aucun bourgeois qui ayt trempé en cette occasion et qui se soit meslé en ce désordre si peu attendu. C'est un crime commis par l'insolence de quelques vagabons, sans nom, sans lieu et sans exercice, qui cherchent le désordre pour en profiter, et qui ne peuvent vivre sans commettre des crimes. Il eust esté aisé de réprimer l'audace et l'insolence de ces gens-là, si on se feust persuadé qu'il y eust eu des personnes si abandonnées et si ennemyes de l'honneur de la Ville que de sauver du suplice et desrober à la justice un criminel qui, par quantité d'autres forfaicts, avoit mérité la condamnation de tout le monde. Ce sont, sire, des accidens qui naissent quelquefois dans des villes les mieux policées, ainsy que des orages qui paroissent dans les plus beaux jours de l'esté, n'empeschant poinct pour cela que la beauté du soleil ne se face revoir à la terre, comme ces désordres ne peuvent apporter aucun obstacle à la police. Mais, Sire, il fault que Vostre Majesté, qui n'est venue au monde que pour faire des miracles, contribue à ce parfaict establissement par son retour en sa bonne ville de Paris. C'est une chose qui est désirée avec passion de tous les amis de l'Estat et apréhendée de tous ses ennemis, qui nourrissent leur espérance dans vostre esloignement et ne croient pas que vos armes puissent prospérer tandis que vous serez esloigné de ce palladium, qui faict l'honneur et la félicité de vostre empire. Tous vos bons subjects et fidels serviteurs ne se trouveront poinct en repos et en asseurance qu'ils ne vous voient establi dans le palais de vos ancestres, pour lequel Henry le Grand a donné tant de batailles et faict tant de conquestes. C'est de là, Sire, comme du ciel de vostre gloire, que vous foudroirez les estrangers et que vous les forcerez à vous demander la paix. C'est de là, comme d'un autre Olimpe, que vous dissiperez les vens et les orages des factions qui se pourroient former dans vostre Estat. C'est de ce lieu seul, comme d'un Capitolle, que la France espère son restablissement et qu'elle attend un ordre universel. Je sçay bien, Sire, que Vostre Majesté est l'âme de l'Estat, et qu'en quelque lieu qu'Elle soit elle luy donne la vie et le mouvement; mais comme nostre âme forme ses plus belles et illustres opérations dans la teste, d'où dépend tout le gouvernement du corps, aussy Vostre Majesté estant à Paris, qui est la teste et la capitalle de tout le royaume, produira des choses bien plus haultes qu'en quelque autre lieu où elle se puisse establir.

« C'est par vostre bonté, Madame, que nous espérons et attendons ce bonheur, dans lequel consiste le salut et la conservation de l'Estat, afin que vous ne soyez pas seulement appellée la mère du roy, mais aussy recogneue pour la mère du peuple. Ce sont les vœuz de vos très-humbles subjects qui, prosternez à vos pieds, représentent tous les corps de la première ville du royaume, et qui viennent faire une nouvelle protestation de leur fidélité, et une offre entière et sans réserve de leur sang et de leur vie pour le service de Vostre Majesté. »

A quoy la reyne respondit qu'elle estoit bien informée de l'affection des bons bourgeois de Paris au service du roy et au bien de l'Estat; que le roy seroit desjà à Paris si les affaires du royaume ne l'eussent obligé à visiter la frontière, ce qu'elle souhaittoit surtout plus que personne. Et bien que les escripts que certains factieux font courir soient venus au point de ne pas mesme espargner la personne du roy, afin de rompre la correspondance du souverain avec ses subjets, néantmoins qu'elle veut bien croire que tous les bons officiers et citoyens de Paris, représentez par ceux à qui elle parle, tiendront la main à empescher ces désordres; leur promettant l'accomplissement de leurs souhaits, en les asseurant de sa bonne volonté tant en général qu'en particulier.

Ce faict, la compagnie s'est levée, et, après avoir faict les révérences et cérémonies accoustumées à Leurs Majestez, s'est retirée pour aller attendre Son Altesse Royalle en l'abbaye de Sainct-Cornille[1], où elle est logée : auquel lieu Sadicte Altesse fut avant la Ville, qu'il receut tout debout, à meilleu de sa chambre, ayant M. l'abbé de La Rivière et autres personnes de

[1] Saint-Corneille de Compiègne, fondée en 876 par Charles-le-Chauve.

qualité auprès de luy. Auquel M. le prévost des marchands dit :

« Monseigneur,

« Nous venons au nom des bourgeois et habitans de la ville de Paris de toutes les conditions, que nous avons l'honneur de représenter par nos charges, et suivant l'ordre de tout temps establi dans ladicte Ville, pour réitérer les asseurances données à Son Altesse de leur fidélité et obéissance au service du roy et de la reyne régente; que le désordre arrivé depuis peu, par l'enlèvement de ce criminel d'Estat, estoit improuvé par tous les ordres de la Ville; que chacun condamnoit ce crime et l'estimoit aussy énorme que le premier. Le corps de la Ville ayant esté assemblé à ce subject, afin, tous ensemble, d'en mieux concevoir le desplaisir et les conséquences, et prendre résolution d'en tesmoigner les regrets à Vostre Altesse, qui s'en pourroit offencer avec raison si elle n'estoit prévenue par la vérité de nos parolles et sincérité de nos intentions, nous nous présentons à Vostre Altesse dans la confiance de sa bonté et de sa justice, ayant tousjours promis à la Ville sa protection, très-nécessaire en ce temps pour obtenir le retour de Leurs Majestez, que nous demandons avec instance pour tout le royaume par la nécessité des affaires présentes; que c'estoit le seul remède à nos maux; que la présence du roy excitera encores plus la vigueur des gens de bien et donnera de la terreur aux meschans, et nous fera jouir du repos et de la tranquilité souhaittée de tout le monde. »

A quoy Son Altesse fit responce qu'il fut fort surpris lorsqu'il apprit la violance exercée dans une grande ville comme Paris et l'enlèvement d'un criminel de telle conséquence, mais beaucoup remis lorsqu'il a sceu que cette action estoit odieuse à toute la ville, et que les honnestes gens, qui estoient en grand nombre, n'y prenoient aucune part, et que c'estoit l'ouvrage de certaines gens de néant et sans adveu; qu'il avoit donné son cœur et son amour à la ville de Paris; que les instantes prières qu'ils faisoient en corps pour le retour du roy procédoient d'une pure et sincère affection au service de leur prince; qu'ils continuassent dans cette résolution; qu'en effect le retour de Sa Majesté estoit nécessaire à tout : *que* qui le porteroit encorres plus fortement à le pr*ocu*rer et donner le contentement que chacun souhaitte avec tant de passion, le désirant luy-mesme pour le repos des peuples.

La Ville ayant très-humblement remercié Son Altesse Royale, et ensuite faict un compliment sommaire à M. l'abbé de La Rivière, qui s'avança jusques à la porte de la chambre pour conduire la compagnie, elle s'en retourna au lieu de sa descente.

L'après disnée, chacun est allé faire des visittes particulières en attendant l'heure de partir pour retourner à Paris. Et s'estans tous rendus au mesme lieu sur les cinq heures, MM. les Attournez de Compiègne[1] vinrent, en grand nombre, saluer MM. les prévost des marchands et eschevins de Paris, et s'excuser de ce qu'ils

---

[1] *Les Attournez de Compiègne*. Il faut entendre par ce mot le corps de la Ville. En Angleterre et en Normandie les atornés, *attornati*, étaient des procureurs

ne leur avoient pas rendu ce compliment plus tost, qui partoit, comme ils disoient, du plus pur de leur cœur : dont ayans esté remerciez et reconduits jusques dans la cour, chacun monta en carrosse pour retourner coucher à Verbrie, où la compagnie arriva entre huict et neuf heures du soir.

Et le lendemain, dernier jour dudict mois de juillet, la compagnie est partie dudict lieu entre cinq et six heures du matin et arriva à unze heures à Louvre en Parisis, où ledict sieur prévost des marchands luy a faict le mesme régal au retour qu'il avoit faict au passage.

Duquel lieu de Louvre la compagnie partit sur les cinq heures du soir et trouva à l'abord du faubourg Sainct-Martin, et plus avant dans la ville, des trouppes de monde qui venoient s'informer du retour de Leurs Majestez, qu'ils tesmoignèrent désirer avec grande impatience. Il fut résolu, avant que la compagnie se séparast, d'assembler au lundy suivant, quatre heures de relevée, pour faire relation dudict voyage.

[*Entrée du roy à Paris.*]

Le mercredy 18ᵉ dudict mois[1], deux heures de relevée, toute la compagnie s'est rendue tant en l'Hostel de ladicte ville qu'en la place de Grève.... MM. les prévost des marchans, eschevins, procureur du roy,

[1] D'août. La cour quitta Compiègne le 17, et arriva le lendemain à Paris.

Ce qui suit est tiré d'un autre registre que celui que nous publions en entier. On trouvera l'indication de nos additions à la fin de l'ouvrage.

Il s'agit ici de fêtes, dont les détails, curieux par eux-mêmes, empruntent une nouvelle importance du moment même. C'est une sorte d'entr'acte entre les mouvements passés et ceux qui vont suivre.

greffier et receveur, avec leurs robes de velours et chevaux harnachez ainsy qu'il est accoustumé en pareilles cérémonies, sont partis de l'Hostel de ladicte ville et allez jusques à l'hostel de Montbazon[1] en cet ordre :

Premièrement marchoient les trois cens archers de la Ville à cheval, ayant leurs casaques et chacun deux pistollès à l'arson de la selle.

Après eux marchoient le Maistre-d'hostel de la Ville, le secrétaire et vallet de chambre de M. le prévost des marchans, bien montez.

Après, les dix sergens de la Ville avec leurs robes de livrées, ayant la nef d'argent sur le bras gauche, aussy à cheval.

Marchoit ensuitte le greffier de la Ville, seul.

Puis MM. les prévost des marchans, eschevins, procureur du roy et receveur de la Ville, deux à deux.

Après marchoient MM. les conseillers de la Ville, ayans des mantheaux à manche de pou de soye doublez de satin, le tout noir, que chacun d'eux a volontairement fait faire à ses despens.

Suivoient MM. les quartiniers de ladicte Ville, ayans aussy des mantheaux de pou de soye doublez de tabis, qu'ilz avoient pareillement fait faire à leurs despens ; et après eux marchoient les bourgeois mandez des quartiers, et ensuite les cinquantiniers et diziniers. Ce qui pouvoit composer cinq cens hommes ou environ, tous bien montez et fort bien couverts.

Estant à l'hostel de Montbazon tout le bureau de ville, mirent pied à terre et furent en la première salle, en laquelle les attendoit ledict sieur duc de Montbazon,

---

[1] Rue de Béthisy.

qui les entretint quelque temps, leur disant que M. de Saintot estoit allé au Bourget[1] pour sçavoir l'heure que nous devrions sortir de cette ville, et que les chevaux dudict sieur Saintot estoient en l'escurye dudict sieur duc en attendant son retour, ce qui fut cause qu'on demeura là quelque temps. Mais, comme l'on vit qu'il estoit plus de trois heures, l'impatience emporta quelques-uns qui persuadèrent à M. le gouverneur de partir; ce qui fut fait. Et allèrent en l'ordre que dessus, excepté que ledict sieur gouverneur se mit à la droite de M. le prévost des marchans, et deux de ses gentilshommes avec le maistre d'hostel de la Ville; passèrent par la rue de l'Arbre-Sec à la croix du Tiroir, et de là le long de la rue Sainct-Honoré en celle de la Féronnerie, et suivirent toute la rue Sainct-Denis jusques au hault du fauxbourg. Auquel lieu le sieur de Saintot les rencontra, qui leur dist qu'ils ne devoient point tant haster, et que le roy ne devoit partir qu'à cinq heures du Bourget. Ce qui fut cause que ledict sieur de Montbazon, qui s'estoit arresté à M. le comte de Sainct-Agnan, fut attendre la Ville à la Chapelle, où il mit pied à terre au logis de M. Mérault; dans laquelle maison chacun se rafraîchit environ trois quarts d'heure. Pendant lequel temps les archers de la Ville se mirent en plusieurs pelottons dans une chaume[2] au-dessus du jardin dudict sieur Mérault, où ils firent voir qu'ils sçavoient ce qui estoit de leur debvoir. Il y avoit aussy grand divertissement à voir toute la campagne couverte de monde qui accouroient de tous costez au rendez-vous donné pour attendre le roy.

[1] Village à trois lieues de Paris, sur la route de Lille.
[2] Un champ de blé coupé.

Le sieur gouverneur et toute la Ville ensemble, estant remontez à cheval, seroient allez en l'ordre susdict jusques auprès de la Croix-qui-penche. Auquel lieu il se trouva sy grande foulle de peuple, que ledict sieur de Saintot, avec toute l'assistance qu'il peut recevoir des officiers de la Ville, eut bien de la peine à réserver une place qui se peust trouver libre lorsque le roy passeroit. Et de fait, Sa Majesté y arrivant en carrosse, dans lequel estoit le roy, la reyne régente, monseigneur le duc d'Anjou, M. le duc d'Orléans, M. le prince, M. de Mazarin, Mademoiselle, Madame la princesse et madame de La Flotte, l'on ne peut empescher qu'il n'y eust de la confusion. Et néantmoins, le carrosse arresté, M. le prévost des marchans dit au roy :

« Sire,

« Il est aysé à Vostre Majesté de voir et cognoistre avec quel zelle et affection tout ce grand peuple est sorti de Paris pour luy venir rendre, à la campagne, les devoirs et hommage qu'il doibt à son roy, en lui tesmoignant par des cris et acclamations publiques, la joie qu'il reçoit du retour de Vostre Majesté dans le lieu de son séjour ordinaire, auquel vos prédécesseurs ont trouvé de grandz contentemens, dans les obéissances qu'ils ont tousjours recogneues parmy les habitans de la première ville du royaume. Aussy l'ont-ils honoré de plusieurs beaux et notables priviléges, dont elle a tousjours jouy par la confirmation qui en a esté faicte de reigne en reigne, mesme par Vostre Majesté, depuis son avénement à la couronne; dont nous la remercions très-humblement, la suppliant de croire qu'elle ne peut aller en aucun lieu du royaume où elle trouve plus de dévotion à son service que dans le cœur des Parisiens. C'est de quoy nous venons asseurer Vostre Majesté, prosternez à ses pieds, et supplier la reyne de vouloir oublier le desplaisir qu'elle peut avoir receu des mouvemens passez, causez d'une mésintelligence que les mauvais esprits ont portés dans l'âme de personnes mal intentionnez, qui avoient dessein de profiter dans les désordres qui ont paru, ausquels nous pouvons certiffier à Voz Majestés que les vrais habittans de Paris n'y ont jamais consenty, et n'ont veu les choses qui s'y sont passées qu'avec regret : » ce qui fut fort bien receu de Leurs Majestez et de toute la cour.

A l'instant ledict sieur gouverneur, prévost des marchans, procureur du roy, greffier et receveur de la Ville, qui avoient mis pied à terre, ayant remonté à cheval pour se mettre autour dudict carrosse, ainsy qu'il est accoustumé, ne purent jamais en approcher, tant il y avoit de presse auprès dudict carrosse; laquelle augmenta tousjours autant que le carrosse fut en chemin, qui demeura depuis les cinq heures jusques après huict, qu'il entra dans le Pallais-Cardinal, où la Ville le vint attendre, en luy confirmant la joye du peuple, qui fut si universelle, qu'il n'y avoit endroit dans le pallais où il ne se fist des réjouissances publiques; les cris sy fréquens de « Vive le roy! » ayant empesché que la plus grande partie du monde n'avoient pas entendu le bruit que firent les boistes et le canon de la Ville, qui estoit sur les remparts de la porte Sainct-Denis, tant l'on avoit l'esprit bandé à voir et félicitter ce monarque, qui prit grand plaisir à voir les soubmissions que luy rendoient ses bons subjects de Paris. Il seroit impossible de pouvoir despaindre en combien de sortes et de manières chacun s'efforçoit, à l'envy l'un de l'autre, à tesmoigner la joye, et de plaire à son prince. Mais je puis asseurer d'avoir ouy dire hautement, dans la cour du Pallais-Royal, à M. le marquis de Villeroy, gouverneur de Sa Majesté et mareschal de France, qu'il n'y avoit ville dans le monde qui peust faire une entrée à son roy telle que Paris avoit fait aujourd'huy, où vingt millions [1] d'âmes avoient paru portant au cœur et sur le visage un respect et une obéissance entière aux volontez de son roy.

Après que MM. de la Ville eurent rendu le second compliment à Leurs Majestés, ils remontèrent à cheval et prirent les archers de ladicte Ville, qui les attendoient au-dessus dudict Pallais-Cardinal, pour retourner à l'Hostel de ladicte ville, où ils se trouvèrent plus estonnez que devant, de voir cette place de Grève sy plaine de peuple qu'ils eurent peine à y passer, s'estant imaginé que tout estoit allé au-devant du roy, ayant esté asseurez que ces gens-là estoient là depuis lundy, pour voir le feu d'artifice qui estoit en ladicte place, que l'on fit jouer un quart d'heure après avec l'admiration de tous ceux qui en virent l'effet; disans tout hault qu'on devoit espargner la despense des lanternes, qu'on avoit mises de tous costez à l'Hostel de Ville, puisque, pendant trois quarts d'heure qu'avoit duré ledict feu, l'on n'avoit point eu besoin d'autres lumières que celle que l'artiffice produisoit, par diverses inventions que le nommé Caresme, artificier de la

---

[1] Ainsi porte le texte. Peut-être est-ce une figure pour signifier la France entière.

Ville, avoit trouvé pour le divertissement de tous les regardans.

DU SAMEDY 21ᵉ AOUST 1649[1].

Ledict jour, unze heures du matin, MM. les prévost des marchans et eschevins, procureur du roy et greffier de la Ville de Paris, ayant apris d'un des principaux ministres de l'Estat que le roy et la reine régente estoient en volonté d'aller à l'Hostel de Ville, pour tesmoigner aux bourgeois de Paris la satisfaction qu'avoient Leurs Majestés de la bonne réception qu'on leur avoit faicte à leur retour de Compiègne, et qu'il avoit esté balencé, sçavoir sy ce seroit pour le jour sainct Louis, ou pour le jour de la naissance du roy, et qu'enfin l'on auroit résolu celui-cy, et qu'on se contenteroit de faire aller le roy à cheval, ledict jour sainct Louis, depuis le Pallais-Royal jusques à l'esglise des Jésuittes de la rue Sainct-Antoine.

Ce qui donna occasion à MM. de la Ville de penser à ce qu'ilz avoient à faire, et de s'informer plus particulièrement des intentions de Leurs Majestés; qu'on leur dict estre d'avoir le bal dans la grande salle de l'Hostel de Ville, d'y faire collation, et voir ensuitte le feu d'artifice.

Pour à quoy parvenir, ilz auroient mandé tous les officiers ordinaires de la Ville pour leur ordonner ce qu'ilz avoient à faire. Mais, comme ils ne se trouvent gens bien satisfaits des desseins que le nommé Caresme,

[1] Préparatifs du bal de l'Hôtel de Ville.

artiller de ladicte Ville, leur avoit présentez pour le feu d'artiffice, l'un de MM. les eschevins proposa le sieur de Valdor, demeurant aux galleries du Louvre, comme un excellent homme, qu'on le pria de voir, et de l'amener au premier jour, pour adviser avec luy ce qu'il y auroit à faire en ce rencontre.

Et le lundy, 23ᵉ dudict mois d'aoust, ledict sieur Valdor seroit venu à l'Hostel de Ville, dix heures du matin, qui auroit faict voir à MM. de la Ville les dessins qu'il avoit projettez pour le feu d'artifice, qui furent trouvez fort beaux. Néantmoins l'on lui fit adjouster quelque chose à celluy sur lequel on s'arresta; et luy ayant demandé ce à quoy ledict feu reviendroit, il fit response que c'estoit à MM. de la Ville à en prendre meilleur marché qu'ilz pourroient des ouvriers : que de sa part il leur offroit la conduite de l'ouvrage et tous les soings qui se pourroient aporter, sans intérestz quelconques, mais qu'il croit que cette réjouissance publique se devoit estendre de toutes parts avec un grand esclat; c'est pourquoi il falloit rechercher les plus excellans ouvriers qu'il y eust, pour la mettre en sa perfection. Et en nomma quelques-uns pour faire les figures et les peintures, que l'on envoya quérir à l'heure mesme, pour leur donner ce qu'ils avoient à faire suivant ledict desseing.

L'on envoia quérir aussy le charpentier de la Ville, auquel l'on ordonna de dresser le théâtre du feu d'artifice ainsi que l'avoit projetté le sieur Valdor. Il luy fut aussy enjoinct de faire des eschafaux dans la grande salle suivant le dessein : qui estoit une gallerie suspendue tout au tour, au-dessus et au dessoubz de laquelle seroient des siéges en forme d'amphithéâtre.

L'on demanda pareillement le menuisier de la Ville, pour faire tout ce qui despendoit de son mestier pour l'ornement dudict feu, et oultre, faire dans ladicte salle un hault dais en forme de glacis, proche la cheminée, pour le roy et la reine : au bout duquel il en falloit faire un autre, d'un demy-degré plus bas, et ensuitte une place réservée pour le bal; laquelle avoit six toises de longueur sur quatre de large, en forme de menuiserie, ayant demy-pied de hauteur, à quoy l'on luy ordonna de travailler incessamment.

La plus grande difficulté se trouva avec l'artiller de la Ville, qui fut surpris de voir cette grande préparation de théâtre et voulut faire le renchéry, pour obliger MM. de la Ville à luy paier une somme de quinze cens livres, d'avance : ce qui fut modéré à moitié, l'ayant asseuré qu'il seroit payé du surplus selon que son artifice réussiroit ; ce que l'on eut peine à luy persuadder; et jusques à ce que l'on luy eust parlé des grosses dents, on ne le peut mettre à la raison.

Il y eut grand'peine à loger tous les ouvriers, qui travaillèrent jour et nuict, quelque feste et dimanche qu'il fust, affin de rendre la chose en estat dans le cinquiesme septembre.

Cependant MM. de la Ville donnèrent leur ordre pour la collation, ayant envoié un homme exprès en Touraine, afin d'apporter dix douzaines de mellons de Langès[1].

Firent marché à deux fruicttiers des halles pour avoir les plus excellans fruicts et en plus grande quantité qu'il sera possible.

---

[1] Langest, en Touraine.

Firent marché à un rôtisseur pour la viande qu'ilz voulloient entremesler, mesme en faire un service entier, en leur collation.

Envoièrent quérir le sieur de La Pointe, ancien sommeillier de M. de Bassompierre, fort expert en ce mestier, lequel l'on pria d'employer toute son industrie à faire les plus belles sucreries et confitures exquises dont il eust jamais ouy parler; ce qu'il accepta et promit de faire.

MM. de la Ville, ayant donné ces ordres, furent ensemble donner advis à M. de Montbazon de l'honneur que le roy et la reyne voulloient faire à ladicte Ville, et prier madame la Gouvernante d'en faire les cérémonies; ce qu'elle accepta, à condition que ce seroit avec madame la Prévoste des marchans. Et, de faict, elles se trouvèrent ensemble à l'Hostel de ladicte ville, le samedy 28e d'aoust, pour voir comment s'avanceroient les choses qui avoient esté ordonnées et de quelle façon se pourroient placer les dames sans faire aucune confusion. Ce qu'elles délibérèrent de faire, en faisant fermer la principalle porte de la grande salle, et faire entrer toutes les dames par le grand bureau.

Mais comme ladicte dame de Montbazon s'informa du lieu de la collation, et qu'on luy eut dict de la façon qu'on en vouloit user, qui estoit de faire un service de viandes et un autre de fruits et de confitures, elle y trouva beaucoup à redire et voulut dissuadder MM. de la Ville d'en user de la sorte, ne croiant pas, ainsi qu'elle disoit, que la reine voulcut se lever pour aller à ladicte collation, et qu'il seroit plus à propos de la porter par bassins dans la grande salle, et en retrancher la viande. Et, sur ce qu'on luy dict que l'on sçavoit de bonne part les intentions de la reine à ce regard, elle n'en dict pas davantage, sinon qu'elle s'en informeroit plus particullièrement, et que ces messieurs en seroient certains lundy prochain. Et ainsy prist congé de la compagnie, qui la fut conduire jusques à son carrosse.

Cependant ledict sieur Valdor conduisoit son ouvrage à merveille, et M. de Saintot, maistre des cérémonies, prenoit grand'peine à faire eschafauder la grande salle, et conserver des places, tant pour la cour que pour les officiers de la Ville, chacun de MM. les prévost des marchans, eschevins, procureur du roy, greffier et receveur ayant leur eschaffault particulier pour mettre leur compagnie dans ladicte grande salle. Mais comme ce feu parroissoit beaucoup, et que tant de monde s'empressoient pour le considérer que les ouvriers auroient peine d'y travailler, l'on le fit entourer d'une palicade d'ais, et couvrir de deux ou trois grandes bannes. Ledict sieur de Valdor pria MM. de la Ville de trouver bon qu'il fist imprimer l'explication, qu'il réduisit en peu de parolles dont la teneur ensuict :

Explication du magnifique dessein du feu de joye faict par ordre de MM. les prévost des marchands et eschevins de la ville de Paris, pour le jour de la naissance de Louis XIV, roy de France et de Navarre, et en réjouissance de son heureux retour en sa bonne ville de Paris.

« Messieurs,

« Quatre principaux objects ont esté le fondement de ce dessein. Le premier a esté de célébrer le jour de l'heureuse naissance de nostre jeune monarque, celle de tant de Césars et de grands princes nés pour faire voir l'abondance de touttes choses, que le retour du roy et de la reine font naistre par leurs présences dans Paris.

« Le second, pour tesmoignage de la joye sans exemples qu'ont ressentye les habitans de la première et de la plus magnifique ville du monde, dans l'heureux retour de Sa Majesté dans son enceinte.

« Le troisiesme, en recognoissance des grandes obligations qu'ilz ont aux bontez de la reine, d'avoir ramené le roy son fils.

« Le quatriesme, pour faire cognoistre aux ennemis de la France que leurs desseins sont abbatus, dans la croyance qu'ilz ont eu de l'esloignement de la personne du roy hors de sa ville capitalle.

« Vous sçaurez donc, attendant la représentation des particularitez des figures et de tout ce qui a servy d'ornement à ce célèbre ouvrage, que le corps principal est composé de celluy d'octogonne en portiques, accompagné d'un ordre d'architecture. Dans ces linéamans et ces mesures, aussy régulières que si l'on avoit eu des années à les proportionner, sont représentées huict des Muses, comme les véritables objets de réjouissances, et comme les sentinelles des arts et des sciences, voulant tesmoigner qu'elles se trouvent obligées à venir rendre leurs debvoirs, comme très-intéressées à Leurs Majestez, sans la présence desquelles elles ne pourroient se faire suivre, ny chérir; qu'à l'envie les unes des autres, elles vont, à qui mieux mieux, restablir les sciences et les arts, vont replanter les palmes et les lauriers dans les lieux où ilz sembloient tout à faict infertilles. Par les sentences et devises, tirées des plus célèbres autheurs de l'antiquité, elles font paroistre leur zelle, semblant, par une émulation aussy vertueuse qu'admirable, s'entre-chocquer amiablement, et faire naistre, dans le retour de Leurs Majestez, des effects au-dessus de tout ce que l'on ayt jamais veu. Le dessus des portiques et ornemens de festons naturelz de fleurs, les plus belles que les saisons et la dilligence a pu fournir, pour faire voir l'abondance de toutes choses que le retour du roy et de la reine font naistre par leur présence dans Paris. Au-dessus de l'architecture se voient des devises, et les corps d'icelles représentées superbement enrichies. A chaque angle se voit un vaisseau sortir du corps de l'architecture, comme les armes de la ville de Paris, qui semble estre attaché au port, en seuretté, sans craindre les orages ny les tempestes. Entre les devises et les vaisseaux, sont des trophées, au milieu desquelles l'on y voit les armes du roy, entre lesquels mille fuzées en chifre font un déluge de feu et d'ornemens ; au-dessus est un pied d'estail triangle, afin qu'il soit veu de tout le monde, à chaque angle duquel sont représentées : Minerve, la Paix, et Uranie, comme résolues à contribuer au repos universel. Au-dessous des pieds de ces trois vertus sont foullés des monstres et des serpens, pour faire voir qu'avec la naissance du roy et son heureux retour les desseins des ennemis sont rompus et hors d'espérance de nous nuire. Aussy faisons-nous paroistre au-dessus des susdictes vertus, un Apollon entre des nuées, comme descendant du ciel pour venir à un triomphe sy magnifique. Il représente la personne de Sa Majesté, tenant en la main droicte les trois Grâces, et en la main gauche un foudre, avec ces mots : DEXTRA PROMPTIOR ; estant vray que noz roys ont une inclination naturelle à faire du bien à leurs subjects. Au-dessus de la figure d'Apollon se lève une piramide, indice de l'immortalité des princes, soutenue par des aigles et lions ; la piramide, embellye à chaque angle de feux continuels, faict voir que la gloire de nostre prince sera immortelle, et le chiffre et ornemens représentés sur icelle seront les escriteaux qui serviront à la postérité pour marque de l'amour de ses peuples. Au-dessus de la piramide de porfire, la plus durable de toutes les pierreries, est représentée la Justice, comme l'amour et l'objet et les délices de tous les François.

DU JEUDY 2ᵉ JOUR DE SEPTEMBRE 1649.

MM. les prévost des marchans et eschevins, procureur du roy et greffier de la Ville, furent, entre dix et onze heures du matin, chez M. le duc de Monbazon, le prendre pour aller de compagnie prier le roy et la reine de faire l'honneur à la Ville de voulloir prendre, dimanche prochain, cinquiesme de ce mois, jour de la naissance du roy, le divertissement du bal dans l'Hostel de Ville, la collation, et ensuitte le plaisir d'un feu d'artifice, qu'ils avoient faict préparer dans la place de Grève ; le tout, en réjouissance de l'heureuse naissance de ce grand monarque : ce qu'ils firent sy à propos, qu'ils trouvèrent Leurs Majestés, et le petit M. d'Anjou, tous trois ensemble, qui promirent à la Ville de s'y rendre sur les quatre heures, avec toute la cour.

De là, la mesme compagnie fut chez M. le cardinal Mazarin, le prier de se trouver à tous ces divertissemens : ce qu'il promit de faire, avec des tesmoignages de beaucoup d'affection.

Du Pallais-Royal, où demeura ledict gouverneur, lesdicts sieurs de la Ville furent à celluy d'Orléans, où ilz prièrent son Altesse Royalle et madame la duchesse sa femme, de leur faire l'honneur et à la Ville de se trouver à l'Hostel d'icelle, à l'heure que Leurs Majestez leur auroient donnée, pour voir cette magnifficence publicque : dont ilz furent remerciez.

Madame la princesse douairière de Condé receut les mesmes complimens avec joie, encore qu'elle ne demeurast pas d'accord de s'y trouver, à cause de la grande chaleur, mais que sa consolation estoit qu'elle y auroit quatre enfans.

Nous passasmes chez M. le Prince, qui ne se trouva pas en son hostel ; Messieurs parlèrent à madame la princesse, qui promit d'y accompagner la reine.

Mademoiselle y fut pareillement invitée ; dont elle tesmoigna beaucoup de ressentiment, et asseura MM. de la Ville qu'elle iroit vollontiers.

Le samedy, unze heures du matin, mesdictz sieurs de la Ville furent chez M. le prince de Conty, où ils trouvèrent madame de Longueville ; qui furent tous joincts à cette cérémonie, qu'ils promirent d'honnorer de leurs présences.

Dès vendredy au soir, MM. de la Ville furent advertis que la reine ne voulloit poinct changer de place pour faire la collation, et qu'il luy falloit porter par bassins dans la grande salle : ce qui les obligea à contremender la viande qu'ilz avoient donné ordre de préparer, et indemniser le rôtisseur qui la devoit fournir.

La plus grande partie des dames de la cour envoièrent demander des chambres et lieux particuliers à l'Hostel de Ville, pour s'y coiffer et ajuster; à quoy il fut satisfaict, autant qu'il fut possible.

Les tapissiers de la Ville eurent ordre de mettre trois dais, l'un au-dessus et devant la cheminée de la grande salle; un autre dans le grand bureau, à l'endroict où Leurs Majestés doibvent veoir le feu d'artiffice, qui paroissoict autant dehors que dans la Grève, qu'au dedans dudict bureau; et un autre, en une chambre préparée pour recepvoir et rafraîchir le roy et la reine, en cas que Leurs Majestés en eussent besoing et le désirassent aussy.

Les eschafaux de la grand'salle furent tous couverts de tapisseries, et les deux haults dais faits en glassis, où estoient Leurs Majestés et tous les autres princes, seigneurs et grandes dames, estoient couverts de tapis de Turquie; et la plate-forme, où l'on devoit danser, couverte de drap vert, fort baudé et bien approprié.

Le grand et le petit bureau, la salle des capitaines de la chambre de la reine, et touttes celles qui avoient veue sur la Grève, où MM. les eschevins ou autres officiers de la Ville faisoient leurs collations, furent pareillement tapissées de tapisseries de haulte lisse, et le tout garny de quantité de chaises de vellours et autres siéges, ainsy qu'ilz se peurent trouver.

Thomas de La Voie, maître serrurier de la Ville, et capitaine de l'artillerie d'icelle, eut ordre de faire conduire le canon de ladicte ville au bas de la place de Grève et d'y faire apporter les boittes, pour les tirer le dimanche cinquiesme, jour de cette heureuse naissance, cinq heures du matin, et de les recharger pour les tirer lorsque le roy approcheroit de l'Hostel de Ville, et encore les charger pour les tirer devant ou après le feu d'artiffice, ainsy qu'il plairoict à Leurs Majestés.

L'on envoia aussy des mandemens aux quartiniers dont les quartiers ont veue depuis la Grève jusques au Pallais-Royal, à ce qu'ils fissent mettre des flambeaux et lanternes aux portes et fenestres, pour éclairer où le roy et le reste de la cour passeroit.

MM. les conseillers et quartiniers furent conviés, sans mandement, à se trouver avec leurs femmes à l'Hostel de Ville, à l'heure des cérémonies; ausquelz MM. de la Ville donnèrent ordre de leur faire faire collation.

DU DIMANCHE 5ᵉ SEPTEMBRE 1649 [1].

Ledict jour, cinq heures du matin, M. de Lisle, lieutenant des gardes du roy, et M. de Bragelogne, enseigne desdictes gardes, assistez de quantité d'exempts et archers du corps du roy, sont venus en l'Hostel de Ville se saisir de touttes les portes, et prendre les clefs de celle que le sieur de Sainct-Amour, aussy l'un desdictz exempts, avoict fermée, le jour précédant; en sorte qu'on ne laissa la liberté à personne d'entrer et sortir que par leur moien : ce qui apporta une telle confusion à la porte principalle de la Grève, et à celle par laquelle on entroit en la grand'salle, qu'il y eut beau-

[1] Bal donné par l'Hôtel de Ville au roi, le jour de son anniversaire.

coup de peyne pour entrer dans l'une et dans l'autre. Et, n'eust esté que ledict sieur lieutenant des gardes permit à M. le prévost des marchans de faire passer son monde par la porte d'en hault, il eust esté aussy houspillé que le reste. Cela causa néantmoings quelques désordres; d'autant que le peuple, ayant appris que l'on entroit par là, s'y est jetté avec telle abondance, que la foule y estoit aussy grande qu'à la première; ce qui incommoda encore la salle où estoit dressée la collation du roi. Outre qu'il est venu un huissier de la chambre de la reine, lequel, s'estant saisy d'une chambre, où on avoit mis un dais, au cas que le roy et la reyne voulussent se raffraîchir, a faict mil incartades et ne voulloit ouvrir à personne; dont MM. les prévost des marchans et eschevins se sont formalisez, en sorte que ledict huissier a quitté la porte et s'est retiré. Touttes les dames, superbement vestues et richement parées, sont entrées, les unes après les autres, jusques à cinq heures du soir que le roi est arrivé, la reine régente sa mère, M. d'Anjou, M. le duc d'Orléans, Mademoiselle sa fille, M. et Madame la princesse de Condé, Madame et Mademoiselle de Longueville, M. le prince de Conty, M. le cardinal Mazarin, MM. de Guise et d'Elbœuf, M. de Vendosme, M. de Mercœur, les niepces dudict sieur cardinal, Madame la duchesse d'Engoulesme, et quantité d'autres princes, princesses et seigneurs de haulte condition, qui ont tous pris leur temps d'entrer en la grande salle de ladicte Ville. Lors de l'arrivée de Leurs Majestés, MM. les prévost des marchans et eschevins, procureur du roy, greffier et et receveur de ladicte Ville, les estans allés recevoir avec leurs robbes de vellours, jusques au bas du perron de l'Hostel de ladicte ville, madame de Montbazon et madame la prévoste des marchans, superbement vestues et ornées de pierreries et perles de grand prix, ayans attendu ladicte dame reyne au millieu de la montée de ladicte Ville, à laquelle ayant faict un court compliment auroient suivy le roy. Lequel, ayant recognu qu'il y avoit trop de presse à la grande porte de la salle, auroit trouvé visée, par la gallerie qui va à la salle des cappitaines et par la chambre du greffier, de se rendre à la porte d'en hault de ladicte grand salle ; par laquelle Leurs Majestez et toute leur suitte sont entrés, ayant veu en passant la collation préparée de fruits, pastes sucrées, confitures exquises, contenant quarante deux bassins, outre les assiettes creuses garnies, ainsy que lesdicts bassins, des choses les plus belles et plus rares que la saison a peu fournir, ce que Leurs Majestez jugèrent bien en passant. Et furent bien aussy adverties que MM. de la Ville avoient faict estat d'y adjouster un premier service de quarante bassins de menu rost, faisant estat que ladicte dame reyne amenneroit le roy son fils dans ladicte salle des cappitaines pour y prendre ladicte collation ; de quoy elle auroict esté dissuadée, et dont elle auroict faict sçavoir son intention à MM. de la Ville, comme dict est. Toutte la cour ne pouvoit assez louer le soing que MM. de la Ville avoient pris d'assembler tant de beaux fruicts et de si belles confitures ensemble, dont ladicte collation estoit composée. Leurs Majestez et touttes leurs suittes estans entrez dans ladicte grande salle, elles prirent leurs places sur le hault dais qui leur avoit esté préparé, et derrière eux MM. le cardinal Mazarin, de Vendosme et autres princes et seigneurs qui ne sont plus dans le temps de danser. Le roy estoit sur un siége fort bas aux piedz de ladicte dame reine sa mère, qui avoit Mademoiselle d'Orléans à la gauche et Monsieur, son père, à droicte. Le reste de la compagnie estoit sur une estrade moins eslevée que celle de Leurs Majestez, et toutes les dames assises à l'entour la place réservée pour la danse, qui estoit une platte forme d'ais, élevée d'un demy-pied, tout couvert de drap vert. Leurs Majestez estans entrez dans ladicte salle, elles commandèrent de jouer un branle que le roi menna, tenant Mademoiselle par la main; Monsieur, son père, la duchesse de Montbazon; le duc de Nemours, la princesse de Condé; le duc de Rohan, la duchesse de Longueville; le sieur Bouteville, mademoiselle de Longueville; le duc de Candalle, la demoiselle de Montbazon; le chevalier de Guise, la duchesse d'Angoulesme; le prince de Condé, mademoiselle de Chevreuse; le duc de Joyeuse, mademoiselle de Guerchy; le duc de Mercœur, la damoiselle de Manchiny, niepce de M. le cardinal Mazarin; le sieur de Termes, madame la prévoste des marchans; le sieur de Brancas, la damoiselle de Roquelaure; le sieur de Jaucourt, de Pomereu; le sieur de Moret, la damoiselle de Sainct-Maigrin; le comte de Sainct-Agnan, la damoiselle de Meullan, et plusieurs autres seigneurs, dames et damoiselles dont je n'ai peu scavoir le nom.

Après le branle, le roy menna Mademoiselle à la première courante, avec tant de bienséance et de mignardise qu'on l'eust pris pour l'Amour dançant avec l'une des Grâces; de sorte qu'il ne ravit pas moins à soy, par cette action, les cœurs de tous les illustres spectateurs, qu'il faict ceux de tous ses subjects pour la douce gravité de son auguste visage, en un aage auquel peu d'autres s'en trouveroient capables.

Cette courante se continua long temps, pendant lequel Sa Majesté menna dancer, avec la mesme disposition, madame la duchesse de Montbazon et madame la présidente Le Féron, prévoste des marchans, comme fit Mademoiselle Monsieur, le frère unique de Sa Majesté, qui s'en acquitta aussy avec l'admiration de toutte la compagnie.

La nuict estant venue, on alluma dans cette grande salle un nombre infini de lumières, préparées dans les chandelliers de cristal, dont la clarté estoit redoublée par le brillant des diamans, qui esblouissoit les yeux de telle sorte que leur esclat doibt excuser les défaux qui se pourroient trouver en cette relation.

Le bal ayant esté fermé par un autre branle, que le roi menna de rechef, chacun se mit à sa place. La collation, composée de quarante-deux bassins, fut apportée en ladicte grand'salle, et présentée à Leurs Majestez par les officiers de la Ville et le sieur de la Pointe, qui avoit eu le soing des confitures.

On présenta pareillement lesdicts bassins aux princesses et grandes dames, plassez tant sur les haults dais qu'à l'entour de la dance, et ensuitte à touttes les autres qui remplissoient les amphitéâtres.

Pendant cette collation, MM. les prévost des marchans et eschevins, procureur du roy, greffier et receveur, demeurèrent tousjours sur le hault dais, près et derrière Leurs Majestez, pour rendre compte de ce qu'il plaisoit à la reine leur demander.

La collation achevée, Leurs Majestez furent conduictes par MM. de la Ville, de cette salle, où estoien près de cinq mil personnes, dans le grand bureau de ladicte Ville, lieu préparé pour leur faire voir le feu d'artifice : où se mirent Leurs Majestez, M. le frère unicque du roy, son Altesse Royale, Mademoiselle la princesse, et la princesse de Condé, le prince de Conty, le cardinal Mazarin, et la duchesse de Longueville, tous les autres princes et princesses, seigneurs et dames de la cour s'estans rangés aux autres fenestres du grand bureau.

Le peuple, qui estoit en abondance dans la place de Grève, n'eust pas plustost apperceu Sa Majesté à cette croisée, qu'il commença ses cris de « Vive le roi! » et à l'instant les boistes de la Ville, et ensuitte le cannon d'icelle, firent leurs descharges : ce qui remplict l'air du bruit et de la joye publicq. Il fut tiré une douzaine de grosses fusées, qui se trouvèrent fort excellentes ; après l'effect desquelles l'on mit le feu à l'artifice, qui dura environ une heure et donna de très-grandes satisfactions à un chacun, mais surtout à Leurs Majestez, qui tesmoignèrent à la Ville autant de contentement qu'elle-mesme en ressentit d'avoir esté sy gracieusement et sy cordiallement honoré de leur royalle présence.

Toutes ces magnificences ayant esté terminées par les très-humbles remercimens que lesdicts sieurs de la Ville firent à Leurs Majestez de l'honneur qu'ils avoient receu par leur présence, ilz les furent reconduire jusques à la grand'porte de l'Hostel de Ville, où ilz se tinrent jusques à ce que Leurs Majestez fussent en carosse. Et pour le chemin du Pallais-Royal, où touttes les portes et fenestres estoient esclairées de lumières, la plus part bigarées de diverses coulleurs, les rues retantissoient de continuelles acclamations de peuple, qui ne se lassait de crier « Vive le roy ! » et « Le beau jeune monarque ! »

Le lendemain, 6ᵉ de ce mois, dix heures du matin, MM. les prévost des marchans et eschevins, procureur du roy, greffier et receveur, furent trouver M. de Montbazon, gouverneur de Paris, et allèrent, de compagnie, au Pallais-Royal, remercier Leurs Majestez de l'honneur qu'elles avoient faict à la Ville. Ilz trouvèrent le roy, la reyne, sa mère, et M. le duc d'Anjou, dans la chambre de ladicte dame reine, à laquelle ayant faict leurs complimens, elle leur tesmoigna une grande satisfaction des soings qu'ilz avoient apportées à bien recevoir Leurs Majestez audict Hostel de Ville, et dit hautement qu'elle y avoit receu tant de contentement qu'elle pouvoit désirer ; et mesme, ce qui est à considérer, qu'au lieu de la chaleur qu'elle avoit apréhendé de trouver dans cette grande salle, à cause du temps et du grand peuple, elle y avoit senty un air frais et tempéré, avec un si agréable divertissement de voir les dames sy ajustées et chargées de tant de riches pierreries, qu'elle ne croit pas que, dans tout le reste du monde, il s'en peut tant voir ensemble, et qu'il n'y avoit que Paris qui peut produire tant de merveilles.

Ce faict, ilz furent rendre compliment à M. le cardinal Mazarin, qui leur parla de l'affaire des bledz, et de l'ordre qu'il avoit donné pour en faire venir de quelques endroits ; mesme ce qu'il croiroit que la Ville debvoit faire pour seconder les bonnes intentions du roy et de la reyne en cette affaire, sy importante au publicq.

DU SAMEDY 11ᵉ JOUR DE DÉCEMBRE 1649 [1].

Ledict jour, s'estant meu quelque bruict au quartier de la Cité, sire Jehan Rousseau, quartinier, seroit venu à l'Hostel de Ville en advertir MM. les prévost des marchands et eschevins. Lesquels, ayans envoyé plusieurs personnes pour veoir ce qui s'y passeroit, auroient apris qu'ayant esté ce matin tiré un coup de pistollet dans le carrosse de M. Jolly, conseiller au Chastelet, estant dans la rue Saint-Victor, allant chez M. le président Charton, il se seroit assemblé quelques personnes, et qu'en mesme temps ledict sieur président Charton seroit sorty de sa maison avec dix ou douze personnes armez : lequel auroit esté en cet estat au palais, se plaindre de cet attentat, et demandé permission d'en informer. Ce qu'ayant obtenu, il s'estoit trouvé que le marquis de La Boulaye seroit sorty par une des portes du palais, et ledict sieur Charton par l'autre, en criant haultement : « Aux armes! aux armes! mes amis, l'on nous veult tous assassiner! » Ce qu'ayant faict courir par tout le palais, et aux environs, par leurs émissaires, il ne se seroit pas trouvé un bourgeois qui ayt voulu quitter sa boutique, quelques-uns les ayans fermées, crainte d'estre vollez. Ce qui auroit nécessité lesdicts sieurs de La Boulaye, Charton, et autres de leur faction, à se retirer dans le cloistre Nostre-Dame, sans rien entreprendre davantage ; les boutiques ayans esté rouvertes à l'instant. Et de faict, la reyne estant,

---

[1] Coup de pistolet de Guy Joly. Échauffourée du marquis de La Boulaye. C'est le commencement de la lutte entre le coadjuteur et le prince de Condé.

quelque temps après, allée à l'esglise Nostre-Dame, où elle va tous les samedis, il ne luy en apparut rien, ny à ceux de sa suitte. Ce qui fut cause que MM. de la Ville ne jugèrent pas qu'il y eust rien à faire en ce rencontre.

Néantmoins, comme le bruict s'estendoit par toute la ville, et que chacun en parloit à sa fantaisie, ils furent obligez d'aller veoir M. le chancelier; lequel, plainement informé de cet affaire, dict ausdicts sieurs de la Ville que c'estoit une pièce jouée à desseing d'esmouvoir le peuple à sédition, et faire sortir la reyne hors Paris; mais qu'elle avoit réussy tout au contraire par la constance des bourgeois, qui ont tesmoigné que rien n'estoit capable de les esmouvoir que les mandemens de MM. de la Ville; que cela confirmoit Leurs Majestez dans la résolution qu'ils ont prise de demeurer à Paris; et, quand à luy, il avoit pour devise qu'il falloit régner et mourir à Paris; fut d'advis que ces messieurs allassent veoir M. le cardinal Mazarin avant que d'aller chez la reyne, pour en avoir son sentiment. Ce qui engagea MM. de la Ville d'aller au Palais-Royal. Où estans, M. le cardinal Mazarin ne parut jamais plus gay, ny plus résolu; nous racompta tout ce qui se peult dire de cette action à la louange de Paris et des Parisiens, et, entre autres choses, qu'il avoit tousjours ouy dire que le peuple estoit comme la mer; que, lorsqu'il n'y avoit point de vent, elle devenoit calme, mais qu'elle s'agitoit de quelque costé que venoit la tempeste; qu'il n'en estoit pas ainsy des Parisiens, et que telle sorte de tempeste que celle qui s'estoit eslevée ce matin ne les avoit point esmeuz, qui est un tesmoignage de leur affection envers leur prince ; ce qui n'avoit pas aussi empesché la reyne d'aller à ses dévotions ordinaires : qu'il alloit de la prudence de MM. de la Ville de contenir le peuple dans ce respect, et qu'il donneroit compte à la reyne des devoirs qu'ils luy sont venus rendre, ne voulant point estre veue cette après-disnée. Dont la compagnie l'a très-humblement remercié.

DU DIMANCHE 12ᵉ JOUR DE DÉCEMBRE 1649.

Ledict jour, entre trois et quatre heures de relevée, la reyne régente envoya dire à MM. le prévost des marchans et eschevins de la ville de Paris qu'ils fussent sur les six heures au Palais-Royal pour entendre ce qu'elle avoit à leur dire, et qu'ils fussent accompagnez d'aucuns de MM. les conseillers, colonels et quartiniers de ladicte Ville, qu'on envoya à l'instant advertir. En sorte qu'à cinq heures et demye MM. le prévost des marchans, eschevins, procureur du roy et greffier de la Ville, M. Barthelemy d'Oinville, Héron, Baudequin et de La Court, MM. Favyer, de Lamoignon, Scaron de Vaure, et Boucher, colonels, sires Jacques Tartarin, Juillien Gervais, Jean Cottart et Charles Le Jeune, quartiniers, partirent de l'Hostel de Ville en quatre carosses, et furent audict Palais-Royal, où il y avoit grand cour. Ils trouvèrent, en entrant en l'antichambre de la reyne, le sieur de Sainctot, maître des cérémonyes, qui reconduisoit MM. les gens du roy du parlement ; lesquels ayant quittez, il fut dire au roy et à la reyne que lesdicts sieurs de la Ville estoient venus. Et ayant eu ordre de les faire entrer dans la gallerie où Leurs Majestez étoient assizes sur deux chaires assez basses, et autour d'eux, debout, MM. les duc d'Orléans, princes de Condé et de Conty, le cardinal Mazarin, M. le chancelier, M. l'abbé de La Rivière, M. le conte de Brienne et autres personnes de haulte qualité, et s'estant lesdicts sieurs de la Ville approchez de Leurs Majestez, la reyne leur dict qu'elle les avoit mandez pour leur dire qu'elle estoit fort satisfaicte de ce que les bourgeois de Paris, ayant le jour d'hier esté excitez de prendre les armes par des brouillons et ennemis de leur repos, aucuns d'eux ne l'avoit voulu faire sans ordre du magistrat; que les mesmes séditieux avoient crié cette nuit, en divers quartiers de cette ville, à haulte voix : « Aux armes! aux armes, bourgeois! » mesmes qu'aucuns des cappitaines de ladicte Ville, qui sont de la faction desdicts brouillons, auroient faict commandement aux bourgeois de leurs compagnies de prendre les armes et commencer la sédition, dont ilz n'auroient sceu venir à bout; qu'elle croioit à propos de faire entendre à un chacun la mauvaise intention de telles gens, et deffendre à toutes personnes de prendre les armes que par les mandemens de la Ville; qu'elle sçavait bien que telles menées se faisoient afin de l'obliger à sortir de Paris, ce qu'elle n'estoit point résolue de faire, ayant une plaine confiance aux habitants de cette grande ville, où estoit le séjour ordinaire des roys; que M. le chancelier leur feroit entendre plus au long l'intention du roy et la sienne.

En suitte de quoy, M. le chancelier, ayant pris la parolle, s'estendit sur l'intérest que tous les gens de bien avoient que Leurs Majestez demeurassent en cette ville; qu'il estoit certain que ce n'estoit que des séditieux, et personnes qui veulent proffiter dans le désordre, qui veulent esmouvoir le peuple et jetter la ville de Paris dans la confusion où il n'y avoit pas longtemps que nous l'avions veue, afin d'obliger Leurs Majestez à en sortir, ce qu'il falloit empescher avec adresse; que la reyne leur avoit tesmoigné ses bonnes intentions, rafermies par le peu de crédit qu'elle sçayt que les brouillons ont sur le peuple de Paris, estant constant qu'ils n'ont cessé de courrir toute la nuit dernière par Paris pour esmouvoir sédition, à quoy ils n'ont rien advancé; qu'il estoit néantmoings à propos que la Ville fortifiast les gens de bien en cette résolution, et demande à MM. les colonels qu'ils assemblent chez eux les officiers de chaque colonnelle, et leur enjoindre de ne point mettre leurs gens en armes, qu'au préalable ilz n'en ayent receu le mandement de la Ville, à ce que chacun soit confirmé dans l'obéissance que l'on doibt au magistrat, ou qu'aucun autre ne soit escoutté quand on leur voudroit persuader le contraire, ainsy qu'ils ont judicieusement faict jusques à présent.

A quoy M. le prévost des marchans a répliqué qu'il asseuroit Leurs Majestez que toutte la ville de Paris seroit tousjours dans une plaine submission, et qu'elle ne se relacheroit jamais de l'obéissance qu'elle doibt à son prince, quelques persuasions que les ennemis de leur repos leur voudroient donner au contraire; que MM. les conseillers de Ville, colonelz et quartiniers d'icelle, cy présens, tesmoigneront à Leurs Majestez de l'obéissance qu'ilz trouvent en l'exécution des mandemens de la

Ville, lors qu'il y va des comandemens et du service de Leurs Majestez; qu'ils ne manqueroient pas à envoyer des mandemens chez les uns et les autres, afin de contenir noz bourgeois en leur devoir. En suitte de quoy chacun a dict à Leurs Majestez les bruicts qui s'estoient faicts dans leurs quartiers et les alarmes qu'on a données en quelques-uns, sans que personne s'en soit remué, ce qui a fort contristé l'esprit de la reyne : de la quelle ayant pris congé, et de toute la cour, MM. les prévost des marchans, eschevins, procureur du roy, et greffier, sont retournez à l'Hostel de ladicte ville, où ils ont résolu les mandemens qui ensuivent :

De par les prévost des marchands et eschevins de la ville de Paris.

« Monsieur..., colonel. Nous vous prions de prendre garde qu'il ne se passe rien en vostre colonelle qui puisse troubler le repos de la ville, et que personne n'ayt à y prendre les armes, soubz quelque prétexte que ce soit, sans un ordre exprès de nous; et, à cet effect, vous manderez tous les officiers de vostre colonelle pour leur faire ainsy entendre, et donner ordre qu'il ne s'y tire point la nuit; et nous advertirez de ce qui s'y passera. Vous priant n'y vouloir faillir. Faict au bureau de la Ville, le 12e jour de décembre 1649. »

De par les prévost des marchands et eschevins de la ville de Paris.

« Sire Jacques Tartarin, quartinier. Prenez garde qu'il ne se passe rien, dans l'estendue de vostre quartier, qui puisse troubler le repos de la ville; mesme empeschez qu'il ne s'y fasse aucune assemblée, et donnez ordre que les chaisnes de vostre quartier ne soient tendues que par mandement exprès de la Ville; et nous advertissez de tout ce qui s'y passera. Sy n'y faictes faulte. Faict au bureau de la Ville, le 12ᵉ jour de décembre 1649. »

Lettre du roy à sa cour de parlement de Paris, tant sur ce qui s'est passé à Paris le samedy, 11ᵉ décembre dernier, que sur les entières satisfactions que Sa Majesté tesmoigne avoir receu de la fidélité des peuple et bourgeois de sadicte bonne ville de Paris.

« De par le roy,

« Nos amez et féaux. Nous avons sy bien reconnuu la syncère et cordialle affection de tout le peuple de nostre bonne ville de Paris vers nostre personne, et pour le repos de nostre Estat, dans le désir extrême qu'il nous a tesmoigné de nostre retour en nostre dicte Ville, et par toutes les démonstrations possibles de joye et de satisfaction publiques qui ont esté faictes alors que nous y sommes arrivez; et la conduite commune des bourgeois de nostre dicte ville a, depuis, esté si égale et si tranquille, que non seulement nous n'avons aucun subject de doubter de leur bonne volonté, mais aussy nous estimons estre obligez de nous en louer, et de tesmoigner en toutes occurences le contentement parfaict que nous en avons de plus en plus. Mais il est vrai que nous nous sommes bien apperceuz que quelques factieux, quoy qu'en petit nombre, ayans beaucoup de mauvaise intention, ont, par des interestz ou passion particulières, ou bien à la suscitation des ennemis de cet Estat, essayé de faire naistre des occasions d'exciter quelque sédition ou tumulte dans nostre dicte ville de Paris, afin de la remettre dans le trouble. Ces mauvais desseins ont paru par les faux bruits que l'on a semez de temps en temps, et dont l'on s'est servy pour séduire et débaucher le peuple; mais surtout la mauvaise intention des factieux s'est monstrée clairement en ce qui s'est passé samedy dernier, lors qu'en suitte de l'action attentée contre maistre Jolly, conseiller au Chastelet de ladicte Ville, ilz se sont déclarez ouvertement, sont allez dans le palais, dans les places publiques et par les rues, exciter un chacun à prendre les armes et les marchans à fermer leurs boutiques, et, par des propos les plus séditieux que l'on puisse tenir, n'ont rien obmis pour faire assembler et armer le peuple. Et encorres qu'à la vérité l'entreprise, telle qu'elle nous a esté rapportée, soit très-énorme, criminelle et punissable, néantmoins elle ne requéroit aucunement des remèdes et des voyes si extraordinaires, celles de la justice estant ouvertes à un chacun, comme vous l'avez assez faict connoistre par l'arrest que vous avez donné pour en faire informer. Et, bien qu'après cela il ne soit pas besoin de vous inviter de faire ce qui se doit en ce subjet, non plus qu'à maintenir toutes choses dans l'ordre et le repos, toutesfois nous avons bien voulu, par l'advis de la reyne régente, nostre très-honorée dame et mère, vous tesmoigner le gré que nous vous sçavons du soin que vous avez commencé d'en prendre, et vous dire que nous désirons que, conformément à vostre dict arrest, il soit incessamment procedé à la recherche de l'assassinat prétendu commis en la personne dudict Jolly, en sorte que la vérité en puisse estre connue, et qu'il s'en face une sévère punition : et qu'en oultre, n'estant pas moins important de pourveoir à la tranquilité publique qu'à la seureté des particuliers, nous entendons qu'à la requeste de nostre procureur général il soit pareillement informé et procédé contre ceux qui se sont efforcez, en suitte de cette action, d'esmouvoir le peuple à sédition, et qui ont fait connoistre, par leurs parolles et par leurs actions, le dessein formé de troubler le repos public, et de toutes les circonstances et deppendances dudict faict. Vous exhortant d'employer à cette fin l'auctorité de nostre cour de parlement, et vous asseurant que vous serez appuyez de nostre part ainsy que vous le pouvez désirer, et que vous ferez chose qui nous sera très-agréable. N'y faictes donc faulte, car tel est nostre plaisir. Donné à Paris le 12ᵉ décembre 1649. Signé : *Louis.* » Et plus bas : « *de Guénégaud.* » Et sur le dos est escrit : « A nos amez et féaux conseillers les gens tenans nostre cour de parlement à Paris. »

DU MERCREDI 15ᵉ JOUR DE DÉCEMBRE 1649.

Ledict jour, MM. les prévost des marchans et eschevins, procureur du roy et greffier de la Ville de Paris s'estant assemblez, dix heures du matin, à l'Hostel de ladicte Ville, où estoient mandez MM. les seize colonels, sont tous allez, de compagnie, prendre M. le duc de Montbazon, gouverneur de ladicte ville, pour aller à Luxembourg, suivant l'ordre qu'ils en avoient receu le jour précédent. Où estant, Son Altesse Royalle leur auroit dict que, tant de son chef, à cause de sa qualité de lieutenant général de l'Estat et couronne de France, que par l'ordre exprès du roy et de la reyne, il les avoit mandez pour leur faire scavoir qu'il falloit veiller dans Paris à ce que les ennemis du repos public ne pussent rien entreprendre qui le peult troubler, et, pour y parvenir, prendre garde qu'il ne se face aucune assemblée, ny conférence, de jour et de nuit, dans les quartiers, qui puisse y donner atteinte; et qu'à cette fin il falloit que MM. les colonels fissent entendre à tous les officiers de leur colonelle la nécessité qu'il y avoit d'y prendre garde, Leurs Majestez ayans de bons advis que tous ces malveillans n'en vouloient pas demeurer là, et qu'ils continuent leurs pratiques. C'est pourquoy il falloit faire deffence à tous bourgeois, de quelque qualité qu'ils soient et soubz quelques prétextes que ce puisse estre, de prendre les armes sans un ordre exprès, que Son Altesse Royale nous donneroit pour leur faire scavoir : et, en cas qu'il y eust quelque contravention, d'en aller aussy-tost advertir Sadicte Altesse Royalle, M. le duc de Montbazon, ou MM. les prévost des marchans et eschevins, les plus proches des lieux où la chose pourroit arriver, et qu'à cette fin l'on mist ès mains de son secrettaire tous les noms de MM. les colonels et des cappitaines de ladicte ville, quartier par quartier, afin qu'il sache où envoyer lors qu'il aura quelque chose à leur ordonner; qu'il estoit aussy à propos d'empescher que le bourgeois ne tire, ny de jour, ny de nuit, et leur faire les deffences à ce nécessaires, sur les peines que l'on voudra leur imposer, mesmes chastier rigoureusement ceux qui y contreviendront.

A quoy MM. les prévost des marchans et eschevins ont répliqué que Son Altesse Royalle trouveroit tousjours la Ville en disposition de lui rendre obéissance, scachant les bonnes intentions qu'il a pour la manutention du repos public; qu'elle enjoindroit, par un mandement particulier à MM. les colonels, de faire exactement observer tout ce que Son Altesse Royalle venoit de leur représenter devoir estre faict pour la seureté publique, et de nous advertir de ce qui se passera dans leur colonelle, afin d'en donner compte à Vostre Altesse Royalle, que nous supplions de prendre les voyes ordinaires et accoustumées pour cela, qui est d'en estre informée par nous, et de nous envoyer les ordres qu'il vous plaira estre gardez par les bourgeois dans toutes ces occurrances, à ce qu'elles soient receues de la part de la Ville, ainsy qu'il est accoustumé; que l'on fera un mémoire de MM. les colonels et cappitaines de cette ville et fauxbourgs de Paris, que l'on mettroit ès mains de M. Fromont, secrétaire de Vostre Altesse Royalle, puisqu'elle le désire ainsy : ce qu'elle témoigna avoir bien agréable. Et après que la compagnie eut pris congé de Son Altesse Royalle, MM. de la Ville sont retournez en l'Hostel d'icelle où ils ont résolu le mandement qui ensuit.

De par les prévost des marchands et eschevins de la ville de Paris.

« Monsieur....., colonel. Le roy et la reyne régente nous ayans, le jour d'hier, faict entendre, en la présence d'aucuns de vous, que les ennemis du repos publicq, n'ayant, samedy dernier, pu réussir à leurs mauvais desseings, cherchoient encorres quelques nouvelles inventions pour troubler l'estat présent des affaires, pour à quoy remédier Leurs Majestez nous ordonnoient de nous trouver ce jourd'huy au palais d'Orléans, pour recevoir les ordres qu'auroit à nous donner Son Altesse Royalle ; ce qu'ayant esté exécuté selon l'intention de Leurs Majestés, nous vous prions de faire entendre à tous les officiers de vostre colonelle ce que vous en avez appris par la bouche dudict seigneur, à ce qu'ils ayent à prendre garde qu'il ne se face aucune assemblée, ny conférence, de jour et de nuict, dans l'estendue d'icelle, qui puisse troubler le repos publicq ; dont vous nous donnerez aussy-tost advis : mesme d'empescher qu'aucun bourgeois ne prenne les armes sans mandement et ordre particulier de la Ville. Et, outre, faictes observer les deffences de tirer de jour et de nuict. Faict au bureau de la Ville, le 15e jour de décembre 1649[1]. »

DU MARDY 18e JANVIER 1650.

Ledict jour, entre sept et huict heures du soir, le roy et la reyne régente, ayant sceu que l'ambition de M. le prince de Condé l'avoit faict oublier le devoir qu'il doit à Leurs Majestez, en conspirant contre l'Estat, dont il conféroit avec le prince de Conty, son frère, et

[1] Toute la seconde moitié de ce mois de décembre et la première du mois de janvier suivant, furent remplies par les orageuses délibérations du parlement, au sujet du procès du marquis de La Boulaye, et des informations dirigées contre M. de Beaufort et le coadjuteur. Mais, pendant ce temps, la cour traitait avec les Frondeurs, ce qui amena l'arrestation des princes, laquelle se fit au Palais-Royal, à l'issue du conseil, le mardi 18 janvier 1650.

M. le duc de Longueville, son beau-frère, les firent arrester tous trois dans le Palais-Cardinal, et de là conduire au bois de Vincennes, par l'advis et prudent conseil de M. le duc d'Orléans, qui eut ordre d'en advertir MM. les prévost des marchans et eschevins, à ce que les colonels et cappitaines le fussent trouver à Luxembourg, le mesme soir. A quoy ayant donné ordre, ledict sieur prévost des marchands présent, mondict seigneur le duc d'Orléans leur dict que le roy et ladicte dame reyne s'estoient asseurez desdicts princes, affin de maintenir la paix dans le royaume, et principallement parmy le peuple de sa bonne ville de Paris, qui n'en devoit prendre aucun ombrage, puisque tout se faisoit pour le bien de l'Estat : dont il les prioit d'advertir, chacun en leur colonelle, les bourgeois et habitans d'icelle, à ce qu'aucun n'eust à bransler, ny prendre les armes, à peine de la vie; qu'il les avoit mandez pour les asseurer des bonnes intentions de Leurs Majestez, et de son affection singulière envers eux tous, à quoy il les prioit de prendre une entière confiance.

Ce qui donna occasion à M. le prévost des marchans, et à tous MM. les colonels et cappitaines là présens, d'asseurer Son Altesse Royalle de leur affection au service du roy, et de la supplier d'avoir la ville de Paris en sa favorable protection; luy tesmoignant estre tous en l'estat d'une parfaicte obéissance à tout ce qui leur seroit commandé pour le service de Leurs Majestez, et qu'ils s'en alloient tous donner ordre à ce qu'aucun ne branlast dans leurs colonelles : dont ledit seigneur duc d'Orléans tesmoigna grande satisfaction.

DU JEUDY 20ᵉ JOUR DE JANVIER 1650.

Ledit jour, sur le midi, M. de Sainctot, maistre des cérémonies, a rendu à MM. les prévost des marchans et eschevins de la ville de Paris la lettre du Roy dont la teneur ensuit :

De par le roy.

« Très-chers et bien-amez. Il est nécessaire, pour le bien de nos affaires, que vous veniez demain nous trouver, affin d'entendre les motifs que nous avons euz, après beaucoup de patience, de nous asseurer des personnes de nos cousins les princes de Condé et de Conty et duc de Longueville. Sur quoy, ayant donné charge au sieur de Sainctot, maistre de noz cérémonyes, de vous dire plus particulièrement ce qui est de nostre intention, nous voulons et vous mandons, de l'advis de la reyne régente nostre très-honorée dame et mère, que vous ayez à luy donner entière créance. A quoy nous ne vous ferons la présente plus expresse. N'y faictes donc faulte, car tel est nostre plaisir. Donné à Paris, le 19ᵉ jour de janvier 1650. Signé : *Louis*, » et plus bas : « *de Guénégaud.* » Et au dos est escript : « A nos très-chers et bien amez les prévost des marchans et eschevins de nostre bonne ville de Paris. »

Après la lecture de laquelle lettre, M. de Sainctot a dict à la compagnie que Sa Majesté et la reyne régente désirant informer la Ville des raisons que Leurs Majestez ont eues de faire arrester les princes mentionnez en ladicte lettre, il avoit ordre de leur dire qu'ils se trouvassent ce jourd'huy, quatre heures de relevée, au palais Cardinal, avec aucuns de MM. les conseillers et quartiniers de ladicte Ville, auquel lieu il attendroit la compagnie pour luy rendre ses offices en la manière accoustumée. Ce faict, MM. les prévost des marchans et eschevins ont faict advertir huict desdicts sieurs conseillers de Ville et six quartiniers de se rendre à l'Hostel de Ville à ladicte heure : où se sont trouvez MM. d'Oinville, de Santeuil, Le Vieulx, Gervais, Joubert, de Faverolles et de La Court, conseillers; sires Jacques Tartarin, Nicolas Voisin, Jullien Gervais, Nicolas Souplet, Claude Prévost et Charles Le Jeune, quartiniers, qui ont tous monté en carrosses et suivy celluy de M. le prévost des marchans, où estoient lesdicts sieurs prévost des marchans et eschevins, procureur du roy et greffier de ladicte Ville, qui sont allez en l'hostel de M. le maréchal de l'Hospital, gouverneur de Paris[1], qui avoit promis de les attendre. Néantmoins ayans esté pressé d'aller audict Palais-Cardinal, il auroit renvoyé son carrosse, qui estoit tout près en la cour dudict hostel, dans lequel lesdicts sieurs du bureau de la Ville se sont mis, et continué leur chemin audict Palais-Cardinal. Où estans entrez, et mis pied à terre, ledict sieur de Sainctot les a mis dans la salle ordinaire, où les estoit venu joindre ledict sieur gouverneur. Et après que toute la compagnie a esté ramassée, ledict sieur de Sainctot y a dit qu'il alloit voir en quelle disposition estoient Leurs Majestez, et les advertir que MM. de la Ville estoient arrivez : et, quelque temps après, M. de

---

[1] Le duc de Montbazon s'était démis de cette charge en sa faveur. Ses lettres de nomination sont du 24 décembre 1649. Il prêta serment le 28.

Rhodes, grand-maistre desdictes cérémonyes, seroit venu dire ausdicts sieurs gouverneur, prévost des marchans, eschevins, et à toute la compagnie, que Leurs Majestez les attendoient; qui les a faict monter en hault. Et estans entrez dans la gallerie neufve, où ils ont accoustumé d'avoir audiance, où estoient le roy et la reyne, et autour d'eux, debout et nu teste, M. le duc d'Orléans, M. le cardinal Mazarin, M. l'abbé de La Rivière, le comte de Brienne, et plusieurs autres personnes de grande condition, et approchez près de Leurs Majestez, la reyne leur auroit dit qu'elle les avoit mandez pour leur dire qu'elle avoit esté nécessitée de s'asseurer des personnes des princes de Condé et de Conty, et du duc de Longueville, affin de maintenir la paix dans le royaume, et de parvenir à une généralle, quand il plaira à Dieu de nous la donner; que les raisons en seroient de trop longue discution; qu'il les apprendroient par la lecture d'une lettre qu'elle envoiroit demain à la Ville, et qu'il estoit nécessaire que chacun sceust, affin de se fortifier dans l'affection et l'obéissance que le subject doit à son prince; qu'elle ne pouvoit doubter de l'amour et bienveillance de MM. de la Ville, l'ayant tousjours recognue très-sincère, et qu'elle les prioit de persévérer.

A quoy lesdicts sieurs gouverneur et prévost des marchans repartirent par des offres de services, et de nouvelles submissions qu'ils firent de se conformer toujours aux volontez de Leurs Majestez, ainsy qu'ils les assuroient de toute la ville de Paris en général.

DU SAMEDY 22ᵉ JOUR DE JANVIER 1650.

En l'assemblée ledict jour tenue au bureau de la Ville de Paris pour entendre la lecture d'une seconde lettre qu'il a pleu au roy escrire à ladicte Ville, en datte du 19ᵉ jour des présens mois et an, sur la détention de MM. les princes de Condé, de Conty et duc de Longueville, sont comparuz :

M. le mareschal de l'Hospital, gouverneur de Paris.
M. le président Le Féron, prévost des marchans.

Eschevins.

M. Lescot. — M. de Sequeville.

Conseillers de Ville.

M. Barthélemy, sieur d'Oinville. — M. Le Conte. — M. de Santeuil. — M. Guillois. — M. Héron. — M. Gervais. — M. Desnotz. — M. Joubert. — M. Baudequin. — M. Tronchet. — M. de La Court.

Quartiniers.

Sire Tartarin. — Sire François Sanson. — Sire Jullien Gervais. — Sire Anthoine de Laporte. — Sire Nicolas Voisin. — Maistre Nicolas Philipes. — Maistre Jean de Monhers. — Sire Nicolas Souplet. — Sire Jehan Despinay. — Sire Charles Le Jeune.

La compagnie estant assemblée, M. le gouverneur y a représenté qu'il avoit désiré de s'y rencontrer afin d'entendre la lecture de la lettre que le roy y avoit envoyée, d'autant qu'estant présens au Palais-Cardinal lorsque la reyne y manda la Ville, elle avoit remis à luy faire sçavoir ce qui estoit de ses intentions sur la détention de MM. les princes de Condé, de Conty et duc de Longueville, par le contenu de ladicte lettre. De laquelle lecture ayant esté faicte, ledict sieur gouverneur tesmoigna en estre grandement satisfaict, et dict qu'il voyoit bien que toute l'assemblée en avoit une pareille satisfaction : dont M. le prévost des marchands l'asseura de la compagnie, et que le corps de la Ville, ensemble tous les habitans et bourgeois d'icelle, ne se départiront jamais de l'affection qu'ils ont toujours eue au service du roy.

Ensuit la teneur de ladicte lettre[1].

De par le roy.

« Très-chers et bien amez. La résolution que nous avons esté forcé de prendre, par l'advis de la reyne régente, nostre très-honorée dame et mère, de nous asseurer des personnes des princes de Condé et de Conty, et duc de Longueville, est si importante au bien de nostre service, qu'encorre que nous ne debvions qu'à Dieu seul le conte de nos actions et de l'administration de nostre Estat, nous avons creu néantmoings ne pouvoir trop tost vous en faire sçavoir les motifs, et dans le publicq, afin que, tous noz subjects estans informez de la nécessité absolue où nous nous

---

[1] Cette lettre du roi à la Ville est entièrement semblable à celle qui fut envoyée au parlement. Cette dernière fait un imprimé de 20 pages in-4°, intitulé : *Lettre du roy sur la détention des princes de Condé et de Conty, et du duc de Longueville. Envoyée au parlement le 20 janvier 1650. A Paris, par les imprimeurs et libraires ordinaires de Sa Majesté*, MDCL, avec privilège de Sa Majesté.

sommes trouvez, par la conduitte desdicts princes et duc, d'en venir jusques-là pour prévenir les maux irréparables qui menassoient cette monarchie, chacun redouble son affection, et concoure, en ce qui dépendra de ses soins et de son affection et pouvoir, au but que nous nous proposons, de restablir un ferme repos au-dedans de l'Estat : ayant mesme reconnu, par expérience, que c'est l'unique moyen de porter à la raison nos ennemis, qui ne se rendent difficiles à la conclusion de la paix que dans l'attente, où ils sont, que les divisions qui ont agité depuis quelque temps cet Estat y causeront en fin un bouleversement général; dont nous espérons, avec l'assistance de Dieu, de le garantir. Nous nous promettons que le souvenir qu'aura toute la chrestienté de nostre modération, et de la douceur des conseils que nous avons suivis depuis nostre advénement à la couronne (qui a esté telle que souvent mesme on a imputé à foiblesse dans le gouvernement ce qui ne partoit que de nostre pure bonté, ou de prudence, pour d'autres raisons plus fortes), persuadera aysément un chacun que nous n'avons eu recours au dernier remède qu'après avoir esprouvé que tous les autres estoient impuissans. Et, à la vérité, quand il a fallu délibérer sur l'arrest d'un prince de notre sang, que nous avons tousjours tendrement aymé, et qui est d'ailleurs estimable pour beaucoup de haultes qualitez qu'il possède, d'un prince qui a remporté plusieurs victoires sur nos ennemys, où il a signalé son courage, il est certain, qu'encore qu'il ayt mal usé d'abord de la gloire particulière que nous luy avons donné moyen d'acquérir, et que son procédé, en diverses entreprises qu'il a faictes, nous ayt en tout temps donné de justes défiances de ses desseins, nous n'avons pu néantmoins sans une répugnance extrême nous déterminer à résoudre sa détention ; et nous aurions encorres dissimulé tout ce qu'il y avoit de mal en sa conduite, à moins d'un péril éminent de veoir deschirer cet Estat, et à moins d'avoir comme touché au doigt que, dans le chemin qu'avoit pris ledict prince et où il s'avanceoit tous les jours à grand pas, l'un des deux maux estoit inévitable, ou sa perte sans ressource, ou la dissipation de cette monarchie dans la ruyne de nostre auctorité, de la conservation de la quelle dépend principallement le repos et le bonheur des peuples que Dieu a sousmis à nostre obéissance. Il est si naturel à tous les hommes d'aymer leurs ouvrages, et d'en vouloir, autant qu'il se peult, conserver le gré et le mérite, que personne sans doute ne pourra présumer qu'ayant donné matière à nostredict cousin, par les employs de guerre que nous luy avons confiez, d'acquérir une haulte réputation, et ayant aussy comblé sa maison et sa personne de bienfaicts de toute nature, nous eussions pu nous porter, sans une dernière nécessité, à perdre le fruict de toutes ces graces, et à nous priver des services que nostredict cousin eust pu continuer à nous rendre, et par ses conseils et par ses actions, en des temps difficiles comme sont ordinairement ceux d'une longue minorité, s'il ne se fust pas tant escarté qu'il a faict du chemin de son debvoir, et qu'il eust pu modérer son ambition à se contenter de vivre le plus riche subject qui soit aujourd'huy dans la chrestienté. Et, certes, si on considère les grands establissementz qui sont dans sa maison, soit en charges ou en gouvernemens de provinces ou de places, ou en fonds de terres, ou en argent, ou en biens d'Église, on advouera que jamais il n'a esté versé, ny en sy peu de temps, dans une mesme maison, ny tant de graces, ny de si considérables que nous en avons faict, depuis nostre advénement à la couronne; à nostredict cousin, sans mesme mettre en compte tout ce que nous avons accordé à ses proches et à ses amis pour sa considération et à sa prière. Il ne nous peut pas nyer qu'il ne tienne de nostre libéralité seule tout ce qu'il possède aujourd'huy de charges et de gouvernementz, puis que tout avoit vacqué par la mort de feu nostre très-cher cousin le prince de Condé, son père, et qu'il fut alors en nostre plaine liberté d'en disposer en faveur de telles autres personnes que nous aurions voulu gratiffier préférablement à luy. Mais, pour reprendre la chose de plus hault, chacun peut se souvenir comme, dès que la reyne régente, nostre très-honorée dame et mère, prévit le malheur dont le ciel vouloit affliger la France par la perte du feu roy, nostre très-honoré seigneur et père, et que l'on n'espéra plus rien du recouvrement d'une santé si précieuse à l'Estat, elle s'appliqua particulièrement à s'asseurer de l'affection de nosdicts cousins, en ordonnant, aussy tost qu'elle fut désignée régente dans l'esprit du roy, à ceux en qui ce grand prince prenoit le plus de confiance, d'agir prez de luy pour le porter à faire diverses grâces à toute la maison. Ses ordres furent si heureusement exécutez que, nonobstant que le roy crust avoir desjà faict beaucoup pour elle, ayant mis peu de temps avant cela le duc d'Anghien à la teste de sa principalle armée[1]

---

[1] Celle de Picardie. Le brevet est du 21 mars 1643.

(à quoy il avoit eu d'abord tant de répugnance, qu'il avoit mesme délibéré de le faire retirer en Bourgogne), on ne laissa pas de luy persuader encorre de faire un honneur à feu nostredict cousin le prince de Condé qu'il avoit tousjours extraordinairement souhaité, qui fut de l'appeller dans ses conseils pour y exercer mesme la fonction de chef. Et, à quelques jours de là, il fut pourveu encorre de la charge de Grand Maistre de France, quoyque le roy, comme chacun scayt, eust résolu de la supprimer entièrement. La reyne, en suitte, dez les premiers jours de sa régence, luy donna, en nostre nom, les maisons de Chantilly et Dampmartin[1], ce qui fit dire dès lors à tous ceux qui avoient veu Chantilly que c'estoit le plus beau présent que jamais aucun roy eust faict à une seule personne. On luy permit en outre d'achepter les biens de feu nostre cousin le duc de Bellegarde, où la place de Bellegarde se trouvoit comprise, qui, pour son importance propre et à l'esgard des autres gouvernementz de nostre cousin, estoit celle de tout le royaume qui estoit le plus à sa bienséance, et qu'il avoit la plus désirée. Et quoy que tant de grâces, et qui estoient extraordinaires, estant accordées au père, ne fussent pas moins advantageuses au fils, qui en recevoit tout le fruict, la reyne eut la bonté d'en vouloir départir encorre de très-considérables à la personne du duc d'Anghien. On donna, à nos despens, à nostre cousin le mareschal de l'Hospital, la récompense du gouvernement de Champagne, et pour y joindre une place, on récompensa au sieur de Thibault le gouvernement des villes et

---

[1] En octobre 1643.

citadelle de Stenay, et l'un et l'autre furent donnez en mesmes temps audict duc. A la mort de feu nostre cousin le prince de Condé, nous donnasmes en un seul jour à sa maison, la charge de Grand Maistre de France, les gouvernementz de trois provinces, la Bourgongne, la Bresse et le Berry, outre celuy de Champagne qu'elle avoit desjà, et trois fortes places, le chasteau de Dijon, Saint-Jean-de-l'Aune et Bourges, outre Bellegarde et Stenay, dont elle restoit en possession. Nous avions tout subject de croire qu'il n'y avoit point d'avidité de posséder ou de s'agrandir qui ne dust estre plainement assouvie par une si grande effusion de bienfaicts de toute nature; et nostredict cousin nous donna pour lors des assurances formelles de ne jamais rien prétendre à l'advenir, advouant et publiant luy mesme que, quelques services qu'il eust renduz ou qu'il peust encorre rendre à l'Estat, il ne pouvoit rien demander raisonnablement au delà de ce que nous avions desjà faict pour son advantage. Cependant, il ne s'escoula guères de temps qu'il ne mist en avant d'autres grandes prétentions, sur des prétextes mandiez et injustes, renouvellant, pour mieux parvenir à ses fins, le mécontentement qu'il avoit tesmoigné un an auparavant de ce que nous avions pourveu la reyne, nostre très-honorée dame et mère, de la charge de Grand Maistre, Chef et Surintendant général des mers, navigation et commerce de France, qui avoit vacqué par la mort de nostre cousin le duc Brézé[1], son beau-frère, comme s'il eust eu un privilége particulier de rendre héréditaires dans sa maison toutes les charges que ses pa-

---

[1] Tué dans un combat sur mer, le 14 juin 1646.

rents auroient possédées pendant leur vie : ne voulant pas se souvenir mesme qu'il s'estoit positivement départy de nous rien demander sur le faict de ladicte charge, lorsque nous le gratiffiasmes de tant d'autres et qui estoient si considérables par la mort de son père[1], qui suivit de près celle du duc de Brézé. Avec cela, nous résolusmes de faire encore un dernier essay de le contenter, espérant tousjours que l'aage tempéreroit ses excez et son ardeur immodérée de s'élever; et, afin de luy oster une fois pour toutes, par quelque grande grâce, toute occasion d'en demander d'autres, nous comblasmes la mesure de tout poinct, et, sur les promesses qu'il nous renouvella de ne jamais rien prétendre, nous luy accordasmes un nouveau bienfaict, qui surpassoit en quelque façon tous les autres, qui fut d'adjouster à toutes les places de Bourgongne et du Berry qu'il avoit desjà, et à Stenay, celle de Clermont, avec le don en propre de tout le domaine[2] et de ceux de Stenay et de Jamets, qui vallent bien près de cent mil livres de rente. Nous avons, depuis cela, accordé à nostre cousin le prince de Conty, l'entrée dans noz conseils à l'aage de vingt ans (quoy que son frère et son beau-frère l'y eussent desjà), cent mil livres de pension, la place de Dampvilliers, dont il a fallu donner récompense au sieur d'Anevoux, qui en estoit pourveu, et estably sous son nom divers corps de troupes de cavallerie et d'infanterie. Nous ne parlons poinct de tant d'autres diverses grâces que nous avons continuellement départyes à nostredict cousin le prince

[1] Henri de Bourbon, prince de Condé, mort le 26 décembre 1646.
[2] Le Clermontois fut cédé à Louis XIII par Charles, duc de Lorraine, en 1646, et donné à Condé en 1648.

de Condé, et capables, seules, de satisfaire plainement tout esprit tant soit peu réglé : comme de sommes d'argent considérables que nous luy avons données chaque année, et toutes les augmentations de pensions, pour luy, ou pour sa famille et pour ses proches, qu'il a demandées. Nous ne parlons poinct de la considération que nous avons tousjours faict de ses prières, des brevetz de ducz, des promotions de mareschaux de France, de tant d'employs de guerre, de tant de charges militaires et autres de toute nature, des abbayes et éveschez, et de divers gouvernementz de places donnez, sur sa recommandation, à des personnes qui s'attachoient à luy. Enfin, nous appellons Dieu à témoin qu'il n'y a diligence imaginable que nous n'ayons pratiquée, et à son esgard et avec ceux qui pouvoient avoir quelque part dans sa confidence, pour fixer son esprit et pour le contenter. Et sur ce suject, nous sommes obligez de tesmoigner que nostre très-cher et très-amé oncle, le duc d'Orléans, préférant le bien de l'Estat et le bien de nostre service à tout autre intérest et considération particulière, nous a luy-mesme portez tousjours dans ces sentimens, et contribué beaucoup, par ce moyen, aux advantages dudict prince et à toutes ses satisfactions[1]. Mais tout a esté inutile : nulle grace, nulle application, nulle confiance n'ayant esté capable de mettre des bornes au desreiglement de son ambition. La nature de diverses prétentions qu'il a mises en avant, de fois à autre, et dont on a tasché de s'exempter avec

---

[1] On voit combien le duc d'Orléans est caressé dans toute cette pièce, qui est fort habile, n'en déplaise au cardinal de Retz.

douceur et prudence, pourra faire juger quelles estoient les pensées et les emportemens de cet esprit. Tantost il a insisté fortement à se faire donner une armée pour aller conquérir la Franche-Comté, à condition qu'il la posséderoit après souverainement ; tantost que nous luy donnassions Graveline, Dunquerque et toutes les conquestes que nos armées ont faictes en Flandres du costé de la mer, en plusieurs années, pour les posséder aussy souverainement. Au milieu de la campagne dernière, pendant que nostre armée estoit advancée dans la Flandre, et qu'on ne pouvoit l'affoiblir sans lui faire courir risque de recevoir quelque grand eschec, il prétendit qu'abandonnant toute autre visée d'incommoder les ennemys, et au hazard mesme d'exposer nos frontières et nos places à leurs insultes et à leurs attaques, on détachast de nostre armée un grand corps de cavallerie pour aller du costé de Liège appuyer le dessein qu'il avoit de porter le prince de Conty, son frère, à la coadjutorerie de cet évesché-là, affin de rendre, par ce moyen, plus considérables les places qu'il a sur la Meuse, et le gouvernement de Champagne; outre un plus grand establissement qu'il projettoit de prendre de ce costé-là, comme nous dirons cy-après. Tout cela fait veoir clairement, par beaucoup de circonstances remarquables, à quel poinct il estoit possédé du désir de la souveraineté : pensée d'autant plus dangereuse, en un esprit tout de feu comme est le sien, que nous sommes d'ailleurs bien informez qu'il a eu souvent dans la bouche, parlant à ses confidens, la pernitieuse maxime qu'on peut tout faire pour régner. Bien que, dans une monarchie establie sur des fondemens aussy solides qu'est la nostre, et principallement sur l'amour et sur la fidélité inesbranlable que tous les François ont naturellement pour les droicts et pour la personne de leurs roys, une pensée si criminelle que celle-là ayt presque tousjours esté suivie du chastiment ou de la ruyne de ceux qui l'ont eue, ce seroit manquer à ce que nous devons tant à nous-mesme qu'à nos fidelles subjects, de n'aller pas au devant de tout ce qui pourroit rendre faciles, avec le temps, les moyens d'exécuter un si injuste projet. Car, quand mesme les propos qu'il en a tenus n'auroient pas esté une marque de ce qu'il avoit dans l'âme, il est certain qu'à examiner de près toute sa conduitte depuis nostre advénement à la couronne, personne ne scauroit désadvouer qu'il n'ayt eu une intention toute formée de faire d'autres maux dans l'Estat, qui ne requièrent pas moins le remède que nous venons d'y appliquer, puis qu'il alloit ouvertement à l'establissement d'une puissance qui nous fust redoutable, et que son dessein estoit d'affoiblir et de mettre si bas l'auctorité royalle que, s'emparant ou s'asseurant par divers moyens des principalles places du royaume, et s'attachant par obligation, par crainte ou par intérest toutes les personnes qui ont du crédit ou quelques bonnes qualitez, il pust après, en tout temps, résister hautement à tout ce qui seroit de nostre vouloir, quand il ne seroit pas conforme au sien; jetter impunément le trouble et la guerre dans l'Estat, selon ses intérests ou ses caprices; profiter de toutes les occasions qui s'offriroient d'agrandir encorre sa famille; et, enfin, à le bien prendre, qu'il pust pendant nostre bas aage, nous réduire en estat que nous n'eussions plus, arrivant à nostre majorité, que le nom de roy et les apparences, et qu'il eust, en effect, toute la puissance et l'auctorité. C'est véritablement la plus favorable explication qu'on pourroit donner à la conduitte qu'il a tenue, particulièrement depuis que les commandemens de nos armées que nous lui avons confiez luy ont fourny matière d'y acquérir grande réputation et d'y faire quantité de créatures, et que, d'ailleurs, il s'est veu en possession de tant d'establissemens considérables que nous luy avons donnez coup sur coup pour l'obliger, par gratitude, à n'avoir d'autres pensées que celles de nous bien servir. Mais, bien loin de la recognoissance que nous nous en estions promise, c'a esté alors qu'il a commencé à lever le masque et à vouloir surtout faire esclater la grandeur de son crédit, afin que personne ne prist plus d'autre voye que celle de recourir à luy pour obtenir des graces de nous, ou pour éviter le chastiment de quelque crime. C'a esté alors que les pratiques cachées qu'il avoit faictes auparavant pour gagner à sa dévotion tous les officiers de nos troupes, et notamment les estrangers qui nous servent (à quoy il avoit mis un soin tout particulier), ont esté changées en des menées ouvertes pour se les acquérir et les rendre tout à faict deppendans de luy. C'a esté alors qu'il a faict veoir clairement que le bien de nostre service n'a jamais eu, en son intention, que la moindre part dans les actions de guerre qu'il a entreprises, puisqu'au plus pressant besoin que nos armées ayent jamais eu d'un chef de sa condition et de son auctorité pour suppléer à divers manquementz restez de nos derniers désordres, il a évité de s'engager aux commandemens de noz armées, qu'il poursuivoit autrefois avec tant d'ardeur, affin de pouvoir s'appliquer tout entier à la cour et à ses caballes; croyant le temps propre arrivé de ceuillir le fruict qu'il s'estoit proposé, lors que, toutes les campagnes, il hazardoit un combat général sur cette maxime dont il s'est souvent expliqué, que, gagnant la victoire, il augmentoit sa réputation et avoit mesme de nouveaux prétextes plausibles de se faire donner d'autres récompenses, et que, la perdant, et nos affaires venans en suitte à tomber en désordre, il en seroit d'autant plus considéré pour le besoin qu'on auroit de luy. C'a esté alors qu'il est devenu libéral de caresses plus qu'à son ordinaire, et qu'il a faict des recherches continuelles à tous les gouverneurs de places et à tous ceux qui possèdent des charges de quelque conséquence, ou qui sont asseurez, par des survivances ou par d'autres moyens, d'y parvenir; qu'il s'est engagé à nous presser pour tous les intérests, indifféremment, de quiconque s'est adressé à luy, sans considérer s'ils estoient préjudiciables à l'Estat ou non; qu'il a fomenté tous les mécontens; qu'il a flatté leurs plaintes et leur a promis de les assister; qu'il a tasché de desbaucher tous ceux qui, par gratitude ou par affection, s'attachoient à nous et à leur devoir, diminuant le prix des grâces qu'on leur avoit faictes, ou leur voulant persuader qu'ils n'en pouvoient à l'advenir espérer aucune que par son moyen. C'a esté alors qu'il a exigé de ceux qui luy offroient service un serment de fidélité de le luy rendre aveuglément envers et contre tous, sans exception de personnes ny de qualitez, et qu'il a persécuté ouvertement, en diverses manières, tous ceux qui n'ont pas voulu estre avec luy dans cette deppendance. C'a esté alors que tout homme qui se donnoit à luy avoit le mérite et les qualitez pour estre préféré sans difficulté à tout autre concurrent;

que ceux qui se tenoient dans leur devoir sans autres visées que de nous bien servir, estoient toujours des lasches et des gens de rien; que ceux-cy mesmes devenoient en un instant de grands personnages, dignes de toute sorte d'emplois et de récompenses, dès qu'ils se dévouoient à ses intérêts; ce qui estoit une voye seure de passer du néant au mérite, et de l'inhabileté à la suffisance, comme il estoit infaillible d'acquérir son amitié et sa protection, dès que l'on perdoit nos bonnes grâces. C'a esté alors qu'il a faict des diligences sans nombre pour avoir à luy tous ceux qui avoient des charges dans nostre Maison, ou pour la garde de nostre personne; qu'il a protégé ouvertement tous les délinquans, pourveu qu'ils recourussent à luy, quoy qu'ils eussent avant cela des attachemens contraires; que sa maison a esté notoirement un azile pour tous les crimes qui se commettoient. C'a esté alors qu'il a commencé à demander génerallement tout ce qui vacquoit, de quelque nature qu'il pust estre; qu'en toutes occasions, autant petittes que grandes, il a mis le marché à la main, et menacé de quitter tout, de se cantonner et de se mettre à la teste de ceux qui seroient contre nous. Enfin, c'a esté alors que, pour faire mieux paroistre sa puissance et sa fermeté pour les personnes qui entroient dans ses intérests, il ne s'est pas contenté d'obtenir des grâces, mais il a mieux aimé que le monde crust qu'il nous les arrachoit par violence: tesmoin le gouvernement du Pont-de-l'Arche qu'il voulut emporter de haulte lutte et à jour nommé[1],

---

[1] Pour le duc de Longueville, son beau-frère, alors gouverneur de la Normandie.

sans quoy il nous fit entendre qu'il alloit allumer un nouveau feu dans l'Estat. Mais, parce qu'il recognut bien que la demande qu'il faisoit de cette place estoit fort odieuse et génerallement désapprouvée dans le monde, il publia d'abord qu'il ne poursuivoit la chose qu'à cause qu'il s'estoit engagé de parolle au duc de Longueville de la luy faire avoir; déclarant, au reste, qu'il ne seroit pas excusable, si, estant comblé de nos bien faictz de toutes façons, et si, ayant de plus grands establissemens qu'aucun prince n'a eu en France depuis l'origine de la monarchie, il prétendoit jamais rien, ny pour luy, ny pour les siens, après cette affaire là achevée. Nous nous portasmes donc encore, dans cette occurrence là, à contenter son impétuosité, nonobstant la manière dont il en avoit usé, afin de luy oster tout prétexte de brouiller. Mais, quoy que l'accommodement de cette affaire eust passé par les mains de nostre très-cher oncle le duc d'Orléans, qui voulut en estre l'entremetteur pour conserver la tranquilité publique, il se trouva, le lendemain, qu'on n'avoit rien advancé, et que ce n'estoit pas le mesme homme qui, le soir d'auparavant, avoit tesmoigné une entière satisfaction à nostredict oncle, et donné sa parolle de bien servir. Il reprit le jour suivant ses premières froideurs et tesmoigna disposition à faire pis, pour extorquer de nous quelques nouveaux advantages : ne se voulant plus souvenir de la déclaration qu'il avoit solennellement renouvellée de ne prétendre jamais rien après le Pont-de-l'Arche accordé. Enfin la reyne, lassée de tant de recheutes et voulant s'il estoit possible couper pour une bonne fois la racine de toutes mésintelligences, le fit presser de s'expliquer nettement de ce qu'il désiroit pour vivre en repos et dans son devoir. Sur quoy, ayant déclaré qu'il avoit conceu de l'ombrage de quelques alliances [1] (ausquelles néantmoins il avoit non-seulement, dès les premiers jours qu'il en fut parlé, donné son consentement, mais les avoit conseillées luy-mesme six mois durant, comme les croyant fort utiles), et ayant en outre tesmoigné souhaitter que la reyne luy promist une sincère et entière affection, comme aussy de faire grande considération des personnes qu'il lui recommanderoit dans les rencontres, et enfin de luy donner part génerallement de tout ce qui se résoudroit en quelque matière que ce peust estre, la reyne eut la bonté, en premier lieu, pour luy oster tout prétexte de dégoust et de méfiance, de luy faire promettre qu'on ne concluroit rien, dans ces alliances là, que de concert avec luy. Et, pour les deux autres poincts, elle y engagea d'autant plus librement sa parolle qu'elle ne se souvenoit pas d'y avoir jamais manqué, et croyoit mesme d'avoir plus tost panché du costé de l'excès que de l'obmission. Mais on cognut bien tost, par son procéder, à quel dessein il avoit exigé de la sorte des promesses non nécessaires, et que son but en cela n'avoit esté autre que d'avoir un nouveau prétexte de les estendre à demander plus hardiment, et exécuter avec plus de hauteur tout ce qui luy tomberoit dans l'esprit, qui peust servir à advancer son projet de se rendre maistre absolu des forces de l'Estat. Et en effet, à quatre jours de là, la correspondance dont il commença de payer la

---

[1] Notamment du mariage du duc de Mercœur, fils aîné du duc de Vendôme, avec une des nièces de Mazarin.

sincère affection que la reyne luy avoit promise, avec toutes les solennitez et seuretez qu'il avoit désirées, ne fut pas simplement de recevoir en sa protection ceux qui la lui demandèrent contr'elle, mais de l'offrir luy-mesme à diverses personnes qui avoient encouru nostre indignation, ou dès long temps auparavant, ou pour des fautes qu'ils venoient de commettre. Nostre cousin le mareschal de Schomberg se trouva bien tost après en danger de la vie : on tient d'abord sur cet incident un conseil dans la famille dudict prince, dont le résultat est de demander et d'emporter, à quelque prix que ce soit, le gouvernement de Metz et pays Messin pour le prince de Conty, qui estoit d'ailleurs en traicté pour avoir aussy l'evesché de Metz. La reyne, nostre très-honorée dame et mère, est forcée, par la folle conduitte d'un extravagant[1], de le chasser hors de sa présence : ledict prince prend aussy tost sa protection à descouvert, l'empesche de se retirer, veult mesme contraindre la reyne à le recevoir; et, par un insupportable manquement de respect qu'aucun François n'entendra sans une indignation extrême, il en vient jusqu'à menacer de prendre cet étourdy dans sa maison et de le mener tous les jours devant la reyne. Et sy on n'eust esté obligé, par prudence, à luy faire espérer que le temps raccommoderoit cette affaire, et que luy-mesme n'eust apréhendé de nuire à d'autres grandes prétentions qu'il poursuivoit en mesme temps, on eust couru risque de veoir réduite nostre très-honorée dame et mère, ou à souffrir de luy cet injure,

---

[1] Jarzé. Madame de Motteville l'appelle *le moins sage de tous les hommes*. Il s'était affiché comme étant amoureux de la reine.

ou à se porter à toute extrémité pour s'en deffendre. Quy n'a poinct sceu les différentes partialitez, si préjudiciables au bien de l'Estat et de nostre service, qu'il a tesmoignées dans les derniers mouvemens de Provence et de Guyenne, où, en deux affaires de mesme nature, il vouloit, en un lieu, relever entièrement l'auctorité du gouverneur à l'oppression du parlement, et, en l'autre, faire directement le contraire[1], sans qu'il y eust aucune autre raison d'un procéder si différent, qu'à cause que l'un des gouverneurs estoit son parent, et qu'il n'aymoit pas l'autre; affin que, par de semblables exemples de grand esclat, chacun venant à recognoistre ce que coustoit son aversion et ce que sa protection valoit, on ne songeast plus qu'à se départir de toute autre amitié et dépendance pour se donner à luy sans réserve? Quelle autre patience que celle de la reyne eut pu souffrir ledict prince, dans un conseil tenu en nostre présence, menasser de faire rouer de coups de baston dans Paris les députez de nostre parlement de Provence, parce qu'ils avoient osé faire plainte, de la part de leur corps, des mauvais traictements qu'ils prétendoient leur estre faits par nostre cousin le comte d'Alaiz, contraires aux conditions de pacification que nous avions accordées à cette province-là? Quel moyen de tollérer plus longtemps la violence avec laquelle il avoit commencé de suffoquer la liberté de nos conseils par sa manière d'agir impétueuse envers les ministres qui ont l'honneur d'y assister, dont presqu'au-

---

[1] D'un côté, Condé soutenait le comte d'Alais, gouverneur de Provence, contre le parlement d'Aix, tandis que de l'autre, il prenait parti pour le parlement de Bordeaux contre le duc d'Épernon, gouverneur de Guienne.

cun n'estoit plus exempt de menaces en particulier, ou d'affrontz en publicq et en nostre présence mesme, quand leur conscience et leur devoir les obligeoient à embrasser quelque advis qui ne se trouvoit pas conforme à celuy dudict prince? Sa modération n'estoit pas plus grande dans les gouvernementz que nous luy avons confiez. Ce n'estoit point assez que tout ce qu'une grande province comme la Bourgongne fournissoit, avec tant d'affection et de ponctualité, pour notre espargne fust entièrement absorbé par luy et par les siens, s'il n'y eust encorres exercé une puissance qui faisoit gémir soubz son oppression tous les particuliers, dont plusieurs ont esté forcez de nous faire des plaintes en secret, et nous remonstrer qu'il ne luy restoit plus à prendre que la qualité de duc pour en estre le souverain. Nostre province de Champagne ne recevoit pas de son frère un plus favorable traictement, tous les bourgs et villages et la plus part des villes ayant esté tellement exposez, ou aux pillages des troupes qui portent son nom, ou à l'avarice de ceux qui s'estoient emparez de son esprit pour obtenir des deslogemens, que grand nombre de familles ont esté obligées d'abandonner les lieux de leur demeure pour se retirer aux pays estrangers circonvoisins. Avec quelles parolles enfin expliquerons-nous l'affaire du Havre, et les moyens criminels qu'il a tenus pour s'emparer de cette place, l'une des plus importantes du royaume pour sa situation et sans contredict la meilleure pour sa force? Après avoir employé diverses pratiques pour séduire la jeunesse de nostre cousin le duc de Richelieu, afin de luy faire espouser clandestinement une femme qui, par divers respects, est entièrement dans sa dépendance[1], non content de nous avoir sensiblement offencé pour s'estre rendu, avec le prince de Conty et la duchesse de Longueville, sa sœur, les promoteurs du mariage d'un duc et pair pourveu d'une des principalles charges de l'Estat, sans nostre sceu et sans nostre permission, et d'avoir mesme voulu comme auctorizer, par leur présence, un contract de cette nature, prohibé par les loix du royaume, comme si ce n'estoit pas assez de s'estre emparé par cette voye illicite de la personne d'un jeune homme, il le faict partir la mesme nuit de ces nopces, luy donne pour conseil et pour conducteur celuy des siens qui avoit esté desjà employé à le desbaucher, et le faict jetter en diligence dans le Havre, affin de s'emparer aussy de cette place; laquelle, estant scituée à l'embouchure de la rivière de Seyne, luy peut donner lieu de maistriser Paris et Rouen, tenir en sa subjection tout le commerce de ces deux grandes villes, recevoir en un besoin des secours estrangers, et pouvoir introduire à poinct nommé leurs forces dans le royaume, quand, pour ses fins particulières, il auroit dessein de troubler l'Estat. Et, d'autant qu'il jugea bien qu'il y auroit aussy tost nombre de couriers dépeschez vers ledict duc de Richelieu pour lui faire cognoistre en cette rencontre nostre intérest et le sien, il en dépesche plusieurs à l'instant pour faire arrester en chemin les autres; violant en cela, au plus hault poinct qu'on peut concevoir, le respect, la fidélité et l'obéissance qui nous sont deues. En suitte de quoy, par un attentat encorre plus grand, le reyne ayant envoyé elle-mesme une personne ex-

[1] Madame de Pons. Le mariage s'était fait à Trie-le-Château, le 26 décembre 1649.

presse à Sainte-More, qui commandoit dans le Hâvre, pour luy porter ses ordres dans un événement de si haulte conséquence, et luy faire entendre l'obligation qu'il avoit de nous conserver la place sans y souffrir aucun changement, il n'en fust pas plus tost adverty, qu'il dépesche un autre courrier et mande qu'on jette dans la mer avec une pierre au col la personne qui y arriveroit chargée des ordres de la reyne; et cela avec une telle présumption et un si grand mespris de nostre auctorité, qu'il a esté le premier à s'en vanter hautement. Enfin, pour nous oster par divers moyens toute disposition de cette place, il faict partir en diligence la dame mesme qui luy avoit l'obligation récente de son mariage, luy fournit de l'argent pour gaigner de plus en plus l'esprit du jeune duc, en envoye encore par d'autres voyes pour le payement de la garnison, affin de s'acquérir les officiers et les soldats qui la composent; et pour y avoir, outre cela, d'autres gens plus à sa dévotion, et qui luy fussent cognus, il faict accompagner ladicte dame de bon nombre d'hommes à cheval, qui s'y sont jettez, faisant courir le bruit qu'on avoit dessein de l'enlever en chemin. Tant d'entreprises sur la puissance royalle, dont cette dernière seule du Hâvre est digne d'un chastiment rigoureux, ne nous ont plus laissé aucun lieu de douter des pernitieux desseins de nostredict cousin, non plus que de la hardiesse qu'il eust eue à les exécuter, si nous n'y eussions apporté à temps un remède proportionné à la grandeur du mal. Cependant, affin que vous soyez informez aussy des nouveaux moyens qu'il méditoit pour pousser son project en avant, et des travaux qu'il nous préparoit encore, et que nous avons prévenus par sa détention, voicy ce qui estoit en dernier lieu sur le tapis. Il traictoit avec l'ambassadeur de Mantoue pour l'achapt de la place et de la principauté de Charleville, non-seulement sans nostre permission, mais contre le refus exprès que nous luy en avions tousjours faict. Et, parce que nous avions adroictement faict naistre entr'eux des difficultez sur le prix, le sieur Pérault avoit depuis peu déclaré audict ambassadeur que son maistre dépescheroit dans peu de jours, à Mantoue, une personne expresse pour conclure l'affaire avec ce duc mesme. Sur quelques oppositions qui avoient esté formées à la jouissance de Clermont et des domaines des environs (quoyque faciles à surmonter, comme il a paru depuis), ledict prince s'estoit desjà laissé entendre que, s'il y estoit troublé, il falloit lui donner la place de Sédan et tout le domaine qui en dépend, qui a esté par nous récompensé à nostre cousin le duc de Bouillon de la valeur de beaucoup de millions. Des personnes dépendantes de luy avoient introduit présentement une négociation avec le sieur d'Aiguebere pour l'achapt du gouvernement de Mont-Olympe, qu'il faisoit estat de payer de son propre argent pour le faire tomber entre les mains de quelqu'un des siens, affin qu'il n'y eust plus de place en Bourgongne qui ne fust à luy, hors Chaalons. Il nous pressoit d'achepter du sieur du Plessis-Bezançon, à nos dépens, le gouvernement des ville et citadelle d'Auxonne, pour une de ses créatures. Il avoit mesme redoublé depuis peu les diligences qu'il a tousjours employées pour faire réussir le mariage du marquis de La Moussaye avec la fille du sieur d'Erlac, gouverneur de Brissac, affin d'avoir encore cette place importante à sa dévotion; quoy qu'en cela, comme en toute autre chose, nous ayons tout sujet de nous louer de la conduite et de la fidélité dudict sieur d'Erlac[1]. Nous avons esté aussy advertis, de divers endroicts, qu'il faisoit traicter quelques autres mariages pour mettre par ce moyen dans sa dépendance, et des principalles charges du royaume, et bon nombre de places de grande considération. Il avoit faict venir à la cour, malgré toutes ses incommoditez, nostre cousin le mareschal de Brézé, pour se joindre ensemble à demander encore la charge de chef et surintendant des mers : de laquelle, quoy que l'un ny l'autre ne puissent y avoir l'ombre seulement imaginaire d'aucun droict, ledict prince a esté desjà récompensé deux fois, comme nous avons dict, et ledict mareschal a esté gratiffié encorre, en cette considération, après la mort de son fils, de trente-trois mil livres à prendre annuellement sur les droicts d'ancrage, qui sont les plus clairs deniers de ladicte charge. En outre, bien que ledict mareschal ayt tiré depuis quelques mois par nostre grace et permission cent dix mil escus de sa démission du gouvernement d'Anjou, et que toutes les seuretez ayent esté prises pour faire que cette somme vienne après sa mort à nostre cousin le duc d'Anghien, lesdicts prince et mareschal avoient encore dessein de nous presser tous deux de donner la survivance du gouvernement de Saumur audict duc d'Anghien. Et, cela estant accordé, nous sçavons que ledict prince, pour se rendre tousjours plus considérable dans ses gouvernemens et dans ses charges, avoit résolu de nous faire les dernières instances pour remporter tout d'un coup, en faveur de son fils, aagé seu-

---

[1] Il avait maintenu dans le devoir l'armée de Turenne, lors de la défection de celui-ci.

lement de six ans, tout ce généralement que nous avons donné en divers temps à feu son père et à luy. Quand nous n'eussions point esté touchez des préjudices et des périls cy-dessus exprimez, qui nous menaçoient, où nous pourrions mesme en adjouster encore d'autres, que, pour certaines considérations et circonstances, il n'est pas à propos de donner au public, il s'est rencontré que tout ce que nous avons de fidèles serviteurs dans nostre conseil, et en dehors, nous ont représenté en mesme temps qu'une plus longue patience rendroit bientost le mal sans remède, et que l'unique moyen d'en garantir nostre Estat, aussy bien que nostre personne, estoit de faire arrester nosdicts cousins, qui, tenans tous les jours des conseils de famille pour l'establissement de cette puissance qu'ils vouloient opposer à la nostre, n'avoient pas honte de compter entre les moyens d'y parvenir, outre les grandes charges et les gouvernemens de province qui sont à eux ou dans leur dépendance, qu'ils estoient desjà maistres de toutes les grandes rivières du royaume par les diverses places qu'ils ont entre leurs mains ou qu'ils croyoient avoir à leur dévotion sur les rivières de Seyne, de Meuse, de Saone, du Rosne, de Loire, de Garonne et de Dordoigne. Enfin, pour renouveller si on eust pu en ces temps-cy l'exemple des anciennes puissances qui ont faict passer autrefois ceux qui les ont eues d'un estat particulier à la royauté, et affin que l'auctorité que ledict prince a desjà envahie fust encore accrue notablement, estant appuyée sur un pouvoir légitime émané de nous, il poursuivoit vivement pour se faire donner l'espée de connestable (quoy que la charge ayt esté supprimée), laquelle, jointe au baston de grand maistre et à l'admiraulté, dont il ne tenoit la poursuitte en surscéance que jusques à ce qu'il eust esté créé connestable, il eust eu : par l'une, nostre Maison et tous nos domestiques sous son pouvoir; par l'autre, le commandement général sur tous les gens de guerre de nostre royaume; et par la troisiesme, la puissance absolue sur la mer et sur les costes. Et comme nous lui avions faict représenter, touchant l'espée de connestable, que nostre très-cher oncle le duc d'Orléans auroit grand suject d'en estre offencé, pour l'intérest de la charge qu'il a de nostre lieutenant général en toutes noz armées et provinces, il demandoit maintenant que nous luy en fissions expédier les provisions sans le sceu de nostredict oncle, pour les tenir secrettes jusqu'à ce qu'il eust pu le luy faire trouver bon, ou plus tost jusqu'à ce que les desseins qu'il méditoit luy donnassent lieu de soustenir l'affaire hautement, quelque désordre qui en put arriver. Cependant, pour se mettre mieux en estat de nous violenter en toutes choses, en mesme temps qu'il faisoit des poursuittes si extraordinaires, il demandoit avec grand'instance, sous divers prétextes, qu'on fist approcher de ces quartiers-cy les troupes qui portent son nom ou qui en dépendent (lesquelles seules sont capables de composer un corps d'armée), sans avoir esgard que la pluspart sont employées pour nostre service et pour la deffence de l'Estat en divers lieux fort esloignez; circonstance que nous estimons digne de très-grande réflection, aussy bien que celle des fortifications de Stenay et de Clermont, où on travailloit incessamment à ses dépens, comme encore le prix faict depuis un mois à deux cens mil francz pour fortifier Bellegarde : n'estant guère à présumer qu'à moins d'avoir des pensées et des desseins tout à faict extraordinaires il eust voulu employer son propre argent à rendre plus fortes des places qui sont desjà de soy en très-bon estat, et qui ne sont menacées d'aucun ennemy. Nous avons, par beaucoup de respects, dissimulé nos justes ressentimens jusqu'à une telle extrémité que nous sommes asseurez que le monde jugera que nous avons trop hazardé par nostre patience. Il est vray que nous espérions tousjours que la prudence que nostredict cousin pourroit acquérir par l'aage modéreroit cette grande ardeur, ou que tant de bienfaicts sans exemple dont nous l'avions comblé l'obligeroient à se tenir par gratitude dans les termes de son devoir. Mais ayant au contraire veu les choses réduites à tels termes qu'il falloit se résoudre ou à luy accorder tout (et par cette voye nous aurions esté bientost despouillez), ou à le luy refuser (et nous l'aurions veu bientost les armes à la main contre nous-mesmes); voyant d'ailleurs que la profusion de nos graces ne servoit plus qu'à luy en faire tous les jours prétendre de nouvelles; qu'une plus longue tollérance seroit la perte infaillible de l'Estat, si on ne trouvoit bientost quelque moyen d'arrester la course violente de ce torrent, qui n'avoit plus de digues qu'il ne rompist pour tout inonder; et ayant enfin remarqué depuis quelque temps que les advis que nous recevions de quelque endroict généralement que ce fust des pays estrangers, s'accordoient tous à dire que le plus véritable suject de l'aversion que les Espagnols tesmoignent à la conclusion de la paix procède de ce qu'ils veulent veoir auparavant à quoy aboutiront les desseins et les actions du prince de Condé, qui va, disoient-ils, s'emparant tous les jours des principalles forces de l'Estat et de l'auctorité, ce qui ne peut pas tarder, ou de produire une guerre civile dans ce royaume, ou de causer le bouleversement de cette monarchie, nous avons estimé que ce seroit deffaillir à Dieu, qui nous a commis le régime de cet Estat, à nous-mesme, et au bien et repos de noz subjects, si nous n'apportions, sans plus de délay, remède à un mal devenu désormais sy pressant qu'il eust pu, estant négligé, donner bientost un coup fatal à l'Estat. Nous avons donc résolu, par l'advis de la reyne régente, nostre très-honorée dame et mère, de nous asseurer de la personne de nostredict cousin le prince de Condé, comme aussy de celle de nostre cousin le prince de Conty, complice présentement de tous les desseins de son frère, et qui, depuis nostre retour à Paris, a incessamment visé et concouru par sa conduitte à toutes ces mesmes fins. Quant à nostre cousin le duc de Longueville, nous nous estions promis que le grand nombre de graces que nous luy avions accordées, soit en places, soit en honneurs ou en biens, et que nous avons mesmes de beaucoup augmentées depuis nos dernières déclarations de paix, l'obligeroient, suivant ses promesses et son debvoir, à procurer de toute sa puissance le repos de la province que nous luy avons confiée[1], et le bien de nostre service dans le reste de l'Estat; mais nous avons remarqué, depuis ce temps-là, qu'il n'a rien obmis d'extraordinaire et d'injuste pour acquérir dans son gouvernement un crédit redoutable; qu'il ne s'est pas contenté d'y posséder diverses places très-considérables, dont l'une

---

[1] La Normandie.

a esté arrrachée de nous en dernier lieu par les artifices que chacun a veuz, ny de veoir presque toutes les autres, aussy bien que les principalles charges de la province, entre les mains de ses dépendans; qu'il ne s'est pas contenté d'avoir joinct à la charge de gouverneur en chef celle de bailly de Rouen et de Caen, pour avoir un prétexte, apparemment légitime, de troubler la fonction de nos juges ordinaires, et, par ce moyen, usurper une nouvelle auctorité dans la justice aussy bien que dans les armes : et, enfin, qu'il ne s'est pas contenté de faire travailler ouvertement ses émissaires pour desbaucher l'esprit de nos fidèles subjects, et attirer dans sa dépendance tous ceux qui ont tesmoigné affection pour nostre service, n'ayant pas faict scrupule de les menacer d'une entière ruyne s'ilz refusoient plus longtemps d'épouser aveuglément toutes ses passions; mais aussy qu'il a eu part dans les conseils et principaux desseins de nozdicts cousins les princes de Condé et de Conty, et qu'il a presque tousjours assisté aux délibérations tenues dans leur famille pour l'establissement et augmentation de leur commune grandeur, et d'une puissance légitimement suspecte à celle que Dieu nous a donnée dans nostre royaume; et sçachant, d'ailleurs, que les siens disoient desjà insolemment dans sa maison que si, l'année dernière, il ne peut venir à bout du Havre tout seul, tous ensemble avoient enfin faict le coup, en suitte de quoy on devoit l'appeller doresnavant duc de Normandie, ne luy restant pas, à beaucoup près, tant de chemin à faire pour aller à la souveraineté, qu'il en avoit faict pour parvenir à l'excez du pouvoir et des forces qu'il avoit dans la province. voyant, en effet, qu'il commençoit à exercer divers actes de cette prétendue souveraineté par des désobéissances formelles à nos ordres, tesmoin le refus qui fut faict, il n'y a que peu de jours, au Pont-de-l'Arche, de recevoir les compagnies de gens d'armes et de chevaux-légers de nostre garde, quoy qu'il n'y eust que peu de jours que nous l'avions mis en possession de ladicte place, et qu'il y eust un ordre exprès signé de nous pour les y faire loger, nous avons esté aussy contraincts, par tant de respects, de nous asseurer de la personne de nostredict cousin le duc de Longueville. Cependant, nous voulons bien vous faire sçavoir qu'encore que tous ces périls dont nostre royaume estoit menacé, fussent si grands et si pressans que ç'a esté presque deffaillir au debvoir d'un bon roy d'avoir différé jusqu'à présent les remèdes nécessaires pour l'en garantir, néantmoins, l'amour que nous avons pour la justice, et l'appréhention qu'on ne nous imputast d'en vouloir arrester le cours pour d'autres fins, nous a faict tenir toutes choses en suspens, mesmes avec beaucoup de hazard, pour donner le temps à nostre parlement de Paris d'achever le procès qu'il avoit commencé par nostre ordre, et à la requeste de nostre procureur-général, contre tous ceux qui se trouvent coupables de la sédition qui fut excitée le 11ᵉ décembre dernier[1], ou de l'entreprise faicte contre la personne dudict prince, que nous voulons estre continué par eux sans interruption, selon la rigueur de nos ordonnances. Mais, ayant sceu, d'un costé, que ledict prince avoit faict approcher de luy plusieurs gentilz hommes de sa dépen-

---

[1] A l'occasion du coup de pistolet de Joly.

dance, et des officiers de ses troupes, et que de ses plus confidens s'estoient laissez entendre qu'il méditoit quelque grand dessein, qui ne pouvoit estre qu'au préjudice de nostre auctorité et du repos de nos subjects, puisqu'il ne nous en donnoit aucune cognoissance; ayant mesme, d'ailleurs, receu des advis certains qu'il se préparoit à se retirer dans son gouvernement, en diligence et sans nostre congé, aussy tost qu'il verroit que les choses ne passeroient pas entièrement selon son désir dans nostredict parlement, affin d'y faire esclorre avec plus de seureté les résolutions formées de longue main dans son esprit : et que, de concert avec luy, lesdicts prince de Conty et duc de Longueville se devoient aussy rendre en mesme temps dans leurs gouvernemens, il n'a plus esté en nostre pouvoir d'user de remise, et nous avons esté forccz, pour le repos de nostre Estat, de passer par-dessus toute autre considération et de nous asseurer de leurs personnes sans plus de délay. Et d'autant que leurs partizans, et ceux qui vont sans cesse cherchant les occasions de brouiller, pourroient essayer de donner quelque mauvaise interprétation à une résolution si juste et si nécessaire pour le repos et le salut de nostre Estat, que nostre debvoir nous oblige de préférer à toute autre chose, nous déclarons n'avoir aucune intention de rien faire contre nostre déclaration du 22ᵉ octobre 1648, ny contre celle du mois de mars 1649 et autres, que nous avons faict publier depuis pour la pacification des troubles passez, tant de nostre bonne ville de Paris et de la Normandye, que de Provence et de Guyenne : lesquelles nous voulons et entendons debvoir demeurer en leur force et vertu, en tous les chefs qu'elles contiennent. Car tel est nostre plaisir. Donné à Paris, le 19ᵉ jour de janvier 1650. Signé, *Louis* et plus bas : *de Guénégaud* » et au dos : « A nos très-chers et bien amez les prévost des marchans et eschevins de nostre bonne ville de Paris. »

DU SAMEDY 29ᵉ JOUR DE JANVIER 1650.

Ledict jour, sur les onze heures du matin, M. de Sainctot, ayde des cérémonies, est venu à l'Hostel de Ville dire à MM. les prévost des marchans et eschevins, que toutes les cours souveraines estoient, cette après disnée, mandées au Palais-Cardinal, et qu'il avoit eu ordre d'advertir la Ville de s'y trouver à quatre heures. Ce qui fit faire à l'instant des mandemens à tous MM. les conseillers de Ville et quartiniers, à ce qu'ils eussent à se trouver à l'Hostel de Ville, à ladicte heure, pour accompagner MM. de ladicte Ville audict Palais-Cardinal. La compagnie s'estant trouvée en bon nombre, sont partis en divers carosses et allez audict Palais-Cardinal, où estant descendus, M. de Sainctot la fit entrer dans la chambre de M. de Villequier, cappitaine des gardes, où il y avoit bon feu; et après y avoir attendu un bon quart d'heure, M. le mareschal de l'Hospital, gouverneur de Paris, l'est venu trouver, avec ledict sieur de Sainctot, qui les a tous conduits dans la petitte gallerie, où estoit le roy, la reyne régente, M. le duc d'Orléans et quantité d'autre monde. Les quelz s'estant ouverts pour faire passage à MM. de la Ville, ilz n'eurent pas plus tost abordé Leurs Majestez, que ladicte dame reyne leur dit qu'elle les avoit mandez pour leur faire entendre que les affaires présentes de l'Estat obligeroient le roy de faire un voyage en Normandie, qui ne seroit néantmoins pas de longue durée [1]; mais comme c'estoit une chose nécessaire, il falloit que chacun y contribuast de sa part; que ce qu'elle avoit à leur recommander estoit de tenir tousjours le peuple de Paris en une union et concorde, tant que l'absence du roy n'y attire point les espritz; qu'elle espéroit cela du soing de MM. de la Ville, à quoy ils seroient secourus par les ordres de M. le duc d'Orléans, qui demeuroit en cette ville pour y commander en l'absence de Leurs Majestez; que c'estoit le gaige le plus cher quelle y pouvoit laisser; que si les affaires alloient de la façon qu'on le faisoit espérer, que toute la cour retourneroit si promptement, que l'absence du roy seroit aussy-tost réparée par sa présence, encorres que ce voyage se faict en une rude saison.

A quoy M. le gouverneur et prévost des marchands repartirent : « que toute la ville de Paris souhaittoit à Leurs Majestez, un bon et heureux voyage et, en suitte de tous les succès que vous y aurez faicts, un prompt et agréable retour dans la capitale, ville du royaume où Vos Majestez seront à jamais désirées et honorées tant du général que du particulier. »

Ensuit la teneur de la déclaration du roy contre les sieurs duc de Bouillon, mareschaux de Brézé, de Turenne et de Marsillac [2].

[1] La cour partit pour la Normandie, le 1ᵉʳ février; elle était de retour à Paris le 22.
[2] Cette pièce est imprimée dans la *Suitte du Journal du Parlement*, p. 65.

« Louis, par la grâce de Dieu, roy de France et de Navarre, à tous ceux qui ces présentes lettres verront, salut. Nous avons faict sçavoir, par nos lettres de cachet du 19ᵉ du mois passé[1], une partie des pressantes raisons qui nous ont contrainct de faire arrester nos cousins les princes de Condé, de Conty et duc de Longueville. Comme le principal but que nous avons eu, en prenant cette résolution, a esté d'asseurer le repos de nos subjetcs et garantir nostre Estat des troubles dont il estoit menacé, nous avons creu d'y pourveoir suffisamment en nous asseurant des principaux autheurs des entreprises qui avoient esté formées contre nostre auctorité, en faisant offrir en mesme temps aux autres qui pouvoient y avoir part les effectz de nostre clémence et de nostre protection, pourveu qu'ils se départissent des engagemens où ils pouvoient estre entrez, et qu'ils demeurassent dans leur debvoir. Mais nous voyons avec beaucoup de déplaisir que quelques-uns d'entre eux, en suitte des mesures qu'ils avoient prises auparavant, ont mieux aymé persister dans leurs mauvais desseins et en tenter l'exécution, que de laisser affermir la tranquillité publique, et jouir par eux, en assurance, des grâces que nous avons voulu leur départir; puisque, non contens d'estre retirez secrettement et sans aucun congé, de nostre cour, où ils ont refusé de revenir, quelque seureté que nous ayons eu volonté de leur y donner, ils ont travaillé d'abord à faire diverses pratiques parmy nos subjects pour les desbaucher de la fidélité qu'ils nous doivent. Il y en a mesme parmy eux qui ont desjà eu l'audace de se qua-

---

[1] Ci-dessus, p. 87

lifier, par des actes publics signez d'eux, lieutenans-généraux de nos armées, et en cette qualité, qu'ils se sont faussement attribuée, séduire plusieurs de nos officiers de nos troupes, et ordonner à nos subjects des contributions, corvées et diverses autres choses contre nostre service. Et d'autant qu'il importe au bien de nostre Estat d'estouffer ces désordres en leur naissance, qui pourroient s'augmenter dangereusement, si, à mesme temps que nous employerions les forces que Dieu nous a mises en main pour les faire promptement cesser nous ne faisions aussy valoir l'auctorité des loix, et cognoistre à un chacun noz intentions sur ce subject; à ces causes, de l'advis de la reyne régente, nostre très-honorée dame et mère, de nostre très-cher et très-amé oncle le duc d'Orléans, nostre lieutenant-général dans nos armées et provinces, d'autres princes, ducs et officiers de nostre couronne, grands et notables personnages de nostre conseil, nous avons ordonné et ordonnons aux duc de Bouillon, mareschaux de Brézé et de Turenne, et prince de Marsillac, qui se sont retirez, au préjudice de leur debvoir et de leur serment, de nostre cour et sans nostre congé, en suitte de l'arrest desdicts princes, de revenir près de nostre personne et s'y rendre dans quinze jours après la publication des présentes, pour y recevoir nos ordres et commandemens. A quoy satisfaisant, et se départant de toutes ligues, associations et autres entreprises préjudiciables à nostre service où ils pourroient cy-devant estre engagez, nous sommes prests d'oublier tout le passé et de les traicter favorablement. Passé lequel temps, à faulte d'avoir satisfait, nous les avons dès à présent déclarez et déclarons désobéissans, rebelles, perturbateurs du repos public et criminelz de leze-majesté; voulant qu'il soit procédé contre eux selon la rigueur de nos ordonnances. Cependant nous faisons très-expresses inhibitions et deffenses à tous nos subjects, de quelque qualité et condition qu'ils soient, de les suivre ny de leur obéir ou adhérer, soubz quelque prétexte que ce puisse estre; comme aussy de faire entre eux aucunes assemblées, ligues ou associations, prohibées par nos ordonnances, ny aucuns armemens, amas ou levées de gens de guerre, sans commissions signées de nous, contre-signées par l'un de nos secrettaires d'Estat et scellées de nostre grand sceau, à peine d'estre punis comme séditieux et perturbateurs du repos public; deffendons très-expressément, soubz les mesmes peines, à tous gouverneurs ou commandans dans nos places et tous autres, de quelque condition qu'ils soient, d'y faire de nouvelles fortifications ou travaux, ny, en icelles, faire amas d'hommes, de vivres ou de munitions de guerre sans nos ordres et commandemens exprès. Et donnons en mandement à noz amez et féaux conseillers les gens tenans nostre cour de parlement, que ces présentes ilz aient à faire lire, publier et enregistrer, et le contenu en icelles garder et observer selon leur forme et teneur, sans y contrevenir, ny permettre qu'il y soit contrevenu en aucune manière. Car tel est nostre plaisir. En tesmoin de quoy nous avons faict mettre nostre scel à cesdictes présentes. Donné à Paris le 1er jour du mois de febvrier, l'an de grâce 1650, et de nostre règne le septiesme. Signé : *Louis*. Et sur le reply : « par le roy, la reyne régente sa mère présente; *de Guénégaud*, » et scellée sur double queue du grand sceau de cire jaulne. Et sur ledict reply est encore escrit :

« Leues et publiées, l'audiance tenant, et registrées au greffe de la cour, ce requérant le procureur-général du roy, pour estre exécutées selon leur forme et teneur, et copies, collationnées à l'original, envoyées aux baillages et séneschaussées de ce ressort, pour estre pareillement leues, publiées, registrées et exécutées. Enjoinct aux substituts dudict procureur-général d'y tenir la main et de notifier la cour avoir ce faict au mois; et sera, à la requeste dudict procureur-général, requeste et diligence de sesdicts substituts, informé de ce qui se sera passé sur les lieux contre le service du roy, repos et tranquillité publique. A Paris, en parlement, le 7ᵉ febvrier 1650. Signé : *Guyet.* »

Extraict des registres du parlement.

« Veu par la cour, les Grand' chambre, Tournelle et de l'Édict assemblées, les lettres patentes en forme de déclaration données à Paris le 1ᵉʳ de ce mois et an, signées : *Louis*, et sur le reply : par le roy, la reyne régente sa mère présente, *de Guénégaud,* et scellées sur double queue du grand sceau de cire jaulne, par lesquelles, pour les causes y contenues, ledict seigneur, de l'advis de ladicte dame reyne régente, de son très-cher et très-amé oncle le duc d'Orléans, son lieutenant-général dans ses armées et provinces, et d'autres princes, ducs et officiers de sa couronne, grands et notables personnages de son conseil, ordonne aux ducs de Bouillon, mareschaux de Brézé et de Turenne, et prince de Marsillac, qui se sont retirez, au préjudice de leur devoir et de leurs services, de la cour et sans son congé, en suitte de l'arrest de ses cousins les princes de Condé, de Conty et duc de Longueville, de revenir près de sa personne et s'y rendre dans quinze jours après la publication de ladicte déclaration, pour y recevoir ses ordres et commandements. A quoy satisfaisant et se départant de toutes ligues, associations et autres entreprises préjudiciables à son service, où ils pourroient estre cy-devant engagez, estant prest d'oublier tout le passé et de les traicter favorablement. Passé lequel temps, à faulte d'avoir satisfaict, il les déclare désobéissans, rebelles, perturbateurs du repos public et criminelz de lèze-majesté; veut qu'il soit procédé contre eux selon la rigueur des ordonnances; faisant cependant très-expresses inhibitions et deffences à tous ses subjects, de quelque qualité et condition qu'ilz soient, de les suivre ny de leur obéir ou adhérer, soubz quelque prétexte que ce puisse estre; comme aussy de faire entre eux aucunes assemblées, ligues ou associations, prohibées par lesdictes ordonnances, ny aucuns armemens, amas ou levées de gens de guerre, sans commission signée dudict seigneur, par l'un de ses secrettaires d'Estat et scellée du grand sceau, à peine d'estre punis comme séditieux et perturbateurs du repos public. Deffendant très-expressément, soubz les mesmes peines, à tous gouverneurs ou commandans dans ses places, et tous autres, de quelques conditions qu'ils soient, de faire de nouvelles fortifications ou travaux, ny en icelles, amas d'hommes, de vivres ou de munitions de guerre, sans ses ordres et commandemens exprès; ainsy que plus au long est porté par lesdictes lettres à ladicte cour adressantes. Conclusions du procureur-géneral du roy; tout considéré, ladicte cour a ordonné et ordonne, que lesdictes lettres seront leues, publiées et registrées au greffe de la cour, et copies collationnées d'icelles envoyées aux baillage et séneschaussées de ce ressort, pour y estre pareillement leues, publiées et registrées. Enjoinct aux substituts dudict procureur-général d'y tenir la main, et de certifier ladicte cour d'avoir ce faict, au mois; et sera, à la requeste dudict procureur-général, requeste et diligence de ses substituts, informé de ce qui se sera passé sur les lieux contre le service du roy, repos et tranquillité publique. Faict au parlement le 5ᵉ febvrier 1640. Signé : *Guyet.* »

De par le roy.

« Très-chers et bien amez. Bien que vous n'ignorez pas la résolution que nous avons prise de nous acheminer en nostre province de Bourgongne[1], affin de pourvoir aux affaires qui nous y appellent, nous n'avons pas néantmoins voulu laisser de vous escrire cette lettre, de l'advis de la reyne régente, nostre très-honnorée dame et mère, pour vous en donner part, et vous dire que nous voulons que vous veillez soigneusement aux choses qui regardent le bien de nostre service et la tranquillité de nostre bonne ville de Paris, empeschans qu'il ne s'y passe aucune chose, durant nostre absence, dont nous puissions avoir mécontentement; afin que nostre voyage s'achève sans trouble

---

[1] Le roi partit de Paris le 5 mars et y revint le 2 mai.
L'affaire importante de cette campagne fut le siége de Bellegarde, où le cardinal mena le jeune roi. Le comte de Tavannes, qui gardait cette place pour le prince de Condé, fut obligé de la rendre au duc de Vendôme, commandant l'armée du roi. La capitulation est du 11 avril.

et aussy heureusement qu'il est important pour le bien universel de cet Estat. Et comme nous n'avions rien davantage à vous dire, nous vous dispensons pour cette fois de nous venir trouver. Car tel est nostre plaisir. Donné à Paris, le 4ᵉ jour de mars 1650. Signé : *Louis*, et plus bas : *de Guénégaud*. » Et soubz la soubzcription est escript : « A nos très-chers et bien amez les prévost des marchands et eschevins de nostre bonne ville de Paris. »

Ce jourd'huy [1] MM. les prévost des marchands et eschevins de la ville de Paris ont receu lettres du roy, desquelles la teneur ensuit :

De par le roy.

« Très-chers et bien amez. Après nous estre assurez des personnes de nos cousins les princes de Condé et de Conty, et duc de Longueville, pour les justes et pressantes causes et considérations desquelles nous avons donné connoissance au publicq, et après avoir heureusement employé, pendant l'hiver dernier, nos forces et nostre propre personne pour réduire dans le debvoir, comme nous avons faict avec l'assistance divine, les places où nosdicts cousins avoient le commandement particulier en nos provinces de Normandie, Champagne et Bourgogne, en sorte qu'il ne reste ez mains de ceux qui deppendoient d'eux que la seulle place de Stenay, nous estimons que, durant la campagne, nous pourrions demeurer sur nostre frontière

---

[1] 4 juillet 1650.
C'est le jour du départ de la cour pour le voyage de Guienne, entrepris pour soumettre Bordeaux. Elle revint à Fontainebleau le 7 novembre.

de Picardie, où nous estions advancez pour y rendre inutils les desseins des ennemis, et pourvoir à la conservation, tant de la ville et chasteau de Guise, qu'ilz estoient venus assiéger[1], que des autres places qu'ilz pouvoient prétendre d'attaquer à la sollicitation du mareschal de Turenne, qui les a conduictz et poussés à entreprendre dans le royaume. En quoy nos soings, grâces à Dieu, ont sy bien réussy, que, par la dilligence avec laquelle nous avons assemblé nostre armée et par le moyen des postes advantageux que nous luy avons fait prendre, ayans autant de troupes et meilleures que les leurs, bien qu'ilz eussent ensemble touttes celles qu'ils ont aux Pays-Bas, et que nous, ayans encore du costé de la mer un corps d'armée assez considérable et plusieurs trouppes en Artois, ils ont esté contrainctz, en suitte de la deffaicte d'un grand convoy où ils ont perdu près de mil chevaux, et par la généreuse résistance des assiégez, de lever le siége de ladicte place de Guize, comme ils ont faict le 2ᵉ jour de ce mois, après y avoir esté dix-huict jours entiers et y avoir perdu une grande partye de leur infanterye, que l'on sçait estre à présent réduicte en fort mauvais estat, comme le reste de leur armée, pour avoir souffert une extrême dizette de vivre ; estant vray que, durant six jours entiers, ils n'ont eu aucune distribution de pain de munition, et qu'à présent ils se retirent en leur pays estant suivis par divers partis des nostres. Cependant, voyant que les soulèvementz entrepris par le duc de Bouillon, prince de Marcillac, et autres leurs adhérans, dans les lieux esloignez de

---

[1] La place fut investie le 16 juin. Bridieu, qui y commandait, la défendit si bien, que le 2 juillet, les Espagnols levèrent le siége.

nostre personne et où ils ont leurs demeures et habitudes, s'augmentent de jour en jour, et que, par les praticques et les levées de quelques gens qu'ils ont mis ensemble dans le vicomté de Thurenne, ilz essayent de jetter le trouble et la révolte dans nostre province de Guienne, prétendant d'y attirer nostre ville de Bourdeaux, et qu'ils ont traicté avec les Espagnols pour les introduire dans le royaume, ayant mesme donné des ostages pour l'argent et les hommes qu'ils doibvent envoyer, nous nous trouvons obligez, pour le bien général de l'Estat, qui ne peut se mainctenir que par le repos et l'obéissance parfaicte et universelle de toutes les parties, de nous porter où nostre présence est jugée le plus utile à nos peuples, pour remédier aux maux dont ilz sont menaçez par ces mouvements intestins, qui ne peuvent avoir aucune suitte dangereuse estans arrestez en leur naissance, et au contraire pourroient devenir très-préjudiciables au royaume, sy on leur laissoit prendre un plus long cours : c'est pourquoy nous avons résolu de nous acheminer au plustost en nostre province de Guyenne, sans que les incommoditez de cette saison, ny la tendresse de nostre aage, nous puisse divertir d'effectuer une chose sy nécessaire à nostre Estat. Et, bien que nous ayons beaucoup de regret de nous esloigner de nostre bonne ville de Paris et de nostre frontière de deçà, néantmoins nous partons avec une entière quiétude en y laissant nostre trèscher et très-amé oncle, le duc d'Orléans, qui s'employe avec une sollicitude indicible et avec toute l'affection pour ce qui regarde la conservation et la grandeur de nostre Estat, que nous pouvons attendre d'une personne qui nous est sy chère et sy proche, et qui, par son rang et sa qualité, a tant de part à l'administration et au succedz de nos affaires. Nous nous reposons donc sur luy du commandement, en nostre absence, tant en nostredicte ville de Paris qu'en nos provinces de l'Isle de France, Normandye, Bretagne, Picardye, Champagne, Lorraine, éveschés de Metz, Toul et Verdun, Alsace, Bourgogne, Berry, Touraine, Anjou, le Mayne, Orléanois et autres au-deçà de la rivière de Loire, pour y agir en la qualité qu'il possède de nostre lieutenant-général en touttes nos provinces et armées. Et nous faisons demeurer auprès de lui aucun des plus notables de nostre conseil pour les assembler lorsqu'il l'estimera à-propos, et le sieur Le Tellier, secrettaire d'Estat et de nos commandementz, pour expédier, soubz luy, tous les ordres de nostredict oncle et tout ce qui concernera nos affaires et nostre service. Ce que nous avons bien voulu vous faire sçavoir par cette lettre, et vous dire, par l'advis de la reyne régente, nostre très-honnorée dame et mère, que vous ayez, en nostre absence et pendant nostredit voyage de Guyenne, à rendre compte à nostredict oncle, le duc d'Orléans, de tout ce qui surviendra en l'estendue de vostre pouvoir, qui sera de quelque considération et importance; que vous receviez ses ordres et commandements sur touttes affaires et occurences, et les exécuttez ponctuellement; et générallement que vous luy obéissiez comme à nostre propre personne. Vous recommandant de redoubler, s'il se peut, voz soingz et vostre vigilance pour empescher que, dans les occasions présentes, il n'arrive aucun trouble, désobéissance, désordre ny entreprise au préjudice de nostre service, de nostre auctorité et du repos publicq, et de nos subjectz. Vous asseurans que les services que vous continuerez de nous rendre, en ce faisant, nous seront en particulière considération. Donné à Paris, le 4ᵉ de juillet 1650. Signé : *Louis*, et plus bas : *de Guénégaud.* » Et sur la soubzcription est escript : « A nos très-chers et bien amez les prévost des marchands et eschevins de nostre bonne ville de Paris. »

DU LUNDY 8ᵉ JOUR D'AOUST 1650 [1].

Ledict jour, entre six et sept heures du soir, M. le prévost des marchands auroit envoyé à l'Hostel de Ville, pour faire advertir MM. les eschevins et

[1] Le matin même de ce jour, le duc d'Orléans s'était rendu au parlement avec M. de Beaufort, le coadjuteur et le maréchal de L'Hôpital. Il y avait fait lire ses propositions pour l'accommodement de Bordeaux (voy. plus bas, p. 131). La séance avait été fort orageuse et plusieurs conseillers s'étaient violemment élevés contre le cardinal. A la sortie, il y eut grand bruit. Voici ce qu'on lit à ce sujet dans l'ouvrage que nous avons déjà souvent cité : « Son Altesse Royale estant sur le pas de la grande porte de la Grande Chambre pour sortir, la canaille commença à crier : *Vive le roy et M. le duc d'Orléans et point de Mazarin!* La foule estoit si grande que ses gardes ayant peine à fendre la presse pour luy faire faire place, furent obligez de poincter leurs hallebardes et abattre le chien de leurs carabines, menaçant de les descharger. Et quelques séditieux ayant crié : *Aux armes!* Son Altesse rentra dans la Grand'Chambre; et MM. de Beaufort et le coadjuteur sortirent avec le mareschal de L'Hospital pour appaiser le bruit. Quelques-uns reprochèrent et dirent au premier qu'il estoit devenu Mazarin par le don de vingt-quatre mille francs de rente qu'on lui avoit fait sur l'admirauté. Le mareschal ayant voulu traiter de coquins ceux qui faisoient bruit, on luy dit force paroles injurieuses. » (*Suitte du vray Journal du Parlement*, p. 114.) Dans un manuscrit conservé aux Archives du royaume (K, carton 125, n° 1), il est dit qu'*on le traitta de cornard*.

procureur du roy et de la Ville, et aucuns de MM. les conseillers et quartiniers d'icelle, de se trouver chez luy le plus tost que faire se pourroit. Ce qui ayant aussy tost esté faict, ceux qui s'y sont trouvez, jusques à près de huict heures, sont montez en deux carrosses, et sont allez au palais d'Orléans, où Son Altesse les avoit mandez. Auquel lieu ils ont trouvé M. le gouverneur qui les attendoit, et apris que Son Altesse royalle se promenoit dans le jardin, où ils le sont allez chercher. Mais comme ils l'ont voulu aborder, il leur a dit qu'ils montassent en hault, et qu'il les y alloit trouver pour leur parler. Et, de faict, la compagnie n'a pas esté plus tost dans la chambre de Son Altesse, qu'elle est arrivée et les a tous faict entrer en son cabinet, n'ayant voulu qu'autres que MM. de la Ville y entrassent.

Où, après les révérences ordinaires, Son Altesse royalle leur a dict qu'il se faisoit d'estranges pratiques dans Paris, et que le bagare qui estoit ce matin arrivé au palais, faisoit bien cognoistre qu'il y avoit plusieurs personnes qui avoient de mauvaises intentions contre le service du roy; qu'il falloit y prendre garde, et faire advertir les capitaines et dizeniers des quartiers de faire observer telles gens, et tascher de rompre leurs desseins, qui ne vont qu'à mettre Paris en désordre, et empescher, par ce moyen, la paix de Bordeaux, et faire en sorte que le roy ne retourne sy tost en sa ville capitalle, et, en un mot, favoriser autant qu'ils pourront le party des princes; que ses gens avoient remarqué ce matin, parmy les séditieux qui estoient au palais, un cuisinier de M. le prince de Condé, et un vallet de chambre du prince de Conty;

qu'il avoit esté jetté des billetz par Paris pour advertir ceux de leur caballe de se trouver au palais, soubz promesse de récompense, afin de donner plus de hardiesse aux émissaires des princes, qui n'ont pour but qu'une révolte géneralle ; qu'il n'avoit pas tenu à Son Altesse royale que l'affaire de Bordeaux ne fust accommodée, ayant proposé à leurs députez de leur bailler une amnistie géneralle de tout ce qui s'y estoit passé, avec asseurance de la dépossession de M. le duc d'Espernon du gouvernement de Guyenne, pourveu qu'ils en feissent retirer madame la princesse et M. le duc de Bouillon : ce qu'ils n'ont pas accepté, et qui faict assez cognoistre que leur dessein n'est que de brouiller l'Estat, et qu'ils ne veulent pas manquer de prétexte pour donner couleur à leurs mauvais desseins ; qu'il alloit de la gloire de MM. de la ville de Paris à travailler à désabuser le peuple ; qu'il les prioit d'en chercher les moyens, et de croire qu'il les seconderoit et appuieroit de son auctorité ; qu'il les avoit mandez pour leur faire entendre ce que dessus, à ce qu'ils fussent asseurez de ses bonnes intentions et de sa protection.

Dont MM. de la Ville l'auroient très-humblement remercié, et asseuré Son Altesse royale, qu'ils ne perdroient aucun temps à l'exécution de ce qu'elle leur ordonnoit ; la suppliant d'en prendre une asseurance tout entière, et de leur conserver sa bienveillance et affection. Et en mesme temps ont pris congé, et sont retournez chacun chez soy, estant près de dix heures avant qu'ils s'y soient tous rendus.

Propositions de M. le duc d'Orléans [1].

« Que le roy révoquera M. d'Espernon de son gouvernement, et donnera à la Guyenne un autre gouvernement.

« Qu'il accordera une amnistie génerallé pour tous ceux de la ville de Bourdeaux, et pour tous ceux qui ont porté les armes pour eux : une abolition pour tous ceux qui la demanderont pour avoir traicté avec l'Espagne depuis le mouvement de la Guyenne.

« Et que Sa Majesté donnera seureté à madame la princesse et à M. le duc d'Anguyen en l'une de leurs maisons, à la charge de renoncer par eux à touttes pratiques, ligues et associations, tant dedans que dehors le royaume, et à condition aussy que ceux de la ville de Bourdeaux désarmeront, et qu'ils se remettront dans leur debvoir et obéissance qu'ils doibvent à Leurs Majestez; et que, pour faciliter l'exécution de la présente proposition et accélérer autant qu'il se peult le repos de ladicte province, il désiroit que les députez dudict parlement qui sont icy en donnassent promptement advis à leur compagnie, affin qu'elle, et ladicte ville, envoyent leurs députez au roy pour luy faire ladicte supplication, et qu'ils puissent avoir leurs responces en dix jours, à compter de celuy que le courrier partira de cette ville : à faulte de quoy, et d'accepter par les habitants de ladicte ville et autres interressez les présentes conditions qu'il plaira au roy de leur accorder, en les luy demandant avec le respect et la soumission qu'ils luy doibvent, et encores Monsieur a dict que,

---

[1] Touchant l'accommodement de Bordeaux. Cette pièce est imprimée dans la *Suitte du vray Journal du Parlement*, p. 116.

ledict temps de dix jours passé et expiré, il retiroit la parolle qu'il donnoit à présent à la compagnie ; et qu'il désiroit qu'il en fust faict registre, et de touttes les propositions par luy proposées et promesses pour paciffier ladicte province de Guienne. »

DU MARDY 9ᵉ AOUST 1650.

« Ce jour, la cour, touttes les chambres assemblées, ayant délibéré deux matinées sur la lettre escripte à ladicte cour de la part du parlement de Bordeaux[1], et propositions faictes par M. le duc d'Orléans, oncle du roy, et conclusions du procureur général du roy, contenues au registre du sixiesme de ce mois, a arresté que lesdictes propositions seront acceptées, et que ladicte lettre et le contenu audict registre, seront envoyez aux députez de ladicte cour estant proche de la personne du roy, pour luy présenter ladicte lettre et registre, et supplier ledict seigneur roy que l'amnistie soit génerallle, mesme pour ceux qui ont négocié avec l'estranger, faisant leur déclaration aux baillages, séneschaussées et autres jurisdictions royalles.

« Et outre a esté arresté que registre sera faict de ce que M. le duc d'Orléans a donné sa parolle qu'en conséquence dudict arresté il envoyera en cour, et s'employera à faire cesser tous actes d'hostilité et razemens de maisons et places, jusques à ce que lesdictes propositions ayent esté acceptées ou reffusées par ledict

---

[1] Cette lettre, du 1ᵉʳ août 1650, est imprimée dans la *Suitte du vray journal du Parlement*, p. 109.

parlement de Bourdeaux : et sera le tout dict ausdicts députez estans en cette ville, ausquels sera donné autant du registre du sixiesme de ce mois et du présent. »

Règlement concernant le debvoir des colonels, cappitaines, officiers et archers des trois compagnies de la Ville de Paris.

« Sur ce qu'il s'est commis cy-devant plusieurs abus dans la fonction et exercice des archers de la Ville, nous ordonnons, ouy sur ce le procureur du roy et de la Ville, qu'ils observeront doresenavant ce qui en suit. C'est à sçavoir :

« Que le colonel desdictes trois compagnies des archers sera tenu d'assembler les trois compagnies, ou partye d'icelles, et les faire mettre en armes lorsqu'il luy sera par nous mandé, et suivra nos ordres en toutes rencontres.

« Que les cappitaines, lieutenans, enseignes, cornettes, guidons et archers de ladicte Ville, ne sortiront la ville pour aller à la campagne, sans le congé de nous ou dudict colonel, ainsy qu'il est porté par les ordonnances.

« Qu'iceux cappitaines, officiers et archers, viendront et obéiront à tous les mandemens, ordres, et à l'heure précise qui leur sera ordonné ou mandé par ledict colonel, en conséquence des ordres qu'il aura receuz de nous pour le service du roy et de ladicte Ville.

« Que lesdicts officiers et archers ne se détacheront de leur compagnie lorsqu'ils seront soubz les armes, sans le consentement dudict colonel ou de celuy qui, en son absence, commandera.

« Que lesdits capitaines, officiers et archers, ne pourront présenter et faire recevoir aucun officier et archer de la Ville en l'absence dudict colonel et sans son consentement, et qu'il n'ayt esté certiffié de bonne vie, mœurs, religion catholique, apostolique et romaine, et affectiouné au service du roi et de la Ville, par six personnes de probité, pour estre reçeu en présence du procureur du roy et de la Ville.

« Qu'en cas que lesdicts officiers et archers soient commandez, partie ou portion de leur compagnie, pour joindre l'une des autres qui sont du mesme corps, soit pour aller conduire MM. de la cour de parlement, chambres des comptes ou cour des aydes, lesdicts cappitaines, officiers et archers seront tenuz obéir sans apporter aucunes difficultez, soubz quelque prétexte que ce soit.

« Que iceux cappitaines et officiers, ne pourront faire aucunes visites d'armes dans les logis desdicts archers, sans les ordres et commandemens par escrit dudict colonel.

« Que iceux cappitaines, officiers et archers, seront obligez de venir prendre ledict colonel en son logis, lors des jours de cérémonies qu'ils seront soubz les armes, et que nostre mandement leur aura esté envoyé par ledict colonel, et mesme le reconduiront dans son logis dans le mesme ordre.

« Qu'en cas qu'il meurre un officier, soit enseigne, cornette ou guidon, incontinant après que ledict officier sera mis en terre, le drapeau dudict deffunct sera porté au logis dudict colonel, jusques à ce qu'il soit pourveu d'un autre officier en la place de celuy qui sera décedé.

« Qu'ils ne feront aucun sindicq, maistre de communaulté ou de confrairie, ny ne rendront leurs comptes, sinon ledict colonel présent.

« Et comme il est très-important de remédier au désordre qui se commect dans lesdictes trois compagnies, lesdicts archers se plaignant incessamment de ce qu'ils ne sont pas satisfaicts de leurs cappitaines, pour leurs parts et portions qui leur appartiennent à cause des trois mil muidz de vin à eux accordez par Sa Majesté, mesme de ce qui se trouvera de reste ou de revenant bon à cause de quelques compagnies qui ne sont pas complettes, ordonnons que le surplus sera distribué à chacun desdictz archers; deffences ausdictz cappitaines et officiers d'en proffiter que pour leur part : et, à cette fin, seront les roolles du régallement desdicts trois mil muids de vin, faictz par lesdicts colonel et cappitaines, par luy présentez au bureau de la Ville pour y estre homologuez, et les billetz qui seront délivrez ausdicts archers de ce qui leur reviendra pour leur part de ladicte quantité de vin ne pourront valider, pour aller compter aux bureaux des aydes, qu'ils ne soient donnez et visez dudict colonel et cappitaines.

« Et, en cas de contravention au contenu des articles du règlement cy-dessus par les archers et officiers, il sera incessamment et incontinent par nous pourveu, sur la plaincte et dénonciation qui nous en sera faicte ou au procureur du roy et de la Ville, qui en fera toute poursuite par-devant nous, pour estre les coupables punis selon que le cas le méritera. Faict et arresté au bureau de la Ville, le vendredy 12ᵉ jour d'aoust 1650.

Lettre et déclaration du roy envoyée à MM. de la ville de Paris, sur le traité de paix fait par Sa Majesté avec le parlement et ville de Bordeaux[1].

Ensuict la teneur de la lettre du roy :

De par le roy.

« Très-chers et bien-aimez. Vous avez sceu ce qui s'est passé à nostre arrivée en ce pays, et comme les députez de nostre cour de parlement et de nostre ville de Bordeaux nous estoient venus assurer dans Libourne de leur fidélité à nostre service. Du depuis, les protestations qu'ils nous avoient faictes n'ayant pas esté suivies des effets que nous avions eu subject d'en attendre, par l'opposition de la faction qui dominoit lors dans ladicte ville, et qui ostoit aux gens de bien la liberté de faire leur debvoir, nous avons esté contrainctz, à nostre grand regret, d'employer la force pour les délivrer de l'oppression qu'ils souffroient, et leur donner moyen de ramener tous les autres dans l'obéissance qu'ils nous doibvent. Nous ne vous avons poinct escrit les particularitez du siége, parce que la résistance de nos subjects et les succez de nos armes contre eux nous estoient esgallement désagréables, et que, ne nous estans résolus à cette entreprise que par une dernière nécessité, nous n'avons pas esté faschez que les choses se soient passées ensorte que les assiégez ayent eu le temps de recognois-

---

[1] Le peuple de Bordeaux avait embrassé avec ardeur le parti des princes, et avait entraîné son parlement. Le maréchal de La Meilleraye attaqua le faubourg de Saint-Surin le 5 septembre. Un mois après, le 5 octobre 1650, la cour faisait son entrée dans Bordeaux.

tre leurs fautes ; ayant tousjours extrêmement apréhendé que, s'ils demeuroient dans leur obstination, l'on ne pust pas empescher tous les désordres qui arrivent ordinairement en la prise d'une ville qu'on emporte par force. Cette favorable pensée, que nous avons toujours eue pour eux, a enfin réussy à leur soulagement, comme nous l'avions désiré, puisque, sans attendre l'extrémité, ils ont eu recours à nostre bonté ; et nous avons esté bien aises de leur en faire ressentir les effectz, ayant desjà esprouvé en diverses rencontres que c'est le plus agréable moyen de désarmer les subjectz, quand un mauvais conseil ou quelque faulce impression les a portez à prendre les armes.

« Les protestations nouvelles d'obéissance et de fidélité qu'ils nous ont envoyé faire par leurs députez, dans la ville de Bourg, nous ont conviez d'oublier (comme nous avons faict de bon cœur) tout le passé, et de leur accorder les mesmes grâces qui avoient esté cy-devant proposées par notre très-cher et très-amé oncle, le duc d'Orléans ; lequel faict parroistre en toutte matière que sa plus forte passion est le bien de l'État, de nostre service, et qu'il n'oublie rien pour l'advancer. Nous vous envoyons la coppie de la déclaration que nous avons faict expédier, affin que vous donniez part à noz fidèles subjects et serviteurs de ces événemens, qui redonnent le repos à nostre province de Guyenne et aux autres voisines, et faict perdre pour jamais à nos ennemis l'espérance qu'ils avoient conçeue d'y establir leur domination, ou du moins le siége d'une longue guerre. Aussytost que nostre déclaration a esté publiée dans la ville, les actions de grâces publiques ont esté faictes à Dieu, l'acclamation et les feux de joye ont faict esclatter le ravissement où estoient tous les habitans de se veoir deslivrez des incommoditez et des maux dont ils avoient esté affligez tandis que les hostilitez avoient duré. Le lendemain, comme l'on travailloit dans la ville à razer les nouvelles fortiffications et effacer touttes les marques de Condé, nostre cousin le duc d'Anguien, et nos cousins les ducs de Bouillon et de La Rochefoucault, nous sont venus rendre leurs debvoirs à Bourg, et nous renouveller de bouche les assurances d'obéissance et fidélité qu'eux, et tous ceux qui avoient esté de ce party, avoient desjà donné par escript, en exécution de nostre déclaration. Le jour suivant, après avoir faict entrer nos trouppes dans la ville pour se loger en tous les postes que nous avons jugé à propos de faire occuper, et avoir pourveu à leur subsistance, en sorte qu'elles n'apportassent aucune autre surcharge aux habitans que celle du logement, nous nous y sommes rendus par la rivière, accompagnés de nostre armée navalle. Lorsque nous nous sommes deschargez et que nous avons passé par les rues, il serait mal aisé d'exprimer la joye que tous les peuples ont fait parroistre par de nouveaux cris accompagnez de larmes, où l'on remarquoit aisément combien ils trouvent leur condition présente heureuse, auprès de celle dont ils venoient de sortir. Il y a trèsgrand subject de croire qu'ayant recogneu, par cette nouvelle expérience, que leur véritable bonheur ne se pouvoit rencontrer que dans l'obéissance et dans la protection qu'ils doibvent espérer de leur souverain, ils ne se porteront jamais à aucune résolution capable de troubler le repos dont ils jouissent maintenant, que nous taschons de si bien affermir, en réunissant tous les esprits et faisant cesser tous les esprits de division qui ont esté cy-devant parmi eux, qu'il ne soit plus désormais au pouvoir de ceux qui voudroient brouiller, de faire retomber cette ville dans le malheureux estat dont nous venons de la retirer : ce que nous avons estimé à propos de vous faire sçavoir, par l'advis de la reyne régente, nostre très-honorée dame et mère. Donné à Bordeaux, le 5ᵉ jour d'octobre 1650. » Signé : *Louis ;* plus bas : *de Guénégaud ;* et sur le reply : « A nos très-chers et bien amez les prévost des marchands et eschevins de nostre bonne ville de Paris. »

Ensuict la teneur de ladicte déclaration du roy[1].

« Louis, par la grâce de Dieu, roi de France et de Navarre, à tous ceux qui ces présentes lettres verront, salut. L'expérience a faict veoir depuis quelque temps que rien n'a donné tant d'audace à nos ennemis (pour leur faire refuser une paix raisonnable que nous leur avons faict offrir et qu'ils eussent esté enfin contraincts d'accepter) que les troubles qui ont esté excitez en quelques endroictz de nostre royaume. Il n'y a poinct de doubte qu'ils n'en ayent esté les secrets et principaux autheurs, par le moyen de leurs émissaires et partisans, et par le moyen de leurs impostures et fausses impressions, dont ils ont tasché sans cesse de remplir les esprits de nos peuples, pour les partager en diverses factions et les animer les uns contre les autres. De nostre part, nous n'avons rien obmis de tout ce qui a esté en nostre pouvoir pour prévenir un si dangereux mal avant sa naissance, et pour le faire cesser prompte-

---

[1] Pour la pacification de Bordeaux. Cette pièce est imprimée dans la *Suitte du vray Journal du Parlement*, p. 161 et suiv.

ment aux lieux où il a paru. Chacun a pu cognoistre aussy que, tandis que nous avons peu conserver nos forces touttes vives pour agir au-dehors, et que nous n'avons poinct esté obligez d'en employer une partie pour appaiser les mouvemens du dedans, Dieu nous a faict la grâce, avec l'assistance de nostre généreuse noblesse et de nos autres fidels subjects et serviteurs qui sont employez dans nos armées, de soustenir glorieusement et avec advantage les droictz de nostre couronne, et les droictz de la nation qu'il a soubmise à nostre obéissance, contre touttes les puissances estrangères. On a veu, touttes les années, le siége de la guerre estably dans le pays de ceux qui n'ont pas voulu se porter à la raison, et nos Estats, ayant esté garantis de touttes sortes d'invasions, ont esté presque les seuls de l'Europe, pendant le cours des hostilitez dont elle est agittée, qui ont jouy d'une espèce de calme au milieu de l'orage public. Mais depuis que l'artiffice de nos ennemis est devenu assez heureux pour attirer dans leur party quelques-uns de nos subjectz, qui, non contents d'avoir travaillé par diverses praticques à allumer le feu de la révolte en plusieurs provinces de nostre royaume, se sont rendus eux-mesmes les conducteurs de nos plus obstinez ennemis, pour leur faciliter les moyens de ravager nos frontières et d'y faire des progrès, nous avons veu avec un extréme desplaisir les Espagnols, enflez par l'espérance de profiter des désordres qu'ils croient avoir excitez dans nostre Estat, non-seullement rejecter les propositions de paix qu'ils avoient eux-mêmes cy-devant proposées ou accordées, mais ne faire pas scrupule de rompre touttes espèces d'assemblées et de négociations pour la traicter et la conclure. Cette considération nous a conviez de redoubler nos soins pour calmer promptement tous les troubles de nostre royaume, afin de parvenir plus facilement au moyen de calmer aussy tous ceux de la chretienté. C'a esté pour en venir à bout que, pendant les rigueurs de l'hiver, nous avons entrepris les voyes de Normandie et de Bourgogne, affin d'affermir par nostre présence le repos de nos peuples dans ces deux provinces, et empescher l'effect des menées et caballes qu'on y avoit faictes pour les jetter dans la désobéissance. Nous n'avons pas eu peine, en ces occasions, de nous résoudre à préférer les voyes de la douceur et du pardon à celles des armes et de la justice, lorsque nous avons faict réflection que le sang qui eust esté répandu d'une façon ou d'autre estoit celuy de nos subjects, que nous avons intérest et intention de conserver comme le nostre, n'ayant pas moings d'amour et de tendresse pour eux que s'ils estoient nos propres enfans. Lorsqu'ils se sont esloignez de leur devoir, nous nous sommes contentez de les y ramener par des effectz de bonté, en leur faisant seullement cognoistre que nous estions en estat de les y contraindre par ceux de nostre puissance, lesquelz nous nous sommes réservez de faire sentir à nos ennemis. Après avoir considéré que l'on ne peut gagner des victoires sur des subjects sans perdre beaucoup, autant de fois que les nostres se sont mis en chemin de se ruisner par quelque entreprise faicte contre nostre authorité, nous avons mieux aymé nous vaincre nous-mesme pour les sauver, que de tirer raison, par la force, des offenses qu'ils nous avoient faictes. Nous les avons de bon cœur oublié pour peu que nous ayons peu avoir d'assurance qu'ils n'y retomberoient plus, et que la grâce qu'ils recevoient de nous ne seroit poinct préjudiciable au reste de nostre Estat. Les mouvemens survenus en nostre ville de Bordeaux, pendant les deux dernières années, nous ont donné lieu de faire esclatter en faveur des habitans de ladicte ville l'affection paternelle que nous avons pour tous nos subjects. Après avoir desjà appaisé ceux de l'année 1649 par nostre déclaration et articles du 26e décembre dernier, registrez le 7e janvier 1650, nous avons encores résolu de faire cesser, avec la mesme bonté, ceux de l'année présente, en esteignant et assoupissant la mémoire de tout ce qui se peut avoir esté faict ou entrepris, depuis le jour de ladicte déclaration jusques à présent. A ces causes, après que nostre cour de parlement et les habitans de nostredict ville de Bourdeaux nous ont rendus touttes les soubmissions et obéissances que nous avons désirées d'eux, avec les assurances de fidélité à nostre service, de l'advis de la reyne régente, nostre très-honorée dame et mère, de nostre très-cher et très-amé oncle le duc d'Orléans, de plusieurs princes, pairs, officiers de nostre couronne, et autres grands et notables personnages de nostre conseil, de nostre certaine science, plaine puissance et authorité royale, nous avons dict et déclaré, disons et déclarons par ces présentes, signées de nostre main, voulons et nous plaist qu'amnistie génerálle soit accordée, comme aussy nous l'accordons, dès à présent, à tous les habitans de nostre ville de Bordeaux, de quelque qualité et condition qu'ils soient, comme aussy à nostre cousin le duc et mareschal de La Force, et les marquis de La Force, de Cugnac et de Castelmoron, ses enfans, de tout ce qui a esté faict, entrepris ou négocié depuis nostredicte déclaration du 26ᵉ décembre dernier ; soient qu'ils ayent faict ligues, unions, associations, levées ou enrollemens de gens de guerre sans nos commissions, prises des deniers publics ou particuliers, ordonné des impositions sans nostre permission, faict des fortiffications nouvelles, occupé des places, chasteaux ou passages, et généralement pour tout ce qui a esté faict et commis à l'occasion desdicts mouvemens. En suitte de quoy, nous voulons et entendons que tous les dessus dictz, de quelque qualité et condition qu'ils puissent estre, sans nul réserver ou excepter, soient conservez en tous leurs biens, priviléges, honneurs, dignitez, prééminences, prérogatives, charges, offices et bénéfices, en tel et pareil estat qu'ils estoient avant ladicte prise d'armes, nonobstant touttes déclarations, lettres de cachet, arrests ou jugemens publiés ou donnez au contraire, lesquels demeureront nuls et de nul effect.

« En conséquence de ladicte amnistie, nostre cousine la princesse de Condé pourra se retirer avec nostre cousin le duc d'Anguien, son fils, avec leurs trains, composez de leurs officiers domestiques et de ceux de nostre cousin le prince de Condé, en l'une de ses maisons d'Anjou, où elle pourra demeurer en toute liberté et seureté, et jouir de tous ses biens et revenus, ensemble de ceux de nostredict cousin le prince de Condé, son mary, par les mains de ceux qui ont esté par luy cy-devant commis et agréés par nous, et main-levée des meubles et immeubles, si aucuns ont esté par nous saisis, à condition de demeurer cy-après dans la fidélité et obéissance qu'ils nous doibvent, et de renoncer à touttes unions, ligues, associations et praticques où ils pourroient estre cy-devant entrez, tant dedans que dehors nostre royaume, dont nostredicte cousine donnera sa déclaration par escript : en suitte de quoy, elle fournira les ordres nécessaires pour faire cesser, à l'advenir, tous actes d'hostilité qui s'exercent soubz son nom, et de celuy de nostredict cousin, son filz, dans leurs terres ou ailleurs, en la province de Berry, viconté de Turenne et autres provinces de deçà Loire, et pour faire retirer les garnisons qu'ils ont establies en diverses places ou chasteaux, qui ont esté occupez, lesquels seront remis en nostre disposition pour estre ordonné, touchant la garde et conservation d'iceux, ce que nous jugerons à propos pour nostre service et pour assurer le bien de noz subjectz, si mieux elle n'ayme d'aller à Mouron, à condition de réduire la garnison à deux cens hommes et à cinquante gardes à cheval, qui seront entretenus à noz despens sur la recepte général de Berry, en donnant les seuretés nécessaires que ladicte garnison, ny lesdicts gardes, ne feront aucun acte d'hostilité. Moyennant quoy, ceux qui sont à présent dans ledict lieu de Mouron et dans les autres chasteaux de Berry et Bourbonnois, appartenans à nostredict cousin le prince de Condé, et autres occupez par ses ordres, en les remettant dans le mesme estat qu'ils estoient avant les mouvemens, jouiront de l'amnistie générale, seront remis en leurs biens, dignitez et charges, en faisant par eux les mesmes desclarations que dessus. En conséquence, tous prisonniers de guerre seront rendus de part et d'autre, et les chasteaux appartenans à nostredict cousin le prince de Condé, et cousine, sa femme, seront pareillement remis au mesme estat qu'ils estoient. Les ducs de Bouillon et de La Rochefoucault, les marquis de Sauvebeuf, de Sillery et de Lusignan, Mazerolles, Batz, Fauget, Lamothe, de Latz, La Borde, et tous autres seigneurs, gentilzhommes, officiers, soldatz ou habitans de nostredicte ville de Bourdeaux, de quelque qualité et condition qu'ils soient, sans aucun excepter, qui ont pris ou porté les armes pour ladicte ville, pris part ausdicts mouvemens, mesmes ceux qui ont esté cy-devant à Bellegarde traicter ou négocier avec les Espagnols ou autres estrangers, faict ligues, unions ou associations, tant dedans que dehors nostre royaume, eu cognoissance ou participation desdicts traictez, négociations ou ligues, pendant les mouvemens de la présente année et les précédentes, jouiront de ladicte amnistie, à la charge de demeurer cy-après dans la fidélité et obéissance qu'ils nous doibvent, et de renoncer ausdictz traictez, ligues, unions et associations; et moyennant ce, ils seront remis en la possession et jouissance de leurs charges, biens et dignitez, dont ils jouissoient au jour que nostredicte cousine, la princesse de Condé, est partie de Mouron, sans mesme qu'ils puissent estres inquiettez ny recherchez en leurs personnes, ny en leurs biens, dont main-levée leur est faicte à nostre esgard, pour ce qu'ils pourroient avoir commis ou entrepris auparavant, depuis le 18ᵉ janvier dernier. A condition néantmoins que les nouvelles fortiffications qui ont esté faictes à Turenne, Sainct-Ceré, Limeuil et autres lieux qui leur appartiennent, seront razées, et que les garnisons qui y ont esté establies en seront ostées : ce qui sera exécuté incessamment, en présence de ceux qui seront par nous commis pour le faire faire.

« Aussy-tost que la présente déclaration aura esté publiée, nous voulons et entendons que tous nos subjects de ladicte ville, et tous autres qui sont présentement en icelle, posent les armes, avec deffences de les reprendre cy-après pour quelque cause ou prétexte que ce soit, sans nostre commandement exprès, ou de ceux qui auront pouvoir de nous de le leur ordonner.

« Tous les gens de guerre, estrangers ou de ladicte ville, qui ont esté levez par les ordres de nostredicte cousine la princesse de Condé, de nostre cousin le duc d'Anguien, son filz, du parlement ou ville de Bordeaux, ou par ceux des ducs de Bouillon ou de La Rochefoucault, seront licentiés incontinant après la publication de la présente déclaration; et les officiers et soldats qui sont à présent dans ladicte ville, en sortiront incessamment pour se retirer en leurs maisons, après avoir faict les déclarations et sermens que dessus, à l'esgard des officiers seullement, et leur seront donnez les passeportz et sauf-conduitz nécessaires pour la seureté de leur retraicte; mesme ausdictz marquis de Sauvebeuf et de Sillery, Mazerolles, Batz et Fauget, Lalande, La Borde et autres, qui sont en Espagne ou ailleurs, pour revenir en France avec leurs domestiques, train et esquipage, et jouir de leurs biens, charges et dignitez, sans que touttes fois lesdicts gens de guerre puissent se retirer en trouppes qui excèdent le nombre de vingt maistres, ny rien prendre sur nos subjets sans payer, aux lieux où ils passeront.

« Tous prisonniers de guerre et autres, faicts depuis ledict temps à l'occasion desdicts mouvemens, seront mis en liberté au jour de la publication de la présente déclaration.

« Tous arrestz et jugemens donnez et résolutions prises, depuis ledict jour de ladicte déclaration du 26ᵉ décembre dernier et arrest d'enregistrement d'icelle jusques à présent, pour raison desdicts mouvemens, ou des différens qui les ont causez, contre nostre très-cher et bien amé oncle, le duc d'Espernon, ses officiers et domestiques, par contumace ou autrement, contre le feu général de La Vallette, ou autres qui ont commandé nos trouppes, servy en icelles, ou, en quelque autre manière que ce soit, exécuté nos ordres et commandemens dans ladicte province de Guyenne, tant nos officiers qu'autres qui peuvent y avoir esté employez, de quelque qualité et condition qu'ils soient ; ensemble contre ceux qui se sont absentez de ladicte ville, ou, en quelque façon que ce puisse estre, au préjudice de leurs personnes, biens, honneurs, droictz, dignitez, charges, prérogatives ou priviléges, comme pareillement touttes ordonnances dudict duc d'Espernon, demeureront nulles et de nul effect, sans que de tout le contenu en iceux il puisse estre faict à présent, ny à l'advenir, aucune poursuitte ny recherche.

« Tout ce qui aura esté pris et enlevé par les gens de guerre, de mer ou de terre, de part et d'autre, qui se trouvent en nature, à la réserve des armes et chevaux, sera rendu aux propriétaires. Si donnons en mandement à nos amez et féaux conseillers les gens tenans nostre cour de parlement de Bordeaux, que ces présentes ils ayent à faire lire, publier et enregistrer, et le contenu en icelles garder et observer, sans y contrevenir ny souffrir estre contrevenu en quelque sorte et manière que ce soit : car tel est nostre plaisir. En tesmoing de quoy, nous avons signé ces présentes, et faict apposer à icelles nos armes de nostre scel secret, en attendant que nous y ayons faict mettre le grand sceau de nostre chancellerie de France en la forme ordinaire. Donné au Bourg, le 1er jour d'octobre, l'an de grace 1650, et de nostre règne le 8e. Signé : *Louis.* » Et plus bas : « Par le roy, la reyne régente sa mère, présente : *Philippeaux.* »

« Louis, par la grâce de Dieu, roy de France et de Navarre. Avons, de l'advis de la reyne régente, nostre très-honnorée dame et mère, approuvé et approuvons tout ce que dessus, et, en exécution, révocqué et révocquons dès à présent nostre très-cher et bien amé oncle, le duc d'Espernon, du gouvernement de Guyenne, auquel nous pourveoirons, le plus promptement que verrons bon estre, de telles personnes que jugerons à propos. Et seront lesdictes propositions et le présent acte attachez soubz le contre-scel de nostre chancellerie, avec déclaration expédiée sur les présens mouvemens de Bourdeaux et Tholoze. Faict au Bourg-sur-Mer, le premier jour d'octobre 1650. Signé : *Louis,* et plus bas : *Phelippeaux.* »

Extraict des registres du parlement de Bourdeaux.

« Après que lecture a esté faicte des lettres patentes du roy, en forme de déclaration, données à Bourg le 1er de ce mois, signées : *Louis,* et plus bas : Par le roy, la reyne régente, sa mère, présente, *Phelippeaux,* scellées du scel secret du roy; ensemble des propositions de M. le duc d'Orléans, registres du parlement de Paris, du neufviesme aoust dernier, lettres d'approbation d'iceux, portant révocquation, faicte par

Sa Majesté, du gouverneur de Guyenne, dudict jour premier de ce mois, signées aussy *Louis*, et plus bas *Phelippeaux;* ouy sur ce Dusault, pour le procureur général du roy, la cour a ordonné et ordonne que sur le reply des lettres dont a esté faict présentement lecture, ensemble de la révocquation du gouverneur de Guyenne, attachée soubz le contre-scel d'icelles, seront mis ces mots : « Leues, publiées et regis-
« trées, ouy et ce requérant le procureur général du
« roy, pour estre le tout observé et exécutté selon sa
« forme et teneur; » et que coppie, tant desdictes lettres que de ladicte révocquation, seront envoyées par le procureur général du roy aux siéges et bailliages de ce ressort, pour y estre faict pareille lecture, publication et enregistrement, à la dilligence des substituts dudict procureur général èsdicts siéges, ausquelz est enjoinct de ce faire et d'en certifier la cour dans le mois. Faict à Bordeaux, en parlement, en l'audience de la grande chambre, pour ce extraordinairement tenue, le 2ᵉ octobre 1650. Signé : *de Pontac.* »

De par les prévost des marchands et eschevins de la ville de Paris.

« Sire Jacques Tartarin, quartinier. Venant de recevoir ordre de Son Altesse royalle de vous informer de l'assassinat commis en la personne du sieur de S. Eglan, gentilhomme de M. le duc de Beaufort[1],

[1] Saint Eglan, passant, le samedi 29 octobre, sur les dix à onze heures du soir, par la Croix du Trahoir, fut attaqué et tué par une douzaine de voleurs. Comme il était dans le carrosse du duc de Beaufort, on crut que c'était un assassinat prémédité contre ce chef de la Fronde, et il y eut dans Paris un redoublement de haines contre Mazarin, qu'on en accusa. Voy. la *Suitte du vray Journal du Parlement*, p. 171.

dont nous vous avons donné advis ce matin, nous vous mandons d'advertir les cinquantiniers et diziniers de vostre quartier, à ce qu'ils ayent à faire perquisition et recherche de ces assassins dans l'estendue de leurs dizaines pour en tirer lumière au plus tost : dont vous nous tiendrez advertis affin d'en rendre compte à Son Altesse royalle. Sy n'y faictes faute. Donné au bureau de la Ville, le 30ᵉ jour d'octobre 1650[1]. »

DU DIMANCHE 29ᵉ JOUR DE JANVIER 1651[2].

En l'assemblée de MM. les gouverneur, prévost des marchands, eschevins, conseillers, colonels et quartiniers de la ville de Paris, ledict jour tenue en l'Hostel d'icelle pour entendre la lecture des lettres de cachet du roy, et pourveoir à la seureté de ladicte ville suivant l'intention de Sa Majesté, sont comparus :

M. le mareschal de l'Hospital, gouverneur de Paris.

M. Lefebvre, conseiller du roy en ses conseils et cour de parlement, prévost des marchands.

Eschevins.

M. Boucot, conseiller secrettaire du roy. — M. de Secqueville, bourgeois. — M. Guillois, conseiller au

---

[1] Tout le reste de cette année 1650, on agita l'affaire des princes au parlement.

[2] C'est ici le moment de la rupture ouverte entre le duc d'Orléans et le cardinal Mazarin. La veille, ce prince était allé au Palais-Royal signifier à la reine qu'il ne reparaîtrait plus au conseil tant que le cardinal y serait.

Chastelet de la ville. — M. Philippes, conseiller du roy et ancien quartinier.

Conseillers de Ville.

M. le président Aubry. — M. Martineau, conseiller en parlement, etc.

Colonels.

M. Favier, conseiller d'Estat. — M. de Sève, conseiller d'Estat, etc.

Quartiniers.

Sire Jacques Tartarin. — Sire Pierre Eustache, etc.

La compagnie estant assemblée, MM. les gouverneur et prévost des marchands ont faict commencer par la lecture des lettres du roy, dont la teneur ensuit :

De par le roy.

« Très-chers et bien amez. Sur les divers advis qui nous ont esté donnez que, depuis quelques jours, il arrive de tous costez des gens en cette ville sans apparence d'y avoir aucunes affaires, nous croyons, selon l'estat présent des choses, pouvoir entrer avec raison dans le soupçon et la crainte de quelque mauvais dessein de la part de ceux qui, pour leurs fins particulières, vouldroient essayer d'altérer la tranquilité publique. C'est pourquoy, selon l'affection que nous avons pour le bien et le repos de nostre dicte bonne ville, désirant empescher et mesme prévenir touttes sortes de mauvais inconvéniens capables de troubler les esprits, nous avons estimé à propos, de l'advis de la reyne régente, nostre très-honorée dame et mère, de vous escrire cette lettre, pour vous ordonner de convocquer sans aucun retardement, en l'Hostel commung de nostre dicte bonne ville, les conseillers, colonels, capitaines et quartiniers d'icelle, pour résoudre avec eux à faire faire, par leur moyen, une recherche exacte dans tous les quartiers, affin de descouvrir la vérité de tous lesdicts advis, et faire veoir à tout le monde l'intention que nous avons de ne souffrir aucune occasion de trouble dans nostre dicte bonne ville, mais d'employer tout nostre pouvoir et nos soins pour la conserver et maintenir contre les perturbateurs de son repos. Sy n'y faictes faute; car tel est nostre plaisir. Donné à Paris, le 28e jour de janvier 1651. Signé : *Louis*, et plus bas : *de Guénégaud.* » Et au dos : « A noz les très-chers et bien amez, les prévost des marchands et eschevins de nostre bonne ville de Paris. »

Après laquelle lecture, ils ont représenté tout ce qui se disoit dans Paris, sur les occurances des affaires du temps, et comme l'on faisoit glisser dans l'esprit des peuples de mauvaises maximes qui pourroient enfin causer de grands désordres, s'il n'y estoit promptement pourveu; que c'estoit ce à quoy le roy nous exhortoit de travailler, étant la compagnie pleinement informée des bonnes intentions de Sa Majesté, et à y apporter les remèdes possibles. Sur quoy, ouï le procureur du roy et de la Ville en ses conclusions, et l'affaire mise en délibération, a esté délibéré et arresté le mandement qui ensuit.

De par les prévost des marchands et eschevins de la ville de Paris.

« M. de Sève, sieur de Chastignonville, colonel. Nous vous prions de faire assembler demain matin tous les cappitaines, lieutenans et enseignes de vostre colonelle pour leur faire entendre l'intention du roy, qui est qu'il soit faict une exacte perquisition et recherche par toute la ville de toutes les personnes qui y sont sans adveu et sans affaires urgentes : ce que vous leur enjoindrez de faire dans l'estendue de vostre colonelle, assistez de leurs officiers, avec armes et habits décens, sçavoir : les cappitaines, lieutenans et enseignes, avec leurs haussecols et espées, et les sergens, leurs hallebardes; qui feront chacun procès-verbal, dans l'estendue de leur compagnie, des personnes qu'ils y trouveront n'estre pas domicilliez, dont ils sçauront les noms et qualitez, et les causes pour quoy ils demeurent à Paris. Lesquelz procès-verbaux vous nous envoyerez dans mercredy, affin que nous en puissions rendre compte à Sa Majesté, suivant son intention : et au cas qu'il se trouvast des personnes mal intentionnez au service de sadicte Majesté, et réfractaires au présent ordre, reconneus estre d'intelligence avec les ennemis de cet Estat, vous ayez à vous en saisir et les faire amener prisonniers ès prisons de l'Hostel de cette ville, pour y pourveoir ainsy qu'il a esté ce jourd'huy arresté en l'assemblée tenue audict Hostel. Donné à Paris, le 29e jour de janvier 1651. »

Pareil envoyé aux autres colonels.

DU SAMEDY 4ᵉ JOUR DE FEBVRIER 1651.

Ledict jour, MM. les prévost des marchands et eschevins, procureur du roy et greffier de la Ville, s'estant assemblez au bureau d'icelle pour entendre la lecture de la lettre de cachet du roy, qui leur avoit esté envoyée le soir précédent, de laquelle lettre de cachet la teneur ensuit.

De par le roy.

« Très-chers et bien amez. Ayant à vous faire entendre plusieurs choses très-importantes au repos et à la tranquilité de nostre bonne ville de Paris, nous vous mandons et ordonnons, de l'advis de la reyne régente nostre très-honnorée dame et mère, que vous ayez à nous venir trouver demain à trois heures après midy, avec les conseillers, colonels et quartiniers de nostredicte bonne ville. La présente n'estant à autre fin, nous ne vous la ferons plus expresse. N'y faictes donc faulte, car tel est nostre plaisir. Donné à Paris, le 3ᵉ jour de febvrier 1651. Signé : *Louis*, et plus bas : *de Guénégaud.* » Et au doz est escript : « A noz très-chers et bien amez les prévost des marchands et eschevins de la ville de Paris. »

Après la lecture de laquelle lettre, ont esté expédiez des mandemens ausdits sieurs conseillers, colonels et quartiniers, à ce qu'ilz eussent à se trouver ledict jour, deux heures précises de relevée, en l'Hostel de cette ville, pour nous accompagner audict Pallais-Royal.

Mais comme chacun se préparoit pour satisfaire aux

ordres du roy, suivant lesdicts mandemens, le marquis de Sourdis seroit arrivé à l'Hostel de Ville de la part de M. le duc d'Orléans, pour entretenir la compagnie des causes qui avoient donné subjet à son Altesse Royale d'aller aujourd'huy au parlement[1]. Lequel ayant esté conduict au petit bureau de la Ville, en attendant plus grand nombre de monde et que la salle des cappitaines fust préparée pour le recevoir, ce que M. le prévost des marchands ayant dit à la compagnie et icelle convié de se seoir pour entendre ce que ledict sieur de Sourdis avoit à leur dire, l'on auroit ensuitte député deux de MM. les eschevins pour l'accompagner en ladicte salle, où il luy fut donné place dans une chaire un peu escartée..... de la place où se met M. le prévost des marchands et les bancs des conseillers de Ville : dans laquelle estant assis, il parla en ces termes, ou de mesme substance :

« Messieurs,

« M. le duc d'Orléans, oncle du roy, a donné tant de tesmoignages de l'affection qu'il a pour le bien de l'Estat, qu'il seroit superflu de vous les remettre devant les yeux, m'assurant que chacun de vous en est assez persuadé et mémoratif. Mais, s'il en a jamais donné des preuves, c'est en la dernière action qu'il a faicte pour empescher que le roy ne soit prévenu de quelque mauvaise intention contre ses subjects, laquelle surpasse toutes les autres. De quoy son Altesse Royale a ce jourd'hui informé de vive voix, et avoit résolu de faire le semblable en l'Hostel de cette ville, sans la

[1] Il y avait déclaré sa rupture avec la cour.

lettre que le roy a envoyée ce matin audict parlement, qui a obligé la cour à députer au Palais-Royal, et en suitte le reste de la compagnie à attendre le retour desdicts députez, pour parachever la délibération jà commencée. C'est ce qui a donné occasion à Son Altesse Royalle de m'envoyer vers vous, messieurs, pour vous dire de sa part que, depuis quelque temps, il avoit recogneu les mauvaises intentions du cardinal Mazarin, qui tendent, non-seulement à eslever le roy contre son peuple de Paris, mais encores à tenir divisée la maison royalle, affin d'apuyer son auctorité, et faire succéder ses pernitieux desseins dans la confusion des affaires du royaume; ayant son Altesse Royalle assez souvent remarqué avec desplaisir qu'on ne parlast dans les conseils du roy que de choses indifférentes. Et quant la nécessité a contrainct d'y en proposer d'autres, et qu'on y a pris de bonnes résolutions, si elles ne se sont trouvées au gré du cardinal Mazarin, et ne favorisoient ses interestz, elles estoient aussy tost réformées et agencées d'un autre sens; ce qui a bien souvent surpris son Altesse Royalle, sans qu'il y ait pu donner ordre. Mais s'estant depuis trois jours rencontré au Palais-Royal, lorsque le cardinal Mazarin vint dire au roy et à la reyne que Leurs Majestez n'estoient poinct en assurance dans Paris; que le parlement vouloit faire comme celuy d'Angleterre; que le clergé, la noblesse et le reste du peuple estoient bandez contre la royauté, pour la hayne qu'ils portoient à Leurs Majestez; qu'il falloit y pourveoir par des voyes promptes et violentes s'ils avoient envye de sauver l'Estat, son Altesse Royalle ne se put empescher de prier Leurs Majestez de n'en rien croire, et de reprocher en mesme temps l'infidélité et la supercherie dudict cardinal. Et après s'estre retiré à Luxembourg[1], avoit esté obligé de faire dire à la reyne, qu'il ne se trouveroit plus dans les conseils du roy tant que le cardinal Mazarin y seroit admis; et en mesme temps, envoyé quérir MM. les mareschaux de Villeroy et du Plessis-Praslin, pour asseurer Leurs Majestez de son affection; que Paris estoit le vray siége des roys, et que le parlement et tout le peuple se tiendroit tousjours dans le respect et l'obéissance qu'ils devoient à Leurs Majestez. Que c'estoit ce dont il avoit charge d'informer la Ville, en l'asseurant des bons sentimens que son Altesse Royalle auroit tousjours pour elle et pour le service du roy, pour lequel il emploiera sa vie et ses moyens jusques à la fin. »

Après, M. le prévost des marchands répliqua que la Ville avoit obligation à son Altesse Royalle, et qu'elle le remercioit très-humblement du soing qu'il avoit d'elle, l'asseurant qu'elle demeurera tousjours ferme et constante dans le service et l'obéissance qu'elle doibt au roy et à toute la maison royalle, s'assurant que Son Altesse leur en montreroit le chemin par ses bons exemples, comme elle avoit faict par le passé.

Ce faict, ledict sieur marquis de Sourdis s'est levé et a pris congé de la compagnie, assisté de MM. les eschevins qui l'avoient introduict, qui le furent conduire jusques sur le grand degré de l'Hostel de Ville. Dont estant retournez, et ayant repris leurs places, l'on fit

---

[1] Le duc d'Orléans ne veut pas parler, comme on pourrait le croire, de la ville de ce nom, mais bien du Palais du Luxembourg, à Paris, où il faisait sa demeure.

lire la lettre du roy, cy-devant transcripte, puis chacun se disposa à prendre le chemin du Palais-Royal pour y satisfaire. Où ils furent conduictz par M. de Sainctot, maistre des cérémonies, dans une salle basse, en laquelle ayant demeuré une demye-heure, le mesme M. de Sainctot les mena en la gallerie de la reyne, où elle estoit assise à costé du roy, ayant M. le duc d'Anjou auprès d'elle, M. le cardinal Mazarin, M. le garde des sceaux et grand nombre d'autres seigneurs et dames. Et s'estant la compagnie approchée de Leurs Majestez, ladicte dame reyne leur dit que le roy les avoit mandez pour leur faire entendre son intention, que M. le garde des sceaux leur feroit scavoir. Lequel leur parla en ces termes :

« Messieurs,

« Le roy et la reyne vous ont mandez pour vous faire entendre que, depuis quelques jours, M. le duc d'Orléans a tesmoigné quelque déplaisir de ce qui s'est passé en cette cour, et a faict entendre à Leurs Majestez qu'il ne vouloit plus assister en leurs conseils, sur des prétextes dont il s'est ouvert à M. le mareschal de Villeroy et à moy. Mais comme c'est un prince qui est plein d'affection pour le service de Leurs Majestez, et qui a toujours defféré aux volontez de la reyne, laquelle d'ailleurs a beaucoup de tendresse et d'amitié pour luy, elle espère de le faire bientost revenir à soy, et qu'il reprendra la place que sa naissance luy donne, tant aux conseils du roy qu'en tous autres lieux, et rendra tesmoignage de son affection au soing et gouvernement de cet Estat, ainsy qu'il a faict jusques à présent. Comme aussy pour vous dire que le bruit que l'on faict courir par Paris que la reyne en veut faire sortir le roy n'est pas véritable ; que c'est à quoy elle ne pense pas, sçachant bien que cette grande ville, capitalle du royaume, est le séjour ordinaire des roys, et qui contribue le plus au maintient et entretenement de la couronne : qu'elle est très-assurée que Leurs Majestez ne sçauroient estre en lieu où elles soient plus aymées, chéries et honorées, que dans leur bonne ville de Paris, ce que vous ferez entendre au peuple, affin de le désabuser : la reyne ayant mesme résolu de retarder pour quelque temps le sacre du roy, afin qu'on ne croye pas qu'elle prenne ce prétexte, quoyque spécieux, pour sortir le roy de Paris. Et cependant, elle vous faict deffences de recevoir aucuns ordres dans l'Hostel de Ville, que ceux qui vous y seront envoyez de la part de Leurs Majestez, signez en commandement par un secrétaire d'Estat. »

A quoy M. le prévost des marchands a reparty que la ville de Paris et ce qui la compose demeurera inséparablement dans l'entière obéissance qu'elle doibt au roy et à la reyne régente ; que M. le marquis de Sourdis estoit venu cette après disnée à l'Hostel de Ville, de la part de M. le duc d'Orléans, qui nous a apris son déplaisir, auquel nous en avons tesmoigné du regret, avec assurance que la Ville se tiendroit tousjours dans la fidellité qu'elle doibt au roy et à l'Estat, croyant que son Altesse Royalle leur en monstrera l'exemple.

Ce faict, la plus grande partie de la compagnie est retournée à l'Hostel de ladicte ville, à laquelle M. le prévost des marchands a faict entendre ce que luy avoit dict M. le garde des sceaux, et la response qu'il avoit faicte; dont elle est demeurée fort contente, et s'est retirée.

DU DIMANCHE 5ᵉ JOUR DE FEBVRIER 1651.

Ledict jour, MM. les prévost des marchands, eschevins, procureur du roy et greffier de la ville de Paris, se sont assemblez en l'Hostel d'icelle pour voir une lettre de M. le duc d'Orléans, à eux addressante, et qui avoit esté portée chez M. le prévost des marchands, dès sept heures du matin, par un des domestiques de M. Froment, secrétaire des commandemens de son Altesse Royalle. De laquelle lettre la teneur ensuit.

« MESSIEURS,

« Je vous prie de me venir trouver avec les conseillers, colonels et quartiniers, ce jourd'huy à quatre heures après midy. C'est à quoy je me prometz que vous satisferez, et que vous croirez que je suis, messieurs, vostre bien bon amy. *Gaston*. De Paris, ce 5ᵉ jour de febvrier 1651. » Et au dos est escript : « à MM. les prévost des marchands et eschevins de la ville de Paris. »

Après la lecture de laquelle lettre ont esté expédiez des mandemens ausdicts sieurs conseillers, colonels et quartiniers, à ce qu'ils eussent à se trouver ce mesme jour, deux heures de relevée, en l'Hostel de ladicte ville, pour aller au Pallais-d'Orléans, où ils estoient mandez.

Mais, ainsy que la compagnie s'assembloit audict

Hostel de Ville, M. le prévost des marchands seroit arrivé, entre deux et trois heures, qui a dict à ceux qui s'y sont rencontrez qu'ils ne s'ennuyassent point, et qu'il alloit faire un tour au Pallais-Royal avec MM. du bureau de la Ville, où ils estoient mandez, et qu'au retour il informeroit la compagnie de ce qui s'y seroit passé. Et de faict, MM. de la Ville estans arrivés au Palais-Royal, ils auroient esté conduictz jusques dans l'oratoire et chappelle particulière de la reyne, où elle estoit avec M. le cardinal Mazarin, M. le garde des sceaux, M. le gouverneur de Paris, M. de Guytault et madame de Sénecé. Où d'abord M. le garde des sceaux leur a dict que la reyne les avoit envoyé quérir pour se plaindre de ce qu'au préjudice des deffenses qui leur furent hier faictes de la part du roy, de recevoir aucun ordre que de la part de Sa Majesté signé en commandement par un secrétaire d'Estat, ils auroient esté si hardis que de recevoir ceux de M. le duc d'Orléans, et, suivant iceux, envoyé leurs mandemens aux conseillers, colonels et quartiniers de la Ville, pour les assembler en l'Hostel d'icelle ville, pour de là les mener au Palais-d'Orléans, sans en avoir parlé à M. le garde des sceaux pour en scavoir les sentimens de la reyne, ny conféré avec M. le mareschal de l'Hospital, qui a droict d'en estre adverty ; que la reyne avoit trouvé cette proceddure fort estrange, et estoit en peine du motif pour lequel vous l'avez ainsy praticquée dès le lendemain qu'elle vous en avoit faict des deffences, par ma bouche, en présence de tout le corps de la Ville ; non qu'elle vous veuille empescher d'aller veoir M. le duc d'Orléans, au contraire qu'elle vous le commandoit, mais qu'elle entendoit que ce fust par l'ordre de Sa Majesté, et que le bureau de la Ville revinst icy au retour du Luxembourg, pour leur rendre compte de tout ce qui s'y seroit passé.

A quoy M. le prévost des marchands a répliqué que la Ville n'avoit point creu contrevenir aux commandemens de Sa Majesté, se disposant d'aller trouver son Altesse Royale pour entendre ses volontez; qu'elle avoit receu commandement de ne recevoir aucuns ordres de Sa Majesté, qu'elle croyoit s'entendre seullement des ordres des armes et des portes; que la lettre de Son Altesse Royalle n'estoit pas un ordre de cette qualité, mais un simple commandement de l'aller trouver; qu'il estoit impossible de reffuser cette obéissance à sa naissance et à sa qualité; qu'elle auroit mesme creu estre blasmée par Sa Majesté si elle y avoit apporté le moindre retardement; que les mareschaux de France et officiers de la couronne y alloient sans congé du roy; que la révérence qui est deue par la Ville à Son Altesse Royalle, requéroit une deffence particulière pour ce qui le regardoit; et qu'en cela la Ville croyoit n'avoir rien fait contre le respect et l'obéissance deue à Sa Majesté.

Et à l'instant la reyne dict elle-mesme qu'elle n'y en remarquoit, et qu'il n'y avoit que celte prompte exécution, sans luy en faire sçavoir aucune chose, qui l'avoit estonnée, et qu'elle vouloit que la Ville y allast, et qu'au retour elle fust advertie de tout ce qui s'y seroit passé. M. le prévost des marchands l'assura qu'il n'y manqueroit pas, et pria mesme Sa Majesté de trouver bon que M. le gouverneur conduisist la compagnie: dont ledict sieur gouverneur s'excusa sur ce qu'il n'avoit point receu de lettre particulière de M. le duc d'Orléans. Néantmoings, après que MM. de la Ville eurent pris congé et ainsy qu'ils sortoient du Palais-Royal, ledit sieur gouverneur les envoya prier de l'attendre : et, en les abordant, leur dist que la reyne luy avoit commandé absolument d'aller avec la Ville au Palais-d'Orléans. Ce qui les fit monter tous dans un mesme carosse pour retourner audit Hostel de Ville. Auquel lieu estans montez, ils ont trouvé bonne compagnie en la salle des colonels, où s'estans tous assis, MM. les gouverneur et prévost des marchands y ont faict le récit de tout ce qui s'estoit passé au Palais-Royal, et comme la reyne avoit trouvé bon qu'elle allast au Palais-d'Orléans puisque M. le duc d'Orléans le désiroit. Et après avoir faict lecture de la lettre cy-devant transcripte, ladite compagnie s'est levée, et sont tous montez en carosse pour aller trouver Son Altesse Royalle, qui estoit seulle dans sa chambre avec un capitaine des gardes, où, après que nostre trouppe qui composoit plus de cinquante personnes fut entrée, Son Altesse Royalle leur a parlé en ces termes :

« Messieurs,

« Je vous ay mandez en ce lieu sur ce que j'ay apris qu'on vous fit hier deffences, au Palais-Royal, de recevoir aucun ordre que de la part du roy, signé en commandement par un secrétaire d'Estat, comme si moy, qui suis lieutenant général des armées de l'Estat et couronne de France, avois besoing d'un secrétaire d'Estat pour auctoriser les choses que j'ordonne, signées de moy; ne pouvant m'imaginer à quelle fin cela est entré dans l'esprit de la reyne, qui sçayt par expérience que le roy n'a dans le Palais-Royal aucunes personnes si affidées à son service et qui ayent plus d'intérest à la conservation de l'Estat que moy. Si c'estoit pour me déposséder de ma charge, je croy qu'elle ne le peut faire sans subjet, n'en ayant jamais donné aucun, n'ayant rien à démêler contre le général, demeurant tousjours très-constant dans le service du roy. Il est vray qu'ayant recogneu les mauvaises intentions du cardinal Mazarin, je n'ay peu les dissimuller davantage, et après en avoir dict mes sentimens à Leurs Majestez en sa présence, j'en ay donné advis au parlement, et en voulois faire autant à l'Hostel de Ville sans l'empeschement que vous avez sceu par la bouche de M. le marquis de Sourdis, qui vous en a tesmoigné et esté entretenir de ma part. Mais estant une action pour laquelle toute la France m'a obligation, puisque c'est pour chasser, et mettre hors des conseils du roy, un estranger qui n'a et n'aura jamais part dans l'Estat, et que je puis dire estre cause des désordres et desadvantages qui sont arrivez à la France depuis la mort du deffunct roy, lequel, avant sa mort, me nomma lieutenant général de l'Estat et couronne de France, en quoy je n'ay point prévariqué. C'est pourquoy je trouve très-mauvais de ce qu'aucuns de la Ville ont voulu mettre en question si l'on me devoit venir trouver ou non, à cause desdictes deffences, qui ne peuvent avoir lieu à mon esgard, tant à cause de ma charge, que par ma naissance : soustenant que vous me devez cela toutes fois et quantes que je le jugeray nécessaire pour le service du roy, duquel je ne me destacheray jamais. Je croy bien que si je vous donnois des ordres contraires, que vous ne les exécuteriez pas.

Aussy m'en sçauray-je bien donner de garde, ayant trop d'affection pour les bourgeois et habitans de la ville de Paris, pour les engager jamais à la deffence de ces querelles particulières : ce qu'il avoit esté bien aise de leur faire entendre de vive voix, afin qu'ils me conservent l'amitié qu'ils m'ont tousjours portée. »

Ensuitte de quoy, MM. les gouverneurs et prévost des marchands luy firent un ample et véritable récit de tout ce qui s'estoit passé, tant au Palais-Royal qu'à l'Hostel de Ville, depuis la réception de la lettre de Son Altesse Royalle, qui en demeura en quelque façon satisfaicte, et dict haultement qu'il n'en imputoit rien à MM. les prévost des marchands et eschevins.

Ce faict, une bonne partie de nostre trouppe fut au Palais-Royal, et l'autre à l'Hostel de Ville. La reyne fut saluée dans son petit cabinet, où l'on nous fit entrer, sans l'en advertir, comme je croy, pour ce qu'elle estoit assez seulle[1]. Le roi et monseigneur le duc d'Anjou s'aprochèrent d'elle à nostre abord, et se tinrent debout aussy longtemps que MM. les gouverneur et prévost des marchands furent à luy desduire, mot pour mot, tout ce qui s'estoit passé près de M. le duc d'Orléans.

Sur quoy la reyne répliqua que ce n'avoit jamais esté son intention d'oster les charges de Monseigneur le duc d'Orléans, ny tout ce qui estoit deu à sa naissance, mais qu'aussy n'estoit-il pas raisonnable qu'aux lieux et endroicts où il est avec le roy que les ordres ne soient donnés que par le commandement de

---

[1] Ce qui arrivait toujours dans les fréquentes bouderies du duc d'Orléans.

Leurs Majestez, signez des secrétaires d'Estat : et, partant, qu'il n'avoit eu aucune raison de se formaliser des deffences qui nous en avoient esté faictes, qu'elle nous réitéroit encore d'abondant.

Là dessus la compagnie a pris congé et s'en est revenue à l'Hostel de Ville, où M. le prévost des marchands, pour satisfaire à la curiosité de tous ceux qui y attendoient son retour, les auroit, tous debout, entretenus de tout ce que dessus. Mais comme il estoit plus de six heures avant qu'il eust achevé, et qu'il faisoit fort grand brouillard, chacun s'est promptement retiré.

DU LUNDY 6ᵉ JOUR DE FEBVRIER 1651.

Ledict jour, dix heures du matin, MM. les prévost des marchands et eschevins furent mandez par MM. du parlement, où ils se rendirent incontinant après, accompagnez du procureur du roy et greffier de ladicte Ville. Mais comme ils furent entrez en la grand'chambre où estoit M. le duc d'Orléans, M. le duc de Beaufort, M. le gouverneur de Paris, et autres seigneurs de cette condition, et toutes les chambres assemblées, il se trouva qu'on estoit bien advancé en la délibération faicte sur ce que M. le duc d'Orléans s'estoit plaint à la cour des deffences qu'on avoit faictes au prévost des marchands et eschevins, sabmedy dernier, au Palais-Royal, de la part du roy et de la reyne régente, d'obéir à aucuns ordres, s'ils ne leur estoient envoyez de la part de Leurs Majestez, signez en commandement par un secrétaire d'Estat. De sorte qu'il fallut attendre que l'affaire fut parachevée, ce qui dura près de deux heures. Après quoy l'on fit appeler la Ville. Laquelle entrée dans le barreau avec grand peyne, M. le premier président luy dit que la cour les avoit mandez pour estre informez comme les choses s'estoient passées sabmedy et dimanche dernier, tant au Palais-Royal qu'à l'Hostel de Ville. Ce que M. le prévost des marchands représenta si nettement, distinctement et bien, que toute cette grande compagnie en demeura fort satisfaicte.

DU MARDY 7ᵉ JOUR DE FEBVRIER 1651.

Ledict jour, sur les neuf heures du matin, M. le prévost des marchands estant arrivé et monté en l'Hostel de Ville, dit à ceux qui se trouvèrent au cabinet du greffier, où il entra, qu'il n'avoit apris que ce mattin les nouvelles qu'on avoit apportées devant minuit en sa maison, de la sortie de M. le cardinal Mazarin[1]; que, pour scavoir le vray, il estoit allé chez M. le garde des sceaux, où ayant apris qu'il estoit à l'hostel d'Orléans, il seroit allé sur ce lieu, duquel sortoit ledict sieur

---

[1] Cette retraite du cardinal Mazarin fut nécessitée par la rupture ouverte du duc d'Orléans.

Le cardinal sortit à pied du Palais-Royal par la porte du jardin, entre onze heures et minuit, n'étant accompagné que de trois personnes. A la porte Richelieu il monta à cheval et gagna Saint-Germain, où il arriva sur les cinq heures du matin. Il descendit d'abord dans une hôtellerie, et de là fut conduit au château. Il en partit le lendemain en prenant la route de la Normandie.

garde des sceaux, qui luy a dict qu'il venoit, de la part de la reyne, du Palais-d'Orléans, avec M. le mareschal de Villeroy et M. Le Tellier, pour l'assurer que Sa Majesté ayant sceu que son Altesse Royalle ne vouloit poinct entrer au conseil du roy pendant que M. le cardinal Mazarin y auroit séance, elle luy avoit donné son congé; ne désirant pas que le déplaisir que Son Altesse Royalle tesmoigne avoir receu dudict cardinal aporte la moindre altération à l'amitié et bonne correspondance qu'ils ont tousjours eu ensemble pour le bien et advancement des affaires du roy et de l'Estat, avec parole que, quand il plaira audict seigneur duc d'Orléans de venir assister le roy en ses conseils, il en sera le maistre, ainsy qu'il est deu à sa naissance et aux charges qu'il a dans l'Estat.

« Aujourd'huy, 10ᵉ jour de febvrier 1651, le roi estant à Paris, désirant gratiffier et favorablement traitter en toutes occasions, à l'exemple de ses prédécesseurs, les prévost des marchands, eschevins, procureur du roy, greffier et receveur de sa bonne ville de Paris, leur a, de l'advis de ladicte dame reyne, permis et permect de prendre, par leurs mains, sur les deniers d'octroys ou patrimoniaux de ladicte ville, jusques à la somme de dix-huit cens livres tournois, pour employer à l'achapt des armes qui leur sont nécessaires pour la conservation de leurs personnes, maisons et familles, pendant la garde des portes ordonnée estre faicte en cette dicte ville, savoir : quatre cens livres pour ledict sieur prévost des marchands, et deux cens livres pour chacun des autres; m'ayant ladite Majesté commandé luy en expédier le présent brevet, qu'elle a voulu signer de sa main, et faict contresigner par moy son conseiller et secrétaire d'Estat. »

De par les prévost des marchands et eschevins de la ville de Paris.

« Monsieur....., colonel. Nous vous prions de faire garder les portes deppendantes de vostre colonelle, à commancer de ce jourd'huy, depuis huict heures du soir jusques à six heures du matin, sans battre la quaisse, par vos officiers les plus affidez, avec vingt-quatre bourgeois pour celle de la Conférence, et douze des meilleurs bourgeois que vous voudrez choisir, pour chacune des autres portes, suivant l'ordre que nous en avons receu du roy et de la reyne régente : lesquels empescheront que lesdictes portes ne soient ouvertes, pour quelque cause que ce soit, depuis neuf heures du soir jusques à cinq heures du matin. Et prendrez garde, le long du jour, que les vagabons et gens sans adveu ne s'attrouppent dans vostre colonelle; et, au cas qu'il s'y commist quelque insolence par telles personnes, ordonner aux bourgeois de prendre les armes et de courir sus. Vous priant n'y vouloir faillir, et de venir demain, deux heures de relevée, en l'Hostel de cette ville, nous advertir de ce qui s'y sera passé, et adviser à ce qu'il y aura à faire ensuitte. Faict au bureau de la Ville, le vendredy 10ᵉ febvrier 1651. »

Pareil envoyé aux autres colonels.

De par les prévost des marchands et eschevins de la ville de Paris.

« Sire Jacques Tartarin, quartinier. Ayant eu ordre du roy de faire garder les portes de cette ville cette nuit et les suivantes, jusques à nouvel ordre, nous vous mandons que vous vous trouviez, ou quelqu'un de vos cinquantiniers ou diziniers, chaque nuit, aux portes qui deppendent de vostre quartier, pour les faire fermer à neuf heures et en garder les clefs jusques au lendemain cinq heures du matin, qu'elles seront ouvertes pour la commodité publique. Sy n'y faictes faulte. Donné au bureau de la Ville, le vendredy, 10ᵉ jour de febvrier 1651. »

Pareil mandement envoyé aux autres quartiniers.

« Anthoine Lefebvre, conseiller du roy en ses conseils d'Estat et privé, et en sa cour de parlement, prévost des marchands, et les eschevins de la ville de Paris, au premier sergent de ladicte Ville, ou autre sur ce requis, salut. Veu la contrainte décernée par maistre Pierre de La Croix, conseiller secrétaire du roy et receveur général des finances en la générallité de Paris, le 28ᵉ janvier dernier, de luy signée, allencontre de maistre André Daverdoin, conseiller de Sa Majesté, receveur des tailles en l'eslection dudict Paris, pour la somme de quatre cens vingt-quatre mille quatre cent soixante-quatorze livres, par luy deue pour les quartiers de janvier et avril, à cause du principal de la taille, creues y joinctes, creues extraordinaires des garnisons et subsistance des gens de guerre, du quartier d'hiver de l'année dernière 1650, nous vous mandons, attendu que lesdits deniers sont destinez au payement des rentes de ladicte Ville assignées sur les tailles, de mettre à exécution ladicte contraincte contre ledict Daverdouin, et faire tous commandemens, sommations et exploictz nécessaires. De ce faire, vous donnons pouvoir. Faict au bureau de la Ville, le 10ᵉ jour de febvrier 1651. »

M. Magaloty, que l'on dict estre nepveu du cardinal Mazarin, et lieutenant d'une compagnie au régiment des gardes, logée au faubourg Saint-Denis, a faict oster le tourniquet de la barrière qui est derrière la porte Saint-Denis, où toutes sortes de personnes passent, mesme la cavallerie y peut passer, sortir et entrer dans la ville, sans passer par ladite porte Saint-Denis.

De par les prévost des marchands et eschevins de la ville de Paris.

« Il est ordonné au maistre des œuvres de la Ville de se transporter présentement à la porte Saint-Denis voir l'endroict où est la barrière mentionnée au mémoire cy-dessus, et faire incessamment restablir ce qui s'y trouvera y manquer par les ouvriers ordinaires de la Ville, ensorte qu'il n'y puisse entrer et sortir personne nuitamment sans congé et licence de ceux qui sont envoyez à la garde et sûreté de ladicte porte, et s'enquérir de ceux qui ont osté le tourniquet qui y a esté mis depuis peu. Faict au bureau de la Ville, le 11ᵉ febvrier 1651. »

DU SAMEDY 11ᵉ JOUR DE FEBVRIER 1651.

En l'assemblée de MM. les prévost des marchands, eschevins, conseillers et colonels de la ville de Paris, ledict jour tenue en l'Hostel d'icelle pour adviser s'il y avoit quelque chose à adjouster aux ordres qui furent hier donnez ausdicts sieurs colonels pour la garde des portes de la ville, sont comparus :

Messire Anthoine Lefebvre, conseiller du roy en ses conseils, et en sa cour de parlement, prévost des marchands.

Eschevins devant nommez. — Conseillers, etc. — Colonels, au nombre de dix-huit.

La compagnie estant assemblée, M. le prévost des marchands y a représenté la nécessité qu'il y avoit, pendant trois et quatre jours, de faire exactement la garde des portes qui leur estoit commise, et s'estant estandu sur les nouvelles qu'il en avoit aprises, a conclud à ce que messieurs les colonels eussent à y représenter s'il y avoit quelques choses à faire en suitte des mandemens qui leur ont pour ce esté envoyez.

Et après les avoir tous entendus les uns après les autres, et satisfaict à ce qu'ils pouvoient désirer, tant de vive voix que par des mandemens baillez à aucuns d'eux en particulier, et autres envoyez aux quartiniers, tant pour pourveoir aux corps de garde des portes, qu'à coucher ou faire coucher leurs diziniers et cinquantiniers tour à tour ausdictes portes, avec les clefs d'icelles, ils ont jugé à propos de terminer le différend qui est entre M. le président de Guénégaud et M. Scaron de Vaure, ayant tous deux la garde de la porte Saint-

Anthoine, sur ce que ledict sieur de Guénégaud disoit, qu'encores qu'il ne fust pas sy ancien colonel que ledit sieur Scaron, il devoit néantmoings y faire la première garde, d'autant que la porte estoit dans sa colonelle et non dans celle dudit sieur Scaron, qui n'y venoit que pour le soullager : en quoy il estoit d'autant mieux fondé, que M. le duc d'Orléans l'avoit ainsy jugé pour la garde du Palais en faveur de M. de Champlastreux contre M. de Chastignonville. A quoy M. de Vaujour, conseiller en parlement, lieutenant-colonel de M. de Vaure, son père, a répliqué que les colonels de Paris sont principallement ordonnez pour commander la garde des portes de ladicte ville, et que, dès lors que leurs postes sont destinez, ils y doibvent marcher selon l'ordre de leurs réceptions, et qu'il s'estonnoit comme M. de Guénégaud disputoit sur une chose jugée au bureau de la Ville sur une pareille contestation, par les mandemens qui furent envoyez le 30ᵉ jour d'aoust 1650, après y avoir esté ouy ledict sieur de Guénégaud et luy, joinct que c'est l'ordre de la guerre et de tout temps gardé dans la Ville, priant la compagnie de le vouloir terminer encores une fois pour toutes. Et sur ce que M. le président de Guénégaud a soutenu estre bien fondé en sa prétention et prié la compagnie de la bien considérer, ils ont esté conviez de sortir. Sur quoy, ouy le procureur du roy et de la Ville en ses conclusions, et l'affaire mise en délibération :

A esté ordonné et conclud que ledit sieur Scaron, sieur de Vaure, comme plus ancien colonel, auroit la première garde à la porte Saint-Anthoine et ensuite toutes les compagnies de sa colonelle, qui seront relevées par celles de M. le président de Guénégaud. Ce qui servira de loy à l'advenir entre tous messieurs les colonels de ladicte ville.

De par les prévost des marchands et eschevins de la ville de Paris.

« Il est ordonné à Thomas de La Voye, serrurier de la Ville, de refaire et mettre en estat de fermer les deux serrures de la grande et petite porte : dont il sera payé sur nos mandemens par le receveur de la Ville. Ce 11ᵉ febvrier 1651. »

De par les prévost des marchands et eschevins de la ville de Paris.

« Sire Jacques Tartarin, quartinier. Nous vous mandons de faire ouvrir les corps de garde de la porte Saint-Anthoine, et ordonnez à vos cinquantiniers et diziniers d'aller, tour à tour, coucher à ladicte porte et y garder les clefs, pour l'ouvrir et fermer lorsque ceux qui y commanderont le jugeront à propos. Sy n'y faictes faulte. Donné au bureau de la Ville, le 11ᵉ febvrier 1651. »

Pareil mandement envoyé à tous les autres quartiniers de la ville.

De par les prévost des marchands et eschevins de la ville de Paris.

« Monsieur de Sève, sieur de Chastignonville, colonel. Nous vous prions d'aller et envoyer doresenavant les compagnies de vostre colonelle entière à la garde des portes que vous avez ordre de garder, tant de jour que de nuit, tambour battant, enseigne déployée, ainsy qu'il s'est tousjours pratiqué; faire monter ladicte garde chacque jour, trois heures de relevée; et faictes prendre garde, aux lieux et endroictz où l'on a accoustumé de mettre quelques postes, de les bien faire garder; poser des corps de garde aux endroictz où vous le jugerez à propos, et que tous vos soldats facent le moins d'empeschement que faire se pourra, mesme y faire conserver les droicts du roy, *tant pour ce qui se paye aux entrées, que tous autres;* et de ne point faire passer les compagnies qui monteront et reviendront de la garde devant le Palais-Royal. Vous priant n'y vouloir faillir. Faict au bureau de la Ville, le 12ᵉ febvrier 1651. Et soulagez les pauvres. »

Pareil mandement, hormis ces lignes barrées[1], envoyé aux autres colonels.

De par les prévost des marchands et eschevins de la ville de Paris.

« Sire Jacques Tartarin, quartinier. Nous vous mandons, aussy tost le présent mandement receu, que vous donniez ordre à vos cinquantiniers et diziniers de faire tendre les chaisnes aux advenues et environs des portes deppendans de vostre quartier, aux endroictz que vous jugerez le plus à propos, et les faire tenir tendues depuis huict heures du soir jusques à six heures du matin. Sy n'y faictes faute. Donné au bureau de la Ville, le 12ᵉ febvrier 1651. »

Pareil mandement envoyé aux autres quartiniers de la ville.

---

[1] Ce sont celles qui sont imprimées en italiques. On lit à la marge les noms suivants : M. de Maisons, M. le président Tubeuf, M. Tallemant.

DU LUNDY 13ᵉ JOUR DE FEBVRIER 1651.

« Ce jour sont venus au bureau de la Ville, sire Claude Prévost, l'un des quartiniers de ladicte ville, et le sieur Michel, lieutenant-colonel de M. le président Tubeuf, colonel au quartier dudict Prévost, qui nous ont remonstré que les compagnies des sieurs Berran et Raguenet, capitaines de ladicte colonelle, sont si petites et si resserrées, que l'une ne peult sans le secours de l'autre suffire à la garde des portes et autres postes que ladicte colonelle est obligée de garder chacque jour, requérant qu'il nous pleust y vouloir pourveoir. Sur quoy, ouy lesdicts sieurs Berran et Raguenet, capitaines, Le Camus, lieutenant, et de L'Escolle, enseigne dudict Raguenet, qui ont tous recogneu que lesdictes deux compagnies n'estoient, chacune en particulier, suffisantes de fournir à ladicte garde, et que des deux l'on en pouvoit composer une compagnie assez raisonnable, ensemble le procureur du roy et de la Ville en ses conclusions, avons, du gré et consentement dudict sieur président Thubeuf, colonel, duquel avoit charge ledict sieur Michel, et desdicts cappitaines Berran et Raguenet, joinct et réuny, comme de faict nous joignons et réunissons par ces présentes, lesdictes deux compagnies en une. Laquelle néantmoings sera commandée par lesdicts cappitaines en l'absence l'un de l'autre. Et comme ledict sieur Berran est le plus antien, il sera à son choix et option d'y aller quand bon luy semblera. Et ledict Raguenet, lors de l'absence ou empeschement dudict Berran, commandera ladicte compagnie avec la mesme auctorité, sans que, par le décez ou changement de quartier de l'un ou de l'autre, l'on puisse mettre un autre capitaine à leur préjudice; le dernier des deux demeurant seul capitaine de ladicte compagnie, ainsy qu'il s'est tousjours pratiqué. Et d'aultant qu'en la compagnie dudict sieur Berran il n'y a à présent ny lieutenant, ny enseigne, nous ordonnons que lesdicts sieurs Le Camus et De l'Escolle y demeureront seuls pour en faire les fonctions soubz les ordres desdicts sieurs Berran et Raguenet, tant et si longuement que les choses en demeureront en l'estat qu'elles sont. Mandons aux bourgeois et habitans de ladicte compagnie d'obéir aux ordres qui leur seront donnez par lesdicts cappitaines, et à chacun d'eux en particulier, en ce qui concernera le service du roy et de la Ville. Faict au bureau de la Ville, le 13ᵉ jour de febvrier 1651. »

De par les prévost des marchands et eschevins de la ville de Paris.

« Monsieur de Vaurouy, colonel. Nous vous prions d'envoyer les quatre compagnies du fauxbourg Sainct-Marcel deppendant de vostre colonelle, tour à tour, en garde au Marché-aux-Chevaux[1], fauxbourg Sainct-Honnoré, pour fortiffier la colonelle de M. Tubeuf, qui leur monstrera le poste qu'ils devront tenir; et commencer ce jourd'huy, trois heures de relevée, à faire monter en garde l'une desdictes compagnies, et ainsy successivement, mercredy, jeudy et samedy,

---

[1] Depuis l'année 1605 environ, jusqu'en l'année 1687, le marché aux chevaux se tenait sur le terrain où l'on a ouvert les rues Neuve des Petits Champs, de Gaillon, d'Antin et de Louis le Grand. (Voy. Hurtaut et Maguy, *Dictionn. histor. de la ville de Paris*, etc., t. III, p. 46.)

sans qu'elles puissent lever la garde que les autres ne les rellèvent. Et faictes, s'il vous plaist, qu'elles ne passent point devant le Palais-Royal. Vous priant n'y vouloir faillir. Faict au bureau de la Ville, le 14ᵉ febvrier 1651. »

De par les prévost des marchands et eschevins de la ville de Paris.

« Capitaine Drouart, colonel des archers de la Ville. Envoyez-nous chaque jour, à commencer ce jourd'huy quatre heures de relevée, douze archers de ladicte Ville, ayant leurs hocquetons et hallebardes, pour nous accompagner le reste du soir partout où nous irons, et recevoir les ordres que nous aurons à leur donner; et nous choisissez des personnes propres pour cela, et qu'ils se rendent tous les jours, à ladicte heure de quatre heures de relevée, à l'Hostel de cette ville. Sy n'y faictes faulte. Donné au bureau de la Ville, le 14ᵉ jour de febvrier 1651. »

De par les prévost des marchands et eschevins de la ville de Paris.

« Monsieur...., colonel. Nous vous prions que les compagnies qui monteront en garde de vostre colonelle, ce jourd'huy et autres jours suivans, soient les plus fortes que faire se pourra. Vous priant n'y vouloir faillir. Faict au bureau de la Ville, le 14 febvrier 1651. »

Pareil envoyé à tous MM. les colonelz.

De par les prévost des marchands et eschevins de la ville de Paris.

« Il est enjoinct au capitaine et autres officiers qui

commandent les gardes posez aux portes de Bussy et Dauphine, de les tenir toutes deux ouvertes, et partager la compagnie pour la garde desdictes portes, à ce que l'on puisse facilement aller et venir par icelles sans embarras ; et le faire ainsy sçavoir à ceux qui les relèveront consécutivement. Faict au bureau de la Ville, le 14ᵉ febvrier 1651. »

De par les prévost des marchands et eschevins de la ville de Paris.

« Sire Anthoine de La Porte, quartinier. Mandez aux cinquantiniers et diziniers de vostre quartier qu'il ne sera poinct besoing de tendre les chaisnes de la Ville depuis la porte de Richelieu jusques au pont des Thuilleries, affin que la cavallerie puisse passer et aller facillement visiter ces postes-là, et les assister en cas de besoing. Sy n'y faictes faulte. Donné au bureau de la Ville, le 14ᵉ jour de febvrier 1651. »

Pareil mandement envoyé à M. Prévost, quartinier.

De par les prévost des marchands et eschevins de la ville de Paris.

« Il est ordonné au Maistre des œuvres de la Ville de se transporter avec nombre d'ouvriers à la porte de Richelieu, pour y travailler et achever à la démonter : ce qu'il exécutera promptement. Faict au bureau de la Ville, le 14ᵉ febvrier 1651. »

De par les prévost des marchands et eschevins de la ville de Paris.

« Il est permis au sieur Le Febure, capitaine de la colonelle de M. de Champlastreux, de lever la garde qu'il posa hier au soir, par nostre ordre, à la bresche de Gaillon[1], et aller rejoindre le surplus de sa compagnie à la porte de Sainct-Marcel, où il demeurera jusques à ce qu'il soit relevé. Faict au bureau de la Ville, le 15ᵉ jour de febvrier 1651. »

De par les prévost des marchands et eschevins de la ville de Paris.

« Monsieur le colonel Tubeuf fera, s'il luy plaist, monter en garde, ce jourd'huy, la compagnie du capitaine Thévenin de ladicte colonelle, à la porte de Richelieu, quatre heures de relevée : outre celle qui y pourra estre de la colonelle de M. Ménardeau. Vous priant n'y vouloir faillir. Faict au bureau de la Ville, le 15ᵉ febvrier 1651. »

De par les prévost des marchands et eschevins de la ville de Paris.

« Monsieur le colonel de Longueil. Nous vous prions, outre la compagnie que M. Tallement faict entrer ce jourd'huy à la porte de la Conférence, d'y en faire encores monter une des vostres, affin de fortiffier la garde de ladicte porte, qui est de grande conséquence. Vous priant n'y vouloir faillir. Faict au bureau de la Ville, le 15ᵉ febvrier 1651. »

De par les prévost des marchands et eschevins de la ville de Paris.

« Il est ordonné à tous les bourgeois de Paris qui

---

[1] Jusqu'en 1700 il exista une porte de Gaillon, qui se trouvait au bout de la rue du même nom, à la hauteur du carrefour. Le registre désigne ici sans doute une brèche non loin de cette porte, et qu'il fallait garder.

habitent les logemens de la grande gallerie du Louvre[1], d'aller en personne à la garde des portes de ladicte ville, ainsy que les autres habitans d'icelle, et de se rendre soubz l'enseigne du sieur du Corier, capitaine dudict quartier soubz la colonelle de M. le président Tubeuf, et obéir à ses ordres, à peine de perdre leurs priviléges et de six livres parisis d'amande pour chacun défaillant, de laquelle ils seront contrainctz sans autres formalitez de justice, nonobstant ce qu'ils voudroient dire au contraire, attendu que nul bourgeois n'est exempté de ladicte garde. Faict au bureau de la Ville, le 15º febvrier 1651. »

De par les prévost des marchands et eschevins de la ville de Paris.

« Monsieur le président Tubeuf. Nous vous prions d'envoyer ce jourd'huy, à quatre heures de relevée, une des compagnies de vostre colonelle en garde d'un poste de la brèche de Gaillon, et de prendre une de celles qui n'ont point encores entré en garde. Vous priant n'y vouloir faillir. Faict au bureau de la Ville, le 15ᵉ febvrier 1651. »

De par les prévost des marchands et eschevins de la ville de Paris.

« Sur ce qui nous a esté représenté par les compa-

[1] L'usage de loger dans la grande galerie du Louvre des artisans habiles en peinture, sculpture, orfévrerie, horlogerie et autres arts excellents, remonte au règne de Henri IV. Ce prince dit même que la grande galerie a été disposée à cet effet. (Voy. le début des *Lettres patentes données par le roy portant priviléges donnez par Sa Majesté à ses officiers et artisans logez dans sa grande gallerie du Louvre.* Paris, 1654, in-18. Voy. aussi les différentes éditions de la *Description de Paris* de G. Brice.)

gnies de la colonelle de M. d'Estampes, sieur de Vallençay, de l'incommodité qu'ils ont receue à la garde de la porte Dauphine, faulte d'avoir un corps de garde pour se retraire et y poser leurs armes, celuy qui occupe le lieu où il se faisoit pendant les derniers mouvemens ayant faict difficulté de leur en faire ouverture, il est permis audict sieur d'Estampes, et aux capitaines de sa colonelle, de se servir du mesme corps de garde qu'ils occupoient pendant les derniers mouvemens, et enjoinct au propriétaire des lieux de leur en faire ouverture, et à maistre Jean de Monhers, quartinier, d'y fournir les ustancilles nécessaires, à ce que le service du roy et de la Ville ne soit différé. Faict au bureau de ladicte Ville, le 15e jour de febvrier 1651. »

De par les prévost des marchands et eschevins de la ville de Paris.

« Nous enjoignons au capitaine ou autres officiers qui commandent la garde qui est de présent à la porte de la Conférence, de ne lever ladicte garde qu'une heure après que la compagnie qui la doibt relever ce jourd'huy aura esté posée. Pendant laquelle heure les deux compagnies demeureront en présence l'une de l'autre. Faict au bureau de la Ville, le 15e febvrier 1651. »

Pareil envoyé pour la porte de Richelieu et celle de Sainct-Honoré.

« Veu la requeste à nous faicte et présentée par maistre.... Regnault, premier huissier de la cour de parlement, contenant qu'à cause de son estat et office il estoit obligé au service de ladicte cour, en sorte qu'il n'avoit moyen de vacquer à autres affaires, tellement qu'estant ainsy subject il ne pouvoit aller aux portes, guez et sentinelles, et, à cette occasion, il en avoit esté deschargé par arrest d'icelle cour du 25ᵉ juin 1644, comme ayant l'honneur d'estre du corps de ladicte cour; et aussy qu'il est gardien et dépositaire de la clef du rouet de la chaisne attachée à la maison en laquelle il est demeurant, au coing de la rue Sainct-Pierre-aux-Bœufs, ce qui l'obligeoit, tant de jour que de nuit, à la fermeture et ouverture dudict rouet et chaisne, et le rendoit exempt, suivant les ordonnances et règlemens de la Ville; requérant qu'il nous pleust le descharger des gardes des portes, guez et sentinelles, ainsy qu'il avoit esté cy-devant faict : nous, attendu le service actuel et personnel que le suppliant doibt en sa charge, et mesme qu'il est gardien et dépositaire de la clef du rouet de la chaisne attachée à la maison où il est demeurant, avons icelluy suppliant exempté et dispensé, exemptons et dispensons de la garde des portes et guez, de jour et de nuit. Faict au bureau de la Ville, le 15ᵉ jour de febvrier 1651. »

DU MERCREDY 15ᵉ JOUR DE FEBVRIER 1651.

En l'assemblée de MM. les prévost des marchands, eschevins et conseillers de la ville de Paris, ledict jour tenue au bureau d'icelle pour délibérer sur des lettres de déclaration du roy, accordées à M. le duc d'Orléans, pour ce qui luy manque de son appanage estre pris sur les aydes non aliénées des duchez d'Orléans,

Blois, Chartres et autres endroictz, renvoyez par arrest du parlement à ladicte Ville pour en avoir son advis[1], sont comparus :

Messire Anthoine Le Febvre, conseiller du roy en ses conseils et en sa cour de parlement, prévost des marchands.

MM. Boucot, de Secqueville, Guillois, Philippes, eschevins. — Conseillers, etc.

La compagnie estant assemblée, M. le prévost des marchands y a représenté ce qui estoit desdictes lettres et l'intérest que la Ville y pouvoit avoir à cause du fonds des rentes assignées sur les aydes. Desquelles lettres lecture ayant esté faicte, ensemble de l'arrest de la cour portant le renvoy d'icelles à ladicte Ville pour en avoir son advis, en suitte d'un estat du fonds de la ferme géneralle des aydes et des charges qui sont à prendre dessus, par lesquelles il paraît qu'après toutes lesdictes charges acquitées, il est annuellement porté à l'Espargne, par les fermiers desdictes aydes, sept cens tant de mil livres. Néantmoings, après s'estre longuement entretenus là-dessus, veu les termes de la déclaration du mois d'octobre 1648 touchant le faict des rentes de la Ville, la compagnie a trouvé bon de remettre à sabmedy prochain, deux heures de relevée, pour en délibérer, où les fermiers des aydes seront mandez afin d'estre ouys sur la conséquence de l'affaire, et priez d'apporter les soubz baux qu'ils ont faictz des baux dont est question; et, à cet effect, nouveaux mandemens envoyez.

[1] A cause des fonds des rentes assignés sur ces aides. Voir la note D sur les rentes de l'Hôtel de Ville.

De par les prévost des marchands et eschevins de la ville de Paris.

« Monsieur de Longueil, colonel. Nous vous prions de détacher trente hommes de la compagnie que vous devez envoyer ce jourd'huy en garde à la porte Sainct-Honoré et les envoyer garder la brèche de Gaillon, ainsy qu'a tousjours faict la colonelle de M. le président Tubeuf pendant qu'il a envoyé à ladicte porte. Vous priant n'y vouloir faillir. Faict au bureau de la Ville, le 16ᵉ jour de febvrier 1651. »

DU 17ᵉ FEBVRIER 1651.

Ledict jour, neuf heures de relevée, MM. les prévost des marchands, eschevins et procureur du roy et greffier de la Ville sont allez à l'hostel de Condé[1], au fauxbourg Sainct-Germain, salluer MM. les princes de Condé et de Conty, et se conjouir avec eux de leur heureux retour en cette ville après la liberté obtenue de leurs personnes dès le 13ᵉ dudict mois, qu'ils sortirent du Havre de Grâce avec M. le duc de Longueville, que la compagnie fut aussy veoir en suitte : tous lesquels princes tesmoignèrent une grande satisfaction de MM. de la Ville, avec un grand désir de travailler à remettre les affaires de l'Estat en meilleur estat qu'elles ne paroissent.

[1] L'hôtel de Condé comprenait ce vaste triangle formé par les rues de Condé, des Fossés M. le Prince et de Vaugirard, lequel est maintenant traversé par la rue de l'Odéon. L'entrée principale était rue de Condé.

DU SABMEDY 18ᵉ JOUR DE FEBVRIER 1651.

En l'assemblée remise à ce jourd'huy pour délibérer sur les lettres patentes du roy en forme de déclaration, accordées à M. le duc d'Orléans pour l'engagement de quelques droictz deppendans de la ferme génerallle des aydes affin de suppléer à l'appanage de Son Altesse Royalle, renvoyée à la Ville par arrest du parlement, pour en avoir son advis, sont comparus :

M. Le Fèvre, prévost des marchands.

Eschevins, etc. — Conseillers de Ville, etc.

La compagnie estant assemblée, M. le prévost des marchands y a faict entendre tout ce qui fut dict et proposé le dernier jour sur l'affaire dont il est question; comme depuis il avoit parlé aux adjudicataires de la ferme génerallle des aydes, ce qu'il avoit appris d'eux, et comme il avoit prié le sieur de Marcillac de se trouver icy affin de les en instruire par sa bouche. Lequel entré, la compagnie luy auroit d'abord demandé les soubz baux qu'ils avoient faictz des aydes d'Orléans, Blois, Romorantin, Chartres et Montargis. A dit que non : mais qu'il en avoit ce matin donné un mémoire au vray à M. le prévost des marchands. Et, s'estant davantage estendu, a dict que les droictz de ladicte ferme des aydes, deppendans des lieux cy-devant cottez, sans y comprendre Chartres, montoient, toutes charges payées, à quatre-vingtz-dix-sept mil tant de livres, que le roy avoit accordées à Son Altesse Royalle : resteroit encore trois mil livres deues par chacun an. Et qu'il estoit vray que le bail général de ladicte ferme des aydes obligeoit les fermiers, toutes charges acquittées, à porter sept cens tant de mil livres à l'Espargne en cas de jouissance : mais qu'il arrivoit souvent, pendant ce temps fascheux, que ladicte somme de sept cens mil livres ne suffisoit pas au payement des non-valleurs prétendus par les fermiers desdictes aydes; ayant par exemple monté à neuf cens mil livres en l'année 1649, et en l'année 1650, environ ladicte somme de sept cens mil livres. Et par conséquent, qu'il ne falloit pas prendre un pied certain là-dessus. Et s'estant ledict sieur Marcillac retiré, avec prière de ne pas s'en aller jusques à la fin de l'assemblée, pour y estre entendu plus amplement au cas qu'il en fust besoing, ouy sur ce le procureur du roy et de la Ville en ses conclusions, et l'affaire mise en délibération, en fin de laquelle l'on trouva bon, sur les divers advis, d'entendre de rechef ledict sieur de Marcillac pour sçavoir de luy si, non obstant l'engagement desdictes quatre-vingtz-quatorze mil tant de livres de rentes, luy et ses associez voudroient faire de nouvelles submissions au greffe de la Ville de payer entièrement le fonds des rentes qui y sont assignées, montant, comme il disoit, à dix-neuf cens tant de mil livres; sur quoy, ayant faict responce que ses associez et luy, ayant faict un abandonnement de ladicte ferme qui se publioit de nouveau, et que tant s'en fault qu'ils voulussent entendre à de telles submissions, qu'en l'estat que sont les affaires ils ne voudroient pas s'obliger au payement desdictes rentes, quand on leur voudroit bailler toute la ferme entière à cette seulle condition; déclarant à la compagnie que, quelques promesses et submissions qu'on ayt exigé d'eux, qu'il leur est impossible et à tous autres de payer le fonds des rentes de la Ville que des deniers qui proviendront de ladicte ferme. Et, s'estant retiré, la compagnie a trouvé bon de remettre encores la conclusion de cet advis à un autre jour, affin de se mieux esclaircir de l'importance de cet affaire.

Et avant que d'entrer en matière sur les moyens que la compagnie avoit à tenir en l'instance que luy a faicte au parlement M. le président Perrot, pour les raisons contenues en la requeste par luy présentée en ladicte cour, signifiée au greffe de la Ville, et de laquelle il avoit esté faict lecture en la précédente assemblée, ledict sieur président Perrot a pris occasion de dire en pleine assemblée que c'estoit à son grand regret qu'il en estoit venu à cette extrémité, mais qu'il se trouvoit tellement offencé du résultat qui l'oblige à résigner sa charge de conseiller de Ville à un officier de cour souveraine, contre ce qui a tousjours esté pratiqué jusques à présent, qu'il ne pouvoit s'imaginer d'où pouvoit venir cette proceddure si extraordinaire; qu'il s'estoit examiné luy-mesme, sçavoir s'il n'avoit point donné occasion à la compagnie de luy faire cette insulte, mais n'ayant trouvé rien approchant de cela, sçachant comme il a tousjours respecté les anciens, chéry ses égaux, et vescu avec tous les autres en confrères et bons amis, il ne voyoit pas qu'il y eut subject à en venir jusques à ce point, l'ordonnance de la Ville ne désignant que dix officiers pour conseillers, sept bourgeois et sept marchans; que, luy sorty de la compagnie, il y demeuroit encores douze officiers, et partant, le nombre estant plus que remply, il n'y avoit pas lieu, la compagnie n'ayant rien à dire sur la personne qu'il avoit présentée, d'en avoir usé de la sorte :

ce qui luy faisoit croire, ainsy qu'on luy avoit rapporté, qu'il y avoit eu cabale pour cela ; qu'il avoit leu les ordonnances de la Ville, et consulté, en ce qui concerne le conseil d'icelle, par des personnes très-intelligentes, qui ne font point de difficulté à son affaire ; qu'il voudroit bien néantmoings n'estre pas obligé de la pousser à bout, priant d'abondant la compagnie de vouloir bien repasser par-dessus, et de considérer ses justes plaintes, affin que la chose se puisse terminer de bonne grâce, sans la porter ailleurs ; les assurant que, de sa part, il ne luy en resteroit aucun mauvais ressentiment, et que le général et le particulier se trouvoit tousjours fort disposé à les servir. Et là-dessus s'est levé et a pris congé.

Sur quoy la compagnie se seroit assez longuement et confusément entretenue, les uns se plaignant de ce que ledict sieur président Perrot avoit usé de ce mot de caballe, et quelques autres de ce qu'il les avoit soubçonnez d'en avoir esté les promoteurs. Mais enfin, un de la compagnie dit tout hault : que pour démouvoir M. le président Perrot d'entreprendre un procès contre la compagnie, laquelle ne seroit, possible, pas bien fondée à le soustenir, les mots de l'ordonnance estans esquivoques, sçachant que ce n'est que le grand pris qu'on luy en a offert qui l'a porté à se deffaire de ladicte charge de conseiller de Ville, qu'aucuns d'entre eux luy feroient compter pareille somme sur ses procurations en blanc, laissant à la compagnie liberté d'eslire un homme tel qu'elle voudroit choisir. A quoy l'on n'eust point trouvé de difficulté, si celuy que l'on vouloit proposer eust esté de la qualité des officiers portés par ladicte ordonnance ; que non. De façon que, pour essayer de sortir de cette affaire, la compagnie a trouvé bon que MM. Martineau, Dreux, Le Vieulx et Desnotz s'abouchassent ensemblement pour chercher un expédient pour terminer ce différent à l'honneur de la compagnie, et au contentement dudict sieur président Perrot.

Ensuict la teneur de la déclaration du roy sur l'innocence des princes de Condé et de Conty et duc de Longueville[1].

« Louis, par la grâce de Dieu roy de France et de Navarre, à tous ceux qui ces présentes lettres verront : salut. L'obligation que nous avons de conserver la puissance et l'auctorité royalle que Dieu a mise en nos mains, et de veiller continuellement au repos des peuples qu'il a soumis à nostre conduicte, nous a faict déférer aux conseilz qui nous ont esté donnez de faire arrester nos très-chers et très-amez cousins les princes de Condé et de Conty et le duc de Longueville, et d'empescher par ce moyen les mauvais desseins qu'on nous faisoit croire qu'ils avoient contre nostre service et le bien de nostre Estat, ne trouvans alors aucun autre remède qui fut capable de prévenir un mal que nous

[1] Cette déclaration fut envoyée à tous les parlements. On en conserve aux archives du royaume trois expéditions originales sur parchemin ; la première, adressée au parlement de Paris, et scellée du grand sceau de cire jaune ; la seconde, adressée au parlement de Toulouse, et dont le sceau a disparu ; la dernière, adressée au parlement de Grenoble, et scellée en cire rouge, du sceau particulier dont on se servait pour le Dauphiné. Ces trois pièces originales présentent entre elles quelques légères variantes. C'est sur la première que nous imprimons.

craignions que le temps ne rendit irréparable. Mais comme nous ne nous sommes portez qu'avec beaucoup de peine et de desplaisir à une résolution si contraire aux bons sentimens que nous avons tousjours eu pour les personnes de nosdicts cousins les princes de Condé et de Conty, qui sont de nostre sang, et qui nous ont tousjours esté très-chers, et de celle de nostre cousin le duc de Longueville, qui nous est aussi très-considérable, nous avons voulu rendre l'affection que nous avons pour eux compatible avec les soins que nous estions obligez d'apporter pour la seureté de nostre royaume; ce qui nous a faict soigneusement rechercher les causes et les autheurs de ces advis. Et enfin, nous avons recognu qu'ils n'avoient aucun fondement véritable, mais que la malveillance de leurs ennemis avoit donné lieu aux soubçons qu'on nous avoit voulu faire prendre de leur conduitte. De quoy estans bien informez, nous avons estimé qu'une plus longue détention de nosdicts cousins seroit non-seulement injuste, mais aussi nous priveroit de leurs services, et particulièrement des assistances que nous pouvons tirer de nostredict cousin le prince de Condé, soit par ses conseils en l'administration de nos affaires, soit de son courage et de son expérience en la conduitte de nos armées, ainsy que nous avons faict cy-devant en plusieurs occasions signalées depuis nostre advénement à la couronne, où il a remporté des victoires très-glorieuses pour nous et advantageuses à la France : et qu'au contraire la liberté que nous leur accorderions porteroit les ennemis de cet Estat à consentir à la paix générale, que nous avons tousjours tant désirée, en leur faisant perdre les espérances qu'ils avoient conceues que leur plus longue détention nous engageroit dans une guerre civile, de laquelle ilz tireroient des advantages très-considérables pour continuer la guerre. Joint aussi que, dans une affaire de cette importance, nous avons eu esgard aux très-humbles supplications qui nous ont esté faictes par nostre parlement. Par ces raisons, et par l'advis de la reyne régente, nostre très-honorée dame et mère, de nostre très-cher et très-amé oncle, le duc d'Orléans, et autres grands et notables personnages de nostre conseil, nous avons pris résolution, ces jours passez, de mettre nosdicts cousins en liberté, et les appeler près de nostre personne, où ilz sont présentement. Mais comme il importe que leur détention, et les lettres de cachet que nous avons envoyées dans les parlementz et dans les provinces pour en déclarer les motifz, ne laissent aucune impression dans les espritz au préjudice de leur innocence et de la fidélité, qu'ils ont tousjours conservée pour nostre service et les intérestz de cette couronne, nous leur en voulons rendre un tesmoignage public par ces présentes. A ces causes, de l'advis susdict, nous avons dict et déclaré, disons et déclarons par ces présentes, signées de nostre main, que nonseulement nosdicts cousins sont innocens des soubçons desquels on a voulu charger leur honneur et leur réputation, mais aussy que tous les déportements et les actions de nostredict cousin le prince de Condé n'ont esté que pour affermir et accroistre nostre auctorité, et pour le bien et la grandeur de cet Estat; dont il nous demeure une entière satisfaction, qui nous convie à luy donner toute part à nostre confiance. Ce faisant, nous avons cassé et annullé, cassons et annullons lesdictes lettres de cachet du.... janvier 1650[1], et tout ce qui a esté faict contre nosdicts cousins depuis le jour de leur détention jusques à présent. Et désirans les traicter favorablement selon le rang de leur naissance et la considération des grandz services qu'ils ont rendus à cet Estat, nous les avons restably et restablissons en leurs honneurs, dignitez, charges, offices, gouvernementz des provinces et cappitaineries des places, voulons et nous plaist qu'ilz en jouissent avec tous les pouvoirs et droicts à iceux appartenans, tout ainsy qu'ils faisoyent auparavant leur détention et arrest. Si donnons en mandement à noz amez et féaux conseillers les gens tenans nostre cour de parlement de Paris, que nostre présente déclaration ils ayent à faire lire, publier et enregistrer, pour estre exécutée selon sa forme et teneur, car tel est nostre plaisir. En tesmoin de quoy nous y avons faict mettre nostre scel. Donné à Paris, le 25ᵉ jour de février l'an de grâce 1651, et de nostre règne le huictiesme. Signé : *Louis*, et sur le reply : Par le roy, la reyne régente sa mère, présente, *de Guénégaud*. Et scellé du grand sceau de cire jaulne. Et encores sur le reply est escript :

« Leues, publiées, l'audiance tenant, et registrées au greffe de la cour, ouy, ce requérant, le procureur général du roy, pour estre exécutées selon leur forme et teneur; coppies collationnées à l'original envoyées aux baillages et séneschaussées de ce ressort, pour y estre pareillement leues, publiées, registrées et exécutées; enjoinct aux substituds du procureur général d'y tenir la main et certiffier la cour avoir ce faict ainçois.

---

[1] La date du jour est en blanc dans l'original. Dans notre texte il y a : du 19ᵉ janvier.

A Paris, en parlement, le 28ᵉ febvrier 1651. Signé : *Guyet*. »

« Veu par la cour, toutes les chambres assemblées, les lettres patentes du roy, données à Paris le 25ᵉ febvrier 1651, signées *Louis,* et sur le reply : par le roy, la reyne régente sa mère, présente, *de Guénégaud,* et scellées du grand sceau, sur double queue de cire jaulne, par lesquelles et pour les causes y contenues ledict seigneur, de l'advis de ladicte reyne régente sa très-honorée dame et mère, et son très-cher et amé oncle, le duc d'Orléans, et autres grands et notables personnages de son conseil, en suitte de la résolution par luy prise de mettre ses cousins les princes de Condé et de Conty et duc de Longueville en liberté, et les appeller près de sa personne, où ils sont présentement, et comme il importe beaucoup que leur détention et les lettres de cachet envoyées dans les parlemens et dans les provinces pour en déclarer les motifs, ne laissent aucune impression dans les espritz au préjudice de leur innocence, auroit dict et déclaré, que non-seullement sesdicts cousins sont innocens des soupçons desquels on a voulu charger leur honneur et réputation, mais aussy que tous les déportemens et les actions de son cousin le prince de Condé n'ont esté que pour affermir et accroistre son authorité, et pour le bien de la grandeur de son Estat, dont il luy demeure une entière satisfaction. Ce faisant, auroit cassé et annullé lesdictes lettres de cachet du 19ᵉ janvier 1650, et tout ce qui a esté faict contre sesdicts cousins depuis le jour de la détention jusques à présent, et désiré les traicter favorablement selon le rang de leur naissance et la considération de leurs grands services qu'ils ont rendus à l'Estat, les auroit restablis en leurs honneurs, dignitez, charges, offices, gouvernemens de provinces et capitaineries des places, voulant qu'ils en jouissent avec tous les pouvoirs et droictz à iceux appartenans, tout ainsy qu'ils faisoient auparavant leur détention et arrest, ainsy que plus au long est contenu par lesdictes lettres à la cour adressantes; conclusions du procureur général du roy, tout considéré, ladicte cour a ordonné et ordonne que lesdictes lettres seront leues, publiées et registrées au greffe d'icelle, pour estre exécutées selon leur forme et teneur, et coppies collationnées à l'original envoyées à tous les bailliages, séneschaussées de ce ressort, pour y estre pareillement leues, publiées, registrées et exécutées. Enjoinct aux substituds du procureur général du roy d'y tenir la main et certiffier la cour avoir ce faict ainçois. A Paris, en parlement, le 27ᵉ febvrier 1651. Signé : *Guyet.* »

Extraict des registres du conseil d'Estat [1].

« Sur la requeste présentée au roy en son conseil par les gouverneur, prévost des marchans, eschevins, conseillers, colonels et capitaines de la ville de Paris, contenans : qu'ayans eu l'honneur de recevoir de Sa Majesté le commandement de faire prendre les armes, chacun s'est porté aussy-tost dans son debvoir, les ungs de commander, les autres d'obéir, et les choses se sont

---

[1] Arrêt du conseil d'Etat qui attribue à la Ville la connaissance d'un meurtre commis sur un bourgeois en faction à la porte de Nesle.

passées avec tel ordre et correspondance parmy un si grand nombre de personnes, qu'il ne s'est rien remarqué de contraire au service de Vostre Majesté et à la tranquilité publique. Jusques à présent le repos des peuples n'a point esté interrompu par les armes, leurs différens n'ont point entretenu la justice du conseil. Les actions militaires qui se sont présentées ont esté si heureusement terminées au gré des habitans par les officiers de la Ville qui ont jurisdiction sur eux, qu'il n'y en a eu aucune plainte. Il n'y a qu'une seulle affaire qui semble, en quelque façon, rompre l'harmonye qui a jusques icy paru dans leur milice. Un lacquais a causé ce trouble; lequel, estant accusé avec son maistre et deux de ses compagnons d'avoir tué d'un coup d'espée le nommé Mannuyn, bourgeois, en faction à la porte de Nesle, soubz le commandement du cappitaine Labbe, pour avoir arresté un carosse et dict qu'il falloit obéir à la santinelle, ont esté conduictz par un grand nombre de bourgeois de la compagnie ès prisons de l'Hostel de la Ville, demandant justice. Les frères de l'assassiné l'ont réclamé avec pleurs et gémissemens. Le corps mort a esté aussy apporté audict Hostel, pour lequel chacun crioit vengeance. Ledict capitaine s'est joinct au procès et rendu partye pour contenter ses soldats, qui en vouloient eux-mesmes faire la justice par le droit de la guerre et des gens, qui leur permet de repousser la force par la force, et de tuer celuy qui tue et entreprend un tel outrage à la face de tant de bourgeois armez pour le repos général et particulier. Les parties ayans recogneu qu'il s'agissoit d'un faict d'armes, et qu'ils ne pouvoient avoir d'autres juges que ceux à qui Sa Majesté en a commis le soing et donné l'authorité tout entière, le procès criminel a esté faict aux accusez par lesdicts prévost des marchands et eschevins, et jugé par eux avec les gouverneur, conseillers de Ville et colonels, en grand nombre; et un des accusez condamné à la question ordinaire et extraordinaire, les autres ayans esté eslargies à caution. Et, bien que le cas arrivé soit militaire et subjet à une dernière justice, néantmoings les juges, relaschant du pouvoir que les armes donnent aux hommes qui vivent en société, ont déféré à l'appel et donné la liberté à l'accusé de faire veoir encores son procès, estant question de la vie. Comme on travailloit à transférer les accusez à la Consiergerie, le lieutenant criminel du Chastelet s'est pourveu au parlement, et a demandé règlement avec la Ville, la prétendant incompétante d'instruire et juger le crime dont est question. Cette procédure a offencé tous les citoyens qui sont venus en grand nombre audict Hostel de Ville, requérant la conservation de leurs priviléges : autrement qu'ils seroient contrainctz de quitter leurs fonctions militaires s'ils avoient à respondre pour le faict des armes ailleurs que par-devant les magistratz qui les ont armez; ont demandé une assemblée génératlle pour adviser entre eux ce qui estoit à faire en cette occasion. Laquelle ayant esté convocquée, l'affaire bien examinée, les registres veus et les exemples passés, ont esté d'advis de se pourveoir devers Sa Majesté, de laquelle ils ont receu l'authorité des armes, pour luy rendre compte de tout et la supplier de régler le différend qui se présente; conserver la ville de Paris dans les advantages que ses prédécesseurs luy ont sy favorablement accordez, et particulièrement dans une cause si juste et légitime. Car, de dire que la jurisdiction militaire ne s'exerce que sur les soldatz et non sur les bourgeois, qui ont le privilége d'attirer devant leurs juges, cela est vray dans les armées et dans les villes frontières et de garnison qui nourrissent parmy eux des soldatz de profession avec leurs bourgeois, mais en ladicte ville et au faict qui se présente, où tous bourgeois sont soldatz par une qualité inhérante et inséparable, on ne croira jamais qu'un crime de cette qualité doive estre jugé ailleurs qu'à l'Hostel de Ville. Et ce qui oblige les supplians d'avoir recours à Sa Majesté pour la confirmation de leurs jurisdictions, ce sont les tiltres et la possession en laquelle ils sont fondés en plusieurs raisons, exemples et règlemens. Henry, troisiesme, d'heureuse mémoire, estant en son conseil, reigla luy-mesme l'ordre de la milice en 1587, et se réserva la cognoissance des délitz et crimes qui se pouvoient commettre de la garde, pour en faire juges les prévost des marchands et eschevins, et punir les délincans selon le mérite du faict, les ayans chargez de ce soing sur peine de s'en prendre à eux, sans cela les colonels, capitaines et officiers et soldatz seroient tous les jours traduictz devant des juges estrangers avec grands frais et longueurs des proceddures, au lieu qu'à l'Hostel de Ville la justice y est rendue aussytost que la plaincte est faicte, sans intermission et sans frais. Et lesdictes charges de milice qui sont toutes remplies d'honneur, de peyne et despence, réduiroient les officiers au poinct de se veoir solliciteurs de procès par-devant des juges peu affectionnez à leurs intérestz, qui décretteroient contre eux aux moindres occasions; et ainsy le soldat pourroit faire affront à son capitaine, et le bourgeois se trouveroit désarmé sans raison après avoir receu le commandement de prendre les armes. Il seroit estrange que le corps de Ville qui receoit et contient en soy tous les autres corps, communautez et compagnies, et leur donne la loy des armes après l'avoir receue de Sa Majesté, n'eust point de jurisdiction sur ceux qui luy sont soubzmis. Il n'y a si petit seigneur qui n'ayt droit de justice civille et criminelle sur ceux qui deppendent de luy. Touttes les villes du royaume ont cette jurisdiction, et la ville de Paris, capitalle bien plus considérable que les autres, n'en peuvent estre destitués. Les ecclésiastiques, officiers commenceaux de Sa Majesté et des princes, ne connoissent que leurs juges; et ainsy les citoyens de Paris, pour l'ordre millitaire et les crimes commis aux corps de garde et ailleurs, lorsqu'ils sont armez par l'ordre de Sa Majesté, demandent à jouir de leurs priviléges, et n'estre obligez de plaider comme le commung. A ces causes, et attendu qu'il s'agit de maintenir les supplians dans leur jurisdiction, et par ce moyen conserver les peuples dans le repos et la tranquilité qu'ils se promettent, requéroient qu'il pleust à Sa Majesté évocquer à soy les poursuictes que ledict lieutenant criminel faict à la grande chambre à cause du procès jugé à l'Hostel de Ville entre lesdicts Manuyn complaignans et les accusez, ensemble touttes les autres instances, procès et différendz meus et à mouvoir concernant le faict millitaire, et luy faire deffences de se pourveoir ailleurs, sur telles peynes qu'il plaira à Sa Majesté ordonner; veu ladicte requeste et règlemens de la milice, le roy estant dans son conseil, la reyne régente sa mère, présente, faisant droict sur ladicte requeste, a ordonné et ordonne qu'elle sera communicquée au lieutenant-criminel du Chastelet de Paris et au substitud de son procureur-général audict lieu, pour, eux ouys, estre ordonné ce que de raison. Et cependant a surcis et surceoit touttes poursuittes qui sont pendantes à la grand chambre de son parlement de Paris, jusques à ce qu'aultrement par Sa Majesté, les partyes ouyes, en ayt esté ordonné. Faict au conseil d'Estat du roy, Sa Majesté y estant, tenu à Paris le 21e jour de mars 1651. Signé : *de Guénégaud*. Et au-dessoubz est escript :

« Le 22e jour de mars 1651, à la requeste de MM. les gouverneur, prévost des marchands, eschevins, colonels et capitaines de cette ville de Paris, le présent arrest a esté signiffié, et d'icelluy baillé coppie aux fins de la surcéance y mentionnée à M. le lieutenant criminel du Chastelet de Paris, parlant à sa personne, et à M. le procureur du roy dudict Chastelet, parlant à sa personne, en leurs domiciles à Paris, à ce qu'ilz n'en prétendent cause d'ignorance; par moy, huissier ordinaire du roy en ses conseils d'Estat et privé soubz-signé : *Quiquebeuf*. »

Le lundy, 3e jour d'avril 1651, les sceaux ayans esté retirez par une seconde fois des mains de M. le marquis de Chasteauneuf, sur les neuf heures du soir, ilz furent à l'instant donnez à M. Molé, premier président du parlement de Paris, qui fit le mesme soir le serment de garde des sceaux entre les mains du roy et de la reyne régente, sans renoncer à celle de premier président, en laquelle Leurs Majestez promisrent de le conserver.

Il fut résolu en mesme temps de rappeller M. Séguier, chancellier de France, que M. le duc de Sully, son gendre, fut quérir toutte la nuit au marquisat de Rosny, proche de Mante, d'où il arriva le lendemain, quatre heures de relevée.

Le mardy, 4ᵉ avril, audict an, sur les deux heures après midy, MM. les prévost des marchands, eschevins, procureur du roy et greffier de la Ville, furent salluer ledict sieur premier président de se conjouir avec luy du choix que Leurs Majestez avoient faict de sa personne pour remplir cette éminente charge de garde des sceaux de France, le suppliant de vouloir protéger la Ville en cette qualité, ainsy qu'en touttes les charges qu'il a sy dignement exercées jusques à présent. Ce qu'il a promis de faire et tesmoigné avoir satisfaction du compliment que M. le prévost des marchands luy fist sur cette nouvelle promotion.

Le mercredy suivant, 5ᵉ jour desdicts mois et an, MM. de la Ville estans allez à l'issue du disner chez M. le chancellier, où, ne l'ayant pas trouvé, y retournèrent sur les six heures du soir, auquel ayant faict la révérence et tesmoigné beaucoup de joie de son retour, il assura la Ville de son affection, et la conjura de se maintenir tousjours dans une entière obéissance, et faire que le roy et la reyne régente, sa mère, soient obéys et honorez de tous. Et donna des esloges à la compagnie du bon soing qu'elle avoit apporté à la manutention de l'Estat, repos et tranquilité de la ville de Paris, depuis qu'ils estoient dans cette magistrature, les priant de vouloir continuer, leur promettant une protection entière.

Le 13ᵉ jour d'avril 1651, l'assemblée de MM. du clergé de France se sépara. Lequel jour, M. Molé, premier président du parlement et garde des sceaux de France, voyant qu'il y avoit quelque mécontentement en cour à cause du changement arrivé aux sceaux[1], s'en alla trouver la reyne, laquelle il pria de le vouloir descharger de cette dernière commission, dans la connoissance qu'il avoit qu'en cette occurrance il servoit très-utilement le roy et l'Estat par cette démission volontaire, continuant, comme il feroit tousjours, ses services en sa charge de premier président. Ce qu'ayant faict agréer à la reyne, il luy remit à l'heure mesme les sceaux. Ce que voyant Sa Majesté, elle luy offrit plusieurs autres récompenses; ausquelles il ne se monstra pas moings généreux, déclarant qu'il n'en vouloit point trouver d'autres que dans les assurances qu'il voyoit des bonnes grâces de Leurs Majestez, ausquelles il ne donneroit jamais d'occasion de douter de son zèle et entière affection à leur service.

Les sceaux furent remis ès mains de M. le chancellier le lendemain, 14ᵉ dudict mois, sans autres cérémonyes[2].

[1] *Quelque mécontentement en cour.* Le duc d'Orléans se montra furieux, et le coadjuteur n'oublia rien pour entretenir sa colère.

[2] Entre le 14 avril, où s'arrête ici notre texte, et le 17 août où il reprend, il se passa de grands événements, parmi lesquels il ne faut pas oublier la sortie du prince de Condé de Paris, le 6 juillet 1651.

DU JEUDY 17ᵉ JOUR D'AOUST 1651 [1].

Ledict jour M. de Sainctot, maistre des cérémonies, envoya un mot de lettre au greffier de la Ville, huict heures du matin, pour advertir MM. les prévost des marchands et eschevins de se trouver sur les trois heures de relevée au Palais-Cardinal, accompagnez de MM. les conseillers de Ville, quartiniers, et de deux bourgeois de chaque quartier. Ce qu'ayant lesdicts sieurs (entendu), ils y auroient à l'instant satisfaict par leurs mandemens accoustumés.

Et ledict jour, quatre heures de relevée, la compagnie s'estant trouvée à l'Hostel de Ville, est, de là, aller descendre audict Pallais-Cardinal et entrer dans la salle des ambassadeurs, où elle auroit rencontré MM. les gouverneur de Paris et de Sainctot, maistre des cérémonies, qui s'y entretenoient en attendant lesdicts sieurs de la Ville. Ausquels ledict sieur de Sainctot dict que Leurs Majestez se venoient de se mettre à conseil, enuiez de ce que la Ville tardoit tant à venir, et qu'il alloit veoir en quel estat elles estoient, priant la compagnie de ne se pas impatienter. Et estant retourné demye-heure après avec M. de Rodes, grand-maistre des cérémonies, ils auroient conduict la Ville, à laquelle M. le gouverneur s'estoit joinct jusques dans le grand cabinet de la reyne, où ladicte dame estoit assize proche du roy, et à l'entour d'eux MM. les ducs d'Anjou et d'Orléans et autres princes, M. le chancellier et M. le comte de Brienne, secrettaire d'Estat, qui

[1] La Ville, mandée au Palais-Royal à l'occasion des menées du prince de Condé.

tenoit un papier escript à la main, et grand nombre de seigneurs et dames. Et s'estans lesdicts sieurs gouverneur, prévost des marchands, eschevins, et le reste de la compagnie, advancez vers Leurs Majestez, la reyne leur dict : « Qu'elle avoit envoyé quérir la Ville pour luy faire faire lecture d'un discours qui avoit esté dressé par l'ordre du roy, contenant en substance les affaires les plus pressées et les plus importantes de l'Estat, et ausquelles il estoit très-nécessaire de pourveoir; mais, comme il faisoit desjà obscur dans ledict cabinet, et que ledict sieur de Brienne n'avoit pas la voix assez forte pour se faire entendre à une si grande compagnie, qu'il valloit mieux leur bailler ledict discours pour le lire particullièrement entr'eux. » A l'instant commanda audict sieur de Brienne de le mettre ès mains de M. le prévost des marchands. Lequel ayant remercié Leurs Majestez, fut conduict avec toute la suite, que M. le gouverneur n'abandonna poinct, dans la mesme salle des ambassadeurs, où ledict sieur prévost des marchands fit luy-mesme la lecture dudict discours, dont il rendit à l'instant l'escrit audict sieur de Sainctot, pour reporter audict sieur comte de Brienne. Ce faict, la compagnie s'en retourna.

Et le lendemain, 18e dudict mois, ledict sieur de Sainctot envoya à la Ville un pacquet cachetté, adressé à MM. les prévost des marchands et eschevins, dans lequel s'est trouvé le mesme discours signé *Louis,* et plus bas *de Guénégaud,* duquel la teneur ensuict[1] :

« C'est avec un extrême déplaisir, qu'après toutes

---

[1] C'est une seconde déclaration du roi contre le prince de Condé.

les déclarations que nous avons cy-devant faictes avec tant de solemnité contre le retour du cardinal Mazarin, nous voyons que les ennemis du repos de l'Estat se servent encores de ce prétexte pour y fomenter les divisions qu'ilz y ont allumez. C'est ce qui nous a obligez à vous envoyer quérir pour vous déclarer de nouveau ce que nous voulons. Et entendons exclure pour jamais ledict cardinal Mazarin, non-seulement de nos conseils, mais de nostre royaume, pays et places de nostre obéissance et protection. Faisant deffences à tous nos subjectz d'avoir aucune correspondance avec luy. Enjoignons très-expressément que touttes personnes qui contreviendront à cette nostre volonté, encourent les peines portées par les anciennes ordonnances des roys nos prédécesseurs, et par les arrests de nos cours souveraines. Voulans que touttes déclarations nécessaires pour cela soient expédiées. Après vous avoir donné ces assurances, et à tous nos subjectz, nous ne pouvons plus dissimuller (sans blesser nostre aucthorité) ce qui se passe. Un chacun sçait les grâces que la maison de mon cousin le prince de Condé, et luy en particulier, ont receues du feu roy de glorieuse mémoire, mon très-honnoré seigneur et père, et de la reyne ma très-honnorée dame et mère, régente. Après avoir accordé sa liberté aux instantes prières de mon très-cher et très-aymé oncle, le duc d'Orléans, et aux très-humbles supplications de mon parlement de Paris; après luy avoir rendu le rang qu'il avoit dans mes conseils, restitué le gouvernement des provinces et places que luy et les siens tiennent dans mon royaume, en si grand nombre qu'il est aisé de juger que celuy qui les a désirez vouloit plus tost prendre le chemin de se faire craindre, que de se faire aymer; après avoir restably les trouppes levées soubz son nom, capables de composer une armée; après luy avoir accordé l'eschange du gouvernement de Bourgogne avec celuy de Guyenne, luy ayant permis de retenir les places qu'il avoit dans la province qu'il laissoit, ce qui ne s'estoit jamais pratiqué; après luy avoir faict payer les sommes immenses qu'il disoit luy estre deues, d'arrérages, de pensions et d'appoinctemens, de désintéressement de montres de ses trouppes et garnisons, qui sont telles que, pour le contenter, on a esté contrainct de divertir les fondz destinez à l'entretien de ma maison et subsistances de mes armées; bref, n'ayant rien obmis de ce qui luy pouvoit apporter une entière satisfaction, et le disposer à employer les bonnes qualitez que Dieu luy a données et qu'il a faict parroistre, à l'advantage de nostre service, nous avions conceu cet espérance, lorsqu'à nostre grand regret, elle a esté trompée par des actions bien contraires aux protestations qu'il nous avoit faictes solemnellement dans l'assemblée de nostre parlement. Nous ne dirons rien de ce qu'aussy tost après sa liberté, l'ardeur de ses poursuicttes nous porta à faire les changemens que vous avez veu dans nostre conseil. Cette entreprise luy ayant réussy, il prit la hardiesse d'accuser et se plaindre de la conduicte de trois de nos officiers de la reyne, nostre très-honnorée dame et mère. Laquelle leur ordonna de se retirer, non-seulement de nostre cour, mais de nostre bonne ville de Paris, pour oster à nostredict cousin tout prétexte de plainte et pour estouffer les tumultes qu'il excitoit. Nous espérions que touttes ces grâces le disposeroient à nous complaire en quelque chose, ou pour le moings l'empescheroient de continuer ses mauvais desseings, lors qu'avec un extrême regret nous avons veu des effectz tous contraires à ceux que noz bontez avoient taschez de provoquer. Nous avons remarqué, qu'après que nostre très-cher et bien aymé oncle, duc d'Orléans, luy a donné de nostre part, et a porté à nostre parlement, nos parolles royalles qui luy offroient touttes les suretez qu'il pouvoit désirer et qu'il avoit requises, il demeura quelques jours sans se pouvoir résoudre à nous veoir, quoy qu'il se fust rencontré une fois à nostre passage. Enfin, pressé par nostre très-cher et bien aymé oncle, le duc d'Orléans, et par nostre parlement, de nous rendre ses devoirs, il prit résolution de nous veoir une seulle fois, où il fut receu par nous et par nostre très-honnorée dame mère et régente, avec touttes les démonstrations d'une parfaicte bienveillance, qui eust esté capable de le guérir de ses appréhensions, si elles ne venoient plus tost de sa propre conscience que des mauvais offices qu'il veult croire luy estre rendus. Nous sommes obligez de vous dire ce qui est venu en nostre cognoissance touchant ses menées, tant au dedans comme au dehors de nostre royaume. Pour commencer par les choses qui sont publiques, chacun a veu que nostredict cousin s'est absenté depuis deux mois de nos conseils; qu'il les a descriez dans nos parlemens et partout ailleurs, disant qu'il ne pouvoit se fier en nous ny en ceux qui nous approchoient. Ayant escript à tous nosdicts parlemens et quelques-unes de nos bonnes villes, pour leur donner de mauvaises impressions de nos intentions. Engageant en mesme temps dans nos provinces plusieurs gentilhommes et soldatz à prendre les armes aussy tost qu'ils en seroient requis de sa part. Il a aussy dans nostre bonne ville de Paris, qui donne le mouvement à touttes les autres, faict semer de mauvais bruictz de nos intentions. Nous avons apris qu'il renforçoit les garnisons des places que nous luy avions confiées; les munissoit de touttes choses nécessaires, et faisoit sans nos ordres travailler en dilligences aux fortiffications : employant à cela nos subjects et les contraignant d'abandonner nos récoltes. Il a faict retirer nos cousins, sa femme et sa sœur, dans le fort chasteau de Monron. Il a ramassé de touttes parts des sommes notables de deniers. Enfin il a pratiqué publiquement tout ce qui nous peut donner subject de croire ses mauvaises intentions. Nous avons esté confirmé en cette croyance par les advis certains que nous avons receus de divers endroictz, des intelligences qu'il formoit avec les ennemis, tant à Bruxelles avec l'archiduc, que dans le camp avec le comte de Fuensaldagne; faisant escorter les courriers jusques dans les portes de Cambray, par quelque cavallerie tirée de ses trouppes, qui n'obéissent qu'à luy seul. Ces praticques estant faictes à nostre inceu, sans nos ordres et passe-ports, et contre nostre volonté : qui faict douter de son intelligence avec ceux contre lesquels nous sommes en guerre ouverte. Il n'a voulu non plus faire sortir les Espagnols de la ville de Stenay, ainsy qu'il s'estoit obligé de le faire, cette seulle condition ayant esté exigée de luy lorsqu'il fut retiré de prison. Sa conduicte est cause que don Estevant de Guemarre s'est approché de la Meuse avec son armée; qu'il a ravitaillé Mouson, et s'est conservé le passage de Dun, qui met en contribution une partie de la Champagne. Pour donner aussy plus de moyen à nos ennemis d'entreprendre contre nous, et arrester les progrez que nostre armée, plus puissante que la leur, pouroit faire dans les Pays-Bas, par une entreprise qui n'a jamais esté veue dans nostre royaume, quelque ordre exprès qu'ayent esté donnez de ceux qui commandoient, ses trouppes n'ont jamais voulu obéir aux commandemens que nous leur avons faictz de joindre les siennes au corps d'armée où ils avoient esté destinez par nous et par nostre oncle, le duc d'Orléans. Ce qui a renversé jusques à présent tous nos desseings, tant à cause de la juste deffiance que nous avons eue de ceux de nostre cousin, comm' aussy par ce qu'il a donné loisir aux ennemis de se recognoistre et de se mettre en estat de s'opposer à nos forces; outre que leur résolution s'est augmentée par les espérances, ou pour mieux dire par les assurances qu'on leur a données de quelques mouvemens dans nostre royaume. Nous ne pouvons nous empescher de vous dire touttes les désolations que les gens de guerre commandez par nostredict cousin ont faictes, et qu'ils continuent de faire en se maintenant entre la Picardie et la Champagne, qu'ils achèvent de ruiner, au lieu d'estre dans les pays ennemis, à leur faire la guerre. La liberté que ses trouppes prennent de piller nos subjectz, faict aussy que plusieurs de nos soldatz abandonnent nostre camp pour vivre dans la licence qui est dans le sien. Nous avons bien voulu vous donner part de touttes ces choses, encores que la plus grande partie vous fut desjà connue. Nous croyons que vous jugerez par ces déportemens publics de nostredict cousin, que ses menées secrettes ne sont pas moings dangereuses. La cognoissance que nous en avons ne nous permet pas de le dissimuler plus longtemps sans abandonner le gouvernail de cet Estat que Dieu nous a mis en main, et que nous sommes résolus de tenir avec fermeté. Nous sçavons que si nous n'apportons un prompt remède aux désordres qu'on veut jetter dans nostre Estat, nous ne pouvons obliger nos ennemis d'entendre à la paix que nous désirons conclure, ny réformer les abus qui se sont glissez dans nostre royaume ainsy agité par tant de pernitieux desseins et entreprises, si nous ne les prévenions et en arrestions le cours, comme nous sommes résolus de faire par les moyens que Dieu nous a mis en main, dans l'assurance que nous avons, et que vous nous avez tousjours tesmoignée, de vostre fidélité et affection à maintenir nostre authorité et entretenir nos subjects dans l'obéissance qu'ils nous doibvent, et que nous nous assurons que vous continuerez à apporter tout ce qui deppendera de vos soings pour faire valoir nos bonnes intentions pour le bien et le repos de nostre royaume. Faict à Paris, le 17ᵉ jour d'aoust 1651. Signé : *Louis*, et plus bas : *de Guénégaud.* »

DU MARDY 5ᵉ SEPTEMBRE 1651.

Ledict jour est venu à l'Hostel de Ville M. de Sainctot, ayde des cérémonies, qui a aporté la lettre de cachet dont la teneur ensuict :

De par le roy.

« Très-chers et bien amez. Comme nous avons donné ordre au grand-maistre et au maistre de nos cérémonies, que touttes les choses nécessaires et accoustumées pour les cérémonies de nostre majorité soient tenues prestes pour le jeudy, 7ᵉ de ce mois de septembre, qu'avec la grâce de Dieu nous avons résolu de déclarer la nostre en nostre parlement, y allant tenir nostre lict de justice, de l'advis de nostre très-honnorée dame et mère, nous vous avons bien voulu faire celle-cy pour vous dire que vous faciez les choses que vous avez accoustumé en semblable occasion, et ainsy que vous fera plus particulièrement entendre le grand-maistre ou le maistre de nosdictes céremonies comme estans bien informez de nos intentions sur ce subject. Si n'y faictes faute, car tel est nostre plaisir. Donné à Paris, le 3ᵉ jour de septembre 1651. Signé : *Louis*, et au-dessoubz : *de Guénégaud.* » Et au doz est escript : « A nos très-chers et bien amez les prévost des marchands et eschevins de nostre bonne ville de Paris. »

Avec laquelle lettre s'est trouvé un mémoire signé du maistre des cérémonies aussi transcript.

« Messieurs de la Ville auront soing de faire tirer leur canon et boestes et artillerie, le jeudy 7ᵉ du présent mois, jour de la déclaration de la majorité, au sortir du roy du parlement, et le soir, durant le feu qu'ils feront faire en la place de Grève.

« Ils envoyeront mandemens aux quartiniers à ce qu'il soit faict ce jour des feux de joye par touttes les rues, comme aussy qu'il soit mis des lanternes aux fenestres.

« Ils donneront aussy ordre à ce que, dès la pointe du jour, les chaisnes de touttes les rues de traverse par où le roy passera pour aller du Pallais-Royal au parlement, soient tendues, qui sera à cet effect cy-après expliqué; comme aussy à ce que touttes les rues soient nettoyées.

Chemin du roy.

« Partant du Pallais-Royal, Sa Majesté viendra le long de la rue Sainct-Honoré gaigner celle de la Féronnerie, tourner vis-à-vis le grand portail Sainct-Innocent en celle de Sainct-Denis jusques devant la porte de Paris appellée le Grand-Chastelet, prendre la rue des Boucheries-Sainct-Jacques[1], gaigner le pont Nostre-Dame, le long d'icelluy, entrer par dedans le Marché-Neuf en la rue Neuve-Saincte-Anne, et entrer par ladicte porte en la court du Pallais, descendre à l'escallier de la Saincte-Chapelle.

« Ils commanderont au Maistre des OEuvres de la Ville, d'aller, demain matin, en ladicte rue Saincte-Anne, à des attelliers, leur faire commandement d'oster dans demain, des poultres et des pierres de tailles qui empeschent la rue et le passage pour entrer dans le Pallais.

« Et le lendemain, sur les huict heures du matin, MM. de la Ville se rendront en corps suivant l'affection qu'ils ont de venir salluer le roy, dans la chambre de Sa Majesté, et luy rendront leurs complimens, et mesmes, s'ils veulent, la pouront accompagner à ses dévotions en l'église Nostre-Dame.

---

[1] Aujourd'hui rue Saint-Jaques la Boucherie.

« Et s'il reste quelque chose à faire, ils en seront advertis. Faict à Paris, le 4ᵉ jour de septembre 1651. Signé : *de Sainctot.* »

De par le roy.

« Très-chers et bien amez. Les tesmoignages d'affection à nostre service que nous recevons chacque jour de nostre bonne ville de Paris, et qui nous sont continuez par l'advis qu'on nous a donné que vous souhaittez de nous venir rendre vos obéissances le lendemain de la déclaration de nostre majorité, nous estant très-agréables, et voulans vous donner des marques plus grandes de la satisfaction qui nous en demeure, de l'advis de la reyne régente, nostre très-honnorée dame et mère, nous avons bien voulu vous faire celle-cy pour vous dire que nous serons bien aise que le corps de nostredicte bonne ville de Paris nous accompagne avec leurs beaux habitz de cérémonies, vendredy prochain, en l'église Nostre-Dame, où nous avons dessein de faire nos dévotions, à l'heure qui vous sera prescrite par le grand-maistre ou maistre de noz cérémonies, ausquels ils auront toutte créance. Et, afin que chacun cognoisse davantage l'estime particullière et l'affection que nous avons pour nostredicte bonne ville de Paris, et ce, sans tirer à conséquence. Sy n'y faictes faute, car tel est nostre plaisir. Donné à Paris, le 6ᵉ jour de septembre 1651. Signé : *Louis*, et au-dessoubz : *de Guénégaud.* » Et au doz est escript « A nos très-chers et bien amez les prévost des marchands et eschevins de nostre bonne ville de Paris. »

Sur quoy, la compagnie estant assemblée, a résolu les mandemens qui ensuivent :

« Monsieur le président Aubry. Plaise vous trouver, vendredy prochain, sept heures du mattin, à cheval et en housse, en l'Hostel de cette ville, pour nous accompagner au Pallais-Cardinal, où nous avons ordre de nous trouver en corps de Ville avec nos habitz de cérémonies, pour saluer le roy et de l'accompagner en l'église Nostre-Dame suivant l'intention de Sa Majesté. Vous priant n'y vouloir faillir. Faict au bureau de la Ville, le 6ᵉ septembre 1651. »

De par les prévost des marchands et eschevins de la ville de Paris.

« Sire Jacques Tartarin, quartinier. Trouvez-vous, vendredy prochain, sept heures du matin, à cheval et en housse, en l'Hostel de cette ville, pour nous accompagner au Pallais-Cardinal où nous sommes mandez de nous trouver en corps de Ville avec nos habitz de cérémonies, pour saluer le roy, et de l'accompagner à l'église Nostre-Dame suivant l'intention de Sa Majesté. Sy n'y faictes faute. Donné à Paris, le 6ᵉ septembre 1651. »

« Capitaine Drouard, colonel des archers de la Ville. Trouvez-vous avec tous ceux de vos nombres, ayans leurs hocquetons et hallebardes, sept heures précises du matin, pour nous assister au Pallais-Royal où nous avons ordre de nous rendre en corps de Ville avec nos habitz de cérémonies, pour saluer le roy, et de l'accompagner à l'église Nostre-Dame, suivant l'intention de Sa Majesté. Sy n'y faictes faute. Donné au bureau de la Ville, le 6ᵉ septembre 1651. »

« Aujourd'huy, 6ᵉ septembre 1651, le roy estant à

Paris, désirant que les prévost des marchands, eschevins, procureur du roy, greffier et receveur de sa bonne ville de Paris, aillent le lendemain de la déclaration de sa majorité, le trouver en corps de Ville au Pallais-Cardinal pour rendre leurs devoirs et veux d'obéissance, et de là accompagner Sa Majesté à l'église Nostre-Dame, où elle désire faire ses dévotions, avec habits dessens, convenables, de cérémonies, Sa Majesté, de l'advis de la reyne régente sa mère, leur a accordé et faict don de la somme de cinq mil quatre cens livres pour estre distribuez entr'eux. Asscavoir audict prévost des marchands, la somme de douze cens livres, et pour chacun desdicts eschevins, procureur du roy, greffier et receveur, six cens livres ; pour estre lesdictes sommes par eux employées à la despence qui leur convient faire en achapt de robes de velours, harnois de leurs chevaux, équipages de leurs gens et serviteurs. Laquelle somme de cinq mil quatre cens livres sera par eux prise sur les deniers patrimoniaux ou d'octroys de ladicte ville, et passée et allouée dans le compte dudict receveur. Voulant Sadicte Majesté que touttes lettres à ce nécessaires soient expédiées en vertu du présent brevet, qu'elle a voulu signer de sa main, et faict contresigner par moy, son conseiller en ses conseils d'Estat et privé et secrettaire de ses commandemens. »

« Louis, par la grâce de Dieu roy de France et de Navarre, à noz amez et féaulx les gens de nos comptes, salut. Ayant désiré que le commandement par nous faict à nos très-chers et bien amez les prévost des marchands et eschevins de nostre bonne ville de Paris, de nous venir trouver en corps de Ville au Pallais-Cardinal le lendemain de la déclaration de nostre majorité pour nous rendre leurs debvoirs et vœux d'obéissance, et de là, nous accompagner à l'église Nostre-Dame avec habits dessens et convenables en telles cérémonies, fust exécuté avec l'ordre et la dignité convenable, nous avons, de l'advis de la reyne régente, nostre très-honnorée dame et mère, et par nostre brevet de ce jourd'huy, accordé et faict don ausdicts prévost des marchands et eschevins, procureur du roy, greffier et receveur d'icelle nostredicte bonne ville, de la somme de cinq mil quatre cens livres pour estre distribuez entr'eux, ainsy qu'il est particulièrement déclaré par icelluy, pour fournir aux frais de la despence qu'il leur convient faire en l'achapt de robes de velours, habitz de soye, housse de velours, harnois de leurs chevaux, équipages de leurs gens et serviteurs, ainsy qu'il a tousjours esté en semblables occasions. Laquelle somme de cinq mil quatre cens livres, nous avons aussy voulu et entendu estre par eux prise sur les deniers patrimoniaux ou d'octroys de ladicte ville. A ces causes vous mandons et très-expressément enjoignons, que icelle somme de cinq mil quatre cens livres, par nous comme dict est accordée audict prévost des marchands, eschevins, procureur du roy, greffier et receveur de ladicte ville, vous ayez à passer et allouer en la despence des comptes dudict receveur, en proccédant à l'examen d'iceux, et rabatu de sa recepte sans difficulté, en rapportant par luy ces présentes et ledict brevet : car tel est nostre plaisir. Donné à Paris, le 6e jour de septembre 1651 et de nostre règne le 9e. »

DU 8ᵉ JOUR DE SEPTEMBRE 1651.

Ledict jour, M. le prévost des marchands, eschevins, procureur du roy, greffier et receveur de la ville de Paris, s'estant rendus en l'Hostel d'icelle, huict heures du matin, ainsy qu'il avoit esté résolu entre eux, y auroient trouvé bon nombre de MM. les conseillers et quartiniers de ladicte ville, tous lesquels sont partis à cheval, en housse, sçavoir. MM. du bureau ayans leurs robes et autres équipages de leurs chevaux, de velours, et le reste de la compagnie en fort bon estat, les archers et sergens marchant devant eux à pied, pour aller au Pallais-Royal. Ayant au préalable esté trouver M. le gouverneur qui s'est joint avec la Ville ; et estant allez de compagnie au logis du roy, où MM. de Rodes et de Sainctot les ont faict entrer dans la salle des ambassadeurs. Auquel lieu ayant demeuré jusques à neuf heures et demie, lesdicts sieurs de Rodes et de Sainctot les sont venus prendre et conduire chez le roy, lequel ils ont rencontré dans le grand cabinet de la reyne sortant avec ladicte dame, M. d'Anjou, et plusieurs autres princes et seigneurs, pour aller faire ses dévotions à l'église de Paris ; devant lequel, la Ville ayant le genoux en terre, M. le prévost des marchands a parlé en ces termes :

« Sire,

« Vostre bonne ville de Paris vient rendre à Vostre Majesté l'hommage de son obéissance, et l'assurer que comme elle receoit à présent à descouvert les rayons de son soleil après que les nuages de sa majorité sont dissipez, qu'elle conçoit aussy de nouvelles flammes d'amour et de fidélité pour son souverain, avec des vœux pour la grandeur et la félicité de son royaume, et pour la conservation et la prospérité de sa personne très-auguste. »

Ce faict, la compagnie de la Ville a esté conduicte par ledict sieur de Sainctot jusques sur les degrez du Pallais-Cardinal, leur ayant dict qu'il alloit donner l'ordre pour la marche, et qu'ils allassent présentement monter à cheval affin de prendre le rang qu'ils ont accoustumé d'avoir. Qui fut ainsy ordonné.

En premier lieu marchoient les trois cens archers de la Ville, conduictz par le colonel, capitaines et autres officiers, tous à pied, fors ledict colonel et le major

Suivoient les dix sergens de la Ville, ayant leurs robes de livrées avec la tocque de camelot sur la teste, aussy à pied.

Après marchoient les quartiniers et conseillers de ladicte Ville, deux à deux, à cheval et en housse, ayant des manteaux à manches.

Ensuitte estoit toutte la noblesse de la cour, fort leste et bien montée.

Marchoient après les Cens Suisses du roy, revestus de neuf, ayans des tocques de velour noir sur leurs testes, avec leurs tambours et phifres devant eux, et quelques gardes du corps après eux, aussy à pied ; au travers desquels il passa en mesme temps trois carosses de suitte dans lesquels estoient MM les ducs d'Elbeuf, de Vendosme, d'Harcourt et autres princes et principaux officiers de la couronne, qui ont toujours marché à la queue de la noblesse.

Après a paru le carosse dans lequel estoit le roy, la reyne, M. le duc d'Anjou, mademoiselle d'Orléans, la princesse de Carignan et madame de Senécé. A l'entour duquel carosse ont esté placez M. le gouverneur et MM. du bureau de la Ville, sçavoir : MM. les gouverneur et prévost des marchands, à l'endroit des deux portières, MM. Guillois et Philippes un peu plus loings, MM. Le Vieux et Denison vis-à-vis des chevaux, MM. les procureur du roy, greffier et receveur, au devant desdicts chevaux : et au derrière dudict carosse marchoient les capitaines des gardes du corps, quantité d'exemps et autres seigneurs et gentilhommes, en fort bel ordre, qu'ils ont suivis depuis le Pallais-Cardinal jusques au parvis Nostre-Dame. Ayant tourné à droicte à la Croix du Tiroir, passez par-dessus le Pont-Neuf, gaigner le Marché-Neuf, et de là à Nostre-Dame, où Sa Majesté fut receue par M. l'archevesque de Corinte, coadjuteur à celuy de Paris, assisté du clergé de ladicte église; qui auroient conduict Sa Majesté jusques au haut de la nef devant l'autel de la Vierge, où elle entendit une basse messe; pendant laquelle, et durant la communion du roy, de la reyne et de M. le duc d'Anjou, la musique de la chapelle ne cessa que de chanter. Après quoy toutte la cour se seroit levée pour aller entendre la grande messe du chœur, où le roy, après avoir desjeuné, seroit entré, suivy de la reyne, de M. d'Anjou, de mademoiselle d'Orléans et autre grande suitte. Sa Majesté estoit assize aux haultes chaires du chœur, proche l'archiépiscopalle, la reyne à la deuxiesme chaire au-dessous du roy, M. d'Anjou et Mademoiselle encores plus bas. Et de l'autre costé, vis-à-vis de Sa Majesté, il y avoit quantité de prélatz avec leurs rocquetz. MM. de la Ville furent placez sur des bancs couverts de tapisserie, à costé du grand autel, vers le cloistre : le premier a esté remply de MM. les gouverneur, prévost des marchands, eschevins, procureur du roy, greffier et receveur ; et, aux autres de derrière, se sont mis MM. les conseillers de Ville et quartiniers.

La messe fut dicte par M. l'archevesque de Paris avec beaucoup de longueur et de peyne, à cause de ses incommoditez. Sur la fin de laquelle, MM. de Rodes et de Sainctot vinrent dire à l'oreille de MM. les gouverneur et prévost des marchands, qu'il seroit à propos, pour éviter l'embaras qu'il y aura dans le parvis lorsque le roy sortira de l'église, que la Ville s'avançast un peu affin d'avoir le temps de monter à cheval et se tenir près le carosse du roy lorsque Sa Majesté se présentera pour entrer. Ce qu'elle fit si dextrement que peu de personnes s'en apperçurent, et en tira un grand advantage, estans tous en estat de marcher lorsque Sa Majesté fust sortie de l'église. Laquelle, montée en carosse, s'en retourna par le mesme chemin et en pareil ordre qu'elle estoit venue, sans confusion quelconque. Et ainsy que le carosse du roy estoit prest d'entrer au Palais-Cardinal, MM. les gouverneur, prévost des marchands, eschevins, et tout le corps de Ville ensemble, firent une profonde révérence à Sa Majesté, puis s'en retournèrent à l'Hostel de ladicte ville, ayans les sergens et archers d'icelle devant eux, ainsy qu'il est accoustumé.

DU SAMEDY 9ᵉ SEPTEMBRE 1651.

Ledict jour, MM. les prévost des marchands et eschevins, ayans apris qu'il y avoit eu quelque changement de ministre au gouvernement de l'Estat, aucuns d'eux furent pour s'en informer, et, ayans sceu la vérité des choses, résolurent de se trouver tous, entre deux et trois heures de relevée, à l'Hostel de Ville, pour aller rendre leurs devoirs aux nouveaux colloquez au ministère de l'Estat : et de faict se sont, lesdicts sieurs prévost des marchands, eschevins, procureur du roy et greffier de la Ville, montez en carosses, et allez

Au Pallais, chez M. le premier président du parlement, se conjouir avec luy de ce que le roy l'avoit d'abondant honoré de la charge de garde des sceaux de France.

De là sont allez chez M. de Chasteauneuf, le congratuler comme premier ministre d'Estat.

En suitte transportez chez M. le marquis de La Vieville, auquel le roy a redonné la charge de Sur-intendant des finances, par luy exercée il y avoit plus de trente ans, avec beaucoup de suffisance et de capacité.

DU LUNDY 25ᵉ SEPTEMBRE 1651.

Ledict jour, neuf heures du soir, M. de Sainctot, maistre des cérémonies, envoya un billet à M. le prévost des marchands, portant qu'il se trouvast le lendemain, entre dix et unze heures du matin, au Pallais-Cardinal, avec MM. du bureau de la Ville, où se rendit M. le mareschal de l'Hospital, gouverneur de Paris. Ce que ledict sieur prévost des marchands envoya dire au greffier de la Ville pour le faire ainsy sçavoir à tous MM. du bureau; comme il fist.

Et le lendemain, 26ᵉ septembre 1651, tous ces MM. du bureau de ladicte Ville s'estans rendus à l'Hostel d'icelle, entre neuf et dix heures du matin, ils résolurent de partir aller prendre ledict sieur gouverneur. Ce qu'ils firent, et de là auroient esté de compagnie au Pallais-Cardinal, et monté au grand cabinet de la reyne mère. Auquel lieu ayant assez long-temps attendu, l'on les seroit venus prendre et conduicts dans la chambre de ladicte dame reyne, qu'estoit avec le roy et autres grands seigneurs dans la petite gallerie; en laquelle estans Leurs Majestez, sortirent MM. les gouverneur et bureau de la Ville. S'estans présentez, le roy leur dict : « Qu'il les avoit mandez pour leur faire entendre comme la nécessité des affaires du royaume l'obligeoit de quicter Paris pour quelque temps, pendant lequel il les conjuroit d'y nourir et entretenir la paix et union entre ses bons subjects. » Et aussy tost la reyne prenant la parolle, elle dit :

« Que le roy ne les avoit pas faict venir icy que pour les veoir et les asseurer de la continuation de son amitié et bienveillance envers sa bonne ville de Paris; sçachant qu'elle estoit gouvernée par des personnes si affectionnées à son service, qu'il ne leur falloit rien recommander de ce qui estoit de leur devoir. Qu'il estoit facile à cognoistre que les intentions de M. le prince de Condé estoient de troubler l'Estat, et de joindre une guerre civile avec celle de l'estranger; à quoy il falloit promptement remédier. Que c'estoit la chose à laquelle le roy alloit principallement travailler; mais comme elle ne doubtoit point qu'il n'y eust forces personnes dans Paris de sa caballe, il estoit de l'adresse de MM. de la Ville de les descouvrir et d'empescher leurs mauvais desseings. A quoy elle prioit la Ville de veiller incessamment. »

A quoy MM. les gouverneur et prévost des marchands promirent de satisfaire avec tous les soins et dilligences possibles; supplians Leurs Majestez d'avoir tousjours la ville de Paris et les habitans d'icelle en leur protection; espérans, moyennant l'assistance divine, et les soins qu'ils aporteront à y maintenir l'union et concorde, que l'on ne s'armera point, et que toutes choses se passeront bien pendant l'absence de Leurs Majestez, et en attendant leur heureux retour, qu'ils souhaitoient estre bien tost, pour la pacification des désordres qui menacent toute la France; suppliant le Créateur d'y mettre la main.

Le mercredy, 4ᵉ jour d'octobre 1651, M. le prévost des marchands apporta et mit sur le bureau de la Ville une lettre du roy, à cachet vollant, qu'il dit à la compagnie luy avoir esté baillée par M. le mareschal de l'Hospital. Dont lecture ayant esté faicte par le greffier de la Ville, elle se trouva conçue en ces termes:

De par le roy.

« Très-chers et bien amez. Nous avons veu avec un extrême déplaisir l'absence de nostre cousin le prince de Condé, et après, son séjour en Berri et de là en Guyenne, puisqu'il essaye partout de séduire nos bons subjects, et soubz de faux prétextes de les porter à un soulèvement et une publique désobéissance. Comme nous sommes obligez de prévenir les maux qui peuvent naistre, et arrester le cours des désordres qui emporteroient la ruyne de nos peuples, nous avons pris résolution d'aller en nostre province de Berry qui nous appelle à son secours. Nous nous promettons que durant nostre absence, qui sera pour peu de jours, vous employerez vos soins et vostre affection pour contenir nos peuples en leur devoir, et surtout nostre bonne ville de Paris. Nous y renvoyons nostre cousin le mareschal de l'Hospital, pour veiller à son repos et pour s'opposer à tout ce qui le pouroit troubler. Comme nous l'avons particulièrement informé de nos intentions sur ce subject, nous désirons aussy que vous ayez une entière créance à tout ce qu'il vous dira de nostre part pour cet effect, et que vous nous donniez en cette conjoncture les preuves de la fidélité et de l'obéissance que vous nous devez, car tel est nostre plaisir. Donné à Fontainebleau, le 1ᵉʳ jour d'octobre 1651. Signé : *Louis;* et plus bas : *de Guénégaud.* » Et au doz est escript : « A nos très-chers et bien amez les prévost des marchands et eschevins de nostre bonne ville de Paris. »

De par le roy.

« Très-chers et bien amez. Nous nous sommes contentez que nostre cousin le mareschal de l'Hospital, et quelques fois mesme la voye publique, vous informa des succez que nous avons eus depuis nostre partement de nostre bonne ville; mais, maintenant que Dieu a permis que nous ayons remporté un signalé advantage sur les trouppes qui assiégeoient nostre ville de Coignac, et que tous ceux qui deffendoient un de leurs quartiers ayans esté tuez ou pris, nous avons jugé que la nouvelle estoit assez considérable pour que vous en tirassiez la vérité de nos propres lettres. La relation qui vous en est envoyée est si naïfve, qu'elle lève tout soubçon d'avoir esté faicte à dessein de donner plus de poids à l'action qu'elle n'en peut attendre, et si exacte qu'il sera inutille de s'arrester à la raconter. Aussy n'est-ce pas nostre dessein, et seullement de vous faire remarquer, comme en la prise de l'une des tours de nostre ville de La Rochelle, que Dieu donne protection à la justice de nos armes et qu'il la continue à ce royaume, en sorte qu'il nous reste lieu d'espérer que bien tost nos subjects jouiront du repos que nous leur souhaittons, et qu'il ne s'y verra point d'autres armes que les nostres, dont la force, soutenue de la main du Tout-Puissant, réduira nos ennemis à accepter les conditions de paix que nous leur voudrons consentir, ayans esprouvé que leurs artiffices sont vains et que leurs armes ne peuvent point remporter sur les nostres aucun advantage. Donné à Poictiers, le 17ᵉ jour de novembre 1651. Signé : *Louis;* et plus bas : *de Loménie.* » Et sur la suscription est escript : « A nos très-chers et bien amez les prévost des marchands et eschevins de la ville de Paris. »

Extraict des registres du parlement[1].

« Ce jour, sur ce que le procureur général du roy a remonstré à la cour que depuis quelques jours il a esté jetté des billetz en plusieurs endroictz de cette ville pour faire assemblée en la rue détournez à mauvais dessein; et le jour d'hier, plusieurs particulliers, gens ramassez, s'estoient trouvez en ladicte rue, et, disans plusieurs mauvaises parolles, seroient allez au Pallais-d'Orléans, où ils auroient faict plusieurs clameurs, et de là se seroient transportez en la cour du Pallais et ès environs de la maison de M. le premier président, tenant plusieurs discours tendant à sédition, s'esforceans de rompre une porte fermée, et en suitte, les portes de ladicte maison ayant esté ouvertes, seroient entrez en foulle avec les mesmes insolences, clameurs et menaces, et seroient demeurez attroupez ès environs d'icelle maison et sur le Pont-Neuf jusques à huict heures du soir, continuans les mesmes insolences avec menaces. Ce qui est important au service du roy, au bien de l'Estat, et au repos et tranquilité de la ville; requérant y estre pourveu. Luy retiré, la matière mise en délibération, la cour a ordonné et ordonne : que par maistres Nicolas Chevalier, Jean Le Nain, conseillers du roy en icelle, il sera, à la requeste dudict procureur général, informé desdicts faictz, circonstances et deppendances, et par tous les officiers

---

[1] Informations contre des séditieux et des libellistes.

Il y avait eu au commencement de ce mois de décembre une espèce d'émeute, commandée, à ce que dit le cardinal de Retz, par Monsieur lui-même, qui voulait intimider le parlement, qu'il croyait trop radouci à l'endroit du cardinal Mazarin.

du Chastelet et baillage du Pallais, lesquels pourront faire arrester tous ceux qui se trouveront coupables. Enjoinct d'envoyer en la cour les informations et procès-verbaux de jour à autre, et certiffier ladicte cour de leurs dilligences, pour, le tout faict, communiqué audict procureur général, estre ordonné ce qu'il appartiendra. Cependant seront les arrestz et règlemens cy-devant donnez, exécutez, faisant itératives deffences à toutes personnes, de quelque qualité et condition qu'elles soient, de s'attrouper et exciter sédition, à peine de la vie. Enjoinct au Lieutenant-criminel de robbe courte, Chevalier du guet, et Prévost de l'Isle, de tenir leurs compagnies complettes et en bon estat, et donner ordre qu'elles soient tousjours prestes, et les officiers d'icelles tenus de se rendre chez leurs capitaines pour, au premier mandement, se transporter où il leur sera ordonné. Et aux commissaires du Chastelet, de se tenir en leurs quartiers et n'en poinct désemparer. Enjoinct aussy ausdicts Lieutenant-criminel de robbe courte, Chevalier du guet, et Prévost de l'Isle, se saisir de ceux qu'ils trouveront attrouppez, contrevenans au présent arrest; ordonne en outre au prévost des marchands et eschevins d'advertir les colonels et capitaines des quartiers de cette ville et fauxbourgs, qu'ils tiennent leurs compagnies en estat de donner main forte ausdicts officiers lorsqu'ils en seront requis. Et sera le présent arrest, leu, publié et affiché à son de trompe aux carrefours de cette ville et fauxbourgs, et partout ailleurs que besoin sera, à ce qu'aucun n'en prétende cause d'ignorance. Faict en parlement, le 7e jour de décembre 1651. Signé : *du Tillet*.

« Le vendredy 8e décembre 1651, l'arrest cy-dessus

de nosseigneurs du parlement a esté leu et publié à son de trompe et cry public en tous les carrefours ordinaires et extraordinaires, places et lieux accoustumez à faire cry et proclamations en cette ville et fauxbourgs de Paris, par moy Charles Canto, juré crieur ordinaire du roy en la ville, prévosté et vicomté de Paris; faisant laquelle publication, j'estois accompagné de trois trompettes, Jean Du Bos, Jacques Le Frain, jurez trompettes de Sa Majesté, et un autre trompette commis; et ledict jour affiché. Signé : *Cantot.* »

De par le roy[1].

« Très-chers et bien amez. Nous avons apris avec beaucoup de déplaisir que le prince de Condé continuant ses pernicieux desseings, non content d'avoir excité nos subjectz à la révolte en divers endroictz de nostre royaume, d'avoir desbauché nos trouppes et ceux ausquels, à sa prière, nous en avions confié la conduicte, de s'estre ligué avec les Espagnols, ennemis de nostre Estat, qu'il a establis en plusieurs lieux de nostre province de Guyenne, a encores envoyé depuis peu le duc de Nemours, l'un des associez en sa rébellion, pour presser les Espagnols de faire entrer un corps de leurs trouppes de Flandre dans nostre royaume et le faire advancer vers nostre bonne ville de Paris. Ce qui nous estonne plus, est que dans une rencontre de cette importance il se trouve de mauvais espritz, lesquelz abusant du nom de nostre très-cher amé

---

[1] Lettre du roi à la Ville sur son prochain retour.

oncle le duc d'Orléans, sont assez hardis pour l'employer contre son intention affin de haster et favoriser l'entrée et le progrez desdicts Espagnols dans la France. L'affection paternelle que nous avons pour les peuples que Dieu a soubzmis à nostre obéissance, et le sensible regret dont nous sommes touchez de les voir exposez, par ceux qui seroient plus obligez de travailler pour leur conservation, à la mercy des forces estrangères, que l'espérance du pillage attire plus dans nostre royaume en cette saison qu'aucun autre intérest, nous a obligez de laisser en Guyenne nostre cousin le comte d'Harcourt avec toutes les forces qu'il a commandées jusques à présent, pour continuer ce qu'il a si heureusement commencé, et, en conservant nostre authorité, de deslivrer les subjetz de ce pays-là des violences que ledict prince leur a faict souffrir, afin de retourner en diligence vers nostre bonne ville de Paris, et garantir par nostre présence, et mesme avec les forces qui nous accompagnent, s'il en est besoing, tous nos bons subjectz, tant de ladicte ville que des provinces voisines, des maux dont ils sont menassez par le ravage des trouppes estrangères et de celles qui les favorisent. Nous aurions desjà exécuté cette résolution, si la rébellion du duc de Rohan ne nous eust retenu icy pendant quelques jours pour l'estouffer dans sa naissance; comme son entreprise téméraire ne luy a réussy jusques à présent que par le pouvoir que nous luy avons donné dans cette province, dont, par un artiffice digne de chastiment, il s'est servy pour séduire une partie de nos peuples et les porter à la désobéissance par diverses suppositions, nous nous promettons dans peu de temps d'y avoir restably le calme par nostre authorité, toutes les villes qui la composent nous ayant desjà rendu à nostre arrivée une entière obéissance, et exécutté avec beaucoup de zèle tous les ordres que nous y avons voulu envoyer. Il ne reste plus que celle d'Angers, où, par le moyen de quelques séditieux du menu peuple qu'il a engagez dans la révolte, et qu'il a tasché encores d'y retenir par l'appréhension qu'il leur donne du chastiment qu'il leur a faict mériter, il a osté jusques à présent aux principaux habitans, tant officiers que bourgeois, la liberté de nous rendre l'obéissance qu'ils nous doibvent; dont ils nous ont envoyé tesmoigner leur déplaisir par divers députez. Cependant, recognoissant bien que ce mouvement qui n'a point d'appuy sollide et n'en peult recevoir, ne sçauroit durer qu'autant qu'il nous fault de temps pour faire marcher nos trouppes aux portes de ladicte ville, nous espérons d'estre bien tost en estat de reprendre le chemin de Paris, et d'aller en personne garentir la capitale de nostre royaume, que nous aymons tendrement, des maux qu'on a projetté de luy faire souffrir par l'approche des Espagnols. Les nouveaux tesmoignages que les habitans nous ont rendus depuis peu de leur affection et fidélité à nostre service ayant encores augmenté beaucoup l'amour et la tendresse que nous avons eus tousjours pour eux; dont ils recevront des prémices en cette conjoncture et en toutes celles où il s'agira de leur bien. Vous pouvez recognoistre par la résolution que nous prenons, la satisfaction que nous avons de la conduicte des habitans de nostre bonne ville, à laquelle nous recognoissons bien que vous contribuerez beaucoup par vos soins et par l'affection que vous avez à nostre service.

Nous ne doubtons point que vous ne continuiez d'agir avec la mesme vigueur pour empescher que nos ennemis ne prennent aucun advantage préjudiciable à nostre Estat et à vostre repos. Dans cette confiance, nous prions Dieu qu'il vous ayt, très-chers et bien amez, en sa saincte et digne garde. Escript à Saumur, le 11ᵉ jour de febvrier 1652. Signé : *Louis;* et plus bas : *de Guénégaud.* » Et sur la suscription : « A nos très-chers et bien amez les prévost des marchands et eschevins de nostre bonne ville de Paris[1]. »

DU MARDY 2ᵉ JOUR D'AVRIL 1652.

En l'assemblée de MM. les gouverneur, prévost des marchands, eschevins, conseillers, colonels et quartiniers de la ville de Paris, ledict jour tenue en l'Hostel d'icelle, entre neuf et dix heures du matin, pour adviser à ce qu'ils auroient à faire sur l'arrivée[2] de M. le prince de Condé à Paris[3], sont comparus :

M. le mareschal de l'Hospital, gouverneur de Paris.

Messire Anthoine Le Febvre, conseiller du roy en ses conseils d'Estat et privé et en sa cour de parlement, prévost des marchands.

Eschevins.

M. Guillois, conseiller au Chastelet et de la Ville. —

---

[1] Une lettre semblable fut envoyée au parlement.
[2] Prochaine.
[3] Le prince de Condé partit de Guienne à la fin de mars. Il arriva a Paris le 11 avril.

M. Le Vieux, conseiller de ladicte Ville. — M. Denizot, bourgeois.

Conseillers.

M. le président Aubry. — M. Martineau. — M. Barillon, jusques au nombre de dix-sept.

Colonels.

M. Favier. — M. de Sève de Chastignonville, jusques au nombre de unze.

Quartiniers.

Sire Jacques Tartarin. — Sir Pierre Eustache, jusques au nombre de quatorze.

La compagnie ayant eu contestation à cause de la scéance de MM. les colonels, il a esté ordonné pour cette fois, et sans tirer à conséquence, que M. Favier prendra la première place à cause de son aage, et que le surplus desdicts sieurs colonels iroit selon l'ordre de leurs réceptions et charges.

Ce faict, MM. les gouverneur et prévost des marchands ont dit à la compagnie qu'ils estoient allez hier au soir au Pallais-d'Orléans sur le subject de l'arrivée de M. le prince, et donner part à Son Altesse Royalle de l'assemblée qui estoit convocquée en ce lieu le lendemain matin, afin d'en informer la Ville et prendre advis de ce qu'ils auroient à faire; et que Son Altesse Royalle leur auroit dit que M. le prince venoit à Paris, par son ordre, pour conférer avec luy; que cela dureroit peu de temps, peut-estre pas vingt-quatre heures, après quoy il s'en retourneroit à l'armée; et qu'il leur donnoit sa parolle que dans ce temps-là, il n'y auroit aucune rumeur ny désordre dans Paris de leur part. Ce qui auroit tellement contenté la compagnie, qu'elle se seroit levée sans en délibérer davantage. Seullement a-t-on donné l'ordre verbal à tous MM. les colonels, de veiller en leurs colonelles à ce qu'il ne se face aucun amas de gens sans adveu, et au cas qu'il en arrivast, de se rendre les plus forts pour les dissiper. Lesquelz ont promis de le faire.

De par le roy[1].

« Très-chers et bien amez. Nous sommes très-particulièrement informez que les ennemis font tout leur possible pour esmouvoir nostre bonne ville de Paris. Que tous leurs artiffices et l'argent mesme qu'ils distribuent parmy le peuple ne tendent qu'à troubler son repos, et à former des séditions pour nous divertir le dessein que nous avons d'y aller ; et nous aprenons mesme que quelque effort qu'ils facent pour parvenir à leur fin, la fidélité de nos bons subjectz ne peut estre esbranlée. Mais, de crainte que ceux du menu peuple ne se laissant aisément surprendre par les impostures et par les intérestz, ne s'emportent à extrémitez capables de produire de mauvais effectz, nous avons creu que pour prévenir l'intention de ceux qui les animent, il estoit nécessaire d'y apporter les précautions qui dépendent de vostre aucthorité et devoir. C'est pourquoy, nous voulons et entendons que vous faciez prendre les armes aux habitans de nostre bonne

---

[1] Lettre du roi à la Ville pour qu'elle s'oppose à l'entrée du prince de Condé dans Paris.

ville; que vous y establissiez la garde pour veiller jour et nuit à sa conservation, et qu'elle y soit exactement continuée jusques à ce que nostre présence ayt assuré son repos, et que nous en ayons autrement ordonné. Qu'en cas que le prince de Condé y entre sans que vous l'en puissiez empescher, l'ordre du 6ᵉ janvier dernier soit exécuté, non obstant tout ce qui peut avoir esté convenu au contraire, et mesme la permission des vingt-quatre heures, dont nous vous interdisons l'observation. Nous vous deffendons pareillement d'aller doresenavant chez nostre oncle le duc d'Orléans et de luy donner aucune part de ce que nous vous prescrivons par cette lettre. Dans la confiance que nous avons que pour contribuer avec nous au soin que nous prenons de vous garentir des maux que les pernicieux desseins des factieux vous préparent vous suivrez ponctuellement nos ordres, nous vous assurons aussy que nous serons tousjours prestz de vous protéger, et que, si vous avez besoin de nostre assistance pour vostre secours, nous irons en personne avec nostre armée vous donner des effectz de l'affection que nous avons pour vous. C'est ce que nous avons cru devoir dire sur cette occurence, et par le courier que nous vous envoyons exprès. Donné à Gien, le 6ᵉ jour d'avril 1652. Signé : *Louis;* et plus bas : *de Guénégaud.* » Et sur la suscription : « A nos très-chers et bien amez les prévost des marchands et eschevins de nostre bonne ville de Paris. »

De par les prévost des marchands et eschevins de la ville de Paris.

« Monsieur Le Camus, colonel. Nous vous prions de

faire, lundy prochain, prendre les armes à deux compagnies de vostre colonelle, tambour battant, et rendre icelles à midy, au bout du Pont-Neuf vers les Augustins, pour y demeurer jusques au soir et prévenir les désordres qui pourroient arriver sur le Pont-Neuf par les assemblées séditieuses de quelques mutins et vaccabons. Obligez les bourgeois capables de porter les armes d'y aller en personne, et les officiers et autres bourgeois non capables de les porter, d'y envoyer leurs principaux domestiques, dont ils seront responsables. Et en cas de résistance par lesdicts vaccabons, faictes mettre main basse. Vous priant n'y vouloir faillir. Faict au bureau de la Ville, le 6e jour d'avril 1652. »

DU JEUDY 11e AVRIL 1652.

Ledict jour 11 avril 1652, sur les quatre heures de relevée, sont venus nouvelles à la Ville comme M. le prince de Condé et M. de Beaufort estoient arrivez à l'hostel d'Orléans[1] près de Son Altesse Royalle, et que M. de Chavigny leur donneroit à soupper. Et de faict, sur les dix heures, tous lesdicts princes sont passez sur le Pont-Neuf dans un mesme carosse, où tout plain de monde les ont régallez par des exclamations de joye qui ont esté suivies de feu et de buvettes par des crochetteurs et autres canailles, ausquelz ledict sieur prince de Condé avoit donné en passant cinq louis d'or.

[1] C'est le Luxembourg.

Le vendredy suivant, les chambres s'estans assemblées au parlement pour entendre la relation qu'avoient à faire les députez dudict parlement, du voyage qu'ils avoient faictz vers le roy, en laquelle se sont trouvez MM. les duc d'Orléans, prince de Condé, duc de Beaufort et de Suilly[1], où, après la relation, lecture faite de quelque lettre de cachet du roy, ouy sur ce MM. du parquet en leurs conclusions, il fut proceddé aux advis. Mais, comme cela a consommé beaucoup de temps, l'on en auroit remis la continuation au lendemain, sept heures du matin.

Et le lendemain, samedy 13ᵉ avril 1652, le parlement s'estant de rechef assemblé à l'effect que dessus, ensemble MM. les duc d'Orléans, prince de Condé, duc de Beaufort et de Suilly, pour parachever cette délibération, après la déclaration que firent lesdicts sieurs princes de mettre les armes bas aussy tost que le cardinal Mazarin et ses adhérans seroient hors de la cour, il fust ordonné que les mesmes députez retourneroient en cour pour supplier le roy de se faire lire les remonstrances du parlement en leur présence, et d'y adjouster ce qu'ils trouveroient à propos de représenter à Sa Majesté sur l'esloignement dudict cardinal. L'arrest parle aussy qu'il sera faict assemblée génaralle à l'Hostel de Ville à mesme fin, où lesdicts princes seront invitez de s'y trouver et d'y faire pareilles déclarations que celles qu'ils ont faictes au parlement.

[1] Sully.

De par le roy[1].

« Très-chers et bien amez. La conduicte que vous avez tenue dans les occasions qui se sont présentez depuis peu nous a donné beaucoup de satisfaction. Le subject que nous en avons est d'autant plus grand qu'il n'y a point d'artiffice, pour dangereux et horrible qu'il soit, que l'on n'ayt praticqué pour desbaucher les habitans de nostre bonne ville de Paris; intimidant les uns par menaces, corrompant les autres par argent, séduisant la plus grande partie par de faux prétextes, et préoccupant tous les espritz par des nouvelles supposées et des appréhentions qu'on leur a données, quoyque sans aucun fondement, de nostre retour et de nos desseins. Encores que dans une conjoncture sy importante à vostre repos, vous vous soyez portez à faire vostre devoir autant pour vostre intérest que pour le nostre, nous ne laissons pas d'en vouloir conserver une éternelle recognoissance; non-seulement parce que nous n'aymons pas moins vostre intérest que le nostre, mais parce que vous ne sçauriez travailler pour vostre seureté, que vous n'agissiez en mesme temps pour la conservation de nostre authorité, sans laquelle vostre seureté ne peut jamais estre ny sollide, ny durable. La tendresse que nous avons pour vous ne nous permet pas de nous souvenir sans émotion et mesme sans horreur du pitoyable estat où a esté nostre bonne ville pendant quelques jours aux dernières festes de Pasques[2], des désordres, des pillages et des

---

[1] Cette lettre, qui contient, avec la justification du retour de Mazarin, le récit de tout ce que le prince de Condé avait fait contre l'autorité royale, était destinée à raffermir le parti du roi dans Paris.

[2] L'émeute du Pont-Neuf des 2 et 3 avril.

carnages ausquels elle a esté exposée : qui doivent rendre remarquable à la postérité le temps que le prince de Condé est revenu en ses quartiers, et signallé son attachement avec les Espagnols pour la désolation de nostre ville capitale de nostre royaume. A la vérité, il ne pouvoit pas leur rendre un plus utile service, ny s'acquitter de la fidélité qu'il leur a jurée en se dévouant entièrement, comme il a faict depuis quelques années, à leurs interestz, qu'en destruisant par des voyes si estranges, suivant les mesures qui en avoient esté prises, un lieu qui sert de lustre et d'ornement à cette monarchie. Les résolutions généreuses que vous avez prises parmy vous, et qui ont esté exécutées fidellement par les bons habitans, ont appaisé la sédition, en donnant le moyen et l'authorité aux magistrats de chastier les séditieux, et par ce chastiment de remettre toutes choses dans le calme, le coup ayant failly, à la confusion des conspirateurs. Nous aprenons qu'ils ont recours maintenant à d'autres ruses pour émouvoir le peuple et le destourner de l'affection qu'il a pour nostre service. On luy veut persuader, contre toute sorte d'apparence, que l'ordre que nous avons donné à nostre cousin le cardinal Mazarin, de revenir près de nostre personne, et la résolution que nous avons prise de luy rendre la justice que nostre honneur et nostre conscience nous obligent de rendre aux moindres de nos subjects, sont les seulles causes des troubles présens. Il fauldroit avoir entièrement oublié ce qui s'est passé depuis deux ans pour se laisser surprendre à cet artifice. Comme le dessein de ceux qui ont cy-devant poursuivy son esloignement n'a esté que de s'emparer d'une authorité violente en choquant la nostre par cette entreprise, au lieu de ce grand calme qu'on avoit faict espérer après sa retraicte, l'on a veu s'eslever des orages très-dangereuses, et, chaque jour, en avant de nouvelles prétentions contre nostre dignité et mesme contre la seureté de nostre personne. Après avoir pardonné et oublié pour le bien de nostre Estat toutes les choses qui nous avoient le plus offensé, après avoir accordé tout ce qui nous auroit esté demandé et qu'on avoit estimé propre pour affermir le repos public, quoique nous conneussions clairement dès lors que cela ne serviroit de rien, nostredict cousin estant hors nostre royaume et bien avant dans l'Allemagne, où les estrangers avoient regret pour nous de voir relégué un homme de sa condition, choisy par le feu roy[1], nostre très-honoré seigneur et père, pour la direction de nos affaires, dans lesquelles il nous a tousjours fidellement et utilement servy, le prince de Condé n'a pas laissé de recommencer la guerre contre nous, en suitte des premiers traictez qu'il avoit faict faire avec les Espagnols pendant sa détention : encores qu'il deubt user d'une autre sorte de l'entremise de nostre parlement de Paris, qu'il avoit engagé à nous faire instance pour sa liberté, et que l'assistance qu'il en avoit receue le deubt empescher de rien entreprendre contre son devoir, il n'a pas esté plus tost en possession des places et des gouvernemens que nous luy avons redonnez, qu'il a renouvellé de nouvelles négociations avec eux et s'y est attaché plus estroictement que jamais, pour poursuivre avec leur assistance et en leur faveur, la ruyne de nostre Estat, dans laquelle il paroist visiblement depuis quelque temps qu'il cherche son establissement. Pour exécuter avec plus de facilité un si pernicieux dessein qu'il avoit projetté de longue main, il nous avoit pressé avec une challeur extraordinaire de lui accorder l'eschange du gouvernement de Guyenne contre celluy de Bourgogne, à quoy nous nous estions disposez sur l'espérance que nous avions eue de le retenir dans son devoir par cette nouvelle grâce. La chose ne fust pas plus tost achevée qu'il leva le masque. Non-seullement on ne put point l'obliger à rompre le commerce qu'il avoit avec nos ennemis déclarez, ny à les faire sortir de Stenay où il les avoit receus, mais il commença à chercher des prétextes de mescontentement; se retira de nostre cour avec éclat, et quelque temps après s'en alla sans nostre permission dans le nouveau gouvernement dont nous l'avions fait pourveoir. Il n'oublia rien avant son départ pour desbaucher tous nos fideles serviteurs et les engager dans le party qu'il formoit. Il fit publiquement à Saint-Maur les préparatifs de la guerre qu'il nous déclara quelque temps après. Et pour se rendre plus considérable aux Espagnols, ausquels il vouloit se donner entièrement, il se servit de l'authorité que nous luy avions donnée dans nos conseils pour faire envoyer Marsin en Catalongne, avec une qualité beaucoup au-dessus de sa naissance, affin que luy faisant faire l'infidellité qu'il a commise depuis, les Espagnols peussent profiter tout d'un coup, en suitte des promesses qu'il leur avoit faictes, de la perte d'une si belle et si importante province, qu'il avoit creu inévitable par la défection du vice-roy. Lequel, au lieu d'agir contre les ennemis, devoit commencer avec luy (comme il a faict en abandonnant le pays), avec la pluspart de nos trouppes destinées pour la défence. Cependant ledict prince déclare qu'il est prest de mettre les armes bas lorsque nostredict cousin estoit esloigné est retiré proche de Colongne, et d'avoir dès ce temps-là résolu le malheur et l'embrasement de nostre royaume, ayant envoyé en Espagne, au commencement de nostre majorité, le nommé Laisné pour mettre la dernière main au traité qu'il avoit concerté quelque temps auparavant, en suitte duquel les Espagnols ont esté establis en divers endroictz de la Guyenne, comme ils l'auroient desjà esté dans Stenay. Leur armée navalle a esté introduicte dans la rivière de Bordeaux, où elle est encores à présent. Toute la province a esté remplie de gens de guerre. L'on a faict des levées et des hostilités par tout nostre royaume. On a sollicité des Anglois de faire des descentes dans nos costes, Cunac et Bavière estant encores présentement en Angleterre pour cet effect. Enfin, l'on n'a rien obmis pour respandre par toute la France le désordre et la confusion. Tout cela ayant esté faict longtemps avant que nous ayons rapellé nostredict cousin, l'on ne peut pas, sans supposition et sans une manifeste contradiction, en imputer la cause à son retour près de nous, qui n'a esté résolu que pour nous venir servir, avec les trouppes qu'il a amenées, contre les entreprises dudict prince. L'on ne laisse pas, par une prétention injurieuse à nostre dignité, de demander tout de nouveau qu'il soit esloigné, quoy que personne, de quelque qualité et condition qu'il puisse estre, n'ayt droict de nous rien prescrire sur le choix de ceux que nous voulons employer dans nos conseils, et que les factions qui se forment soubz ce prétexte, ou soubz quelque autre que ce soit, ne puissent estre jamais exemptes de crime. Encores n'estoit-ce pas assez nous faire d'injure de demander son esloignement, on y a voulu adjouster celuy de tous ses adhérans, affin qu'en excluant soubz ce nom tous ceux qui nous servent fidellement dans nos armées, dans nos conseilz et ailleurs, desquels on pense esbranler la fidélité par l'appréhension qu'on leur donne en les attaquant, on ayt moyen de mettre en leurs places ceux qui sont présentement joincts aux Espagnols, qui les ont fait entrer dans le royaume, et qui sont autheurs de tous les désordres présens. Il eust autant vallu dire, en un mot, que les factieux nous feront la grâce de nous laisser en repos, pourveu que nous nous mettions entre leurs mains, et que nous les rendions maistres de nostre personne et de nostre Estat. Pour donner quelque couleur à leurs propositions, ils ont faict espérer que ce seroit un moyen de renvoyer chez eux les Espagnolz, comme s'il y avoit apparence que des ennemis déclarez, qui nous font une cruelle guerre depuis plusieurs années, eussent pris tant d'amour pour le repos de la France, qu'ils voulussent contribuer à l'affermir, quand il seroit vray que la retraicte de nostredict cousin fust capable de le produire; comme si on pouvoit espérer que ledict prince voulust aujourd'huy exécuter de meilleure foy les parolles qu'il avoit données, qu'il n'exécuta celles qu'il donna si solennellement après sa deslivrance; non obstant lesquelles il conserva, dans Stenay, une garnison espagnolle qui n'en est jamais sortie; et comme s'il estoit en son pouvoir, quand son intention seroit bonne, de tirer les Espagnolz des lieux où il les a establis et où ilz se sont fortifiez, ny de les faire sortir de nostre royaume quand il voudra, au préjudice des autres conditions du traicté secret qu'il a faict avec eux, ne luy restant plus maintenant d'autres forces que les leurs, après la dissipation presque entière de toutes ses trouppes de Guyenne. Cependant on ne laisse pas d'amuser le peuple d'une forme spécieuse en apparence, mais qui ne sçauroit jamais estre exécutée par ceux qui la font, ny acceptée par ceux à qui elle est faicte, estant, comme elle est, accompagnée de conditions, proposée à mauvaise intention, injurieuse à nostre personne et à nostre authorité, et qui n'ont pour véritable but que la division et la ruyne de nostre royaume. Nous nous promettons que le péril qui menace nos fidels serviteurs par cet attentat, obligera tous nos subjects d'ouvrir les yeux et de prendre en cette occasion les résolutions qu'ils doibvent pour nostre service et pour la défense de l'Estat, puisque ledict prince et ses partisans taschent de l'esbranler par ses fondemens, en le donnant, comme ils font, en propre aux Espagnols, en mesme temps qu'ils y allument le feu d'une guerre civile. Nous ne pouvons pas croire que personne puisse plus doubter de son mauvais dessein, ny s'y laisser surprendre, puisqu'il a autant de haste de se venir opposer aux bonnes résolutions que nostre oncle, le duc d'Orléans, en peut prendre, de se réunir avec nous pour le repos public, en s'abstenant désormais de tout ce qui nous peut desplaire, ou causer des divisions dans nostre royaume; et puisque les artiffices qu'il employe aujourd'huy pour troubler nostre bonne ville et les provinces de deçà sont les mesmes dont il s'est servy pour soulever la Guyenne, le stil de ses émissaires estant d'exciter en tous lieux la populace contre ceux qui la doibvent gouverner, d'empescher que les personnes sages et qualiffiées ne conservent le crédit qui leur appartient, et de ravir, par des émotions populaires, aux magistratz la libre fonction de leurs charges. La bonté divine a faict visiblement parroistre, dans le pays qu'il avoit choisy pour son principal establissement, combien elle condamne son injuste entreprise, ayant donné à nos armes de si grands et si continuels advantages, qu'il y a veu faire, avant de le quitter, des séditions et des barricades contre luy par ceux qui n'ont pas peu souffrir de se veoir si esloignez de leur attente et des promesses qu'il leur avoit faictes de tenir la guerre esloignée de la Guyenne. L'on ne voit pas qu'il ayt fort bien accomply sa parolle en ce poinct, puisqu'ayant laissé le plus grand effort de la guerre au pays de Bordeaux, il l'a abandonné lorsque sa présence y estoit le plus nécessaire, pour venir chercher son reffuge dans les troubles et dans les désordres qu'il a tasché d'exciter par deçà. Aussy est-ce pour les prévenir, ou les faire cesser, que nous avons pris résolution de nous acheminer en diligence vers nostre bonne ville de Paris, quelques efforts que l'on face pour nous empescher, affin de faire ressentir à tous nos bons subjects les douceurs et le bonheur que la présence de leur souverain a accoustumé de porter avec elle. C'est de quoy nous avons voulu vous donner advis par ce courrier exprès, et vous faire souvenir en mesme temps qu'il ne serviroit de rien d'avoir cy-devant garanty nostre bonne ville de Paris des effectz d'une conjuration dangereuse et cruelle, si vous ne continuiez aujourd'huy, avec la mesme affection et fermeté, à rejetter toutes les instances et recherches qui vous seront faictes contraires à l'obéissance et fidélité qui nous sont deues par tous nos subjectz. A quoy ne doubtant poinct que vous ne satisfaisiez, selon vostre debvoir, pour vostre propre bien, nous finirons cette lettre. Donné à Gien, le 16ᵉ jour d'avril 1652. Signé : *Louis;* et plus bas : *de Guénégaud.* » Et sur la suscription est escrit : « A nos très-chers et amez les prévost des marchands et eschevins de nostre bonne ville de Paris. »

De par le roy.

« Très-chers et bien amez. Nous vous avons faict sçavoir nos intentions et les résolutions que nous avons prises, par nostre dépesche du 16ᵉ de ce mois. Depuis, ayant appris que ceux qui veullent exciter du trouble dans nostre bonne ville de Paris, comme ils ont desjà faict en plusieurs endroictz de nostre royaume, pressent la tenue d'une assemblée en l'Hostel de Ville en leur présence, laquelle nous recognoissons fort bien ne pouvoir estre poursuivie dans la conjoncture présente qu'à très-mauvaise fin et pour des desseins très-dangereux[1], nous vous faisons cette lettre, par laquelle nous vous deffendons très-expressément ladicte assemblée, jusques à ce que vous ayez receu plus particulièrement nos ordres sur ce subject, lesquels nous espérons vous donner de bouche au premier jour. Et ne doutant poinct que vous ne nous donniez en cette occasion une preuve de l'obéissance que vous nous devez, nous ne vous en ferons la présente plus expresse. Donné à Sainct-Fargeol, le 17ᵉ avril 1652. Signé : *Louis;* et plus bas : *de Guénégaud.* » Et au dos : « A nos très-chers

---

[1] Il ne s'agissait de rien moins que d'amener les Parisiens à prendre les armes pour le prince de Condé.

et bien amez les prévost des marchands et eschevins de nostre bonne ville de Paris. »

DU MERCREDY 17ᵉ AVRIL 1652.

En l'assemblée de MM. les gouverneur, prévost des marchands, eschevins et conseillers de la ville de Paris, ledict jour tenue au bureau d'icelle pour la lecture d'un arrest de la cour de parlement du 13ᵉ de ce mois [1], et en délibérer, sont comparus :

M. le mareschal de l'Hospital, gouverneur de Paris.

Messire Anthoine Le Febvre, conseiller du roy en ses conseils d'Estat et privé et en sa cour de parlement, prévost des marchands.

Eschevins.

M. Guillois. — M. Philippes. — M. Le Vieux. — M. Denison.

Conseillers.

M. le président Aubry. — M. Martineau. — M. Vertamont, jusques au nombre de vingt-un.

La compagnie estant assize, MM. les gouverneur et prévost des marchands y ont représenté qu'elle estoit assemblée pour entendre la lecture d'un arrest du parlement, et adviser ensemblement ce qu'il estoit à propos de faire en conséquence pour le service du roy, et conserver le repos et tranquilité de ladicte ville. Et après que le greffier de ladicte Ville a eu faict lecture

---

[1] Il est transcrit plus bas, p. 271.

dudict arrest, mondict sieur le prévost des marchands a faict un ample récit à la compagnie de tout ce qui s'est passé ce matin au parlement, où la Ville avoit esté mandée, et comme M. le duc d'Orléans avoit en quelque façon appuyé ce qu'il avoit courageusement soustenu audict parlement, toutes les chambres assemblées, pour la conservation de l'honneur et authorité de la Ville[1]; et qu'en effet la cour auroit enfin tesmoigné n'avoir eu intention de heurter l'intérest de la Ville par son arrest : l'ayant, pour conclusion, invitée de faire la présente assemblée suivant la convocation qui en avoit esté faicte par l'usage de la Ville, ainsy qu'il leur avoit faict entendre, et de vouloir demain matin donner compte à la cour de ce qui auroit esté résolu. Sur quoy, ouy le procureur du roy et de la Ville en ses conclusions, et l'affaire mise en délibération,

A esté conclud et arresté que vendredy prochain, deux heures de relevée, il sera faict assemblée générale en la grande salle de l'Hostel de cette ville, où MM. des cours souveraines seront suppliez de députer; les corps, colléges et communautés de s'y trouver; et mandement envoyé aux quartiniers pour convier huict bourgeois de chacun quartier pour y assister, affin que dans cette celèbre compagnie il s'y puisse proposer de bons moyens par lesquelz nous puissions éviter tous les malheurs dont il semble que Paris et tout le royaume de France sont menassez, en suppliant le roy de vouloir donner la paix à ses subjectz et empescher le progrez des ennemis de l'Estat, conformément à l'in-

[1] La Ville s'était plainte de ce que le parlement avait, par son arrêt du 13, ordonné une assemblée de l'Hôtel de Ville, ce qui, suivant elle, ne pouvait être fait que par le roi. (Voir les *Mém. d'Omer Talon*.)

tention dudict arrest de parlement : qui sera, demain matin, adverty par MM. du bureau de la Ville et six conseillers d'icelle, de la présente résolution, et en suitte convié de vouloir députer en ladicte assemblée, ensemble les autres cours souveraines, pour de là retourner à l'Hostel de Ville, où lesdicts quartiniers auront ordre de se rendre avec les roolles de bourgeois de leurs quartiers pour faire le choix des six vingtz-huict qui doibvent estre mandez pour ladicte assemblée généralle.

Et le jeudy, dix-huictiesme dudict mois, MM. les prévost des marchands, eschevins, procureur du roy et greffier de la Ville, accompagnez de six conseillers de ladicte Ville, s'estant trouvez au palais entre sept et huict heures du matin, seroient allez au parquet des gens du roy, où n'ayant trouvé aucuns d'eux, seroient sortis et allez au parquet des huissiers de la cour : à laquelle ils ont faict dire par le greffier d'icelle que la Ville demandoit l'assemblée des chambres pour donner compte à ladicte cour de la résolution prise le jour d'hier, en l'assemblée du conseil de ladicte Ville, sur l'arrest du 13e de ce mois. Lequel greffier vint assurer la Ville qu'on alloit assembler les chambres; et, ce pendant, qu'elle pouvoit se retirer en quelque lieu particulier : qui fut en la seconde chambre des requestes. Où, après avoir demeuré quelque temps à s'entretenir, seroit venu un huissier de la cour leur dire qu'on les attendoit à la grande chambre. Mais, les ayant rencontré un autre, qui leur dit que MM. du parquet les attendoient, ils y seroient allez. Et n'y furent pas plus tost entrez, que les gens du roy se levèrent pour les introduire à la grande chambre; où estant,

M. le prévost des marchands dict à la cour que le résultat de l'assemblée de la Ville du jour d'hier, en conséquence de l'arrest de la cour du 13ᵉ des présens mois et an, portoit qu'il seroit faict une assemblée généralle en la grande salle de l'Hostel de Ville, en laquelle la cour du parlement et les autres compagnies souveraines seroient invitées d'envoyer des députez ; les corps, collèges et communautez priez de s'y trouver, huict bourgeois de chacun quartier et deux députez de chaque corps des marchands, pour, conformément à l'arrest de ladicte cour, trouver des moyens pour conserver le repos et tranquilité de cette grande ville et appaiser les troubles de l'Estat : que la cour estoit très-humblement suppliée d'y vouloir député; ce qu'elle accorda. La compagnie fut ensuitte à la chambre des comptes et à la cour des aydes, faire la mesme prière ; et de là, est retournée à l'Hostel de ladicte ville pour convenir des mandez pour ladicte assemblée sur les rolles que les quartiniers avoient ordre d'y apporter. Ce qui fut faict avec beaucoup de peyne et de temps.

« Monsieur le président Aubry. Plaise vous trouver, vendredy prochain, 19ᵉ de ce mois, deux heures de relevée, en l'assemblée généralle qui se fera en la grande salle de l'Hostel de Ville, pour adviser aux moyens de donner la paix à l'Estat. Vous priant n'y vouloir faillir. Faict au bureau de la Ville, le 17ᵉ jour d'apvril 1652.

« Les prévost des marchands et eschevins de la ville de Paris, tous vostres. »

De par les prévost des marchands et eschevins de la ville de Paris.

« Monsieur l'archevesque de Paris. Nous vous prions de vous trouver vendredy prochain, 19e de ce mois, deux heures de relevée, en l'assemblée géneralle qui se fera en la grande salle de l'Hostel de cette ville, pour adviser aux moyens de donner la paix à l'Estat. Vous priant n'y vouloir faillir. Faict au bureau de la Ville, le 17e jour d'avril 1652. »

Pareil envoyé à MM. du chapitre de Paris.

A MM. de la Saincte-Chapelle.

Aux relligieux, abbé et couvent de Saincte-Geneviefve.

Aux relligieux, abbé et couvent de Sainct-Victor.

Aux relligieux, abbé et couvent de Sainct-Germain-des-Prez.

Aux relligieux, prieur et couvent des Chartreux.

Aux relligieux, prieur et couvent de Sainct-Magloire.

Aux relligieux, prieur et couvent de Sainct-Lazare.

Aux relligieux, prieur et couvent de Sainct-Martin-des-Champs.

Aux relligieux, prieur et couvent des Célestins.

Aux relligieux, prieur et couvent de Saincte-Croix.

De par les prévost des marchands et eschevins de la ville de Paris.

« Sire Jacques Tartarin, quartinier. Nous vous mandons appeller huict bourgeois de vostre quartier, tant officiers qu'autres notables non mécanicques, et vous trouver avec eux, vendredy prochain, 19e de ce mois, deux heures de relevée, en l'assemblée génerallle qui se fera en la grande salle de l'Hostel de cette ville pour adviser aux moyens de donner la paix à l'Estat. Sy n'y faictes faute. Faict au bureau de la Ville, le 17ᵉ jour d'avril 1652. »

De par les prévost des marchands et eschevins de la ville de Paris.

« Capitaine Drouard, colonel des archers de la Ville. Trouvez-vous avec tous ceux de vos nombres ayans leurs hocquetons et hallebardes, demain, dix heures du matin, en l'Hostel de cette ville, pour empescher qu'il se face aucun désordre ny confusion pendant l'assemblée générale qui se tiendra l'après-disnée dudict jour en la grande salle de ladicte Ville. Sy n'y faictes faute. Donné au bureau de ladicte Ville, le 18ᵉ jour d'avril 1652. »

De par les prévost des marchands et eschevins de la ville de Paris.

« Il est ordonné aux maîtres et gardes des six corps de la marchandise, de députer deux de chacun corps pour se trouver vendredy prochain, 19ᵉ de ce mois, deux heures de relevée, en l'assemblée génerálle qui se tiendra en la grande salle de l'Hostel de cette ville sur les affaires présentes, suivant l'intention de l'arrest du parlement du 13ᵉ dudict mois, dont nous joindrons cy copie. Faict au bureau de la Ville, le 17ᵉ avril 1652. »

DU VENDREDY 19ᵉ AVRIL 1652.

En l'assemblée génerálle ce jourd'huy tenue, en la grande salle de l'Hostel de Ville de Paris, par MM. les gouverneur, prévost des marchands, eschevins, conseillers de ladicte Ville, députez des cours souveraines, corps, colléges et communautez, quartiniers avec huict notables bourgeois mandez en chaque quartier, et deux des maistres et gardes de chacun des six corps de la marchandise, pour adviser aux moyens de procurer la paix à l'Estat, suivant l'arrest du parlement du 13e jour des présens mois et an, sont comparus :

M. le mareschal de l'Hospital, gouverneur de Paris.

Messire Anthoine Le Fèvre, conseiller du roy en ses conseils d'Estat et privé, prévost des marchands.

Eschevins.

M. Guillois, conseiller au Chastelet et de la Ville. — M. Philippes, conseiller et maistre d'hostel ordinaire du roy. — M. Le Vieux, conseiller de ladicte Ville. — M. Denison, bourgeois et ancien consul.

Conseillers de ladicte Ville [1].

M. le président Aubry. — M. Barthellemy, sieur d'Oinville, maistre des comptes. — M. de Santeuil. — M. Gaigny, commissaire examinateur au Chastelet. — M. Helliot. — M. Lescot, secrétaire du roy. — M. Héron. — M. Gervais. — M. Le Conte, controolleur général de la chancellerye de France. — M. Cottart. — M. Desnos. — M. Joubert. — M. Ladvocat, maistre des comptes. — M. Baudequin. — M. Barillon, conseiller en parlement. — M. Martineau, conseiller en

---

[1] Ici notre manuscrit porte : « M. le président Aubry, M. Barthellemy, etc., au nombre de vingt, » et abrége ainsi les autres listes. Attendu leur importance, nous les rétablissons ici d'après le manuscrit Saint-Germain.

parlement. — M. Tronchot. — M. de La Court. — M. de Bragelongne, trésorier de l'ordinaire des guerres. — M. Lambert, maistre des comptes. — M. Dreux, advocat général de ladicte chambre. — M. Hélissent. — M. Gaillard. — M. de Vertamont, conseiller en parlement.

Messieurs les députez du parlement.

M. Le Musnier. — M. Doujat. — M. Payen. — M. Prévost. — M. Du Tillet. — M. Portail. — M. Le Conte, sieur de Montéglan. — M. Brizart. — M. Lefebvre d'Eauebonne. — M. Le Cocq. — M. Petot. — M. Pitou. — M. Le Goust. — M. de Machault. — M. Geniers.

Messieurs les députez de la chambre des comptes.

M. Chaillou, doien. — M. Le Boulanger. — M. Boucherat. — M. Bailly. — M. Alméras. — M. de La Grange. — M. Guerrin, sieur de Marciflou. — M. Le Febvre.

Conseillers députez de la cour des aydes.

M. Pussot. — M. Sanguin. — M. Pingré. — M. Roullier. — M. du Jardin. — M. Le Vayer.

Communautez et ecclésiastiques.

M. l'archevêque.

Députez de messieurs du chappitre Nostre-Dame.

M. Le Conte, doien. — M. Insellin. — M. Jolly.

Députez de la Saincte-Chappelle.

M. Barin. — M. Viollard.

Députez de Saincte-Geneviève.

N..... — N.....

Députez de Sainct-Victor.

Père Sauvage. — Père Le Meusnier.

Députez de Sainct-Martin-des-Champs.

Martin de La Fondz. — Anthoine Mousiquet.

Députez des relligieux Sainct-Germain-des-Prez.

Don Placide Roussel. — Don Romain Rodayer.

Députez de Sainct-Lazare.

N..... — N.....

Députez des Chartreux.

Don Ginnonaire. — Don Denis.

Députez de Sainct-Magloire.

Le Père Vigner. — Le Père Le Bous.

Députez des Célestins.

Le Père Pierre Guéau, prieur.

Députez de Saincte-Croix.

N..... — N.....

Noms des quartiniers et de leurs mandez.

Sire Jacques Tartarin, quartinier. — M. le président Larcher. — M. le président de Guénégaud. — M. Aubry, conseiller au parlement. — M. Du Mées, conseiller de la cour des aydes. — M. Langlois, conseiller au Chastelet, ancien eschevin. — M. Tallon, secrétaire du roy. — M. Ticquet, ancien consul. — M. du Pont, espicier.

Sire Pierre Eustache, quartinier. — M. Coloron, secrétaire du roy. — M. Parfait. — M. Poignant, bourgeois. — M. Périchon, bourgeois. — M..... — M. Bidal. — M. Pocquelin, père. — M. de Sainct-Pont.

Sire François Sanson, quartinier. — M. Favier, conseiller d'Estat. — M. de Marilliac, maistre des requestes. — M. de Villarceaux, maistre des requestes. — M. le président Meilliard. — M. Mandat, maistre des comptes. — M. de Bizenay, audicteur des comptes. — M. Nolliau. — M. Pizart.

Sire Juillien Gervais, quartinier. — M. de Maisons, maistre des requestes. — M. Regnard, conseiller au Chastelet. — M. Langlois, audicteur des comptes. — M. Cadeau, marchand. — M. Gillot, marchand. — M. Des Places, marchand. — M. Cuntier, marchand. — M. Goupy, marchand.

Sire Antoine de La Porte, quartinier. — M. Ménardeau Champré, conseiller en parlement. — M. Bourgoing, maistre des comptes. — M. Brigallier, conseiller de la cour des aydes. — M. Guérin, conseiller et secrétaire du roy. — M. Yon, ancien échevin. — M. Maillet, bourgeois. — M. Logeris, bourgeois. — M. Aman, marchand.

Maistre Nicolas Voisin, quartinier. — M. le président de Bragelongne. — M. Macé, greffier de l'eslection. — M. Philippes, marchand. — M. le commissaire Vacher. — M. Le Blanc, procureur de la cour. — M. Balin. — M. Hulot. — M. Forcy Farcy.

Sire Jean Rousseau, quartinier. — M. de Vertamont, conseiller d'Estat. — M. Le Bert, conseiller de la cour. — M. Chevalier, gentilhomme servant. — M. Le Marchand, ancien consul. — M. Marcadé l'aisné, ancien consul. — M. L'Hoste l'aisné, advocat en parlement. — M. Héliot, marchand. — M. Paul Lefebvre, marchand.

Sire Jean Le Vieux, quartinier. — M. de Lamoignon, maistre des requestes. — M. Hardy, trésorier de France. — M. Baschelier le père. — M. d'Aubry. — M. Cullant. — M. Boirat. — M. Le Noir. — M. Girart.

Maistre Jean de Monhers, quartinier. — M. Bonneau, conseiller de la cour. — M. Barantin, conseiller de la cour. — M. Le Bel, conseiller de la cour des aydes. — M. Damonis, secrétaire. — M. Martin. — M. de La Place, procureur. — M. Bannellier, commissaire. — M. Giffart, marchand.

Sire Nicolas Souplet, quartinier. — M. Le Lièvre, maistre des requestes. — M. le président Le Féron. — M. le président de La Grange. — M. Le Camus, procureur général de la cour des aydes. — M. Geoffroy, ancien eschevin. — M. Perrin, procureur en parlement. — M. de Moncheny. — M. de Craquenelle, capitaine.

Sire Claude Prévost, quartinier. — M. de Canes, conseiller en parlement. — M. de Cheré, maistre des comptes. — M. le président Fournier. — M. de Saistre, secrétaire du roy. — M. Berrand. — M. Le Maire, l'aisné. — M. Semelle. — M. Thevenin.

Maistre Robert Hamonin, quartinier. — M. Védeau, conseiller en parlement. — M. Tronson, conseiller en parlement. — M. Miron, maistre des comptes. — M. de La Mouche, auditeur des comptes. — M. Parmentier, substitud de M. le procureur général. — M. Harmoy, consul. — M. de Launay.

Sire Charles Le Jeune, quartinier. — M. de Sésve, sieur de Chastignonville, conseiller d'Estat. — M. du Bois, conseiller de la cour. — M. Tallon, advocat du roy au Chastelet. — M. de Gillevoisin. — M. de Salmon, secrétaire du roy. — M. Grelan, marchand, ancien consul. — M. Baschelier, marchand. — M. de La Noue-Regnard, substitud de M. le procureur général.

Maistre Estienne Philippes, quartinier. — M. Scaron, conseiller au parlement de Metz. — M. Philippes, conseiller à Metz. — M. Picot, auditeur des comptes. — M. Philippes, conseiller au Chastelet. — M. Boué, ancien eschevin. — M. Cordier. — M. du Clos. — M. Martin Pageois, capitaine.

Sire Charles Michel, quartinier. — M. de Vaurouy, conseiller en parlement. — M. Paluau, conseiller en parlement. — M. Rousseau, conseiller de la cour des aydes. — M. du Bois, conseiller et secrétaire du roy. — M. Cramoisy, ancien eschevin. — M. Aury, ancien consul. — M. Fressant, marchand. — M. Farcaud, marchand.

Sire Estienne Quartier, quartinier. — M. Gaumond, conseiller de la cour. — M. Boucher, greffier en chef de la cour des aydes. — M. de Bourges, ancien eschevin. — M. de Baillon, ancien eschevin. — M. Simonet, père. — M. Langlois, père. — M. Boisleau, marchand. — M. Chauvin, marchand.

Députez des six corps.

MM. Patin, Chesnart, draperie. — MM. Anthoine Héron, Marc Héron, espicerie. — MM. de Brion, de

Bonnière, mercerie. — MM. Voisin, de Bonnière, pelterie. — MM. de Verdun, Bourgeois, bonneterie. — MM. de Bonnaire, Cottart, orfévrerie.

La compagnie estant assemblée auroit pris place en cette façon, sçavoir : MM. les prévost des marchands et eschevins sur leurs bancs à dossier, couvertz de tapisserie, posez au travers du hault de la salle, à la teste de l'assemblée ; MM. les conseillers de ville sur une longueur de siége du costé de la Grève, tirant vers le grand bureau ; MM. les députez des cours souveraines sur une pareille longueur du siége, du costé de la cour, à l'opposite desdicts conseillers de ville ; MM. les ecclésiastiques sur bancs sellés, au derrière desdicts conseillers de ville ; les quartiniers sur deux longueurs de selles mises en travers au bas de ladicte salle, vis-à-vis de MM. de la Ville ; MM. les mandez sur six longueurs d'autres selles, au derrière de MM. les députez des cours souveraines ; et les maistres et gardes des six corps, qui sont venus avec leurs robes, ont esté placez sur une longueur de selle, au derrière de MM. les députez ecclésiastiques. Tous lesdicts siéges, couvertz de tapisserie, faisant une place à milieu de ladicte salle d'environ cinq thoises de long sur trois de large, en laquelle estoit un bureau où estoient assis MM. les procureur du roy et greffier de ladicte Ville. Celui-cy de face vers la porte sur un banc couvert de tapisserie, et l'autre sur une chaire sans bras, regardant en face MM. les prévost des marchands et eschevins. Ce qui ne fut pas plus tost faict que l'on vint advertir MM. de la Ville que le carrosse de M. le duc d'Orléans estoit dans la Grève ; et à l'instant M. le prévost des marchands envoya au-devant de luy deux de MM. les eschevins, quatre conseillers de ville et deux quartiniers pour le recevoir; qui furent assez tost sur le perron de l'Hostel de ladicte Ville pour veoir sortir Son Altesse Royalle de son carosse, accompagnée de M. le prince de Condé, M. le duc de Beaufort et autres seigneurs, qui montèrent avec Son Altesse Royalle, devancée de ses gardes du corps qui se saisirent de ladicte porte de la salle. En mesme temps que sadicte Altesse Royalle et sa compagnie y fut entrée, elle y fut salluée et accueillie de toute la compagnie, et conduicte à une estrade posée dans une distance laissée entre les bancs de MM. de la Ville et les siéges des conseillers de ville, sur laquelle y avoit un tapis de Turquie et un fauteuil de velours cramoisy rouge, avec frange et passement d'argent, sur lequel Son Altesse Royalle estoit assize, et M. le prince de Condé sur une chaire sans bras qui estoit sur ladicte estrade, à costé de celle de Son Altesse Royalle, qui avait un dais au-dessus de sa teste; au derrière duquel l'on avoit faict mettre quantité de siéges ployans où ledict sieur duc de Beaufort et autres seigneurs ont pris place.

Et après que MM. de la Ville eurent rendu à Son Altesse Royalle et aux sieurs princes de Condé et de Beaufort les complimens et civilitez en tels cas accoustumez, M. le prévost des marchands dict hautement que la compagnie estoit icy assemblée en conséquence d'un arrest du 13e de ce mois, duquel lecture ayant esté faicte,

Monseigneur le duc d'Orléans a pris la parolle et dit qu'il a bien voulu se trouver en cette assemblée pour l'assurer, ainsy qu'il avoit cy-devant faict au parlement, qu'il n'avoit pris les armes que pour maintenir la parolle du roy et l'exécution des arrets du parlement, et qu'il les poseroit aussy tost que les déclarations de Sa Majesté et arretz donnez en conséquence seroient exécutez, et le cardinal Mazarin hors du royaume; qu'on avoit voulu trouver à redire sur ce que M. le duc de Nemours estoit entré dans le royaume avec une armée estrangère, qu'on qualifioit espagnolle pour la rendre plus odieuse, mais qu'il assuroit cette assemblée qu'elle n'estoit composée que de naturels François, d'Allemans, Lorrains et de Liégeois, qui tous avoient faict serment au roy soubz l'authorité de Son Altesse Royalle, sans qu'il y eust aucun Espagnol, Italien ny Valon; qu'il pouvoit bien estre qu'une partie d'icelles trouppes avoient esté quelques années à la solde du roy catholique, mais que dès lors que le cardinal Mazarin (pour l'expulsion duquel hors du royaume il les avoit faict entrer en France) en seroit dehors, lesdictes trouppes se metteroient à la solde du roy, si Sa Majesté l'avoit agréable sinon qu'il donnoit sa foy et sa parolle de les faire aussy tost sortir de France. Et qu'à l'esgard de celles qui sont soubz le nom de Son Altesse Royalle et celui de M. le duc de Valois, son filz, et les autres qui s'y sont joinctes, à présent commandées par M. le duc de Beaufort, qu'ayant esté commis par MM. du parlement à employer l'authorité du roy et la sienne pour empescher l'entrée et le rétablissement du cardinal Mazarin, il avoit esté obligé, non-seullement de les mettre ensemble, mais aussy de les fortiffier du secours que luy avoit amené ledict sieur duc de Nemours, pour faire un corps d'armée considérable et effectuer ce que le parlement l'avoit convié de faire; que tant que le cardinal, qui avoit toute l'authorité de la cour, qui estoit maistre de la personne du roy, et qui se sert de son nom et de ses forces pour authoriser ses violences, seroit dans le royaume, qu'il n'y avoit rien de si naturel ny de si légitime que de pourveoir à sa sûreté, et particulièrement celle de la maison royale, dont ledict cardinal avoit juré l'entière destruction; que toutes les compagnies souveraines, qui l'avoient si solemnellement condamné, n'en devoient pas attendre un meilleur traitement, et qu'ainsy c'estoit un intérest commung que de pourveoir à sa deffence contre un ennemy public. Requiert MM. de la Ville qu'il soit faict registre de la présente déclaration ainsy qu'il avoit esté faict au parlement, et que toute la compagnie prist une entière confiance à ce qu'elle contenoit.

Et M. le prince de Condé a dict qu'estant entièrement soubzmis à tout ce que M. le duc d'Orléans luy ordonnoit, il estime estre compris dans la déclaration qu'il venoit de faire, n'ayant dans ce rencontre qu'un mesme esprit et qu'un mesme dessein, qui estoit de faire sortir le cardinal Mazarin hors du royaume suivant la déclaration du roy et arrest du parlement rendu en conséquence. Toutesfois qu'il estoit bien aise que cette assemblée et tout Paris sceut qu'il avoit esté forcé, pour se garantir des violences du cardinal, de se retirer de la cour et repousser la force par la force; que la créance qu'il a tousjours eue de son retour, n'estoit pas un prétexte recherché pour troubler le repos de l'Estat, comme ses ennemis le publioient; que son intention n'a jamais esté que d'employer sa vie pour le service du roy, et de suivre entièrement les ordres de Son Altesse Royalle. Déclarant d'abondant qu'il n'a rien faict que pour la seureté de sa personne, et qu'il est prest de poser les armes à l'instant que le cardinal Mazarin sera hors le royaume de France, et que les arrestz donnez contre luy auront esté exécutez; priant MM. de la Ville qu'il soit faict registre de sa présente déclaration.

A l'instant M. le prévost des marchands a dict à Son Altesse Royalle que toute l'assemblée le remercioit très-humblement de l'avoir honnorée de sa présence; qu'elle alloit travailler au subject pour lequel elle estoit convocquée, suivant l'intention de l'arrest de la cour dont lecture venoit d'estre faicte. A quoy Son Altesse a reparty qu'estant informé de ce qui s'estoit tousjours observé en telles assemblées génerales où les sentimens d'un chacun devoient estre libres, il les laissoit en cette mesme liberté, et s'en alloit en un lieu particullier avec sa suitte en attendant leur déclaration. Et s'estant levé, auroit esté conduict avec la mesme cérémonie jusques en la salle des capitaines, pour ce préparée. Chacun retourné dans la grande salle, en laquelle seroit aussy arrivé M. le gouverneur ainsy que Son Altesse Royalle, après que l'estrade et le tapis qui estoit dessus furent ostez, a esté faict lecture des déclarations du roy contre le cardinal Mazarin, des remonstrances et relations faites par M. le président de Nesmond et M. le président de Bellièvre, ensemble de tout ce qui s'est traicté sur cette matière au parlement depuis le retour dudict Mazarin[1]. Ouy sur ce le procureur du roy et de la Ville en ses conclusions, et l'affaire mise en délibération,

L'advis ayant esté demandé à M. le président Aubry,

---

[1] Au mois de janvier. Il arriva à Poitiers, où était la cour, le 30.

doyen des conseillers de ville, a dit que six heures estant sonnées, qui est le temps qu'on a pris pour la levée de l'assemblée, il craindroit n'avoir pas le loisir pour s'expliquer en son droit. De sorte qu'on a remis la continuation de l'affaire au lendemain, deux heures de relevée, où toute la compagnie a esté conviée de se trouver sans autre mandement.

En sortant de laquelle assemblée, un courier du roy auroit apporté des lettres de cachet à M. le gouverneur et une pour MM. de la Ville, qu'ils auroient esté lire au petit bureau avec ledict sieur mareschal. Mais ayant veu qu'elles portent deffences de faire aucunes assemblées que Sa Majesté n'y fust arrivée, ils envoyèrent aussy tost veoir en la grande salle s'il y avoit nombre suffisant de MM. les conseillers de ville pour délibérer et veoir ce qu'on avoit à faire sur lesdictes lettres. Mais ne s'estant trouvez que cinq ou six, ils furent d'advis, après avoir ouy ce que portoient lesdictes lettres de cachet, de convocquer une assemblée de tout le conseil de ville pour en délibérer tous ensemble, où ledict sieur gouverneur a promis de se rendre. Et l'heure prise pour le lendemain dix heures, l'on envoya des mandemens en tel cas accoustumés.

De quoy son Altesse Royalle et M. le prince de Condé ayant advis, auroient esté le lendemain matin au parlement, faict assembler les chambres, affin d'empescher l'exécution desdictes lettres. Et, à cet effet, ladicte cour auroit envoyé des huissiers à l'Hostel de Ville et chez tous MM. du bureau en mesme temps, avec ordre de se rendre au palais en la grand' chambre et y apporter lesdictes lettres de cachet. Mais comme ils ne purent estre tous assemblez audict palais qu'il ne fust près de dix heures, la cour en tesmoignant beaucoup d'impatience par le renvoy desdicts huissiers, ce qui n'empescha pas MM. de la Ville de passer au parquet des gens du roy leur dire que la cour les avoit envoyez quérir sur le subject d'une despesche que receut hier M. le mareschal de l'Hospital, dont ils venoient de rendre raison au parlement. A l'heure mesme, MM. les procureur et advocatz généraux se sont levez et conduictz MM. de la Ville en la grande chambre, où, enquis par M. le président de Bailleul sur cette despesche et que ces lettres de cachet contenoient, M. le prévost des marchands a dit que le roy leur donnoit advis de son départ de Gien pour venir en sa bonne ville de Paris, où il se renderoit au plus tost; et cependant que Sa Majesté deffendoit de faire aucune assemblée à l'Hostel de Ville qu'elle ne fust à Paris, et qu'elle s'y vouloit trouver en personne; sur quoy on a convocqué le conseil de la Ville ce jourd'hui dix heures, pour adviser ce que nous aurions à faire en conséquence. Et alors il s'esleva un grand bruit de ceux qui demandèrent à veoir ladicte lettre pour en faire lecture. Ce qui obligea M. le prévost des marchands à dire à la cour qu'il n'avoit pas cette lettre, et qu'elle estoit ès mains de M. le gouverneur, qui se devoit rendre en ladicte assemblée. Sur quoy Son Altesse Royalle auroit pris subject de dire que cette dernière lettre, qui estoit du 17e de ce mois, faisoit mention d'une autre du jour précédent qui est un manifeste contre M. le prince et la justification du cardinal Mazarin, qu'il seroit bon de faire veoir et lire en cette compagnie, affin qu'elle vist que tout n'agit à la cour que par ses ordres. Là-dessus M. le prévost des marchands dit que cette lettre de cachet ne portoit point d'ordre, et que par conséquent elle ne devoit point estre manifestée. Ce faict, M. le président de Bailleul dit que la Ville se retirast dans la quatriesme chambre, en attendant que la compagnie en délibéreroit. Après laquelle délibération, la Ville ayant esté mandée, ledict sieur président de Bailleul lui dict que la cour trouvoit bon qu'ils allassent présentement tenir leur assemblée particulière, et qu'elle les exhortoit à faire continuer l'assemblée génerale dont tout Paris attendoit la résolution, et d'autant plus qu'il est tenu pour constant dans le palais et dans beaucoup d'autres endroictz, qu'une lettre de cachet ne pouvoit empescher de continuer une assemblée et autres affaires commencées. Et, à l'instant, MM. de la Ville se sont retirez et allez en l'Hostel d'icelle pour tenir ladicte assemblée particulière.

Aujourd'huy, 20° avril 1652, sont comparus au greffe de l'Hostel de cette ville de Paris, Claude Paltin, grand garde de la marchandise de draperye; Jean Regnant, garde d'icelle; Anthoine Féron, ... Feron, garde de la marchandise d'espicerye et apoticairerye; Charles Le Brun, Claude Omon, garde de la marchandise de mercerie; Louis Voisin, Jacques de Bonnières, garde de la marchandise de pelterie; Jean de Verdun, Louis Bourgeois, garde de la marchandise de bonneterie; Philippes de Bonnaire, grand garde de la marchandise d'orfévrerie; Jacques Cottard, garde d'icelle, tous députez des six corps des marchands de cette ville de Paris, lesquels ont dict et déclaré, qu'attendu qu'ils n'ont esté appellez dans l'assemblée générale dudict Hostel de Ville, commendée le jour d'hier, 19 du présent mois, au rang à eux deu et devant les quartiniers, ilz protestent que ladicte appellation ne leur puisse à l'advenir nuire ny préjudicier, requérant l'enregistrement de ladicte protestation, et que acte leur en soit deslivré en temps et lieu.

DU SAMEDY 20ᵉ AVRIL 1652.

En l'assemblée de MM. les gouverneur, prévost des marchands, eschevins et conseillers de la ville de Paris, ledict jour tenue au bureau d'icelle, entre unze et douze heures, pour entendre la lecture et délibérer sur des lettres de cachet du roy, sont comparus :

M. le mareschal de l'Hospital, gouverneur de ladicte ville de Paris.

M. Le Fèvre, prévost des marchands.

Eschevins, etc. — Conseillers, etc.

La compagnie estant assemblée et assize, M. le prévost des marchands a faict le récit de tout ce qui s'estoit passé depuis la levée de l'assemblée génératle du jour d'hier, tant à l'Hostel de cette ville qu'au parlement. Ensuitte de quoy ont esté leues les lettres de cachet des 16ᵉ et 17ᵉ de ce mois, escriptes audict sieur gouverneur et à la Ville. Ouy sur ce le procureur du roy et de la Ville en ses conclusions, et l'affaire mise en délibération,

A esté conclud et arresté que M. le prévost fera entendre en l'assemblée génératle qui se continuera ce jourd'huy, comme la Ville receut hier lettres de cachet du roy qui lui donnent advis du départ de Sa Majesté de Gien pour se rendre en sa bonne ville de Paris au plus tost, et cependant faict deffence de procedder à aucune assemblée que Sa Majesté n'y soit elle-mesme en personne; comme le parlement, en ayant eu advis, auroit fait assembler les chambres, en laquelle se sont trouvez M. le duc d'Orléans et M. le prince de Condé; que la Ville auroit esté mandée en ladicte cour, faire le récit de tout ce qui s'y seroit passé et de résolution prise en cette assemblée de continuer la généralle, attendu qu'elle estoit commencée, sans qu'il soit besoing de faire autre lecture desdictes lettres que celle qui vient d'estre faicte en cette compagnie, la grande assemblée se devant contenter de ce que M. le prévost des marchands en dira.

DUDICT JOUR SAMEDY 20ᵉ AVRIL 1652.

En l'assemblée généralle de MM. les gouverneur, prévost des marchands et conseillers de la ville de Paris, députez des cours souveraines, corps, colléges et communautez ecclésiastiques, quartiniers avec huict notables bourgeois mandez en chacun quartier, et deux maistres et gardes de chacun des six corps de la marchandise, pour adviser aux moyens de procurer la paix à l'Estat, suivant les erremens du dernier jour, sont comparus les mesmes députez.

Ausquels M. le prévost des marchands ayant faict entendre la teneur des lettres de cachet du roy et les deffences qu'elles portent de faire aucune assemblée à l'Hostel de cette ville jusques à ce que Sa Majesté y soit en personne, estant partie de Gien pour s'y en venir; comme la Ville avoit esté mandée au parlement, où estoit Son Altesse Royalle et M. le prince de Condé, pour rendre raison desdictes lettres ; ce qui s'y estoit passé; comme aussy la résolution prise sur icelle, au bureau de ladicte Ville, le conseil d'icelle assemblé, de continuer cette assemblée généralle, après que la compagnie auroit esté informée de tout ce qu'il venoit de leur représenter, sauf à chacun de MM. les assistans de faire telles considérations par leur advis qu'ils verroient estre à propos. Et d'autant que nombre de MM. les mandez vouloient avoir la lecture de ladicte lettre, se seroit esmeu un grand bruict, qui ayant esté calmé par ce que leur a représenté ledict sieur prévost des marchands qu'on avoit commencé à recueillir les advis, et continué jusques à près de six heures, que la compagnie s'est levée, et remis l'assignation à lundy prochain, six heures de relevée, où chacun des invitez ont esté priez de se trouver sans autre mandement.

Et le lundy, 22ᵉ dudict mois d'avril, toute la compagnie estant rassemblée, de relevée, en la grande salle de la Ville, il a esté continué la perception des advis de ceux qui restoient à donner : et, par la pluralité des voix,

Arresté et conclud de députer deux de MM. les eschevins, quatre de MM. les conseillers de ville, deux quartiniers, deux ecclésiastiques, deux des six corps des marchands et quatre bourgeois, pour supplier très-humblement le roy de retourner en sa bonne ville de

Paris, et d'esloigner de sa personne et du royaume le cardinal Mazarin, et de donner la paix à son Estat.

La nomination desquels députez a esté remise à MM. de la Ville, qui ont à l'instant envoyé leurs mandemens à MM. les conseillers de ville et quartiniers, pour se trouver demain, deux heures de relevée, en l'Hostel de ladicte ville, pour procedder à ladicte nomination.

De par le roy.

« Sa Majesté voulant que son approche vers sa bonne ville de Paris assure le commerce et passage des batteaux, denrées et vivres destinez pour ladicte ville, au lieu d'y apporter aucun obstacle ny retardement, a faict et faict très-expresses deffences à tous officiers et autres personnes, tant de sa cour que de ses trouppes, de prendre ou arrester batteaux, charettes, chevaux ou autres choses qui doivent aller en ladicte ville de Paris, ny d'apporter aucune sorte d'empeschement au commerce, à peine de désobéissance. Enjoignant Sa Majesté, au contraire, aux officiers commandans ses trouppes, et tous autres qu'il appartiendra, de donner aux marchands, voicturiers, batteliers et charetiers les assistances et escortes nécessaires pour leur sûreté, quand ilz y seront requis. Faict à Melun, le 23ᵉ jour d'avril 1652. Signé : *Louis;* et plus bas : *de Guénégaud.* »

DU MARDY 23ᵉ AVRIL 1652.

En l'assemblée de M. le gouverneur, MM. les prévost des marchands, eschevins, conseillers et quartiniers de ladicte Ville, ledict jour tenue en l'Hostel d'icelle, pour procedder à la nomination des députez pour lesdictes remonstrances, sont comparus :

M. le mareschal de l'Hospital, gouverneur de Paris.

M. Le Febvre, prévost des marchands.

Eschevins, etc. — Conseillers de ville, etc. — Quartiniers, etc.

La compagnie estant assemblée, l'on a trouvé quelque chose à redire sur le nombre des députez qu'on a cru devoir estre plus grand qu'il n'estoit porté par l'arrest cy-devant transcript. Sur quoy, ouy le procureur du roy et de la Ville, la chose mise en délibération,

A esté arresté que MM. du bureau de la Ville iroient en tel nombre qu'il leur plairoit, six conseillers de ville, trois quartiniers, deux ecclésiastiques, séculier et régulier; seize bourgeois, qui est un par quartier, et six de MM. des six corps. Et, par la pluralité des voix, ont été nommez,

Pour conseillers de ville : MM. Barthellemy, de Ganteuil, Gaigny, Hélyot, Héron et Gervais.

Pour quartiniers : sire Jacques Tartarin, sire Pierre Eustache et François Sanson.

Pour ecclésiastiques : M. Le Conte, doyen de Nostre-Dame, au cas qu'il veuille accepter, et à son reffus, M. Jolly. M. Le Meusnier, relligieux de Sainct-Victor.

Pour bourgeois mandez : MM. Ticquet, Pocquelin, Pizart, Desplaces, Maillet, Philippes, marchant de bois quarré, Mercadec, Daubray, Giffart, de Moncheny, Fournier, président des esleus, Aubry, consul, Greslan, Philippes, conseiller au Chastelet, Horry et de Bourges, ancien eschevin.

Et pour ce qui est des maistres et des gardes des six corps, ils en feront eux-mêmes le choix. Et par leur acte de nomination dudict jour, ont esté choisis :

Jean Chesnart, pour le corps de la drapperie.

Antoine Héron, pour le corps de l'espicerie et apoticairerie.

Charles Le Brun, pour le corps de la mercerie.

Louis Voisin, pour le corps de la pelterie.

Jean Rousseau, pour le corps de la bonneterie.

Philippes de Bonnaire, pour le corps de l'orfévrerie.

Ensuict la teneur de l'arrest de la cour, du 13ᵉ avril 1652.

« Ce jour la cour, toutes les chambres assemblées, M. le duc d'Orléans y estant, ayant délibéré sur les déclarations dudict sieur duc d'Orléans et sur celle du sieur prince de Condé, récit faict par M. le président de Nesmond de ce qui a esté [faict] par luy et les conseillers de ladicte cour députez vers le roy pour les remonstrances d'icelle cour, et sur la lettre de cachet dudict seigneur roy, contenue au registre du jour d'hier, et sur les lettres patentes y mentionnées, dattées du 2ᵉ mars dernier, présentées avec ladicte lettre de cachet par le procureur général et sur ses conclusions, a arresté et ordonné que les mesmes députez se transporteront par devers le roy, pour le supplier très-humblement que lecture soit faicte en sa présence et desdicts députez de ladicte cour, et faire toutes les instances possibles et nécessaires pour l'obtenir et en avoir responce; que le registre du jour d'hier, contenant la déclaration de M. le duc d'Orléans et celle du sieur prince de Condé, sera porté audict seigneur roy par lesdicts députez, qui lui feront très-humbles remonstrances de vive voix sur les lettres patentes envoyées en ladicte cour, et représenteront les raisons qui ont empesché le parlement de procedder à l'enregistrement desdictes lettres ; que lesdictes déclarations, remonstrances et relations, faictes par M. le président de Nesmond et M. le président de Bellièvre, seront envoyées aux autres parlemens et autres cours souveraines qui sont en cette ville, qui seront conviées de faire de leur part pareille députation; et qu'assemblée géneralle sera faicte en la maison et Hostel de cette ville, où seront appellez deux notables bourgeois de chacun quartier et aucuns des six corps des marchands, et M. le duc d'Orléans et ledict sieur prince de Condé invitez de s'y trouver et faire les mesmes déclarations que celles qu'ils ont faictes en ladicte cour ; et ceux de ladicte assemblée, conviés de députer pour demander tous ensemble l'esloignement du cardinal Mazarin et la paix généralle, tant dedans que dehors le royaume; cependant, la déclaration du roy et arrests de ladicte cour contre ledict cardinal exécutez. Faict en parlement, l'an et jour susdicts. Signé : *Guyet.* »

DU 25ᵉ AVRIL 1652.

Ledict jour, MM. de la Ville ayant apris qu'il y avoit eu du bruict à la porte Sainct-Anthoine, à cause des droictz d'entrées, et qu'il y avoit de certaines personnes qui pour esmouvoir sédition empeschoient les commis des entrées de percevoir lesdictz droitz, mesmes ceux du vin, pour à quoy remédier avoient mandé au colonel desdicts archers de la ville, d'en faire trouver cinquante en l'Hostel de ladicte Ville le plustost que faire se pouvoit; et cependant prièrent le sieur Denison, l'un des MM. les eschevins, d'aller veoir ce que c'estoit. Lequel raporta qu'il y avoit nombre de coquins à ladicte porte Sainct-Anthoine, qui faisoient passer tout ce qui se présentoit pour entrer dans la ville sans payer quoy que ce soit; ils se seroient incontinent eschaufez, mais qu'il croyoit qu'une trentaine d'archers de la ville feroient dissiper ce monde-là, ayant remarqué qu'ils n'avoient aucunes armes. Ce que toutte la compagnie eut envie de veoir. Et de faict, montèrent tous en carrosse et furent à ladicte porte Saint-Anthoine, où ayant trouvé pareille résistance, se résolurent d'aller veoir M. le gouverneur de la Bastille[1], pour l'advertir de cette violence, et le prier qu'aussytost que les archers de la ville paroistroient à ladicte porte, de tirer quelque coup de fauconneau en l'air, de la Bastille, pour estonner et dissiper cette canaille, mesmes prêter main-forte aux archers en cas de besoing. Mais n'ayant poinct trouvé ledict sieur gouverneur, ils se contentèrent de

---

[1] Broussel.

le dire à son lieutenant[1], qui promist aussy de lui faire entendre. Et en mesme temps MM. de la Ville retournèrent à l'Hostel d'icelle, où ilz furent dresser deux mandemens aux colonels de ladicte porte, pour les prier d'envoyer chacun une de leurs compagnies à ladicte porte. Et cependant envoyèrent environ de cinquante archers de leur compagnie à ladicte porte Sainct-Anthoine, conduict par leur colonel[2], le capitaine Avril et autres officiers, où ils trouvèrent quelque résistance. Néantmoings s'estans establis et mis en état d'exécuter les ordres de la Ville, jusques à l'entrée de quelques harnois chargez de vin qui se présentèrent à ladicte porte, escortez de douze ou quinze fusiliers, lesquelz ayant voulu passer de violence, furent courageusement repoussez par lesdicts archers. Ce que la canaille ayant veu, se seroient tumulairement jetés sur lesdicts archers, lesquels n'estant secourus de personne, ainsy que MM. de la Ville avoient espéré, furent contraints de cedder à la force, et se retirer en désordre, quelques-uns d'eux blessez, et de leurs casaques perdues. Ce qui donna occasion à MM. de la Ville d'aller chez M. le président de Bailleul, qu'ils trouvèrent dans son jardin, avec M. le gouverneur et M. le lieutenant-civil, qui furent surpris de ces nouvelles, et de celles que adjousta M. le prévost des marchands, de la rupture des ponts d'autour de Paris, gardez par les soldats des princes, qui ne laissoient rien passer sans payer tribut, ce dont M. le président de Bailleul jugea estre à propos d'advertir le parlement, où MM. de la

---

[1] C'était le fils de Broussel. Il se nommait de Louviers ou de La Louvière. Il avait été enseigne aux gardes.

[2] François Drouard.

Ville prirent heure de se trouver le landemain matin. Et ayant pris congé, s'en allèrent chez M. le procureur-général luy faire la mesme relation : qui recogneut bien la conséquence de l'affaire. Pour quoy il promit de se trouver le landemain, sept heures et demye du matin, au parquet, pour conduire la Ville à la grande chambre. Ensuitte de quoy, il fist le discours de la détention de M. l'abbé Fouquet, son frère, arresté par les gens des princes allant à Corbeil, et mis dans l'hostel de Condé, où il estoit prisonnier, à cause d'une lettre non signée, dont il estoit porteur, donnant advis au roy de l'estat de Paris et de quelle façon Sa Majesté y devoit entrer. Et s'estendit fort sur ce proceddé qui alloit à tenir tout Paris en captivité; et conclud en disant que sans l'intérest qu'il a dans ce rencontre, il en eut demain matin faict beau bruict au parlement, mais que cela sera meilleur en la bouche de M. le prévost des marchands qu'en la sienne. Et là-dessus ils convinrent d'en touscher quelque chose en faveur du général et du particulier.

De par les prévost des marchands et eschevins de la ville de Paris.

« Il est permis aux sieurs Pesche et Chevauché, cappitaines au fauxbourgs Sainct-Jacques, de faire garder toutes les nuicts les advenues dudict fauxbourg, pour empescher les désordres qui pouvoient y arriver; mesmes faire tendre les chesnes, et se saisir des personnes qui se présenteront pour entrer audict faux-bourg chargez de bagages, comme ustancilles de ménages, ornemens d'église, chevaux et bestiaux, reconnu avoir esté par eux vollez; mettre le tout en magazin pour le faire rendre à ceux qui les réclameront ; et en cas de résistance, mettre main basse ; enjoinct aux officiers de la ville de leur prester main-forte quand ils en seront requis. Faict au bureau de la Ville, le 26ᵉ avril 1652. »

DU 26ᵉ AVRIL 1652.

En l'assemblée de MM. les gouverneur, prévost des marchands, eschevins, conseillers et colonels de la ville de Paris, pour adviser à la sûreté d'icelle, sont comparus :

M. le mareschal de l'Hospital, gouverneur de Paris.

Messire Antoine Lefebvre, conseiller du roy en ses conseils et en sa cour de parlement, prévost des marchands.

Eschevins.

M. Guillois, conseiller au Chastellet et de la Ville. — M. Philippes, conseiller et maistre d'hostel ordinaire du roy. — M. Le Vieux, conseiller de Ville. — M. Denison, bourgeois et antien consul.

Conseillers.

M. le président Aubry. — M. Martineau. — M. de Vertamont. — M. Doinville. — M. Ladvocat. — M. Lambert. — M. Dreux. — M. Le Conte. — M. Lescot. — M. Gaigny. — M. Gervais. — M. Cottart. — M. Desnots. — M. Joubert. — M. Baudequin. — M. Tronchot. — M. Hélissent. — M. Gaillart.

Colonels.

M. Favier. — M. de Sève, sieur de Chastignonville. — M. Miron. — M. de La Moignon. — M. le président Tubeuf. — M. Menardeau. — M. de Longueil. — M. Boucher. — M. le président de Guénégaud. — M. de Vauroüy. — M. le président de Bragelongue. — M. de Vaujour, lieutenant-colonel de Vabre, son père. — M. Lecamus, procureur général de la cour des aydes. — M. Rocolet, lieutenant-colonel de M. de Champlatreux. — M. Gerosme, lieutenant-colonel de M. Thibeuf. — M. Roux, enseigne-colonelle de M. d'Estampes-Valançay.

La compagnie estant assemblée, M. le prévost des marchands y a faict le récit de tout ce qui s'estoit passé depuis deux jours à la porte Sainct-Antoine et ailleurs; comme l'on avoit rompu les ponts en divers endroictz, et qu'on s'estoit saisy de tous les passages, en sorte que Paris estoit enfermé de tous costez, et mis à la mercy d'aucuns soldats, qui font payer ce qu'il leur plaist à ceux qui aportent des vivres à Paris; ensemble ce qu'il en avoit dict ce matin au parlement, les chambres assemblées, où estoient M. le duc d'Orléans, M. le prince de Condé : et comme toutes les choses s'y estoient passées; que la compagnie estoit icy convocquée pour adviser à ce qu'il seroit à faire pour la sûretté de ladicte ville. A quoy M. Le Camus, procureur général de la cour des aydes, et l'un des colonelz de ladicte ville, a adjousté ce qui s'estoit passé ce matin à la cour des aydes sur le mesme subject. Ouy sur ce le procureur du roy et de la Ville en ses conclusions et l'affaire mise en délibération [1]... Et ainsi que l'on lisoit les advis, seroit arrivé le sieur Boilleau, greffier du parlement, pour faire veoir à MM. les prévost des marchands et eschevins l'arrest rendu ce matin [2] sur les remonstrances de la Ville. En attendant l'exécution duquel, la compagnie s'est levée avec la résolution ou mandement qui ensuict :

De par les prévost des marchands et eschevins de la ville de Paris.

« Monsieur....., colonel. Nous vous prions de mander au plustost les capitaines, lieutenans et enseignes de vostre colonelle, et leur ordonner d'advertir les bourgeois et habitans de leurs compagnies de tenir leurs armes prestes pour les prendre au premier commendement qu'ilz en auront et selon que l'occasion s'en présentera, et empescher qu'il n'arrive aucun désordre aux marchez : ainsy qu'il a esté résolu ce matin à l'Hostel de ladicte Ville en vostre présence. Vous priant n'y vouloir faillir. »

De par les prévost des marchands et eschevins de la ville de Paris.

« Monsieur de Vauroüy, colonel. Nous vous prions mander aux capitaines du fauxbourg Sainct-Marcel, qu'ilz aient à battre le tambour et assembler leurs compagnies pour garder cette nuit à touttes les advenues et

---

[1] L'arrêté de la Ville a été passé dans notre texte.
[2] Cet arrêt ordonnait d'informer sur les désordres arrivés aux portes Saint-Antoine et Saint-Honoré, au sujet des entrées, et chargeait les officiers du Châtelet et le prévôt des marchands de pourvoir à l'approvisionnement de la ville.

portes dudict fauxbourg, et empescher qu'il ne s'y face aucun désordre; s'y rendre les plus forts, et faire en sorte que la force en demeure à la Ville, en cas de violence; mesmes se saisir de tous ceux qu'ilz trouveront chargez de bagages qui ne seront à eux; iceux retenir et mettre en magazin, pour les faire rendre à ceux qui les réclameront. Faict au bureau de la Ville, le 26ᵉ avril 1652. »

Pareil envoyé à M. le président de Bragelongue pour les capitaines du fauxbourg Sainct-Victor.

De par les prévost des marchands et eschevins de la ville de Paris.

« Sur l'advis à nous donné par plusieurs bourgeois, que certaines personnes armées font travailler en leur présence à la rupture des ponts de Charenton et de Sainct-Maur, qui sont deux grands passages nécessaires au commerce de ladicte ville, et que les villages circonvoisins ès dicts lieux sont remplis de gens de guerre, qui aucthorisent ce désordre, donnent le passage à qui ilz veulent sur lesdictz ponts par les planches qu'ilz y mettent, exigent de grands deniers des uns et des autres au préjudice du repos et de la transquilité publique; estant très-nécessaire d'y pourvoir, nous, ouy sur ce le procureur du roy et de la Ville, ordonnons à tous gens de guerre et autres personnes, de se retirer du passage des ponts de Charenton et de Sainct-Maurice, et, à faute de ce faire, enjoignons aux habitans et communes de leur courir sus; et que Pierre Lemaistre, maistre des œuvres de la Ville, se transportera incessamment avec nombre d'ouvriers sur les lieux, pour restablir lesdictz ponts; deffences à qui ce soit, à peine de la vie, de troubler lesdictz ouvriers de leur travail, et d'empescher que les vivres ne viennent à Paris. Faict au bureau de la ville le 26ᵉ avril 1652. »

De par le roy.

« Très-chers et bien amez. Comme nous n'avons rien plus à cœur que le repos de nostre bonne ville de Paris et la conservation du pays des environs, nous avons donné tous les ordres nécessaires à noz trouppes pour les empescher de s'en approcher et d'y commettre aucun désordre, mais aprenant que les gens du prince de Condé ont liberté de sortir en trouppes de nostredicte ville pour tenir la campagne, qu'ilz rompent les ponts, se saisissent et gardent les passages, font des prisonniers et commettent touttes sortes d'actes d'hostilité, s'en estant mesme trouvé ce matin au pont d'Anthony qui ont esté sy osez que d'arester les mareschaux des logis de la maison de la reyne, nostre très-honnorée dame et mère, et qu'on peut avec toutte aparence soupçonner d'avoir eu desseing sur nostre personne, nous sommes obligez avec regret d'envoyer nos troupes pour coure sus à celles qui intérompent le commerce de nostredicte ville et attirent la guerre dans les portes d'icelle ; ce que nous avons bien voulu vous faire sçavoir par cette lettre, affin que vous recognoissiez nos bonnes intentions pour tout ce qui regarde vostre conservation, et la conduitte que tiennent à vostre esgard ceux qui se sont soulevez contre nostre service, dont vous recevez tant de préjudice. Donné à Chilly, le 27ᵉ avril 1652. Signé : *Louis;* et plus bas : *Le Tellier.* » Et au dos : « A noz très-chers et bien amez les prévost des marchands et eschevins de nostre bonne ville de Paris. »

DU DIMANCHE 28ᵉ AVRIL 1652.

En l'assemblée de MM. les prévosts des marchands, eschevins et conseillers de la ville de Paris, ledict jour tenue au bureau de la Ville pour entendre la lecture et délibérer sur une lettre de cachet du roy, escripte de Chilly le jour d'hier, sont comparus :

M. le mareschal de L'Hospital, gouverneur de Paris.

M. Le Febvre, conseiller du roy en ses conseils et en sa cour de parlement, prévost des marchands.

Eschevins, M. Guillois, etc. — Conseillers, etc.

La compagnie estant assemblée, l'on a commencé par la lecture de la lettre de cachet. Ouy sur ce le procureur du roy et de la Ville en ses conclusions, et l'affaire mise en délibération.

A esté conclud et arresté et résolu d'escrire au roy au subject de ladicte lettre, comme aussy de supplier Sa Majesté de vouloir donner audience aux députez de la Ville sur la résolution prise en la dernière assemblée générale de ladicte Ville ; et d'aller présentement porter ladicte lettre à M. le duc d'Orléans, pour supplier Son Altesse Royalle de trouver bon que les ponts des advenues de cette Ville soient establis, et de faire oster les gens de guerre commis à la garde d'iceux, pour rendre les chemins libres. Ensuict la teneur de ladicte lettre.

De par le roy.

« Très-chers et bien amez. Estant tousjours dans le dessein de nous rendre au plus tost dans nostre bonne ville de Paris, et ayant résolu, pour cet effect, de nous en rapprocher, et d'aller pour quelques jours à Saint-Germain, pour donner temps de préparer nostre logement dans le Louvre, nous avons esté surpris d'apprendre que l'on eust faict rompre tous les pontz qui estoient sur nostre passage, pour nous empescher d'exécuter nostre résolution. Ce qui nous auroit faict prendre celle de nous en aller par les fauxbourgs de nostredicte ville, si nous n'avions eu subject de croire, qu'ayant bien consenty à la rupture de son commerce par celle des ponts, elle pourroit estre portée à donner de mesme les mains à l'opposition que des gens mal intentionnez et qui ne cherchent que la continuation des troubles, auroient peu estre tentez de faire par la force à nostre entrée. Et comme nous ne pourions nous mettre en estat de nous rendre le passage libre et réprimer l'advance de ceux qui nous le voudroient disputer, que par des voyes qui causeroient des désordres extraordinaires en nostredicte ville, nous avons mieux aimé supprimer les mouvements que la raison et nostre juste ressentiment nous pourroient inspirer dans cette rencontre, que de rien faire qui put altérer le repos des habitans de nostredicte ville. A quoy, ayant tant d'intérest de conserver eux-mesmes avec nous, nous ne doubtons point qu'aussytost que vous aurez faict sçavoir nos sentimens, ils ne facent promptement travailler à refaire lesdits ponts, et ne nous donnent en cela, et en toutes autres choses qu'ils sçauront estre de nostre intention et du bien de nostre service, toutes les marques que nous sçaurions désirer de cœur zélé et de leur fidélité. Et la présente n'estant à autre fin, je la finiray, priant Dieu qu'il vous ayt, très-chers et bien amez, en sa saincte garde. Escript à Chilly, le 27ᵉ jour d'avril 1652. Signé : *Louis;* et plus bas : *de Lomenye.* » Et sur la suscription est escript : « A nos très-chers et bien amez les prévost des marchands, eschevins et corps de Ville de nostre bonne ville de Paris. »

Au roy.

« Sire. Nous estimons que la sincérité que nous avons apportée en nostre conduicte, et le zèle que nous avons eu pour le service de Vostre Majesté et la conservation de son authorité dans sa ville capitalle, nous doibvent exempter de tout soubçon de foiblesse, et que l'espreuve de nostre fidélité debvoit tenir Vostre Majesté assurée que nous ne pouvons estre capable d'une telle perfidie que celle qui est marquée par sa despesche du 27ᵉ du présent, d'avoir consenty à la rupture des ponts des environs de Paris, et avoir pensé de donner les mains à l'opposition qui eust peu estre tentée par des gens mal intentionnez à l'entrée de Vostre Majesté dans sa bonne ville de Paris. Néantmoins il fault souffrir le reproche avec le respect qui est deu au souverain, et croire que nous sommes coupables, puisque nous avons encores la vie après cette injure faicte à vostre authorité et à nostre liberté. Il est pourtant de la prudence du pilotte de se destourner des escueilz qui pourroient renverser son vaisseau, et de se mettre à l'ancre pendant la tempeste quand il ne la peut supporter. Vostre Majesté sçayt sans doubte avec quelle violence les ponts ont esté rompus, et qu'une résistance à force ouverte eust esté jugée témérité. Nous n'avons pas pourtant oublié nostre devoir. L'ordonnance de la Ville, du 25ᵉ avril[1], affichée partout, qui permect de coure sur ceux qui les rompoient, la plaincte faicte au parlement les chambres assemblées, en sont des tesmoins bien publics, et, des assemblées fréquentes faictes en l'Hostel de Ville pour ce subject, nous justiffient assez auprès de Vostre Majesté en toute sorte, qu'elle jugera que nous n'avons pas manqué de courage pour son service, mais seullement de ce secours qui conforte tous les bons subjects, qui est la présence de Vostre Majesté, que nous attendons de jour en jour comme le seul remède à tous nos maux. Elle a trouvé bon de la différer, mais elle n'est pas moins nécessaire que désirée, et nous luy en eussions faict les instances si la commodité nous eust esté cogneue. Quoyque la rupture des ponts nous soit un obstacle, il n'y a pourtant point de difficulté que nous ne surmontions, quand Vostre Majesté aura agréable de nous le faire sçavoir par M. le garde des sceaux. Nous travaillerons cependant à faire que Vostre Majesté soit obéye au commandement qu'elle nous faict de réparer les ponts. Et sy les remonstrances que nous en avons résolu d'employer envers ceux qui les ont faict rompre ne sont efficaces pour leur restablissement, nous protestons à Vostre Majesté que nous nous porterons avec courage à tout ce qu'elle nous commandera pour mettre fin à cette impatience que nous avons

---

[1] Voir plus haut, p. 279. La résolution est du 25, et la lettre du 26.

de la voir en son trosne, révérée et obéie de tous, à l'exemple de ses très-humbles, très-obéissans et fidelz serviteurs et subjectz. »

Pareil escrite au roy, le 29º avril 1652.

« Monseigneur,

« Nous attendons les ordres du roy pour l'audiance que nous espérons obtenir de Sa Majesté par vostre moyen, ainsy qu'avez faict l'honneur à la Ville de luy mander. Nous vous dirons encores, Monseigneur, que la Ville a pris la liberté d'escrire au roy sur le subject d'une lettre de cachet de Sa Majesté du 27º dernier, escripte ausdicts prévost des marchands, eschevins et corps de Ville, portant plainte de la rupture des ponts avec ordre de les faire restablir, et imputant à la Ville d'y avoir consenty. Ce qui nous est très-sensible; nostre conduicte estant droicte et sincère, tousjours soubmise aux commandemens de nostre souverain monarque. Il est trop vray que les ponts de Charenton et de Saint-Maur furent rompus le 24º du courant, et le lendemain la Ville donna son ordonnance, que vous trouverez, Monseigneur, assez courageuse, et suffisante pour faire cognoistre la résistance que nous y avons apportée, bien esloignez d'y avoir esté complices de cette action, qui seroit un crime d'Estat sans rémission. Après cela, nous en avons porté nos plaintes en plaine assemblée du parlement, la prière très-humble que nous avons à vous faire au nom de toute la Ville est de vouloir lire cette ordonnance et la faire veoir à Sa Majesté avec la lettre cy-incluse. Cette ordonnance blesse icy beaucoup de gens, mais nous en tirons de là nostre advantage à nostre justification. La Ville espère beaucoup en vostre protection qui a paru en toute rencontre, ayant plus de cognoissance de nos misères et du malheur qui nous environne. De nostre part nous protestons vivre et mourir dans l'obéissance que nous devons à nostre maistre, et d'estre perpetuellement, Monseigneur, etc. »

Pareil envoyé à M. le garde des sceaux de France, le 29ᵉ avril 1652.

DU MARDY DERNIER JOUR D'AVRIL 1652.

Ledict jour, de relevée, MM. les prévost des marchands et eschevins de la Ville, estant allez à la Chambre Saint-Louis, pour travailler au faict du payement des rentes[1] de ladicte ville, pour ce assemblée, à cause que les termes donnez à ceux qui en doibvent fournir le fonds expirent ce jourd'huy; auquel lieu ayant esté résolu que les pièces représentées par les fermiers des gabelles et des aydes seroient communiquées aux députez des rentes pour en faire le rapport à la compagnie vendredy prochain, et cependant que lesdicts fermiers et adjudicataires continueront les payemens entiers desdictes rentes pendant le reste de la présente sepmaine. Et comme l'on vouloit continuer cette proceddure à l'esgard des autres rentes, l'on vint advertir M. le prévost des marchands et MM. les eschevins que M. le duc d'Orléans prioit la Ville de l'aller trouver présentement. Ce qu'ils furent obligez de dire à la compagnie; ce qui fit resouvenir M. Ménardeau qu'il

---

[1] Voir sur les rentes, la note D.

y estoit mandé comme colonel de ladicte Ville, de sorte que toute l'assemblée se leva, et MM. les prévost des marchands et eschevins, ensemble quelques conseillers de Ville qui estoient avec eux, furent au palais d'Orléans, devant lequel ils furent fort estonnez de veoir tant de peuples amassez ensemble, et encores plus quand ils se virent mesprisez, huez par aucuns de la populace, les appelans mazarins (qui est la grande injure du temps). De quoy s'estant plains d'abord à Son Altesse Royalle, elle leur dit que son palais, ny la promenade de son jardin, n'estoient point fermez aux Parisiens, et que, faisant aujourd'huy fort beau, il ne falloit pas s'estonner s'il y avoit bonne compagnie. Aucuns de laquelle s'estoient venus plaindre à luy de ce que MM. de la Ville avoient permis de sortir quatre batteaux de bledz de Paris pour la nourriture de l'armée de Mazarin[1]: que c'estoit la cause pour laquelle elle les avoit envoyé quérir, comme aussy pour leur dire, et à tous MM. les colonelz, qu'il falloit donner ordre à faire venir du pain de Gonnesse, et prendre garde dans les marchez qu'il n'y eust point de confusion au débit du pain. A quoy M. le prévost des marchands auroit réparty, qu'il ne s'estonnoit pas de ce que Son Altesse Royalle leur faisoit ce reproche de divertissement de bleds puisque M. de Brussel en avoit ce matin aporté la requeste en plaine grande chambre, sur laquelle M. Chevallier et luy[2], ont esté commis

---

[1] Broussel fut commis pour informer sur ce prétendu enlèvement de blés, qui fut reconnu faux. Cette calomnie contre la Ville amena la scène que l'on va lire.

[2] *M. Chevallier et luy*. Le registre du parlement porte : Charles Le Prévôt et Pierre Broussel.

pour informer. En quoy la calomnie se trouvera toute entière, estant constant que, de tous les batteaux de bled qui sont au port de l'Escolle et entrez du costé du pont des Thuilleries depuis trois mois, y sont encores; en ayant veu et vériffié le mémoire du maistre des ponts de la Ville, qui n'en doit pas seullement estre cru, quoyque ce soit son mestier, mais encores le maistre des ponts des Thuilleries, les fermiers des hances et compagnies françoises, les émergeurs et autres gens qui ont des droictz à prendre sur tous les batteaux qui montent amont desdicts ponts. Ce qui tesmoigne l'envye qu'on a de ce que la Ville se contient dans son devoir, puisque l'on cherche à plaisir des moyens visiblement faux pour les mettre mal dans le peuple. Ce qui n'empeschoit pas que luy et MM. les eschevins ne fissent leur debvoir. Qu'il estoit facile à veoir que Son Altesse Royalle étoit de ce persuadée, aussy bien que le parlement, dont il sera facile d'estre désabusée quand il plaira à Vostre Altesse d'en cognoistre le vray. Et pour ce qui regardoit le pain de Gonnesse, que la Ville et les autres officiers de police aporteroient tous leurs soins, tant pour le faire venir, que pour la vente d'icelluy. Que la Ville luy en avoit beaucoup d'obligation du soin qu'elle en vouloit prendre. A quoy Son Altesse Royalle ayant réparty qu'il craignoit qu'il s'y trouvast de l'obstacle, tant à cause de la feste, que par la garnison de Saint-Denis, qu'il offroit à la Ville deux cens chevaux pour escorter le pain de Gonnesse. Dont M. le prévost des marchands ayant faict quelque difficulté, à cause qu'il n'en avoit conféré avec personne, Son Altesse Royalle dit à la compagnie de la Ville qu'elle pouvoit adviser ensemble ce qu'elle avoit à faire là dessus présentement, leur montrant un lieu propre pour cela. Auquel la compagnie s'est assemblée en particulier et advisé entre elle ce qu'elle avoit à respondre à Son Altesse Royalle. Il fut résolu d'accepter le secours et escorte qu'elle vouloit donner au pain de Gonnesse, et en mesme temps envoyé quelques archers de la Ville audict Gonnesse pour les en advertir. Ce qu'ils furent dire à Son Altesse Royalle : et avant que de prendre congé d'elle, quelques-uns de la Ville luy dirent qu'ils craignoient fort qu'on leur fist quelques insultes parmy cette populace. A quoy Son Altesse réparty qu'elle-mesme y alloit donner ordre. Et de faict, elle descendit jusques au bas degré avec la Ville, et dit haultement à ceux qui s'y trouvèrent qu'il n'entendoit pas que l'on fist quoy que ce soit à MM. de la Ville, du procéddé desquelz elle estoit fort satisfaicte. Et s'estant tournée pour entrer dans le jardin, M. de Beaufort fut encores jusques au milieu de la cour avec lesdicts sieurs de la Ville. Lesquelz ne furent pas plus tost sortis de ladicte cour, que l'on commença à crier « Aux Mazarins ! » et à les suivre jusques à leurs carosses, où estans montez, le bruit continua jusques au tournant de la rue de Tournon, où l'on commença à leur jetter des pierres, des formes de souliers, et tout ce que l'on rencontroit. Mesmes il y eust des femmes si hardies qu'elles se jettèrent aux chevaux et arrestèrent le carosse. En sorte que MM. Le Febvre, prévost des marchands, Guillois et Le Vieux, eschevins, furent contrainctz d'en descendre et de se jetter aux maisons les plus proches, où, quelques résistances qu'aucuns d'eux y trouvèrent, ils ne laissèrent pas de se sauver et en sortir déguisez, après que la furie de ce peuple fut modérée, et que le plus grand nombre fut dissipé[1].

De par les prévost des marchands et eschevins de la ville de Paris.

« Il est ordonné au sieur Lefaure cappitaine du fauxbourg de Montmartre et des Porcherons, de prendre les armes et faire mettre en deffences les habitans dudict fauxbourg et charger tous ceux qui viendront pour les voller et pillier, et, en cas de besoing, se baricader en sorte que la force en demeure au roy; mesmes sortir hors dudict fauxbourg, à cheval ou autrement, pour rendre les chemins libres aux meusniers qui sont au-

---

[1] Voici ce qu'on lit dans les *Mémoires du cardinal de Retz*, au sujet de cette scène de violence. « Le 30 du même mois, le prévôt des marchands et d'autres officiers de la Ville, qui revenoient de chez Monsieur, faillirent à être massacrés au bas de la rue de Tournon; et ils se plaignirent dès le lendemain, dans les chambres assemblées, qu'ils n'avoient reçu aucun secours, quoiqu'ils l'eussent fait demander et au Luxembourg et à l'hôtel de Condé. »

Nous tirons des minutes de l'Hôtel de Ville le mandement envoyé à ce sujet par l'échevin Philippes, qui était resté à la Ville.

De par les prévost des marchands et eschevins de la ville de Paris.

« Monsieur de Sève, sieur de Chastignonville, colonel. Sur l'advis qui vient présentement de nous estre donné que M. le prévost des marchans et aucuns de MM. les eschevins ont esté arrêtés en la rue de Tournon et sont encores retenus comme assiégez en une maison ès environs de ladicte rue par une trouppe tumultueuse et séditieuse de personnes de néant et mal intentionnez, nous vous prions d'assembler et faire mettre soubz les armes au son du tambour, autant des bourgeois de vostre colonelle qu'il vous sera possible, pour dissiper ces séditieux, et retirer lesdicts sieurs prévost des marchands et eschevins du péril où ils sont. Et en cas de résistance, mettre main basse. Vous priant n'y voulloir faillir. Faict au bureau de la Ville, ce dernier avril 1652. *Philippes.* » (Archives du royaume, carton H, 1905.)

tour dudict fauxbourg, et, à cet effect, sans battre le tambourg. Faict au bureau de la Ville le dernier jour d'avril 1652. »

De par les prévost des marchands et eschevins de la ville de Paris.

« Monsieur de Sève de Chastignonville, colonel. Sur la plainte qu'il nous a esté faicte par les habitans du fauxbourg Sainct-Germain dépendant de vostre colonelle, qu'ilz demeurent exposez aux desordres des gens de guerre à cause qu'il y a des advenues dudict fauxbourg tout ouvertes, nous vous prions de faire garder touttes les nuicts lesdictes advenues, pourvoir aux barrières qui y sont nécessaires, faire tendre les chesnes, et arrester les soldats, soit de pied ou de cheval, qui viendront avec pilliages; et, en cas de résistance, mettre main basse. Vous priant n'y voulloir faillir. Fait au bureau de la Ville, le dernier jour d'avril 1652. »

De par les prévost des marchands et eschevins de la ville de Paris.

« Monsieur de Sève, sieur de Chastignonville, colonel. Craignant qu'il nous arrive demain matin quelques désordres aux marchez publics, de la vente du pain, il est nécessaire d'y pourvoir, et, pour cet effect, nous vous prions de faire battre la quaisse dès ce soir, affin d'assembler une ou plusieurs compagnies de vostre colonelle aux marchez qui sont en l'estendue d'icelle, affin d'y faire observer l'ordre, depuis cinq heures du matin jusques au soir; et mander aux bourgeois et habitans de vostre colonelle de s'y trouver en personnes, à peine d'estre mulctez d'amende; et faictes en sorte que le surplus des autres bourgeois, qui ne seront commendez pour aller ausdictz marchez, se tiennent soubz les armes toutte la journée, pour secourir les autres en cas de nécessitez, et facent corps de garde dans chacque rue. Et, en cas de sédiction, mettre main basse. Vous priant n'y vouloir faillir. Faict au bureau de la Ville le dernier avril 1652. »

Pareil envoyé à MM. de Lamoignon, d'Estempes, Thibeuf, sieur de Bouville, de Champlatreux, de Guénégaud, de Vaurouy et Le Camus.

« Monsieur Miron, colonel. Craignant qu'il n'arrive demain matin quelque désordre aux marchez publics, de la vente du pain, il est nécessaire d'y pourvoir, et pour cet effect, nous vous prions de faire battre la quaisse dès ce soir affin d'assembler une ou plusieurs compagnies de vostre colonelle, à cinq heures du matin, aux places les plus proches des marchez qui sont auprès de l'estendue de vostre colonelle, pour secourir celles des autres colonelles qui seront dans lesdictz marchez à mesme fin, s'il en estoit besoing ; et faictes aussy que tous les autres bourgeois soient soubz les armes dans leurs maisons, et qu'il y ayt corps de garde dans chacune rue pour la sureté de ladicte ville. Et en cas de sédition, mettre main basse. Vous priant n'y vouloir faillir. Faict au bureau de la Ville le dernier jour d'avril 1652. »

Pareil à M. le président Tubeuf, Scaron de Vasvre, Favier, Ménardeau, de Longueil, Boucher, et président de Bragelongne.

De par les prévost des marchands et eschevins de la ville de Paris.

« Monsieur de Vaurouy, colonel. Nous vous prions de donner ordre que la garde des advenues et portes du fauxbourg Saint-Marcel se continue soigneusement, et les capitaines dudit fauxbourg facent battre le tambour et ramassent le plus des habitans dudict fauxbourg que faire ce poura, pour, en cas de résistance, repousser la force par la force et mettre main basse, à ce que la force demeure au roy et à la Ville. Vous prians n'y vouloir faillir. Faict au bureau de la Ville, le dernier jour d'avril 1652. »

DU 1ᵉʳ JOUR DE MAY 1652.

En l'assemblée de MM. les gouverneurs, prévost des marchands, eschevins, conseillers, colonels et quartiniers de la ville de Paris, ledict jour tenue en l'Hostel d'icelle, trois heures de relevée, pour délibérer sur les affaires qui y seront proposées, sont comparus :

M. le mareschal de L'Hospital, gouverneur de Paris.

M. Anthoine Le Febvre, conseiller du roy en ses conseils et en sa cour de parlement, prévost des marchands.

Eschevins, etc. — Conseillers, etc. — Colonels, etc. — Quartiniers, etc.

La compagnie estant assemblée, M. le prévost des marchands leur a faict entendre le subject pour lequel Son Altesse Royalle les avoit, le jour d'hier, mandez comme ils estoient à la chambre Saint-Louis, pour aller au palais d'Orléans, et le récit de tout ce qui s'y estoit passé, en présence de MM. les eschevins et colonelz de ladicte ville; les dangers qu'il avoit couru en sa personne, outre le pillage de son carosse qui avoit esté mis en pièces par la canaille, soubz prétexte, comme ils disoient, que la Ville avoit faict descendre quatre batteaux de bled du costé de Saint-Germain pour la nourriture de l'armée du Mazarin, et affamer Paris. A quoy MM. Guillois et Le Vieux, qui estoient dans le mesme carrosse, ont adjousté les injustes appréhensions qu'ils avoient eues chacun en particulier, et le hazard où ilz s'estoient vus de leurs vies, qu'ils n'avoient évité que par miracle; et tous ensemble prié la compagnie de trouver quelques bons expédiens pour empescher la suitte de telz désordres, tant par le chastiment exemplaire que l'on en devoit faire, que par les moyens qui se pourront concerter dans cette assemblée pour n'y plus retomber : et encores adviser à la seureté de la ville et la conserver en l'obéissance et service que nous devons au roy. Sur quoy, ouy le procureur du roy et de la Ville en ses conclusions, et l'affaire mise en délibération, a esté arresté et conclud : Que la Ville ira au parlement se plaindre de l'outrage qu'elle a souffert en la personne de ses magistrats sortans du palais d'Orléans, et supplier la cour d'en vouloir faire justice exemplaire sans y apporter aucun retardement, attendu la conséquence du crime, qui ne va pas moins qu'à la ruine totale de la première ville du royaume, et la tirer hors de l'obéissance qu'elle doit à son roy. Et que, par l'arrest qu'il en interviendra, la cour déclare que le rapport faict au parlement et les bruicts qu'on a faict courir dans le peuple de l'enlèvement des bledz de Paris, sont faux et publiez à dessein de faire soulever la populace contre leurs magistratz, afin d'émouvoir sédition et mettre Paris au pillage.

Pour faire lesquelles plaintes, se trouveroient vendredy prochain, sept heures du matin, à l'Hostel de ladicte ville : MM. du bureau, les conseillers et colonels, les quartiniers et deux bourgeois mandez de chacun quartier, qui se transporteront à la grande chambre à cet effect. Et pour pourveoir à la seureté de ladicte ville, que sera faict garde aux portes de nuit et de jour, lorsqu'il aura pleu au roy de l'ordonner ainsy; et ce pendant, qu'il sera faict seize corps de gardes aux places et principales advenues de ladicte ville par les seize colonels d'icelle, aux endroictz qu'ils trouveront plus convenables pour la seureté d'icelle.

Et le vendredy, 3ᵉ jour de may 1652, MM. de la Ville estans allez au parlement à l'effect que dessus, seroit intervenu l'arrest qui ensuit.

Extraict des registres du parlement.

« Ce jour, les gens du roy ont dit à la cour, que le corps de cette ville de Paris, par le gouverneur, prévost des marchands, eschevins, conseillers de Ville, colonelz, capitaines, quartiniers et bourgeois demandent estre ouys, toutes les chambres assemblées. Ce qu'ayant esté faict, et ouy le récit faict par le sieur mareschal de L'Hospital gouverneur, et ledict prévost des marchands, présens lesdicts gens du roy, des violences et outrages commis aux personnes desdicts prévost des marchands et eschevins, le dernier jour d'avril dernier, sortans du palais d'Orléans, et contenues en leur procès-verbal dudict jour, suppliant la cour y pourveoir. Eux retirez, ouy le rapport des conseillers de ladicte cour de l'information par eux faicte d'enlèvement prétendu de bleds, en exécution d'arrest de ladicte cour dudict jour, ouy aussy lesdictes gens du roy en leurs conclusions, eux retirez, la matière mise en délibération, ladicte cour, en conséquence de ladicte information, a déclaré et déclare, ledict faict d'enlèvement de bleds, faux et supposé ; ordonne que lesdicts prévost des marchands et eschevins auront commissions pour informer des violences et outrages à eux faictz; à cette fin, auront mention et forme de droict ; a renvoyé et renvoie le tout en la chambre de la Tournelle pour y faire droict ainsy qu'il appartiendra. Et sera le présent arrest publié et affiché par les carefours de cette ville et fauxbourgs de Paris, à ce qu'aucuns n'en prétendent cause d'ignorance. Faict en parlement, le 3ᵉ mai 1652. Signé : *du Tillet.*

« Leu et publié à son de trompe et cry public en tous les carrefours ordinaires et extraordinaires de cette ville et fauxbourgs de Paris, par moy Charles Canto, juré crieur ordinaire du roy en ladicte ville et prévosté de Paris, accompagné de Jean du Bos, Jacques Le Frain et Estienne Chapé dit La Chapelle, jurez trompettes dudict seigneur, esdictz lieux, le mardy, 7ᵉ may 1652. Et ledict jour affiché. Signé : *Canto.* »

« Monseigneur,

« Quelque ordre que nous aportions pour faire obéir les peuples, nous y trouvons sy grande résistance, que l'on entreprend mesme d'eslever la canaille sur nos personnes, et de faire courir des bruits pour nous décréditer, affin de faire ouverture au pillage et à la sédition. On a esté contrainct dans de certains quartiers, de faire prendre les armes aux bourgeois, et principallement les jours de marché, pour la distribution. Ce qui a bien réussy. A présent, la Ville assemblée et conseil pris de conseillers, colonels et quartiniers, où estoit M. le gouverneur, la résolution a esté que le roy soit supplié de trouver bon que les portes soient gardées pour empescher l'entrée, à grands nombres, de cavalliers incogneus qui entrent journellement et sortent, pillent et vollent dans la campagne et les fauxbourgs, et aussy pour retenir le menu peuple et les fainéans et vacgabous dans le debvoir, et avoir les armes prestes pour maintenir l'authorité du roy, et conserver tant de gens de bien qui ne respirent que l'obéissance. Et comme il est besoing, Monseigneur, en la place que vous tenez, que soyez informez de tout pour continuer vos protections ordinaires, et qu'il n'y a autre desseing que le pur service du roy, nous vous supplions d'en faire entendre la conséquence à Sa Majesté, et d'obtenir ce que nous demandons pour toute la ville, laquelle commence à se formaliser de ce que nous n'avons pas le crédy d'obtenir l'audiance du roy pour les affaires publicques. C'est aussy, en partie, ce qui nous rend odieux. En cas que nous ne soyons assez heureux de pouvoir obtenir ce que nous demandons avec tant d'instance, nous avons résolu de députer du corps de Ville auprès de Sa Majesté, afin de ne rien oublier de nos soings. C'est un grand advantage qu'a la Ville de vous avoir pour intercesseur de nostre part. Nous prendrons tousjours la qualité de, Monseigneur, vos très-humbles et obéissans serviteurs les prévost des marchands et eschevins de la ville de Paris. Le 2ᵉ de may 1652. »

Pareil envoyé à M. le premier président, et garde des sceaux de France.

Lettre escripte par M. de Guénégaud, secrétaire d'Estat.

« Messieurs,

« J'ay esté si fort touché de l'insolence que les séditieux ont commise contre vos personnes, et du mauvais traitement qu'ils vous ont faict, que le ressentiment que j'en ai m'a faict souhaitter qu'il fust en mon pouvoir de chastier ces mutins et de vous vanger. Dès que le roy a sceu la nouvelle, il a jugé que la garde des portes dans Paris estoit un des meilleurs moyens dont on se peut servir présentement pour vous garentir de semblables attentats, et pour conserver cette grande ville. Et l'on estoit sur le point de vous envoyer l'ordre pour le faire, lorsque vostre lettre luy a esté rendue. Vous verrez par celle que Sa Majesté vous escript, que son sentiment a esté le vostre. Et ce qu'elle désire de vos soings et de vostre affection, et pour vostre seureté et pour la liberté des passages, ne tend qu'à vous tesmoigner le désir qu'elle a de vous veoir. Celuy que j'ay de vous servir m'oblige de me servir de cette occasion pour vous assurer que je suis, Messieurs, vostre très-humble serviteur, *Du Plessis*. De Sainct-Germain, le 2ᵉ may 1652. »

De par les prévost des marchands et eschevins de la ville de Paris.

« Monsieur, la continuation des désordres qui paroissent en quelques endroictz de cette ville par la malice de quelques personnes qui veullent trouver occasion de pillier et de faire sédition dans Paris, nous obligeant de pourveoir promptement, nous vous prions de faire présentement battre la quaisse dans vostre colonelle et de faire faire dans chacune de vos compagnies, nuict et jour, un corps de garde aux endroictz où vous les jugerez nécessaires, tant pour dissiper la canaille, que pour empescher qu'il ne s'y en amasse pour faire sédiction ; ce que vous continuerez chacun nuict et jour jusques à nouvel ordre ; et au cas qu'on y face de la résistance, mettrez main basse. Vous priant n'y vouloir faillir. Faict au bureau de la Ville, le 2ᵉ jour de may 1652. »

De par les prévost des marchands et eschevins de la ville de Paris.

« Monsieur de Champlastreux, colonel. Venant d'apprendre le désordre qui se commet en la maison de Benicourt, maistre quinqualier à Paris, par quelques personnes séditieuses et gens de mauvaise vie qui veullent émouvoir sédition à Paris, nous vous prions de faire battre la quaisse et prendre les armes à deux ou trois compagnies de vostre colonelle pour dissiper cette canaille, et, en cas de résistance, mettre main basse. Vous priant n'y voulloir faillir. Faict au bureau de la Ville, le 2ᵉ may 1652. »

De par les prévost des marchands et eschevins de la ville de Paris.

« Capitaine Drouart, colonel des trois cens archers de ladicte ville. Trouvez-vous demain, six heures du matin, en l'Hostel d'icelle avec cinquante desdicts archers, ayans leurs hocquetons et halbardes et armes à feu ; et faictes trouver doresnavant, pour chacun jour, audict Hostel, vingt desdicts archers armez de semblables armes, pour y demeurer et y faire garde jusques à nouvel ordre. Sy n'y faictes faute. Faict au bureau de la Ville, le 2e jour de may 1652. »

De par les prévost des marchands et eschevins de la ville de Paris.

« Sire Jacques Tartarin, quartinier. Voyans que les séditieux continuent leurs menées qui causeroient enfin un grand désordre s'il n'y estoit promptement pourveu, nous vous mandons de veiller soigneusement en l'estendue de vostre quartier et mander aux cinquantiniers et diziniers qu'ils ayent, en cas de sédition ou autres désordres, de vouloir tendre les chaisnes jusqu'à nouvel ordre. Sy n'y faictes faute. Donné au bureau de la Ville, le 2e may 1652.

« Veu la requeste à nous faicte et présentée par Germain Peché et Mathurin Brosset et Jacques Delaistre, capitaine, lieutenant et enseigne d'une des deux compagnies du fauxbourg Sainct-Jacques, au quartier de Nostre-Dame des Champs, et les bourgeois de ladicte compagnie, contenant : que pendant les guerres de la ligue, les bourgeois qui demeuroient lors audict fauxbourg auroient, pour leur sureté et conservation, faict bastir à leurs frais et despens, aux deux costés de la fausse porte d'icelluy, deux petites tourelles et une chambre au dessus, pour servir, tant de deffences à ladicte fausse porte, que de corps de garde; depuis lequel temps certains quidans se seroient emparez d'icelles tourelles et de ladicte chambre, appliquée à leur usage particulier, de quoy ils faisoient leur propre, ce qui incommodoit infiniment les bourgeois pour n'avoir logement qui les puisse contenir; lesquels quidans auroient faict bastir un mur qui empesche ceux desdicts bourgeois que l'on metoit en sentinelle de descouvrir; réquérant qu'il nous plust leur permettre de prendre lesdictes tourelles et chambre estant au dessus d'icelles, pour leur servir de corps de garde, et outre de faire abastre ledict mur, avec deffences ausdicts quidams et touttes personnes de inquietter en la pocession de ce que dessus; considéré le contenu en laquelle requeste, ouy sur icelle le procureur du roy et de la Ville en ses conclusions, avons permis ausdicts exposans de prendre lesdictes tourelles et chambre estant au dessus d'icelles, pour leur servir de corps de garde. Faict deffences à touttes personnes de les troubler et inquietter en la pocession d'icelles, et outre ordonné que le mur cy-dessus mentionné sera abattu. Faict au bureau de la Ville, le 3ᵉ may 1652. »

DU VENDREDY 3ᵉ MAY 1652.

En l'assemblée tenue ledict jour par MM. les gouverneur, prévost des marchands, eschevins, conseillers, colonels et quartiniers de ladicte ville, pour entendre la lecture de la lettre de cachet du roy en responce de ce que la Ville auroit mandé à Sa Majesté pour la garde des portes de ladicte ville, suivant la résolution de l'assemblée du dernier jour, sont comparus :

M. le mareschal de L'Hospital, gouverneur de Paris.
Messire Anthoine Le Febvre, prévost des marchands.
Eschevins, etc. — Conseillers, etc. — Colonels, etc.
— Quartiniers, etc.

La compagnie estant assemblée, l'on a commencé par la lecture des lettres de cachet du roy, une particulière de M. le garde des sceaux et une autre de M. Du Plessis de Guénégaud, addressées à ladicte Ville. Ouy sur ce le procureur du roy et de la Ville en ses conclusions, et l'affaire mise en délibération,

A esté arresté et conclud : Qu'il sera faict gardes aux portes de ladicte ville suivant l'intention du roy, tant de jour que de nuit, laquelle commencera le dimanche prochain. Et cependant, ordonne aux quartiniers de faire restablir les corps de gardes desdictes portes, de faire sortir et vuider ceux qui les occupent et en prendre les clefs. Que MM. les colonels tiendront la main à faire payer les entrées des portes sur les denrées qui les doivent, et donneront pareil ordre aux capitaines de leurs colonelles, encores qu'il n'en soit faict aucune mention par le mandement de ladicte Ville; attendu que le fonds desdictes entrées est assigné au payement des rentes de ladicte Ville. Laquelle, à cette fin, ordonne qu'il sera faict commandement aux fermiers desdictes entrées, d'envoyer leurs commis aux bureaux qu'ils ont esdictes portes pour la perception desdicts droicts. Que ladicte Ville fera ses excuses au roy sur la réfection des ponts rompus, par l'impossibilité qu'elle a de pourveoir à ce que Sa Majesté luy a ordonné par ladicte lettre de cachet. Mardy prochain que les deputez de ladicte Ville doivent avoir audiance de Sa Majesté, en conséquence de la dernière assemblée génerallle.

Que pendant la garde des portes, les quartiniers, cinquantiniers et diziniers auront la garde des clefz d'icelles et coucheront ausdictes portes toutes les nuits tour à tour, pour les ouvrir et fermer, selon que ceux qui y commanderont le jugeront à propos.

Ensuit la teneur des lettres du roy.

De par le roy.

« Très-chers et bien amez. Dès que nous sceumes l'attentat que les séditieux avoient commis en plain jour sur vos personnes et dans nostre bonne ville de Paris[1], nous jugeasmes que pour vous garentir du péril où de semblables entreprises vous metteroient à toutes heures, et pour réprimer l'audace de ces mutins, il n'y avoit point de moyen plus assuré que de faire prendre les armes aux bourgeois et de faire une garde fort exacte aux portes de la ville. Et comme la lettre que nous venons de recevoir de vostre part, nous aprend que vous estes dans le mesme sentiment, et qu'en attendant que vous sceussiez nostre volonté sur ce subject, vous avez establv des corps de gardes dans les marchez et dans les places publiques, non-seullement nous approuvons ce que vous avez faict en ce

---

[1] Dans la rue de Tournon, au sortir du Luxembourg, le 30 avril.

rencontre, mais nous vous ordonnons très-expressément de continuer et dessendre la garde aux portes de nostre bonne ville et dans les fauxbourgs mesmes si vous le jugez nécessaire, et de la faire faire la plus exacte que vous pourrez, tant pour la conservation de nostre ville, que pour empescher que les gens de guerre, qui troublent par leurs hostilitez continuelles la liberté publique, ne s'y retirent pour s'y mettre à couvert avec les prises fréquentes qu'ils font sur nos pauvres subjectz, au préjudice du commerce et de l'intérest du publicq. L'ordonnance que vous avez donnée pour la réfection des ponts et pour restablir la liberté des passages, nous faisoit espérer qu'elle ne demeureroit pas sans effect, mais par ce que nous apprenons, qu'au lieu d'y avoir esgard, on a continué de rompre les ponts de Sainct-Cloud et de Neuilly, et de fortiffier ces lieux pour nous empescher de passer et ceux de nostre suitte, nous vous exhortons de faire tout ce qui dépendra de vous pour obliger ceux qui occupent ces postes à se retirer, et à vous laisser dans la liberté de faire réparer les ruynes qu'ils y ont faictes, affin que nous ne soyons pas réduictz à les y forcer et à lever par les armes les empeschemens qu'ils opposent au désir que nous avons d'aller en nostre bonne ville de Paris. C'est ce que nous attendons de vos soings et de vostre affection avant que d'en venir à ces extrémitez. Escript à Sainct-Germain en Laye, le 2ᵉ jour de may 1652. Signé : *Louis;* et plus bas : *de Guénégaud.* » Et au doz est escript : « A nos très-chers et bien amez les prévost des marchands, eschevins et habitans de nostre bonne ville de Paris. »

Lettre de M. le garde des sceaux, du 2ᵉ may 1652.

« Messieurs,

« Aussytost que le roy sceut hier l'attentat commis en vos personnes, il prit résolution de faire faire les gardes aux portes pour essayer d'arrester le cours des malheurs qui menassent sa bonne ville de Paris, laquelle est outragée par ces voyes de faict. Et maintenant que, par celle que vous avez escritte à Sa Majesté, elle a reconneu les vœux de l'assemblée tenue en la Ville, elle a commandé l'expédition des ordres nécessaires. Mais cette garde n'estant faicte qu'aux portes, peut laisser la liberté aux fauxbourgs et ainsy, que les désordres que les gens de guerre qui s'y retirent font par chacun jour, ne cesseront pas, Sa Majesté s'attend que vous y pourveoirez en telle sorte que la seureté publique soit conservée. J'attendois responce de l'exécution de vostre ordonnance pour le restablissement des ponts de Charenton et de Saint-Maur, comme aussy de vos plaintes sur la rupture de ceux de Neuilly et de Sainct-Cloud, mais nous aprenons que le mal augmente; que l'on fortiffie le pont de Neuilly et que la garnison y est establie. Sa Majesté se promet que vous y apporterez le remède nécessaire, sinon elle y employra son authorité puisque elle n'a point de plus forte passion que de contribuer ce qui sera de son pouvoir pour les advantages de sa bonne ville de Paris. Et moy je seray assez heureux si je suis reconneu tousjours, Messieurs, vostre très-affectionné serviteur, *Molé*.

« M. Sainctot a eu l'ordre de vous dire que Sa Majesté vous accorde l'audience, à mardy, trois heures. »

De par les prévost des marchands et eschevins de la ville de Paris.

« Monsieur...., colonel. Nous vous prions, suivant l'intention du roy et la résolution cejourd'huy prise en l'Hostel de cette ville, de commencer la garde des portes de ladicte ville, tant de jour que de nuit, dimanche prochain, du matin, et à cette fin faire battre le tambour en l'estendue de vostre colonelle en la manière accoustumée. Donnez ordre qu'il ne soit tiré inutillement depuis sept heures du soir jusques à huit heures du matin ; et assemblez les capitaines et officiers de vostre colonelle pour leur faire entendre le résultat de l'assemblée sur le faict de ladicte garde. Vous priant n'y vouloir faillir. Faict au bureau de la Ville, le 3ᵉ may 1652. »

De par les prévost des marchands et eschevins de la ville de Paris.

ORDRE DE LA GARDE DES PORTES.

« Les portes Dauphine et Nesle seront gardées par les colonelles de MM. Miron et d'Estampes-Vallencay, qui feront fermer celle de Bussy, et n'envoyront qu'une de leurs compagnies à la garde desdictes portes, qu'ils sépareront ainsy qu'ils jugeront à propos pour la sureté de ladicte ville.

« Les neuf compagnies que M. de Sève a dans la ville garderont les portes Sainct-Germain et Sainct-Michel avec le nombre de personnes qu'il sera advisé entre elles, affin d'estre soulagées les unes par les autres selon l'estendue desdictes compagnies. Et les six autres qu'il a dans le fauxbourg Sainct-Germain garderont ledict fauxbourg, tant de jour que de nuit, où il sera faict tel nombre de corps de garde qu'il sera advisé par ledict sieur colonel pour la sureté dudict fauxbourg.

« Les portes Sainct-Jacques et de Sainct-Marcel seront gardées par les colonelles de MM. de Champlastreux et Boucher, qui n'envoyront qu'une compagnie par jour pour la garde desdictes portes. Mesme on pourra faire advancer quelques escouades aux portes et advenues des deux fauxbourgs pendant le jour, affin de soulager les compagnies desdicts fauxbourgs, qui les relèveront à huit heures du soir et n'en sortiront qu'ils ne soient relevez par ceux de la ville.

« Les portes de Sainct-Victor et de Sainct-Bernard seront gardées par la colonelle de M. de Vaurouy, qui pourra faire la mesme chose pour le soulagement des fauxbourgs, s'il le juge nécessaire.

« La porte Sainct-Anthoine sera gardée par les colonelles de MM. Scaron de Vaures et président de Guénégaud, qui pourront donner le mesme soulagement pendant le jour aux habitans du fauxbourg Sainct-Anthoine et fermer la porte Sainct-Louis, en sorte qu'il n'en puisse mésarriver.

« Les portes du Temple et de Sainct-Martin seront gardées par la colonelle de M. Favier, qui pourra soulager les habitans dudict fauxbourg ainsy que dessus.

« La porte Sainct-Denis et advenues d'icelle, par les colonelles de MM. de Lamoignon et de Bouville, qui pourront soulager les fauxbourgs comme dessus, et faire mettre des barrières aux endroictz où ils le jugeront nécessaire.

« La porte de Montmartre sera gardée par M. Ménardeau et président de Bragelongne, qui pourront faire fermer celle de Richelieu et de Saincte-Anne, autrement dict des Poissonnières, ou establir telz corps de gardes qu'ils adviseront pour la seureté de ladicte ville.

« La porte Sainct-Honnoré sera gardée par les colonelles de MM. les présidens Thubeuf et de Maisons, qui pourront faire fermer la porte de Sainct-Roch, et s'assurer de toutes les advenues qui sont entre lesdictes portes.

« La porte de la Conférence et le pont des Thuilleries seront gardées par la colonelle de M. Le Camus, procureur général de la cour des aydes, qui pourra selon la force des six compagnies de ladicte colonelle les soulager en ladicte garde.

« Faict au bureau de la Ville, le 4ᵉ may 1652. »

« Sire,

« Auparavant que de recevoir la lettre qu'il a pleu à Votre Majesté de nous honnorer, de son camp de Charonne, nous avions député deux de nostre corps pour l'aller trouver et luy représenter l'estat auquel se trouve sa bonne ville de Paris, qui n'est pas tel que nous souhaitterions, l'authorité des magistratz n'estant pas recogneue comme il seroit nécessaire ; dont nos eschevins donneront compte à Vostre Majesté, que nous supplions très-humblement de croire que nous ne ferons jamais rien que pour l'advantage de son service et du repos de sa bonne ville, qu'elle peut donner en un instant par sa présence, que nous souhaittons avec impatience : n'y ayant un seul de nous qui n'exposast librement sa vie pour satisfaire à l'ordre de ses commandemens dans toute l'estendue de nostre pouvoir, et luy faire connoistre combien véritablement nous sommes, Sire, etc. »

Le mardy, 7ᵉ may 1652, MM. le prévost des marchands, Guillois et Le Vieux, eschevins, le procureur du roy et greffier de ladicte Ville sont partis de l'Hostel de ladicte ville, sept heures du matin, accompagnez de six de MM. les conseillers de Ville, trois quartiniers, seize bourgeois, et six des Maistres et gardes des six corps, tous députez pour présenter au roy le résultat de l'assemblée généralle commencée à l'Hostel de ladicte ville le 19ᵉ avril dernier et finie le 22ᵉ dudict mois, en neuf carrosses, à quatre chevaux chacun, trente archers de la Ville à cheval commandez par leur colonel et autres officiers, ayant chacun deux pistolletz à l'arson de la selle, et lesdicts archers leurs casaques aux armoiries de ladicte Ville, pour aller à Sainct-Germain en Laye, où est la cour depuis huict jours. Et, afin d'éviter le passage des bacs, furent par Sainct-Cloud passer dans Ruel et par La Chaussée audict Sainct-Germain, descendre à la conciergerie du chasteau. Où estans, M. de Sainctot, maistre d'hostel du roy et ayde des cérémonies, les seroit venu salluer et leur dire qu'ils ne pouvoient estre fort commodément audict lieu, pour n'estre pas préparé, faute, comme il disoit, de n'en avoir pas esté adverty à temps par le maistre d'Hostel de la Ville, mais qu'il alloit faire un tour vers le chasteau pour aprendre où ladicte Ville pourroit estre mise. D'où estant retourné, il conduisit toute la compagnie au devant du logis de M. le garde des sceaux, que MM. de la Ville prirent occasion d'aller saluer, et de ce qui les amenoit en cour, et du larcin, qui avoit esté faict le jour précédent, d'environ cinq cens moutons appartenans à de pauvres marchans qui en font de grandes plainctes, dont on leur avoit baillé un mémoire que M. le prévost des marchans présenta à l'heure mesme audict sieur garde des sceaux, qui le prist et envoya chez M. Le Tellier, secrétaire d'Estat, pour dresser les ordres nécessaires pour le recouvrement desdicts moutons. Et, au mesme temps, la compagnie, ayant pris congé dudict sieur garde des sceaux, fut au logement que ledict sieur de Sainctot leur avoit faict préparer, où elle demeura jusques après le disner, que MM. d'Alligre et de Morangy les vinrent veoir : lesquels se promenèrent près d'une heure et demye dans le jardin de ladicte maison, s'entretenans des affaires du temps pour y remédier. Ce faict, ledict sieur de Sainctot est venu advertir la Ville que la cour des aydes estoit arrivée, et qu'il estoit temps de se préparer à l'audiance. MM. les directeurs prestèrent un carrosse à six chevaux à MM. de la Ville pour les ramener au chasteau : ce qu'ils acceptèrent à cause de l'incommodité de M. le prévost des marchands : lequel estant descendu à la conciergerie dudict chasteau, et entré avec toute la compagnie en une salle basse, ledict sieur de Sainctot leur vint dire que MM. de la cour des aydes estoient audict chasteau, et que MM. de la Ville y pouvoient venir afin de n'avoir pas si loin à aller, après que lesdicts sieurs des aydes seroient partis de leur audiance. Et à l'heure mesme,

M. le prévost des marchands ayant faict advertir MM. les députez, sont tous allez en bon ordre audict chasteau, et entrèrent dans une salle haulte, en laquelle ayant demeuré jusques à près de quatre heures, ledict sieur de Sainctot les a conduitz par la chambre du roy où M. de Guénégaud les attendoit pour aller au cabinet de Sa Majesté, où elle estoit assize ayant la reyne, sa mère, près d'elle, et autour estoit tout debout et nue teste M. le duc d'Anjou, le prince Thomas, les mareschaux de Villeroy et d'Auguincourt[1], MM. le garde des sceaux et de La Vieuville, surintendant, Servient, ministre d'Estat, le comte de Brienne, d'Arbaud, de Guénégaud et Le Tellier, secrétaires d'Estat, et M. de Villetière[2], capitaine des gardes du roy, qui estoit derrière la chaire du roy. Où le corps de Ville et les autres députez estans entrez et à genoux devant Sa Majesté, M. le prévost des marchands luy a parlé de la sorte :

« Sire,

« Vostre bonne ville de Paris se voyant en langueur et tous ses membres exterminez, et réduite à une misère desplorable, a convocqué tous ses habitans pour consulter avec eux les moyens d'apporter remède à une sy grande calamité ; et estans tous assemblez, ils ont commencé leur entretien par ces lamentations :

« Est-ce icy cette ville d'une beauté accomplye, la joie de toute la terre ? Est-ce icy le trosne du soleil de la France, devant lequel nous avons les yeux ouvertz

---

[1] Hocquincourt.
[2] Villequier.

comme des oyseaux solitaires, par l'aspect duquel nous garentissons nos foiblesses et langueurs? Est-ce icy cette ville que toute l'Europe regardoit comme la merveille du monde?

« Non! non! ce n'est plus elle. Sa beauté est évanouye. Ceux qui l'estimoient, l'ont mesprisée, voyant sa misère et sa honte.

« Après ces lamentations publiques, ceux qui conduisent ce vaisseau désolé ont dit qu'il estoit emporté de la tempeste; que la voix des pilottes n'estoit plus entendue; que l'on crioit tout hault qu'il ne s'y falloit plus fier, et que le cardinal Mazarin estoit l'astre qui le conduisoit.

« Les magistratz ont dit que leurs ordonnances n'estoient plus exécutées; que l'authorité royale estoit violée, et que ceux qui s'y vouloient opposer n'avoient qu'à crier que c'estoient des ordres du cardinal Mazarin pour soulever tout le peuple contre les loix et la justice.

« Les ecclésiastiques ont dit qu'ils ne pouvoient estre entendus sans trouble quand ils disoient que la puissance des roys venoit de Dieu et qu'il s'y falloit soubzmettre, et que l'on leur reprochoit qu'ils vouloient persuader la submission au cardinal Mazarin.

« Les marchands se sont plaincts de la cessation de leur commerce; des violences qu'ils souffroient par mer et par terre; que le nom de François, qui faisoit trembler les nations, estoit à mespris à tout le monde; qu'ils n'avoient plus protection; qu'ils estoient contraincts de quitter le négoce et d'abandonner le soutient de cette grande ville; que les artisans qui travailloient sous eux n'avoient plus d'employ, qu'ils estoient contraincts de vendre leurs meubles et leurs outilz pour soulager leurs nécessitez ; que le mesme peuple estoit réduit à la mandicité, et que tous ces maux estoient causez par le retour du cardinal Mazarin.

« Au milieu de tous ces tristes discours, M. le duc d'Orléans, accompagné de M. le Prince, est venu en cette assemblée. Après que les respectz deus à sa naissance royalle luy ont esté rendus, il a demandé que l'on fit registre de la déclaration qu'il faisoit qu'aussytost que le cardinal Mazarin seroit hors du royaume, qu'il se rendroit auprès de Vostre Majesté, et luy remetteroit ses troupes entre les mains pour les opposer aux ennemies estrangères qui nous menaçoient d'une incursion dangereuse. M. le Prince a faict pareille déclaration.

« Si Vostre Majesté y eust esté présente, ainsy qu'elle l'avoit faict entendre par ses lettres de cachet, nous eussions veu sans doubte à l'instant la fin de nos malheurs. Cette parolle royalle, contenue en sa déclaration registrée en son parlement, eust esté confirmée de sa bouche. La briefveté du temps ne l'a pas permis, et les formes des assemblées publiques, qui en maintiennent l'ordre, n'ont peu souffrir qu'une assemblée commencée fut discontinuée ; ce déplaisir demeurant néantmoings dans l'âme de tous vos subjectz d'avoir esté contrainctz de passer soubs silence les ordres particuliers de Vostre Majesté pour ne pas blesser les publics, avec résolution de faire leurs très-humbles excuses, qu'elle est suppliée de recevoir de bonne part.

« Cette assemblée, Sire, s'est passée de la sorte. Et, après que tous ceux qui la composoient ont protesté de vivre et mourir en l'obéissance de Vostre Majesté, il a esté conclud qu'elle seroit très-humblement suppliée de retourner en sa bonne ville de Paris ; esloigner de sa personne et de son royaume le cardinal Mazarin, sans espérance de retour, et donner la paix à ses subjetz. Et que les députez qui sont aux piedz de Vostre Majesté se viendroient jetter à ses genoux pour en faire leurs instances en toute humilité.

« C'est le subject de nostre voyage, Sire, que la bonté de Vostre Majesté rendra heureux s'il luy plaist. Le Tout-Puissant, avec une parolle, créa tout le monde, et son image en terre, avec une parolle, le conservera.

« Nous n'expliquerons point davantage, Sire, les causes de nos très-humbles supplications : Vostre Majesté les cognoist assez ; elle les a souvent entendues de vive voix et par escript. Nous la supplions seulement de nous permettre de luy dire que jamais la France ne sera heureuse, ny en repos, tant que le cardinal Mazarin y sera.

« Il est impossible que les oracles soient respectez qui sortent d'une bouche méprisée et sans respect; il n'y a point d'authorité. Tout Paris retentit de cette aversion publique. Les grands, les petits, les jeunes et les vieux, les hommes et les femmes, n'en peuvent souffrir le nom, non pas mesme la pensée.

« Il importe peu que Vostre Majesté le congédie; son authorité n'y est point blessée, puisqu'elle demeure maîtresse absolue. M. le duc d'Orléans se rendra auprès d'elle ; M. le Prince s'y soubzmet. Elle espargne le sang de tant de braves François qui l'emploiront courageusement pour la conservation de son royaume et de sa réputation. Elle donne la paix à la France, la joye et le repos à sa bonne ville de Paris. Elle nous met en estat de recevoir les abondances et bénédictions que le ciel nous prépare pour le soulagement de nos misères. Nous conjurons, Sire, Vostre Majesté, par sa bonté, par sa tendresse et par son humanité, qu'il prenne pitié de ses pauvres subjectz. Qu'elle se laisse émouvoir à la compassion par le récit de nos malheurs et calamitez. Et si mes paroles ne sont assez efficaces, que les prières et les larmes de mes concitoiens l'obtiennent ; qu'ils protesteront devant Vostre Majesté, de ne les point desvier, qu'ils n'ayent obtenu d'elle son retour en sa bonne ville de Paris, l'esloignement du cardinal Mazarin, la paix dans son royaume, et le restablissement de l'honneur et l'estime de sa ville capitalle.

« Vostre Majesté nous a commandé de faire restablir les ponts ; nous eussions eu grand joye d'y pouvoir satisfaire ; nous y avons employé tout ce qui estoit en nos mains : les ordonnances que nous avons rendues font cognoistre à Vostre Majesté que nous n'avons pas oublié nostre devoir. Le surplus viendra de son authorité, qui sera toujours secondée de la fidélité de ses subjectz, qui l'assurent que sy les ponts luy ont esté fermez, elle trouvera toujours leurs cœurs ouvertz pour la recevoir.

« Nous avons faict prendre, par son commandement, les armes pour la garde des portes, qui est un commencement de nostre seureté ; mais la présence de Vostre Majesté en sera la consommation : et le Soleil françois se descouvrant à nos yeux, dissipera tous les nuages qui nous offusquent, et calmera tous les orages dont nous sommes menassez tous les jours. »

Ce que Sa Majesté ayant ouy avec grande attention, auroit dict audict sieur prévost des marchands que

M. le garde des sceaux feroit entendre son intention. Et, en mesme temps, la compagnie de la Ville s'estant levée, ledict seigneur garde des sceaux a dict que le roy ne doubtoit point de l'affection qu'ont pour luy les bourgeois et habitants de sa bonne ville de Paris; qu'elle scavoit aussy avec quel courage les prévost des marchands et eschevins avoient résisté aux désordres et violences que les ennemis de l'Estat y faisoient faire par des mercenaires et personnes payées pour opprimer les gens de bien, à dessein d'esmouvoir le peuple à sédition; que les punitions exemplaires qui en ont esté faictes tesmoignent assez que les courages des gens de bien n'estoient pas abatus : ce qui avoit donné un si grand désir à Sa Majesté de retourner en sa bonne ville de Paris, qu'elle n'auroit pas attendu les troupes qu'elle a faict venir de Guyenne et d'ailleurs, pour s'opposer à ses ennemis, si eux-mesmes n'avoient eu assez d'audace pour s'opposer à son passage, ce qui en auroit retardé l'effect jusques à présent, mais non pas osté la volonté, qu'elle en a toujours conservée, et qu'elle auroit sans doubte executé, si, aux approches qu'elle en a faicte, elle n'avoit appris que les ponts par lesquels elle devoit passer auroient esté rompus par ses ennemis, qui en mesme temps s'estoient saisis de tous les passages : ce qui auroit faict résoudre Sa Majesté de venir en ce lieu, attendant que les chemins de cette grande ville lui fussent ouverts, n'ayant pas esté de la dignité royalle de le faire plus tost. Quant aux assemblées qui se sont faictes à l'Hostel de Ville, il eust esté bien à propos de les différer jusques à son retour; mais, outre les formalitez de tout temps gardées parmy vous, qui vous y ont engagez, Sa Majesté veut croire que la violence du temps vous y a obligez d'en user ainsy, pour ne pas perdre entièrement le crédit qui vous reste encores de maintenir à vostre possible l'authorité royalle dans cette grande ville, en laquelle Sa Majesté retournera aussy tost que la force de ses armes luy en aura faict ouvrir les passages. Pour le regard de vostre second point, ce n'est qu'un prétexte. Que la principalle chose à laquelle il falloit penser, estoit la liberté des passages occupez par les ennemis de l'Estat, affin de restablir le commerce, et tirer, par la présence du roy, Paris de la captivité où il semble que cette grande ville se va plonger, si on ne relève le courage des bons concitoyens en faisant quelque effort digne de leurs générositez. Car, de croire que le roy puisse aller prendre logement dans son Louvre pendant que les ennemis de sa couronne feront leur principalle demeure dans Paris, et se mettre en hazard devant ses troupes du costé du Pont-Neuf et celles de ses ennemis de l'autre, il n'y auroit pas grande apparence ; outre que ce seroit mettre la ville au pillage, que Sa Majesté en vient destourner, aultant que faire se pourra, en restablissant l'authorité de ses magistratz. Estant estonnez d'apprendre qu'il se faille servir des passeportz de ses ennemis pour avoir la liberté d'aller et de venir autour de la bonne ville de Paris ; et que, les troupes ennemies ayant la liberté d'y entrer et sortir toutes fois et quantes que bon leur semble, qu'il estoit à propos de l'empescher à l'advenir, et faire en sorte que la garde des portes, qui se faisoit par l'ordre du roy, ne receut autre mandement que ceux des prévost des marchands et eschevins. A quoy Sa Majesté vous ordonne de travailler, et de la tenir toujours advertie de ce qui s'y passera, assurant tous ses bons sujectz de la continuation de son affection et bienveillance.

Ce faict, la reyne tesmoigna à M. le prévost des marchands qu'elle avoit desplaisir de son incommodité et du mauvais traictement que on lui avoit faict et à MM. les eschevins, sortans du pallais d'Orléans[1]. Et à l'instant, quelques-uns des bourgeois de la compagnie se jettèrent d'habondant aux pieds du roy, supplians Sa Majesté, avec larmes, d'avoir pitié de son pauvre peuple et de sa bonne ville de Paris; l'assurant que Sa Majesté avoit les vœux et affections de tous les habitans d'icelle. Et après avoir pris congé de Sa Majesté, la compagnie fut reconduite à la conciergerie, d'où elle monta en carrosse pour retourner à Paris; auquel lieu elle arriva à neuf heures. Mais comme M. le prévost des marchands s'est fort trouvé incommodé de la fatigue de ce voyage, l'on a remis la relation jusques au mardy, 14ᵉ dudict mois, qu'il fust de nouveau assemblé à l'Hostel de Ville MM. les prévost des marchands, eschevins, conseillers de ladicte Ville, députez des cours souveraines, corps, colléges et communautez, quartiniers avec huict bourgeois de chacun quartier, et deux maistres et gardes de chacun des six corps de la marchandise, qui sont les mesmes personnes qui se sont trouvées aux trois assemblées générailles qui se sont tenues à l'effect de ladict députation, les 19 et 22 avril dernier. Ce qui est cause qu'ils n'ont pas esté de nouveau escripts.

Ausquels M. le prévost des marchands fit un ample discours de tout ce qui s'estoit dit et passé pendant

---

[1] Le 30 avril.

cette députation, dont toute l'assemblée eust beaucoup de satisfaction, ainsy qu'elle tesmoigna par le remerciement qui luy en fut faict par M. Philippes, eschevin, qui estoit demeuré à Paris avec M. Denison, son collègue, pour donner ordre aux affaires de ladicte Ville, en l'absence dudict sieur prévost des marchands et de ceux du bureau qui l'ont accompagné.

DU VENDREDY 10ᵉ MAY 1652.

Ledict jour, neuf heures du matin, est venu à l'Hostel de cette Ville un huissier du parlement pour advertir MM. les prévost des marchands et eschevins de se trouver au palais, où devaient aussy arriver MM. les duc d'Orléans et prince de Condé. Mais comme il n'y auroit trouvé que le greffier de la Ville, qui luy auroit dict que ledict sieur prévost des marchands estoit mallade et qu'aucuns de MM. les eschevins n'estoit encores arrivé, fors M. Denison, qui travailloit à faire payer les rentes du clergé, il luy tesmoigna que leur présence estoit fort nécessaire en la grande chambre, et qu'il seroit fort à propos de les envoyer quérir : ce qu'il fit. Lesquelz sieurs eschevins et procureur du roy s'estans tous rendus au bureau de ladicte Ville, et sceu dudict greffier le subject pourquoy il les avoit envoyé quérir, ils se résolurent d'aller seulement deux au parlement avec ledict procureur du roy, et que les deux autres demeureroient audict Hostel de Ville avec le greffier, pour l'expédition des affaires qui surviendroient de moment à autre. Suivant quoy, MM. Guillois et

Le Vieux, et ledict procureur du roy, partirent accompagnez d'une vingtaine d'archers et furent jusques à la porte du parquet de la grande chambre, sans qu'aucuns de tous ceux qui estoient dans la grande salle leur dict un seul mot[1]. Mais, comme l'on fut assez long temps à ouvrir les portes dudict parquet, il s'esmeut quelque bruict qui donna l'audace à quelque séditieux de s'ataquer à un archer de la Ville, lequel se deffendant auroit attiré le peuple, tant sur luy que sur ses compagnons, qui furent en moins de rien désarmez et maltraitez; et, sans que la porte du parquet s'ouvrit fort à propos, il y eust eu apréhention que cette fureur populaire n'eust porté sur lesdicts sieurs eschevins. Et de faict, l'un d'eux, qui entra le premier en la grande chambre, se plaignit à la cour de ce que la Ville, estant mandée, ne se trouvoit pas en seureté dans le Palais et que les officiers d'icelle y estoient assez maltraitez. Pour à quoy remédier la Cour pria M. le duc de Beaufort de prendre la peine d'aller mettre les hola! Mais avant qu'il y fust arrivé, le désordre estoit faict et tous les archers de la Ville en desroutte, et deux d'iceux fort blessez, dont la cour tesmoigna beaucoup de desplaisir, et en fit des excuses à MM. de la Ville. Et ensuite leur dit que c'estoit pour donner ordre à la seureté de la Ville qu'ils estoient mandez. Et tesmoignèrent beaucoup d'estonnement de voir en l'estat qu'estoient les choses; et fut dit haultement qu'il y falloit donner ordre. A quoy MM. de la Ville répliquèrent qu'ayant sceu ce qui se passoit, ils avoient, avant que partir de l'Hostel de Ville, envoyé mande-

---

[1] Pendant ces temps orageux, la grand'salle du palais était en quelque sorte le quartier général des partis.

ment à MM. les colonels pour faire prendre les armes aux bourgeois et faire des corps de gardes en chaque compagnie, avec pouvoir de faire lever les chaisnes, en cas qu'ils le jugeassent nécessaire. Ce que la cour approuva en louant le soing que la Ville prenoit pour la manutention d'icelle; y ayant eu un des MM. les présidens au mortier tellement touché de l'insulte qui leur avoit esté faicte dans le palais, qu'il s'offrit de les ramener dans son carosse jusques à l'Hostel de Ville: dont ils le remercièrent.

Dans ce temps est arrivé deux choses au Palais. La première est la sortie de la plus grande partie des prisonniers de la consiergerie jusques à cent trente-huict, lesquelz, entre dix et unze heures, rompirent les portes de la consiergerie, et sortirent à la vue de la cour et de tout le peuple.

La seconde fut lorsque M. le prince et M. le duc de Beaufort sortirent de la grande chambre disant au peuple que le parlement les amusoit et qu'il ne vouloit rien résoudre, ces mutins se mirent à crier: « l'Union! l'Union! » et à forcer la porte du parquet des huissiers de la cour, qu'ils rompirent avec beaucoup de violence. Et fallut que MM. du parlement en sortissent par d'autres endroitz, après avoir rendu arrest qui portoit ordre aux gens du roy d'aller à Sainct-Germain prier Sa Majesté de donner responce à la cour sur les remonstrances qui luy ont été faictes tant de vive voix que par escript, et supplier d'abondant Sa Majesté de chasser le cardinal Mazarin hors de son royaume.

Et, sur l'après disnée, MM. de la Ville furent priez par le mesme parlement de faire trouver le lendemain quatre compagnies de bourgeois pour garder le Palais. A quoy ils donnèrent ordre sur le champ.

DU SABMEDY 11ᵉ MAY 1652.

Ledict jour, M. le prince de Condé et le duc de Beaufort s'estant rendu en la grande chambre et faict assembler le parlement, ils y dirent qu'ayant apris que le Mazarin se vouloit saisir du pont de Sainct-Cloud et du port de Neuilly, ils se trouvoient obligez de l'empescher à leur pouvoir, et qu'à cet effect, ils estoient nécessitez de faire advancer leur armée pour résister avec celle de Mazarin, qui ruinoit tout autour de Paris; et qu'ils alloient monter à cheval. Ce qu'ayant répété en passant par la grande salle et adjousté ce mot : « Qui m'ayme me suive! » cela s'est estendu si fort dans la ville qu'on croioit qu'il en soit sorty vingt mil âmes[1]. Mais comme il s'en trouvoit beaucoup qui n'avoient point d'armes, le bruit leur vint que M. le prince avoit dict qu'il en falloit quérir à l'Hostel de Ville. Ce qui donna lieu à plus de douze cens hommes de s'assembler devant l'Hostel de ladicte Ville et demander des armes pour le service du roy et des princes. Ce que ne pouvant leur accorder, tant pour n'y avoir aucunes armes à la Ville, qu'à cause de l'intention pour laquelle ils les demandoient, il y en eust de si osez qui vouloient entrer de force. Et comme ils virent les portes fermées, furent chez des charrons voisins quérir des

---

[1] Ce jour-là même le prince de Condé prit Saint-Denis, qui fut repris le lendemain par les troupes du roi.

mailletz et autres ustancilles pour les rompre ; qui fut interrompu par la certitude qu'on leur donna qu'il n'y avoit aucunes armes à l'Hostel de ladicte Ville, mais que dans les Audriettes, qui estoient à deux cens pas de la rue de la Mortellerie, il y avoit un magazin d'armes qui appartenoit à des marchands de Paris, qu'il falloit aller prendre, à quoy ces gens là coururent comme au feu. Néantmoings, s'estant trouvé de la résistance, qui donna temps au capitaine du quartier de mettre soixante ou quatre-vingtz mousquetaires soubz les armes, ayant mandement de la Ville de dissiper cette canaille, et, en cas de résistance, mettre main basse : ce qui les estonna de telle sorte qu'ils se retirèrent sans coup férir. Après quoy le capitaine du quartier vint advertir la Ville de ce qui s'estoit passé, et prier Messieurs de demander à Mme Jacques, l'une des locataires du pont Nostre-Dame, qu'elle vint promptement faire oster lesdictes armes dudict magazin, pour en éviter le pillage, s'offrant de leur faire escorte pour les mettre en seureté au lieu où elle désirait les mettre. Ce qui luy fut mandé à l'heure mesme.

Dans lequel mouvement seroit arrivé à l'Hostel de ladicte Ville M. le mareschal d'Estampes, qui dit à Messieurs que Son Altesse Royalle l'envoyoit vers eux leur dire qu'elle estoit bien faschée de ce qu'on ne pouvoit garder la parolle qu'elle avoit faict donner au parlement par M. le prince, touchant l'esloignement des trouppes de Paris, d'aultant que celles du cardinal Mazarin vouloient se saisir des ponts et de tous les passages, et estoient à Sainct-Cloud, et qu'il falloit se deffendre ; que M. le prince et M. le duc de Beaufort y estoient allez en personne, non à dessein d'attirer la guerre à Paris, ains pour deffendre que les troupes mazarines ne s'en approchent, et de soulager la ville autant que faire se pourra. Et, sur ce, ledict sieur mareschal d'Estampes dit qu'il avoit esté faire le mesme compliment à M. le gouverneur de Paris, avec lequel il estoit party pour se rendre à l'Hostel de ladicte Ville, et adviser avec eux les moyens qu'ils avoient à tenir; mais, ayant sceu par le chemin qu'il y avoit rumeur en la Grève et qu'il n'y faisoit pas bon pour luy, s'en seroit retourné en son hostel, où quelques-uns de ces Messieurs prirent occasion de l'aller trouver avec ledict sieur mareschal d'Estampes. Auquel lieu, après un long concert, ils résolurent d'escrire au roy, et envoyèrent le project de cette lettre à ceux de Messieurs qui estoient restez à la Ville pour la veoir et la faire mettre au net, la faire signer, tant par M. le prévost que par eux, et la renvoyer sur le champ, affin d'estre mise dans la despesche que M. le gouverneur envoyoit en cour. Mais comme cela ne peut estre si tost faict, et que l'assemblée convocquée de MM. les conseillers de Ville se forma dans le temps qu'on la fut porter à M. le prévost des marchands, qui la signa, en la raportant à MM. Philippes, Le Vieux et Denison, eschevins, pour faire la mesme chose, ils trouvèrent bon de la communiquer à la compagnie, qui entendit la lecture et voulut délibérer dessus. Où, par la pluralité des voyes, il fut résolu de députer en cour au lieu de ladicte lettre. Laquelle par ce moyen ne fut point envoyée.

DU DIMANCHE 12ᵉ MAY 1652.

La nouvelle est arrivée, huict heures du mattin, que M. le prince s'estoit, la nuict[1], saisy de la ville de Sainct-Denis, et entré de force ; ce qui auroit causé beaucoup de désordres : et les Suisses qui en avoient la garde pris prisonniers, menez à l'hostel de Condé, à l'exception de trois qui ont esté pris ainsy qu'ils se sauvoient, et conduictz à l'Hostel de Ville, où l'on a faict grande[2]....

L'après-disnée, l'on est venu donner advis que M. le mareschal de Turenne avoit faict advancer six cens chevaux vers Sainct-Denis, et qu'il faisoit suivre bon nombre d'infanterie pour l'attaquer et la reprendre.

L'enseigne colonelle de M. de Champlastreux, avec aucuns des bas officiers de la compagnie, sont venus à l'Hostel de Ville se plaindre du peu d'obéissance qu'ils trouvoient parmy les bourgeois à exécuter les ordres qui leur estoient envoyez de la Ville, et qu'ils ne pouvoient pas se promettre de faire aller demain mattin quatre compagnies à la garde du Palais, comme il leur estoit mandé. Et que cette colonelle[3] estoit tellement suspecte au reste de la colonelle, que, quand elle passoit de lieu à autre, on crioit : « Voilà les Mazarins qui vont en garde ! »

On dict, de plus, qu'aucuns des loccataires du pont Nostre-Dame s'estoient plains à eux de ce que les mesmes ordres[4] que l'on donnoit à Paris estoient celuy

---

[1] Il était arrivé sur les sept heures du soir. L'attaque dura deux heures.
[2] La phrase n'est pas achevée.
[3] *Lisez* : Cette compagnie.
[4] C'est-à-dire le mot d'ordre.

de Sainct-Germain, et qu'on pouvoit par ce moyen estre surpris et mettre toute la ville à l'abandon des coureurs, et qu'il y falloit remédier.

DU SABMEDY 11ᵉ MAY 1652.

En l'assemblée de MM. les prévost des marchands, eschevins et conseillers de la ville de Paris, ledict jour tenue au bureau d'icelle pour adviser ce qu'il y aura à faire sur les occurences du temps, sont comparus :

Eschevins.

M. Philippes. — M. Le Vieux. — M. Denison.

Conseillers.

M. le président Aubry. — M. Martineau, jusques au nombre de dix-huict.

La compagnie estant assemblée, M. Philippes, qui la présidoit[1], l'a entretenue de ce qui s'est passé ce matin en la place de Grève par quelques personnes qui y sont venus tumultueusement demander à la Ville des armes de la part de M. le prince de Condé; que M. le mareschal d'Estampes estoit venu à l'Hostel de Ville sur les unze heures, de la part de Son Altesse Royalle; ce qu'il y a dit, et comme MM. Guillois et Le Vieux, eschevins, et le procureur du roy et de la Ville, sont allez avec ledict sieur mareschal d'Estampes, en l'hostel de M. le gouverneur de Paris, où il a esté projetté

---

[1] Le prévôt des marchands était malade.

une lettre que la Ville escript au roy. De laquelle lecture ayant esté faicte, et l'affaire mise en délibération,

A esté résolu et conclud, au lieu d'envoyer ladicte lettre au roy, aux termes qu'elle est conceue, qu'un de MM. les eschevins avec deux de MM. les conseillers de Ville iroient dès demain par devers le roy, assurer Sa Majesté que la Ville n'a poinct approuvé la sortie le jourd'huy faicte par nombre des habitans d'icelle du costé de la Conférence, pour favoriser les armes de MM. les princes; que Sa Majesté seroit très-humblement suppliée de rendre responce à ladicte Ville sur l'esloignement du cardinal Mazarin; de vouloir faire retirer son armée de dix lieues d'autour de Paris, comme l'on assuroit que les princes vouloient faire de leur part, affin que nous puissions recueillir les biens qu'il plaist à Dieu nous envoyer, et de vouloir avoir commisération de la misère de ses subjectz en leur donnant la paix, et principallement de sa bonne ville de Paris, qui ne peut éviter sa totalle ruine si Sa Majesté n'y retourne au plus tost. Cependant qu'il sera faict une assemblée génerale pour entendre la résolution de la seconde députation, qui n'a esté différée qu'à cause de la malladie de M. le prévost des marchands. Et pour assister et accompagner celuy de MM. les eschevins qui ira en cour à l'effect que dessus, ont esté nommez MM. Ladvocat, maistre des comptes, et Tronchot, bourgeois.

« Monsieur le président Aubry. Plaise vous trouver mardy prochain, deux heures précises de relevée, en l'Hostel de Ville, pour entendre la relation de ce qui s'est passé à Sainct-Germain en suitte de la députation que la Ville a faicte envers le roy, par le résultat de l'assemblée géneralle du 19ᵉ avril dernier. Vous priant n'y vouloir faillir. Faict au bureau de la Ville, le 12ᵉ may 1652. »

De par les prévost des marchands et eschevins de la ville de Paris.

« Sire Jacques Tartarin, quartinier. Trouvez-vous mardy prochain, deux heures précises de relevée, pour entendre la relation de ce qui s'est passé à Sainct-Germain en suitte de la députation que la Ville y a faicte vers le roy, par le résultat de l'assemblée générale du 22ᵉ avril dernier, et y appellez les huict mesmes bourgeois qui y ont assisté de vostre quartier. Si n'y faictes faute. Donné au bureau de la Ville, le 12ᵉ may 1652. »

De par les prévost des marchands et eschevins de la ville de Paris.

« Monsieur l'archevesque de Paris. Nous vous prions de vous trouver, mardy prochain, deux heures précises de relevée, en l'Hostel de cette Ville, pour entendre la relation de ce qui s'est passé en cour en suitte de la députation faicte par la Ville vers le roy. Vous priant n'y vouloir faillir. Faict au bureau de la Ville, le 12ᵉ may 1652. »

Pareil envoyé à MM. du chappitre Nostre-Dame.
A MM. de la Saincte-Chappelle.
Aux relligieux, abbé et couvent de Sainct-Germain.
Aux relligieux, abbé et couvent de Sainct-Victor.
Aux relligieux, prieur et couvent de Sainct-Germain-des-Prez.

Aux relligieux, prieur et couvent des Chartreux.

Aux relligieux, prieur et couvent de Sainct-Magloire.

Aux relligieux, prieur et couvent de Sainct-Lazare.

Aux relligieux, prieur et couvent de Sainct-Martin-des-Champs.

Aux relligieux, prieur et couvent des Célestins.

Aux relligieux, prieur et couvent de Saincte-Croix.

De par les prévost des marchands et eschevins de la ville de Paris.

« Il est ordonné aux maistres et gardes des six corps de la marchandise de députer deux de chacun corps pour se trouver mardy prochain, deux heures précises de relevée, en l'Hostel de Ville, pour entendre la relation de ce qui s'est passé en cour en suitte de la députation que la Ville a faicte vers le roy, par le résultat de l'assemblée générale du 22ᵉ avril dernier. Faict au bureau de la Ville, le 12ᵉ may 1652. »

DU LUNDY 13ᵉ MAY 1652.

En l'assemblée de MM. les prévost des marchands, eschevins, conseillers, colonels et quartiniers de ladicte Ville, pour entendre la lecture d'une lettre du roy et pourveoir aux affaires présentes, sont comparus :

Eschevins, etc. — Conseillers, etc. — Colonels, etc. — Quartiniers, etc.

La compagnie estant assemblée, M. Guillois, premier eschevin, y a faict entendre le subject pour lequel elle estoit convocquée, et en mesme temps a esté faict lecture d'une lettre de cachet du roy, donnée à Sainct-Germain-en-Laye le jour d'hier, pour adviser en suitte ce que la Ville auroit à faire. Sur quoy, ouy le procureur du roy et de la Ville en ses conclusions, et l'affaire mise en délibération,

A esté arresté et conclud que le roy seroit très-humblement remercié de l'honneur qu'il a faict à la Ville de luy confier la garde de Sainct-Denis[1]; et en mesme temps députer vers Son Altesse Royalle luy donner advis de la bienveillance que Sa Majesté conserve pour sa bonne ville de Paris, à ce qu'il plaise à Son Altesse Royalle de vouloir conserver ladicte place, qui est le plus grand passage des vivres qui viennent à Paris, et qu'elle nous donne sa foy et sa parolle que ses trouppes ne feront aucune entreprise sur icelle, tant et si longuement qu'elle demeure en la garde de ladicte Ville; qu'il la régira comme une place neutre. Et, au cas que Son Altesse Royalle donne cette parolle à la Ville, elle suppliera le roy d'avoir agréable que toutes les fortiffications de Sainct-Denis soient abatues et desmolies, y laissant seullement de bonnes murailles pour la garentir des coureurs, sans en faire une place de conséquence, qui a tousjours esté opposée contre Paris. Et s'il arrivoit que Son Altesse Royalle y eust de la répugnance, cette assemblée sera convocquée de nouveau pour procéder à autre délibération.

Et aussy tost la compagnie a députe le procureur du roy et de la Ville pour aller représenter ce que dessus à Son Altesse Royalle, qui a mené avec luy au

---

[1] La lettre de cachet du roi suit immédiatement.

palais d'Orléans le fils du prévost de Gonnesse pour informer de la difficulté qui se trouvera mercredy prochain à faire venir de leur pain à Paris.

Ensuict la teneur de la lettre du roy.

De par le roy.

« Très-chers et bien amez. Nous avons apris ce matin que le prince de Condé, en personne et avec les trouppes qu'il avoit faict lever, avoit forcé les deux compagnies de nostre régiment des gardes suisses qui estoient dans nostre ville de Sainct-Denis, lieu destiné pour leur garnison pendant que nous faisons séjour en celluy-cy ou en nostre bonne ville de Paris, et qu'il y avoit laissé une partie de ses trouppes pour le garder. Mais comme nous avons jugé que ses trouppes pourroient aporter le mesme préjudice au commerce de nostre bonne ville de Paris, qu'ont aporté jusques à présent celles qui occupent les passages de Sainct-Cloud et de Neuilly, et que nous avons cru aussy que, pour les en chasser, une partye des gens de guerre qui servent à la garde de nostre personne suffisoit pour l'exécution de cette entreprise, nous en avons donné l'ordre au mesme instant que nous avons sceu la prise de cette ville, et ceux qui en ont eu la conduicte[1] l'ont exécutté avec tant de dilligence et de bonheur, qu'à midy ils se sont rendus maistres de Sainct-Denis. Et par ce que nous n'avons eu autre intention en reprenant cette ville, et en la remettant soubz nostre authorité, qu'à deslivrer celle de Paris des incommoditez qu'elle eust receu de cette garnison, et de l'intention de son commerce, nous

---

[1] C'étaient le marquis de Saint-Mégrin et Miossens, depuis duc d'Albret.

avons résolu aussy de retirer toutes nos trouppes de nostre ville de Sainct-Denis, et de vous en laisser la garde. Et en mesme temps que nous vous en donnons advis, nous ordonnons à celluy qui commande en cette place de vous en remettre le soing et aux habitans de recevoir les ordres que vous leur donnerez pour cet effect. Nous laissons à vostre disposition de faire faire cette garde, ou par les habitans mesmes de Sainct-Denis, ou par les bourgeois de nostre bonne ville de Paris, et mesme d'en tirer telles compagnies, en tel nombre que vous jugerez nécessaire pour la conservation de cette place. Mais nous voulons et vous mandons que vous le faciez si exactement que ladicte ville de Sainct-Denis ne puisse désormais estre prise par ceux qui jusques à présent n'ont rien oublié pour troubler vostre repos. C'est ce que le soing que nous avons pour vostre soulagement nous faict désirer de vostre affection et de vostre obéissance. Donné à Sainct-Germain-en-Laye, le 12ᵉ jour de may 1652. Signé : *Louis;* et plus bas : *de Guénégaud.* » Et sur la suscription : « A nos très-chers et bien amez les prévost des marchands, eschevins et habitans de nostre bonne ville de Paris. »

Coppie de la lettre escripte par M. du Plessis de Guénégaud, de Sainct-Germain, le 12ᵉ may 1652.

« Messieurs,

« Après les soings qu'a le roy de restablir le commerce aux environs de Paris, et la confiance qu'il tesmoigne en vostre fidellité pour la garde qu'il vous remect du passage que ses ennemis n'occupent que pour vous incommoder, vous ne devez poinct doubter de ses bonnes intentions, ny que le repos de sa bonne ville ne soit à présent la principale de ses occupations. La lettre que Sa Majesté vous escript sur la reprise de Sainct-Denis, vous confirmera cette vérité : et comme je croy que, pour l'insinuer dans les esprits des peuples et pour la rendre commune, il est nécessaire que cette lettre soit imprimée, je vous prie de prendre le soing de la faire imprimer et qu'on en face le débit. On envoye à Sainct-Denis les ordres nécessaires pour faire suivre ceux qu'on y apportera de vostre part. Et pour tout ce qui regardera vostre contentement, il n'y a rien que vous ne deviez attendre de la cour et particullièrement, Messieurs, de vostre très-humble serviteur, *Du Plessis.* »

Et après que ledict sieur procureur du roy eut négocié avec Son Altesse Royalle qu'elle feroit retirer ses trouppes d'auprès de Sainct-Denis, et qu'on laisseroit cette ville-là comme neutre, affin que, pour la commodité du passage d'icelle, la ville de Paris peust estre secourue de vivres, dont elle pourroit manquer si cette guerre tiroit de longueur et que les gens de guerre de l'un et de l'autre party la serrassent de si près, comme ils sembloient qu'ils vouloient faire, MM. de la Ville prirent occasion d'escrire à M. le marquis de Sainct-Mégrin, et luy envoyer un duplicata de la lettre du roy, avec certitude de la parolle que Son Altesse Royalle avoit donnée à la Ville de faire retirer ses trouppes de ce costé-là et rendre la ville de Sainct-Denis neutre, en le priant, de sa part, de vouloir exécutter les ordres de Sa Majesté : et, ce faisant, de leur remettre ladicte place, ainsy que le contient plus au long la lettre dont la teneur ensuict :

« Messieurs,

« Nous avons receu une lettre de cachet du roy, du 12ᵉ du présent mois, que vous envoyons : par laquelle vous verrez l'intention de Sa Majesté, qui est, en remettant la ville de Sainct-Denis soubz son authorité, de dellivrer celle de Paris des incommoditez qu'elle eust receu de la garnison, et de l'interruption de son commerce, Sa Majesté ayant résolu de retirer toutes ses trouppes de sa ville de Sainct-Denis et de nous en laisser la garde et aux habitans de sa bonne ville de Paris, ou bien en laisser la disposition aux habitans de la ville de Sainct-Denis : ce qui nous a obligé de communiquer cette lettre à Son Altesse Royalle et à monseigneur le prince de Condé, par l'advis du conseil de Ville, affin d'oster toutes les difficultez qui pourroient survenir en une affaire de cette conséquence. Lesquelz se sont portez d'un mesme esprit à suivre la volonté de Sa Majesté; ayant Son Altesse Royalle despesché un trompette de la compagnie de ses gardes pour porter à M. Deslandes le billet de monseigneur le Prince, escript et signé de sa main, portant ordre audict sieur Deslandes de sortir de Sainct-Denis incontinant qu'il aura receu le nostre du 13ᵉ du courant. Et, comme nous escrivions la présente, aurions eu advis, par un autre billet de monseigneur le Prince, que le sieur Deslandes ayant esté tué, qu'il donnoit ordre à celuy qui commande à présent. Nous estimons que toutes les difficultés sont levez par ce moyen, en donnant toute seureté à celuy qui commande pour revenir en cette ville avec son monde, armes, chevaux et bagages, et le faisant escorter, et en laissant la garde de la ville de Sainct-Denis aux habitans d'icelle, pour le soullagement de la ville de Paris. Et comme c'est un vœu commung de tous, nous vous prions d'y contribuer de vostre part, et faire en sorte que l'intention du roy soit ponctuellement et promptement suivie, d'autant plus qu'il semblera que ce soit un commencement du repos et de tranquilité que nous espérons dans le royaume et de la paix que tous les gens de bien attendent avec impatience. Comme nous sçavons que vous estes porté du mesme esprit, aussy nous espérons l'exécution de ce que nous espérons, en qualité de, Monsieur, vos très-humbles et très-affectionnez serviteurs, les prévost des marchands et eschevins de la ville de Paris. Du 14e may 1652. »

Pareil escripte à M. de Sainct-Mégrin.

A quoy ledict sieur de Sainct-Mégrin et M. de Miossens firent cette réponse :

« MESSIEURS,

« Nous sommes très-aises de l'ordre que nous avons reçeu de remettre la ville de Sainct-Denis entre vos mains et celles de MM. les eschevins, puisque cela incommode la ville de Paris; mais nous ne le pouvons faire qu'aux conditions que ceux qui sont dans le clocher ne se rendent prisonniers, ainsy que les Suisses ont faict, pour estre eschangez avec eux et menez à Sainct-Germain, suivant les ordres que nous avons receus de Sa Majesté. Ils sont en estat de se rendre comme il nous plaira, n'ayant pas une goutte d'eau, ny de vin. Sans la considération que le roy a de l'esglise, ils seroient desjà sautez. Nous envoyons nostre lettre à la cour, et sommes, Messieurs, vos très-humbles et très-affectionnez serviteurs, *Sainct-Mégrin. Miossens.* »

A cette lettre MM. de la Ville ayant faict responce et tesmoigné à ces Messieurs le désir qu'ils avoient de voir les passages de Sainct-Denis et celuy de Gonnesse libres, suivant l'intention de Sa Majesté, et représenté la nécessité qu'il y avoit de l'exécuter au plus tost, lesdicts sieurs de Sainct-Mégrin et Miossens leur envoyèrent un trompette du roy, le mercredy 14e may 1652, qui arriva à deux heures du soir, chargé de cette lettre.

« Messieurs,

« Nous sçavons bien que ceux qui s'estoient retirez dans le clocher, n'y pouvoient y demeurer plus longtemps : ils se sont rendus prisonniers de guerre, et vous pouvez, quand il vous plaira, envoyer ceux entre les mains de qui vous désirez que nous remettions la ville de Sainct-Denis, suivant les ordres que nous en avons du roy, et nous vous suplions de croire que nous sommes, Messieurs, vos très-humbles et très-affectionnez serviteurs, *Sainct-Mégrin* et *Miossens.* »

Et d'autant que M. le prévost des marchands estoit seul à l'Hostel de Ville, et qu'il eust esté difficile d'assembler le reste du bureau, il envoya cette lettre audict procureur du roy, par l'advis duquel il fit responce ausdicts sieurs Sainct-Mégrin et Miossens, portant qu'en attendant que la Ville envoyast sur les lieux pour recevoir le dépost de la ville de Sainct-Denis, qu'il les prioit de laisser cette place entre les mains des bourgeois et habitans qui la composent, et ce pendant donner ordre à la seureté du pain de Gonnesse. A quoy il a esté répliqué par ces deux lettres en même temps.

« MESSIEURS,

« Lorsque nous avons receu votre dernière lettre, tous les gens de guerre qui s'estoient retirez dans le clocher estoient partis pour aller à Sainct-Germain suivant l'ordre que nous en avons du roy, de sorte que vous pourrez, quand il vous plaira, prendre possession de la ville de Sainct-Denis, et nous sortirons. Messieurs, vos très humbles et très affectionnez serviteurs, *Sainct-Mégrin* et *Miossens*. » *Et à costé* : « Nous avons commandé une escorte pour la sureté du pain de Gonnesse. Le 14ᵉ may 1652. »

« MESSIEURS,

« Nous venons de recevoir ordre du roy de laisser Sainct-Denis entre les mains des bourgeois de la ville, ce que nous allons exécuter tout à l'heure. Et vous verrez par le certificat des habitans de Gonnesse, qu'il n'a pas tenu à nous que le pain ne soit allé ce jour-d'huy à Paris. Nous sommes, Messieurs, vos très humbles et très affectionnez serviteurs, *Sainct-Mégrin* et *Miossens*. »

« Monsieur,

« Sa Majesté nous ayant laissé l'entière disposition et la garde de la ville de Sainct-Denis, d'où elle entend que les trouppes qui y sont entrées de sa part soient tirées, affin de la conserver pour rendre le passage libre et faciliter le commerce, nous ayant mandé de vous donner les ordres nécessaires pour la conservation de ladicte Ville, pour faire cesser les maux qui la menassent, il a esté résolu au conseil de cette Ville d'exécuter les ordres de Sa Majesté, dont vous serez informé par les lettres de cachet que nous envoyons à M. Sainct-Mégrin, qui commande audict lieu de la part de Sa Majesté, avec les ordres de Monseigneur le prince, qui ordonne à ceux qui y sont de sa part de sortir incessamment. Vous priant de tenir la main à tous ceux. A quoy nous estimons que vous n'obmetterez aucune chose de vos soings pour la garde de vostredicte Ville, puisqu'il y va de vostre conservation. Attendant que nous puissions vous y informer plus amplement de nos intentions et envoyer nos ordres sur ce subject, nous demeurons, Monsieur, etc. Ce 14ᵉ may 1652. »

Pareil escripte à M. le bailly de Sainct-Denis[1].

DU MARDY 14ᵉ MAY 1652.

En l'assemblée génerale tenue ce jourd'huy en la grande salle de l'Hostel de Ville de Paris par MM. les

---

[1] Il veut dire que c'est là la copie de la lettre écrite par la Ville au bailli de Saint-Denis.

prévost des marchands, eschevins, conseillers de ladicte Ville, députez des cours souveraines, corps, colléges et communautez, quartiniers avec huict bourgeois de chacun quartier, et deux des maistres et gardes de chacun des six corps de la marchandise, pour entendre la relation de ce qui s'est passé en la députation que la mesme assemblée résolut estre faicte vers le roy le 22ᵉ jour d'avril dernier passé, sont comparus :

Messire Anthoine Le Febvre, conseiller du roy en ses conseils et en sa cour du parlement, prévost des marchands.

Eschevins.

M. Guillois. — M. Philippes. — M. Le Vieux. — M. Denison.

Conseillers.

M. le président Aubry, etc., jusques au nombre de vingt-quatre.

Députez du parlement.

M. Le Meusnier, etc., jusques au nombre de quinze.

Députez de la chambre des comptes.

M. Chalou, doyen, etc., jusques au nombre de huict.

Députez de la cour des aydes.

M. Pussot, etc., jusques au nombre de six.

Députez des communautez ecclésiastiques.

M. l'archevesque de Paris.

Députez du chappitre Nostre-Dame.

M. Le Conte, doyen. — M. Insellin et M. Jolly.

Députez de la Saincte-Chapelle, deux à deux.
Députez de Saincte-Geneviefve, etc.
Députez de Sainct-Victor, etc.
Députez de Sainct-Martin-des-Champs, etc.
Députez des religieux de Sainct-Germain-des-Prez.
Et ainsy des communautez cy-devant nommées.
Noms des quartiniers et de leurs mandez, etc.
Députez des six corps, deux de chacun : Drapperie, etc. — Espicerie, etc. — Mercerie, etc. — Pelleterie, etc. — Bonneterie, etc. — Orfévrerie, etc.

La compagnie estant assemblée, M. le prévost des marchands y a représenté[1]....

« SIRE,

« Nous ne scaurions trop reconnoistre les bontez de Vostre Majesté, de veiller continuellement à nostre conservation et de nos concitoyens ; lesquels, assemblez en l'Hostel de Ville, ont résolu que nous en ferons très humbles remercimens à Vostre Majesté. Et, comme nous avons estimé que la garde que nous pourrions faire dans la ville de Sainct-Denis pour le bien du commerce ne pourroit avoir toute sa seureté si nous ne

---

[1] *Y a représenté.* De ces mots, notre manuscrit passe brusquement à la pièce suivante, qui est une lettre de la Ville au roi, pour le remercier de lui avoir laissé la garde de Saint-Denis. La relation de la députation du 7 mai se trouve plus haut, p. 309.

nous asseurions aussy de la parolle de Son Altesse Royalle qui, estant informée de l'intention de Vostre Majesté, s'est aussy portée à la suivre et à en donner toutes les assurances de sa part, que nous avons aussy tost envoyées au sieur de Sainct-Maigrin qui commande dans cette place par ordre de Vostre Majesté, attendons présentement les nouvelles de l'exécution de cet accommodement, qui est sans doute très agréable à tous et nous met dans l'espérance d'un plus grand. Nous souhaitterions mesme, avec le bon plaisir de Vostre Majesté, que cette Ville n'eust plus de fortiffications, puisqu'elle donne tant d'alarmes à vostre bonne Ville. Nous finirons, Sire, par où nous avons commencé, de tesmoigner à Vostre Majesté les obligations que nous luy avons de respandre ainsy ses graces sur nous; mais nous en attendons encore de plus grandes par la paix que vos peuples, las et fatiguez de la guerre, espèrent de jour en jour, en qualité de, Sire, vos très humbles et très affectionnez serviteurs et subjects, les prévost des marchands et eschevins de la ville de Paris. De l'Hostel de Ville de Paris, ce 14e jour de may 1652. »

DU 16e MAY 1652.

Ledict jour, quatre heures de relevée, M. le mareschal de l'Hospital, gouverneur de Paris, est venu en l'Hostel d'icelle, où estoient MM. du bureau et MM. les présidens Aubry et Berthelemy d'Oinville, ausquels ledict sieur gouverneur a présenté une lettre du roy, en disant qu'il avait eu charge de Sa Majesté de l'apporter luy-mesme. Laquelle ouverte, et lecture faicte, s'est trouvée de cette teneur :

De par le roy.

« Très chers et bien amez. Nous avons faict entendre nos intentions touchant les trouppes qui sont dans nostre bonne ville de Paris et aux postes qu'elles occupent aux environs. On dit qu'elles sont au nombre de huict cens chevaux et mil hommes de pied, et qu'on prétend les conduire à Estampes seulement. Nous accordons volontiers les passeports et les escortes dont elles auront besoing pour aller à Stenay, Clermont ou Dampvilliers; mais pour ce qu'Estampes est comme une ville assiégée, et que ces troupes serviroient à fortiffier l'armée qui est dedans, nous ne pouvons raisonnablement leur donner aucune escorte par cette route. Nous ne scavons pas si l'on acceptera nos passeports à cette condition, mais, quand on les reffuseroit, nous ne laisserons pas, pour vous donner en ce rencontre une nouvelle marque de nostre affection, d'esloigner nostre armée à dix lieues la ronde de nostre bonne ville de Paris, et de vous faire ressentir, de nostre costé, tout le soulagement que nous pourons. C'est l'assurance que cette lettre vous porte de nostre part, et que vous devez recevoir pour un tesmoignage de la bonne volonté que nous avons pour nostre bonne ville. Escript à Sainct-Germain-en-Laye, le 16ᵉ jour de may 1652. Signé : *Louis;* et plus bas : *de Guénégaud.* » Et au doz : « A nos très chers et bien amez les prévost des marchands, eschevins et habitans de nostre bonne ville de Paris. »

Après laquelle lecture, ouy sur ce le procureur du roy en ses conclusions, a esté résolu, en cas que l'affaire desdictes passeports ne s'accorde dans demain, qu'il sera faict assemblée samedy prochain, quatre heures de relevée, où seroient appellez MM. les conseillers, quartiniers, et deux bourgeois mandez de chaque quartier : et que les choses s'accommodant, que l'on se contentera de faire imprimer ladicte lettre, et de la rendre publique.

Il fut aussy apporté, par M. le commissaire Le Laboureur, une lettre que M. le bailly de Sainct-Denis escrivoit à MM. de la Ville, dont lecture fut pareillement faicte en cette sorte :

« Messieurs,

« Ayant communiqué à MM. les eschevins, procureur, sindicq et habitans de cette ville celle qu'il vous a pleu de m'escrire, qui est conforme aux lettres de cachet de Sa Majesté que MM. les lieutenans généraux nous ont mis en main à la sortie de leurs trouppes, le jour d'hier, nostre résolution estoit de nous acheminer en la ville de Paris pour, après vous avoir faict le récit de nos maux, adviser par vos prudences à la conservation de nostre misérable ville, qu'il a pleu à Sa Majesté nous en confier la garde soubz vos ordres, préjugeans de là que nous n'aurons plus aucuns gens de guerre, soit de la part du roy ou de MM. les princes. Mais ayant sceu que par une émotion l'on tua hier, au faubourg Sainct-Denis, deux jeunes hommes habituez depuis peu en nostre ville, qui avoient donné un coup d'espée sur le chemin à un autre, sur le subject (à ce que l'on tient) d'un « qui vive ! » pour raison de quoy, après la levée du corps, informious, nous avons différé nostre voyage, à ce qu'il vous plaise nous envoyer une escorte et assurances pour éviter à telles rencontres. Dont nous vous supplions de tenir la main que les chemins soient libres, tant pour les passans que pour nos boullangers, qui espèrent aller samedy à Paris porter du pain qu'ils préparent des farines et bledz qui leur sont restez en petite quantité ; y ayant plusieurs volleurs et vaccabons qui s'attroupent et destroussent ceux qui traficquent. Il vous plaira nous donner advis s'il y aura seureté ou non. Ce pendant vous serez informez que, pour nostre conservation, nous faisons gardes à nos portes au mieux qu'il nous est possible, lesquelles nous tenons aussy fermées les nuicts, avec les ponts-levis levez. Vous assurant que nous sommes et serons toujours, et moy en mon particulier, Messieurs, vostre très-humble et très-obéissant serviteur, *Bailly de Sainct-Denis*. Le 16e may 1652. »

Cette lettre veue, il fut trouvé bon d'en dire un mot à M. le duc d'Orléans, à ce que l'on peut donner l'assurance des chemins aux habitans de Sainct-Denis et des autres environs de Paris. Ce que MM. Le Vieux et Denison, eschevins, furent faire ; et rapportèrent que Son Altesse Royale feroit dès cette nuict retirer les garnisons de Sainct-Cloud, du port de Neuilly, ponts de Charenton et de Sainct-Maur, en sorte que tous les passages de ladicte ville se trouveront libres. Dont MM. de la Ville ont eu grande joye.

De par le roy.

« Très-chers et bien amez. Quoique les princes n'ayent pas encores esloignés leurs troupes de nostre bonne ville de Paris, et qu'on ne s'est point mis en devoir d'accomplir la proposition qui en avoit esté faicte, nous n'avons pas laissé d'ordonner à nostre cousin le mareschal de Turaine d'en esloigner nostre armée, et de la faire marcher dès demain pour cet effet. Nous ne voulons pas qu'on puisse remarquer aucune différence entre le désir que nous avons de soullager nostre bonne ville de Paris et les assurances que nostre dernière lettre vous en a données. Il importe que, de bonne foy et sans un plus long délay, chacun y contribue de son costé ; mais il nous semble que ce n'est pas procéder sincèrement pour la mesme fin que d'avoir simplement retiré les trouppes de Sainct-Cloud et de Neuilly, pour les loger dans la ville et dans les fauxbourgs de Paris. Outre qu'elles ne pouvoient plus long temps demeurer en seureté dans ces postes, et qu'elles peuvent, où elles sont à présent, commettre les mesmes désordres qu'elles commettoient avant que d'y estre, il arrivera que les nouvelles hostilitez qu'elles exerceront par ce moyen aux environs de Paris, aporteront plus d'incommoditez à nos subjects qu'ils n'en ont encore receus. Si les princes avoient les mesmes sentimens pour les en garantir que nous, ils n'auroient aucun prétexte légitime pour retenir ces trouppes dans Paris, puisque nous avons offert et offrons encores de donner toutes les seuretés nécessaires pour les conduire à Stenay, à Clermont et à Dampvilliers, ou en tel autre des lieux qu'ils occupent ou qu'ils désireront, pourvu qu'ils ne soient ny bloquez, ny assiégez. Il ne s'est jamais pratiqué qu'on ayt envoyé de nouvelles forces dans les postes qui se sont trouvés en cet estat. Et si, après cela, on persévère ne vouloir pas consentir qu'elles aillent en ces lieux, nul ne peut doubter[1] pour ne vouloir pas qu'elles sortent de Paris. C'est de quoy nous avons cru vous devoir informer par cette lettre. Et comme nous n'avons autre but que de dellivrer nostre bonne ville de Paris des incommoditez que la continuation de ces troubles luy apportent, nous nous promettons aussy que, pour seconder ce bon dessein, vous y contribuerez toujours les effects que nous attendons de vostre fidellité. Escript à Sainct-Germain-en-Laye, le 17e may 1652. Signé : *Louis* ; et plus bas : *de Guénégaud.* » Et à la suscription : « A nos très-chers et bien amez les prévost et eschevins de nostre bonne ville de Paris. »

De par les prévost des marchands et eschevins de la ville de Paris.

« Il est ordonné au colonel ou capitaine qui commandera cette nuict à la porte Sainct-Honnoré, de laisser entrer dans la ville la garnison du port de Neuilly, que M. le duc d'Orléans a ordonné estre levée, laissant le passage du pont de Nully libre. Faict au bureau de la Ville, le 16e may 1652. »

---

[1] *Suppléez :* Que ce ne soit.

De par les prévost des marchands et eschevins de la ville de Paris.

« Monsieur Fâvier, colonel. Venans présentement d'apprendre qu'il y a grande rumeur dans la rue Sainct-Martin, dépendant de vostre colonelle, et que la canaille se met en devoir de piller quelques maisons[1], mesme d'y mettre le feu, s'il n'y est promptement pourveu, nous vous prions de faire mettre présentement soubz les armes tel nombre des compagnies de vostre colonelle que vous jugerez à propos, et les envoyer en ladicte rue Sainct-Martin, les plus forts, pour dissiper ces séditieux; faire tendre les chaisnes si vous voyez que besoing soit, et, en cas de trop grande résistance, mettre main basse. Vous prians n'y vouloir faillir. Faict au bureau de la Ville, le 16ᵉ may 1652. »

Pareil envoyé au commandant de la porte de la Conférence pour la garnison de Sainct-Cloud.

Pareil envoyé au commandant de la porte Sainct-Anthoine pour les garnisons du pont de Sainct-Maur et de Charenton.

De par les prévost des marchands et eschevins de la ville de Paris.

« Sur ce qui nous a esté remonstré au bureau de la Ville par les sieurs Menoist, Hanrou et Billonnois, capitaine, lieutenant et enseigne d'une compagnie bourgeoise au quartier de la rue Sainct-Martin, qu'ayant, jeudy dernier, 16ᵉ de ce mois, receu ordre de nous de mettre leur compagnie soubz les armes pour dissipper

---

[1] Notamment celle d'un boulanger. Voy. la pièce suivante.

une trouppe séditieuse de personnes qui faisoient bruit, et menaçoient de piller la maison du nommé Letellier, boulanger, ils auroient, suivant ledict ordre, assemblé leurdicte compagnie et faict advancer icelle vers ladicte maison, proche de laquelle plusieurs séditieux estans demeurez pour mettre le feu à la porte, et ne se voulans retirer, lesdicts officiers auroient esté contrainctz de faire tirer quelques coups de fusils, dont aucuns desdictz séditieux ayans esté blessez, se seroient pourveus par devant le bailly de Sainct-Martin, qui auroit informé, décresté et décerné exécutoire pour provisions alimentaires allencontre des nommez Poireau, Pierre Fouquet le jeune, ledict Le Tellier, et autres bourgeois de ladicte compagnie; quoy que, pour raison de ce, ilz ne soient justiciables dudict bailly; requérans estre sur ce pourvueu. Veu nostre mandement dudict jour, 16e de ce mois, addressant à M. Favier, colonel audict quartier, l'ordre dudict sieur Favier donné audict Menoist, conformément audict mandement, le procès-verbal dudict Menoist et officiers de sa compagnie, contenant les violences commises par lesdicts séditieux, avons faict inhibitions et deffences audict bailly de Sainct-Martin de passer outre ausdictes informations, et à tous huissiers, sergens et archers de mettre à exécution lesdictz décret et exécutoire décernez par ledict bailly allencontre des susnommez, et à tous autres, et d'attenter à leurs personnes et biens, à peine de cinq cens livres d'amende et tous despens, dommages et intérests; pour laquelle amende, en cas de contravention, seront les contrevenans contraincts par corps; et, outre, ordonnons que lesdicts séditieux seront pris au corps et amenez prisonniers ès-prisons de ladicte Ville pour estre leur procès faict et parfaict. Faict au bureau de la Ville, le 20ᵉ may 1652. »

DU VENDREDY 24ᵉ MAY 1652.

En l'assemblée ledict jour tenue en la grande salle de l'Hostel de Ville de Paris par MM. les prévost des marchands, eschevins, conseillers, colonels, capitaines et quartiniers de ladicte ville, pour adviser à la sûreté de la garde des portes et passages des environs de ladicte ville, sont comparus :

M. le mareschal de l'Hospital, gouverneur de Paris.
M. Le Febvre, prévost des marchands.
Eschevins, etc. — Conseillers, etc. — MM. les colonels et leurs capitaines, etc. — Quartiniers, etc.

La compagnie estant assemblée, MM. les gouverneur, prévost des marchands, eschevins, y firent faire lecture d'une ordonnance projectée sur la garde des portes de cette ville, où chacun eust liberté d'adjouster ou diminuer selon ce qu'il y jugeroit nécessaire. Sur quoy, ouy le procureur du roy et de la Ville, et sans que l'affaire fust mise en délibération, toute la compagnie trouva bon qu'elle demeurast conceue en ces termes :

De par M. le gouverneur et MM. les prévost des marchands et eschevins de la ville de Paris.

« Les désordres arrivez depuis quelques jours, et que nous voyons continuer et croistre au préjudice du commerce et de la tranquilité publique, nous ayant obligez d'en informer Son Altesse Royalle et la supplier d'en interposer son authorité, affin d'arrester le cours du mal par le respect qui est deub et que chacun rend à sa personne, et ayant ensuitte sadicte Altesse Royalle mandé quelques-uns du corps de la Ville et aucuns des capitaines d'icelle, pour conférer des moyens les plus convenables et plus capables d'assurer le repos de la ville, et rendre à ses habitans et à ceux de dehors la liberté d'aller et de venir pour leurs affaires avec seureté de leurs personnes et de leur équipage, et nous ayant faict l'honneur de nous donner ses sentimens sur ce subject, après que le rapport en a esté faict en l'assemblée des conseillers, colonels et capitaines de ladicte ville, nous avons ordonné ce qui ensuict :

« C'est asscavoir :

« Que les trois officiers principaux assisteront tousjours au corps de garde, ou du moings l'un d'iceux.

« Que les bourgeois et chefs des maisons, exemps et non exemps, privilégiez et non privilégiez, propriétaires, loccataires et soubz loccataires, sauf ceux qui ont excuse légitime approuvée de leurs capitaines, iront à la garde en personne, à peine de l'amende. Et ceux qui en seront légitimement excusez, envoyeront personnes capables, jugez telles par les capitaines; et seront responsables en leurs noms des désordres qui seront commis par ceux qu'ilz auront envoyez en leurs places. Seront néantmoins les sergens et archers de la Ville, et gardes de M. le gouverneur, exemps d'aller et envoyer à ladicte garde, attendu le service actuel qu'ils rendent près de nous, et qu'ilz montent en garde, jour et nuict, en l'Hostel de Ville.

« Que pour rendre les gardes complettes, il sera faict

appel, tant de nuict qu'à midy, de ceux qui doibvent servir ausdictes gardes. Et ceux qui seront trouvez absens sans congé de leurs officiers, lors de l'appel, seront condamnez à six livres d'amende. Et les armes de ceux qui ne se trouveront à la levée de la garde, seront confisquez.

« Que les officiers qui seront de garde aux portes de la ville et advenues des fauxbourgs, laisseront librement entrer ceux qui se présenteront, soit qu'ils y conduisent des vivres ou marchandises, ou qu'ils y viennent pour leurs affaires particulières, avec leurs suittes, bagages et armes. Et arréteront seullement les soldatz qui y aborderont, soit à pied soit à cheval, et qu'ils verront saisis de meubles, chevaux de labour et autres choses qu'ils soubçonneront avoir esté volées sur le peuple, sans toutesfois disposer de leurs personnes, meubles ni équipages, qui demeureront au corps de garde jusques à ce qu'il ayt esté pourveu sur l'advis qu'ils en donneront.

« Qu'il ne sera apporté aucun empeschement, ny retardement aux bourgeois et habitans de la ville, de quelque condition qu'ils soient, se présentant aux portes et advenues des fauxbourgs, soit en carrosse, à pied ou à cheval, pour sortir. Que ceux qui se présenteront aux portes pour aller en voyages avec équipage de voyageurs, soit de carrosse ou de chevaux de selle, seront obligés de prendre des passeports; lesquels estans présentés à l'un des trois principaux officiers commandans, on les laissera passer sans difficulté. Où ils n'en auront, ils seront seulement renvoyez, sans qu'il leur soit faict aucun trouble en leurs personnes, ny en leurs équipages.

« En cas qu'il arrive quelque désobéissance par les soldats estans en garde, ou que quelques séditieux s'attroupassent pour y venir faire désordre, il est permis aux officiers commandans la garde, de les réprimer, et non à autre. Et, en cas de résistance, d'en faire la punition par toutes voyes.

« Enjoinct à ceux qui passent devant le corps de garde, de s'y comporter modestement.

« Deffences de contrevenir à ce que dessus, directement ou indirectement, à peine de la vie.

« Ce qui sera publié et affiché.

« Faict au bureau de la Ville, le 24ᵉ may 1652. »

Le sabmedy 25ᵉ may 1652, MM. de la Ville, reconnaissans que la paix devoit venir de Dieu [1], furent veoir M. le procureur général pour le prier de trouver bon que la Ville allast, le lundy suivant, au parlement pour prier la cour d'arrester le jour que l'on feroit descendre la châsse de saincte Geneviefve et celle de sainct Marcel. Avant quoy, ledict sieur procureur général voulust estre esclaircy de la forme qui s'y estoit pratiquée ; et à ceste

---

[1] Un curé de Paris fit imprimer un *Advis aux Parisiens sur la descente de la châsse de saincte Geneviève*. Paris, 1652. C'est une exhortation pressante à la paix. — L'usage de promener dans Paris la châsse de sainte Geneviève, à l'occasion des calamités publiques, remonte à une époque reculée. La première dont les historiens fassent mention est de l'année 1206, à l'occasion d'un débordement de la Seine. — Voy. à ce sujet *Hist. de l'Hôtel de Ville de Paris* par M. Le Roux de Lincy, édition in-4°, Iʳᵉ partie, p. 294 ; et *Femmes célèbres de l'ancienne France*, par le même, 1 vol. gr. in-4°, livre Iᵉʳ, chap. 1ᵉʳ, histoire de sainte Geneviève et de son culte.

fin pria lesdicts sieurs de luy envoyer quelques registres de la Ville, où toute cette cérémonie fust bien expliquée. Ce qui fut faict par le greffier de ladicte Ville.

Le lundy 27ᵉ, MM. de la Ville furent au parquet et de là en grande chambre faire cette proposition, et supplier la cour d'en arrester le jour. Où, après en avoir délibéré, résolurent que le dimanche suivant, 3 juin, se feroient les processions ordinaires et accoustumées, et huictaine après, la généralle, avec les châsses de sainct Marcel et de saincte Geneviefve : ce que M. le procureur général se chargea de faire entendre à M. l'archevesque de Paris et à M. l'abbé et relligieux de Saincte-Geneviefve.

Mais comme ces processions se rencontroient dans les octaves de la feste de Dieu, M. l'archevesque de Paris a faict différer la procession généralle jusques au jour de la Sainct-Bernabé, et ordonné que les processions particullières des paroisses à Saincte-Geneviefve se feront depuis le jeudy de l'octave du Sainct-Sacrement, jusques au dimanche suivant inclus; et le mardy suivant inclus, grande et généralle.

Ce que MM. de la Ville ont esté bien aises de faire ainsy sçavoir à MM. du chappitre Nostre-Dame, affin de les disposer à cette saincte cérémonie, où ils eussent trouvé quelque chose à dire sans cette semonce, qui fut faicte par M. le premier eschevin et le procureur du roy et de la Ville, qui ont raporté avoir esté reçeus de ce chappitre en ceste manière : Qu'ayant sceu qu'ils estoient arrivez, l'on a député quatre chanoines pour les recevoir et introduire audict chappitre, où ils furent receus et placez fort honorablement vis-à-vis de M. le doyen, qui, après le compliment que M. Guillois fist audict chappitre au nom de la Ville, fist une réplique fort estendue avec des tesmoignages de grands ressentimens que toute leur compagnie avoit à ladicte Ville. Ce faict, les mesmes quatre chanoines les vinrent reconduire jusques à la porte de l'église Nostre-Dame qui est proche la porte de l'archevesché, où ils prirent congé les ungs des autres..

DU MERCREDY 29ᵉ MAY 1652.

En l'assemblée, ledict jour tenue en la grande salle de l'Hostel de Ville par MM. les presvost des marchands, eschevins, conseillers, quartiniers et quatre bourgeois mandez de chacun quartier pour entendre la lecture d'une lettre de cachet du roy, touchant le restablissement des entrées des portes de ladicte Ville, dont le fonds est destiné au payement des rentes de ladicte Ville, sont comparus :

Messire Anthoine Le Febvre, conseiller du roy en ses conseils d'Estat et privé et en sa cour de parlement, prévost des marchands.

Eschevins, etc. — Conseillers, etc. — Quartiniers et quatre bourgeois de chacun quartier mandez.

La compagnie estant assemblée, l'on a commencé par la lecture de la lettre de cachet du roy qui sera cy-après transcripte. Sur quoy, ouy le procureur du roy et de la Ville en ses conclusions, et l'affaire mise en délibération :

A esté arresté et conclud qu'il sera présenté deux requestes par la Ville; l'une au parlement, à ce qu'il luy plaise ordonner que les droicts du roy seront payez aux portes de cette ville et ailleurs, ainsy qu'il est accoustumé, avec deffences à toutes personnes de l'empescher, à peine de la vie; et qu'à cet effect les commis des fermes des aydes se retireront incessamment dans leurs bureaux ordinaires, avec toute seureté pour en continuer la perception; enjoindre à toutes personnes, officiers et autres d'y tenir la main à ce qu'il n'en mésarrive; l'autre à la cour des aydes, à ce qu'il luy plaise ordonner que tous les droicts d'aydes et autres, appartenans au roy, seront perceus par les fermiers ou leurs commis, à l'ordinaire et ainsy qu'il est accoustumé; leur enjoindre ce que dessus, avec pareilles deffences.

En suitte de l'obtention desquelz arrestz, MM. les colonels et capitaines de ladicte Ville seront convoquez pour leur faire sçavoir l'intention du roy et des cours souveraines, ensemble l'intérest que la Ville et tous les rentiers ont à ce que les droicts du roy, bien et deuement vériffiez, comme sont les entrées, le gros huictiesme, soient perceus aux portes et ailleurs, affin qu'ils apportent tous leurs soins et authoritez pour se rendre maistres de ceux qui s'y voudroient opposer.

Ensuict la teneur de ladicte lettre de cachet et arrest intervenu en conséquence.

De par le roy.

« Très chers et bien amez. Nous avons appris avec regret que l'on ne continue plus le payement des aydes et des entrées de nostre bonne ville de Paris. Vous ne pouvez ignorer la nécessité que nous souffrons en nos affaires par les différentes factions qui se remarquent aujourd'huy dans cet Estat, à la faveur desquelles vous voyez les progrez et les advantages qu'en tirent les ennemis du royaume, pour en causer, s'ils pouvoient, la ruyne et la destruction. Et comme nous agissons continuellement pour nous y opposer, tant pour vostre conservation, que pour obliger nos subjectz à se soubmettre à leur debvoir et réduire nosdicts ennemis à une bonne paix généralle, aussy est-il raisonnable de nous laisser jouir de nos revenus ordinaires pour satisfaire aux despences qu'il nous convient supporter, tant pour le payement des rentes et gages assignez sur lesdicts droitz que pour l'entretenement de nostre maison. C'est pourquoy nous vous ordonnons que, toutes choses cessantes, vous ayez à poursuivre incessamment le restablissement desdicts droitz, et à maintenir les commis des fermiers pour faire ladicte recepte. C'est ce que nous voulons attendre de vostre obéissance, de vostre affection et de vostre fidélité à nostre service; nous assurans que vous ne voudrez pas nous obliger d'en faire la levée ailleurs qu'aux endroictz accoustumez. Donné à Corbeil, le 25ᵉ may 1652. Signé : *Louis;* et plus bas : *de Guénégaud.* » Et sur la suscription est escript : « A nos très-chers et bien amez les prévost des marchands et eschevins de nostre bonne ville de Paris. »

Extraict des registres du parlement.

« Veu par la cour la requeste présentée par les prévost des marchands et eschevins de Paris, contenant que sur la plaincte qu'ils firent à ladicte cour, le 26 avril dernier, des désordres arrivez peu auparavant ès-portes Sainct-Anthoine et Sainct-Honoré, à l'occasion du payement des entrées, par arrest de ladicte cour dudict jour deffences ont esté faictes à toutes personnes de troubler les commis des fermes en la perception des droictz du roy, ny de s'attroupper, à peine de la vie; et néantmoings que lesdicts commis ne pourroient exiger aucuns droictz sur les vins, bestiaux, meubles et provisions de ceux qui se reffugient en ladicte ville, en faisant déclaration des vins qu'ils n'entendent vendre, mais seullement conserver; et que deux conseillers de ladicte cour informeront contre les auteurs, fauteurs et complices des désordres arrivez ès-dicts jours, avec injonction aux officiers du Chastelet de ladicte ville d'y tenir la main. En exécution duquel arrest, lesdicts supplians avoient faict leurs dilligences, qui ont peu servi, au moyen de ce que la plupart de ceux qui ont lors amenez des vins pour vendre, ont passé avec les autres qui en amenoient pour les garder et conserver, les commis n'ayans peu faire les distinctions, ny recevoir aucune chose dans la confusion des personnes qui estoient aux portes pour favoriser l'entrée de ceux qui se reffugioient pour mettre leur bien à couvert. Mais comme la cause qui a faict le mal cesse présentement, et que la pluspart des villages et lieux circonvoisins sortent avec leurs bestiaux et provisions pour reprendre leurs domicilles ordinaires, et qu'il n'y a plus que le vin de vente qui entre, il y a lieu de continuer la perception desdicts droictz à l'ordinaire; joinct que les supplians y sont encores excitez par le roy et lettres de cachet du 25e de ce mois et an, et chargez de poursuivre, incessamment et toutes choses cessantes, le restablissement desdicts droitz, pour n'estre ledict seigneur roy obligé d'en faire la perception ailleurs qu'aux endroicts accoustumez; et que, s'agissant d'un intérest commung, les supplians avoient convocqué l'assemblée génóralle de la Ville, composée de ses officiers et de quatre bourgeois de chacun quartier, qui ont esté d'advis de requérir ledict restablissement et d'en obtenir arrest, suivant l'intention du roy, avec laquelle tous ses subjects sont interressez en ce rencontre; estant certain que, les droicts du roy ne se payant poinct, les rentes, gages et charges, qui ont leur affectation sur lesdicts droicts, cessent en mesme temps et mettent chacun dans la nécessité, et les officiers et rentiers dans l'impuissance d'acquitter leurs debtes et continuer leur despences ordinaires, et les pauvres privez des assignations à eux donnez sur lesdicts droictz; ce qui cause une cessation de commerce et faict souffrir les marchands, artisans et grand nombre de pauvres, qui ne peuvent vivre et subsister que quand les plus puissans jouissent de leurs rentes. A ces causes requéroient estre sur ce pourveu, et qu'il fust ordonné que lesdicts droictz du roy seroient payez aux portes et ailleurs, ainsy qu'il est accoustumé, avec deffences à toutes personnes de l'empescher, à peine de la vie; qu'à cette fin, les commis des fermiers se retireroient incessamment dans les bureaux qui sont aux portes et autres endroictz de cette ville, avec toutes sortes de seureté, pour en continuer la perception à l'ordinaire; enjoinct à toutes personnes, officiers et autres, d'y tenir la main; offrans iceux supplians y contribuer de tout leur pouvoir avec les officiers de ladicte Ville, et que cela soit publié et affiché. Veu aussy la déclaration du roy de l'année 1648, arrest de ladicte cour, lettre de cachet, acte d'assemblée et autres pièces attachées à ladicte requeste, conclusions du procureur général du roy, qui l'auroit aussy requis, tout considéré : ladicte cour, ayant esgard à ladicte requeste et aux conclusions dudict procureur général, a ordonné et ordonne que lesdicts droictz du roy, establis par édicts vériffiez et suivant la déclaration du mois d'octobre 1648, vériffiée en ladicte cour[1], seront payez aux portes de cette ville et ailleurs ainsy qu'il est accoutumé, pour en estre les deniers employez au payement des rentes, gages et aulmosnes, et autres choses assignées sur lesdicts droicts. Faict deffences à toutes personnes, de quelque condition et qualité qu'ils soient, d'empescher ladicte perception des droicts, directement ny indirectement, à peine de la vie. A cette fin, les commis des fermiers seront tenus de se retirer incessamment dans les bureaux estans èsdicts portes et autres endroictz de ladicte ville, avec toute seureté, pour continuer icelle perception à l'ordinaire. Enjoinct à toutes personnes, officiers et autres, d'y tenir la main et y donner confort et ayde. Et sera le présent arrest leu, publié et affiché par tous les carrefours de cette ville, à ce qu'aucuns n'en prétendent cause d'ignorance. Faict en parlement le 30ᵉ may 1652. Signé : *du Tillet.* »

Extraict des registres de la cour des aydes.

« Veu par la cour la requeste à elle présentée par le prévost des marchands et eschevins de la ville de Paris, contenant qu'ils auroient receu une lettre de cachet du roy, du 25ᵉ may dernier, portant injonction aux supplians de procedder, incessamment et toutes

---

[1] La déclaration est du 22 ; elle fut vérifiée le 24.

choses cessantes, au restablissement des droicts de Sa
Majesté, desquelz autrement elle seroit obligée d'en
faire la perception ailleurs qu'aux endroicts accoustumez ; et, d'autant que la cessation et discontinuation
de la levée desdicts droictz, aux portes et entrées de
Paris, est un intérest commung de tous les subjectz du
roy, pour estre payez de leurs rentes, gages et droictz
qu'ils ont à prendre sur le fonds des fermes desdictes
entrées qui leur sont affectées par préférence, sans
quoy ils ne peuvent subsister, ny continuer le commerce ordinaire, requéroient lesdits supplians qu'il
pleust à la cour ordonner que les droictz d'aydes et
autres, appartenans au roy, seroient perceus par les
fermiers ou leurs commis, à l'ordinaire et ainsy qu'il
est accoustumé; leur enjoindre, à cette fin, de se retirer
aux bureaux qu'ils ont aux portes et autres endroictz
de cette ville; deffences à toutes personnes de les troubler en leur fonction, à peine de la vie. Veu aussy
coppie de la lettre de cachet du roy dessus dattée, conclusions du procureur général du roy, et tout considéré,
la cour, ayant esgard à ladicte requeste, a ordonné et
ordonne que les droicts d'aydes et autres, appartenans au roy, seront perceus par les fermiers d'iceux
ou leurs commis, ainsy qu'il est accoustumé; et, à cette
fin, leur enjoinct de se retirer aux bureaux qu'ils ont
establis aux portes et autres lieux de cette ville de Paris, pour estre les deniers provenans desdicts droictz,
incessamment portez à l'Hostel de Ville jusques à la concurrence du fonds destiné pour le payement des rentes,
à la diligence dudict prévost des marchands et eschevins; ausquels ladicte cour enjoinct de tenir la main
à l'exécution du présent arrest. A faict et faict très-ex-

presses inhibitions et deffences à toutes personnes de troubler lesdicts commis en l'exercice et fonction de leurs charges, à peine de la vie. Prononcé le 31ᵉ jour de may 1652. Signé : *Boucher*. Collationné aux originaux par moy, conseiller et secrétaire du roy et de ses finances.[1] »

« M. Miron, colonel. Estant nécessaire pour la seureté publique que la porte de Nesle[2] soit gardée ainsy que les autres portes de cette ville, nous vous prions de mander aux capitaines de vostre colonnelle qui sont et monteront doresenavant la garde à la porte Dauphine, de destacher une escouade de leurs compagnies commandée par un officier, et d'icelle envoyer à ladicte porte de Nesle pour y faire garde consécutivement. Vous priant n'y vouloir faillir. Faict au bureau de la Ville, le 10ᵉ juin 1652[3]. »

[1] Ici notre registre passe à une séance de l'Hôtel de Ville qu'il met, par erreur, au 7 juin, mais qui est du 27. Nous l'avons replacée à son ordre.

[2] Sur la position de la porte de Nesle, voyez, t. Iᵉʳ, p. 74, la note sur les différentes portes de Paris.

[3] La situation de Paris devenait critique. Le 7 juin on y avait appris que Turenne avait quitté les environs d'Étampes pour se porter entre Linas et Châtres. L'armée des princes était alors à Étampes, et celle du duc de Lorraine à Villeneuve Saint-George. Comme ce dernier ne se pressait pas de tenir la promesse qu'il avait faite à Turenne de s'en retourner aux Pays-Bas, celui-ci marcha sur lui, passa la Seine, et le 17 les deux armées se trouvèrent en présence. On négocia sur l'heure, et le duc de Lorraine s'engagea à quitter ses postes dès le lendemain, et la France dans quinze jours.

DU LUNDY 10ᵉ JUIN 1652.

Ledict jour, MM. les prévost des marchans et eschevins de la ville de Paris ont assemblé en l'Hostel d'icelle les capitaines de MM. de Sève, Miron et d'Estampes, pour adviser aux moiens qu'il y aura de faire garder la porte de Nesle. Ce que leur ayant esté proposé, et eux ouys, il a esté ordonné que jeudy prochain seroit faict assemblée de conseillers de Ville et colonelz, pour adviser à un ordre général de colonelles, et veoir sy elles se pourront accomoder les unes avec les autres, tant au régallement des compagnies, que pour la garde desdictes portes; et, cependant, que lesdictes trois colonelles exécuteroient les ordres quy leurs seront envoyez de la part de ladicte Ville. Et en mesme temps M. Miron, qui monte ce soir la garde à la porte Dauphine, a esté prié de destacher une escouade de sa compagnie pour envoyer à celle de Nesle. Ce qu'il a promis de faire.

De par les prévost des marchands et eschevins de la ville de Paris.

« Estant nécessaire d'empescher le commerce illicite qui se faict depuis deux jours en çà avec les troupes qui sont aux environs de cette ville, et qui les porte à une licence effrénée d'aller butiner partout et mesmes de dégrader toutes les maisons pour en prendre les plombs et la ménuiserye et serrurerie; ouy sur ce le procureur du roy de la Ville, il est faict deffences aux habitants et domiciliez de la ville et fauxbourgs de Paris, et autres personnes, de quelque qualité et condition qu'ils soient, d'achepter aucuns bestiaux, habicts, linges, meubles, ornemens d'église, ustancilles de maisons, plombs, ferrures, menuiserye et ny autre chose quelconques, directement ou indirectement, desdictes troupes, ny d'autres personnes qui les auroient eu d'elles, à peine de confiscation de tout ce qu'ils pourroient avoir achepté et d'amende arbitraire, pour la première fois, et pour la seconde, de punition corporelle. Enjoignons à tous bourgeois, marchans frippiers, et autres habitans de cette ville et fauxbourgs, de faire déclaration au greffe de ladicte Ville, dans trois jours, de tout ce qu'ilz ont achepté provenant desdictes troupes, ou qui pouvoit avoir esté vollé; du nom de ceux de qui ils ont faict lesdicts achapts, s'ilz le savent, dont ils se purgeront par serment; et du prix qu'ils en ont payé, pour, sur leur déclaration, estre ordoné ce que de raison. Et à faute de faire ladicte déclaration dans ledict temps, et icelluy passé, il est ordonné que tout ce qui se trouvera en leur possession de la qualité susdicte sera confisqué, et outre seront condemnez en amende arbitraire selon l'exigence du cas, le tout applicable aux pauvres. Mandons à cette fin aux colonelz, capitaines et autres officiers qui commandent la garde des portes de ladicte ville et fauxbourgs, de se saisir de tous les contrevenans, tant par eau que par terre, iceux envoyer, avec ce dont ilz se trouveront saisis, à l'Hostel de ladicte Ville, pour y estre par nous pourveu. Ce qui sera publié et affiché partout où il appartiendra, à ce qu'aucuns n'en prétendent cause d'ignorance. Faict au bureau de la Ville, le 10° jour de juin 1652. »

Cérémonies observées en la descente de la châsse de saincte Geneviefve, patronne de Paris, et de la procession génerale faicte le mardy 11ᵉ juin 1652, jour de sainct Barnabé, pour demander à Dieu, par l'intercession de cette saincte, la paix universelle entre les princes chrétiens, la cessation des troubles du royaume, le repos et tranquilité de cette grande ville[1].

MM. les prévost des marchans et eschevins ayant esté conviez par les bourgeois de procurer la descente de la châsse de saincte Geneviefve, pour, par son intercession, obtenir du Ciel la paix tant désirée de touttes les nations, furent, le samedy 25ᵉ may 1652, trouver M. le procureur général, luy en faire la proposition et sçavoir sur ce son intention, et le prier de trouver bon que la Ville allast lundy au Pallais, pour en supplier la cour. Avant quoy, ledict sieur procureur général désira estre esclaircy de la forme qui s'y estoit pratiquée, et à cette fin pria lesdicts sieurs de luy envoyer quelques-uns des registres de la Ville, où toute cette cérémonie fut

---

[1] Il y a une relation de cette cérémonie dans la *Gazette de France* (année 1652, p. 565).

Madame de Motteville, en parlant de cette procession, donne sur la conduite singulière qu'y tint le prince de Condé, des détails piquants : « Quand les châsses vinrent à passer, dit-elle, M. le prince courut à toutes avec une humble et apparente dévotion, faisant baiser son chapelet, et faisant toutes les grimaces que les bonnes femmes ont accoutumé de faire ; mais quand celle de sainte Geneviève vint à passer, alors, comme un forcené, après s'être mis à genoux dans la rue, il courut se jeter entre les prêtres, et baisant cent fois cette sainte châsse, il y fit baiser encore son chapelet, et se retira avec l'applaudissement du peuple. Ils crioient tous après lui, disant : Ah ! le bon prince ! qu'il est dévot ! » (*Mém. de madame de Motteville*, t. IV, p. 333. — Édition de la collection Petitot.)

bien expliquée, ce qui fut faict le jour mesme par le greffier de ladicte Ville.

Le lundy 27ᵉ dudict mois, MM. de la Ville furent, entre sept et huict heures du matin, au parquet des gens du roy, et de la grande chambre, faire cette proposition, et supplier la cour d'arrester le jour de cette procession généralle ; où, après en avoir délibéré, résolurent que le dimanche suivant se feroient les processions qui ont accoutumé de précéder la descente de la châsse de saincte Geneviefve, et huictaine après, la procession généralle, où seroient portées les châsses de sainct Marcel et de saincte Geneviefve. Ce que M. le procureur général fut chargé de faire entendre à M. l'archevesque de Paris et aux abbé et relligieux de Saincte-Geneviefve.

Mais comme ces processions particullières se rencontroient au dimanche de l'octave de la feste du Sainct-Sacrement, M. l'archevesque de Paris les a faict différer et remettre, depuis le vendredy 7ᵉ du mois, jusques au lundy 10ᵉ inclus, et convoqué la procession généralle au mardy 11ᵉ, feste de sainct Barnabé ; à quoi le parlement acquiessa volontiers ; et ainsy la chose tenue pour constante, chaque communauté se mit en peine, tant de ce qu'elles avoient à faire en cette sollennité, que de ce que l'on devoit rendre[1]. En sorte que les registres de la Ville furent fort examinez, et principallement de la part de MM. du chappitre Nostre-Dame, prétendant qu'on les devoit tenir advertis et conviez par MM. de la Ville, de se trouver en cette cérémonie, dont on ne trouva aucune exemple. Ce qu'ils souste-

---

[1] *Que de ce que l'on devoit rendre*, sous-entendez *de devoirs*.

noient avoir esté obmis d'escrire, et que les résultats
de leurs chappitres en faisoient mention. Ce qui fut
contesté assez longtemps. Mais sur ce que les députez
du chappitre, qui vinrent jusques à trois fois au bureau de la Ville, et tesmoignèrent que ledict chappitre n'iroit point à cette procession sans cette semonce
de la part de la Ville, MM. les prévost des marchands
et eschevins advisèrent entre eux qu'il ne falloit pas
différer une action sy saincte et sy solemnelle, dont
tout Paris attendoit sa salvation, pour des grimaces,
que des procureurs pouvoient bien faire dans un temps
sy oportun, sans faire aucun préjudice à l'advenir. Et
ainsy promirent aux députez dudit chappitre de les
envoyer veoir par quelques-uns de la compagnie.

Il y eut encores pareille députation des abbé et relligieux de Saincte-Geneviefve, lesquelz estant dans la
réforme depuis quelques années, ledict abbé estant
régulier, et électif de trois ans en trois ans, au lieu d'un
commandataire soubz lesquels les anciens relligieux
avoient vescu assez longtemps, furent bien aises d'estre
instruictz par les registres de la Ville de la manière
que chacun avoit à se contenir dans un œuvre sy pieux,
et ce qu'eux-mesmes estoient obligez de faire. Ils virent
comme la Ville leur envoyoit quatre cierges de cire
blanche pour mettre sur l'autel le jour que les processions particulières alloient à leur église avant la descente de la châsse. Sur quoy ils firent remonstrance et
dirent que l'autel n'estoit pas assez remply de quatre
cierges, et qu'ils en falloit six au moings : et qu'au lieu
d'un seul jour qu'on a cy-devant donné aux processions particulières pour aller dans leur église avant la
descente de la châsse, l'on leur en assignoit quatre,

qui estoient vendredy, samedy, dimanche et lundy prochain, il falloit pareillement que la Ville leur fournist quatre fois autant de cierges qu'à l'ordinaire, sans compter ce qu'elle leur envoyoit pour le jour de la procession. Et de faict, l'on leur accorda dix-huit cierges pour mettre sur leur autel lors des processions, vingt-huict autres cierges d'une livre pièce pour le jour de la procession, avec six torches de deux livres pièce, le tout de cire blanche aux armoiries de la Ville, ainsy qu'il est porté par le dernier registre qui faict mention de ladicte procession; par le quel ilz virent aussy l'obligation qu'ilz avoient de présenter à desjeuner au parlement, chambre des comptes, cour des aydes, et MM. de la Ville et tous ceux qui les assistoient. A quoy ilz faisoient quelques résistances et eussent (comme ilz tesmoignèrent) bien désiré que la nouvelle réforme les en eust dispensez. Néantmoings ils promirent de s'en acquitter au mieux qu'il leur estoit possible.

Le mardy 28ᵉ dudict mois, MM. de la Ville ont par honneur commis deux de MM. les eschevins pour eux transporter par devant M. l'archevesque de Paris, luy faire entendre la résolution de la cour et le prier de faire lesdictes processions. Ce qu'il promit de faire.

En suite de quoy l'on résolut le mandement à l'espicier de la Ville qui ensuict.

De par les prévost des marchands et eschevins de la ville de Paris.

« Sire Joachim Dupont, marchand épicier de la Ville. Envoyez à l'église Nostre-Dame de Paris quatre torches de deux livres pièce, vendredy prochain, pour la procession ordinaire qu'ils ont accoustumé de faire à l'église Saincte-Geneviefve avant la descente de la châsse ; comme aussy envoyez à ladicte église Saincte-Geneviefve dix-huict cierges d'une livre pièce, pour servir de luminaire sur l'autel pendant les quatre jours que l'on a ordonnez pour faire touttes autres processions particullières ; vous donnerez en outre pour le jour de la descente de la châsse, que l'on fera procession géneralle de l'église Nostre-Dame à Saincte-Geneviefve, six torches de deux livres pièce et vingt cierges d'une livre chacune, pour ladicte église Nostre-Dame, et à celle de Sainct-Geneviefve autres six torches de pareil poids et vingt-huict cierges d'une livre pièce ; le tout de cire blanche, aux armoiries de la Ville. Sy n'y faictes faute. Faict au bureau de la Ville le 5ᵉ juin 1652. »

Ledict jour, MM. de la Ville envoyèrent M. le premier eschevin, et procureur du roy et de la Ville, à MM. du chappitre Nostre-Dame, ainsy qu'ils avoient désiré avant que de se préparer à cette cérémonie, pour les y convier. Lesquels ont rapporté y avoir esté receus en cette façon : qu'ayant donné advis à ce chappitre qu'ilz estoient arrivez, on députa quatre chanoines qui vinrent au devant d'eux les recevoir et introduire dans le chappitre, où ils furent accueillis et placez fort honnorablement dans une chaire vis-à-vis de M. le doyen. Lequel, après le compliment que M. Guillois fit audict chappitre au nom de la Ville, leur fist une réplique fort estendue, avec les tesmoignages des ressentimens que toutte leur compagnie avoit de cette action envers ladicte Ville. Ce faict, les mesmes quatre chanoines les revinrent rejoindre et reconduire jusques à ce qu'ils fussent entrez dans l'église Nostre-Dame où ils alloient par dévotion.

Le samedy, 8ᵉ dudict mois, après que MM. de la Ville eurent advisé quel nombre de bourgeois ilz manderoient pour les accompagner en cette procession, furent résolus les mandemens qui ensuivent :

« Monsieur le président Aubry. Plaise vous trouver, mardy prochain, 11ᵉ jour des présent mois et an, six heures du matin, à cheval et en housse, à l'Hostel de cette ville pour nous accompagner à la procession généralle qui se fera ledict jour, où seront portées les châsses de sainct Marcel et de saincte Geneviefve, pour prier Dieu de donner la paix généralle à ce royaume et le repos à cette ville. Vous priant n'y vouloir faillir. Faict au bureau de la Ville, le 8ᵉ juin 1652.

« Les prévost des marchands et eschevins de la Ville de Paris, tous vostres. »

Pareil envoyé à tous MM. les conseillers de Ville.

De par les prévost des marchands et eschevins de la ville de Paris.

« Sire Jacques Tartarin, quartinier. Trouvez-vous mardy prochain, avec deux nottables bourgeois de vostre quartier, à cheval et en housse, en l'Hostel de cette ville, six heures du matin, pour nous accompagner à la procession générale qui se fera ledict jour, où seront portées les châsses de sainct Marcel et de saincte Geneviefve, pour prier Dieu de donner la paix genérale, le repos et tranquilité de ce royaume. Sy n'y faictes faute. Faict au bureau de la Ville, le 8ᵉ juin 1652. »

Pareil envoyé aux autres quartiniers.

De par les prévost des marchands et eschevins de la ville de Paris.

« Capitaine Drouart, colonel des archers de la Ville. Trouvez-vous avecq tous ceux de voz nombres, mardy prochain, 11ᵉ de ce mois, cinq heures du matin, ayans leurs hocquetons et halbardes, à l'Hostel de cette ville, pour nous assister à la procession généralle qui se fera ledict jour, où seront portées les châsses de sainct Marcel et de saincte Geneviefve, pour prier Dieu de nous donner la paix. Sy n'y faictes faute. Faict au bureau de la Ville, le 8ᵉ juin 1652. »

L'on adjousta aux trois quartiniers de la Cité et Université l'ordre de faire tendre les chaisnes de la ville aux advenues des rues par lesquelles ladicte procession devoit passer; comme aussy les bourgeois et habitans de ne point embarasser les rues d'eschafaux, et au lieu de ce, faire mettre de la tappisserye devant leurs maisons.

Ledict jour et feste de Sainct-Barnabé, la compagnie estant assemblée à l'Hostel de Ville, après que MM. de la Ville eurent donné ordre d'envoyer leurs archers à MM. des compagnies souveraines qui alloient tous directement du Pallais à Saincte-Geneviefve, partirent pour aller à Nostre-Dame en l'ordre qui ensuict, six heures et demie du matin.

Premièrement marchoient les trois compagnies d'archers de la Ville, à pied, ayans leurs casaques et halbardes.

Après, les dix sergens de la Ville, aussy à pied, vestus

de leurs robbes de livrées et leur navire d'argent sur l'espaulle.

Après, M. le greffier de la Ville, seul, à cheval et en housse, vestu de robbe mie partie de drap d'escarlate et noir, et son chappeau.

Après, MM. le prévost des marchans et eschevins, procureur du roy, et receveur de ladicte ville, vestus de leurs robbes de livrées.

Après quoy suivoient aucuns de MM. les conseillers de Ville, quartiniers et bourgeois mandez, tous à cheval et en housse. En tel ordre sont arrivés à l'église Nostre-Dame assez à temps pour y voir les relligieux de Sainct-Martin-des-Champs avec la châsse sainct Paxence[1], les prêtres de l'Oratoire du fauxbourg Sainct-Jacques avec celle de sainct Magloire, les chanoines de Sainct-Honoré avec celle de ce sainct, les pères Barnabites de Sainct-Eloy avec celle de saincte Aure, les chanoines de Sainct-Germain-de-l'Auxerois avec la châsse de sainct Landric, ceux de Sainct-Marcel avec celle de sainct Clément, ceux de Saincte-Oportune avec celle de cette saincte, et les quatre filles Nostre-Dame[2], chacune avec sa châsse, toutes parées de guirlandes de fleurs; lesquelles nous avoient faict demeurer une heure et demye dans Nostre-Dame avec leurs contestations, quoy que M. de Sainctot, maistre des cérémonies, fist tout son possible pour les accorder. Enfin ne pouvant attendre d'advantage, le temps nous pressant, les compagnies relligieuses et ecclésiastiques par-

---

[1] *Sanctus Paxentius*, saint Paxent.

[2] *Les quatre filles de Nostre-Dame.* On appelait ainsi les chapitres de Saint-Merri, du Saint-Sépulcre, de Saint-Benoit et de Saint-Étienne-des-Grès.

tirent pour aller à Saincte-Geneviefve, puis tous les chanoines de Nostre-Dame, avec les châsses de sainct Marcel à la droicte et de sainct Lucain à la gauche, la première portée par les orphevres, et l'autre par deux ecclésiastiques, celle de la Vierge estant demeurée dans le chœur sur une table couverte d'une nappe blanche, au dessus de l'aigle, avec deux chandelliers et cierges allumez.

M. l'archevesque, revestu de ses habitz pontificaux, sortant du chœur de ladicte église, fut suivy de MM. les prévost des marchans et eschevins et de toutte leur trouppe qui occupoient touttes les premières chaires à main droicte en entrant dans le chœur de ladicte église (d'où il sera remarqué que M. le doyen de Nostre-Dame se leva pour leur faire place), et allèrent ainsy jusques à la porte de ladicte église, où ledict archevesque se fist mettre dans une chaire à cause de son indisposition, et porter jusques à la porte de l'église Saincte-Geneviefve : ce qui ne se peut faire sans une grande peine, y ayant une telle confusion de peuple, qu'à peine pouvoit-on aller tout de front jusques au tournant de la place Maubert, où l'on se trouva plus au large avec beaucoup moins de peine. Néantmoings il n'estoit pas loing de dix heures quand ilz arrivèrent à Saincte-Geneviefve, où MM. du bureau de ladicte Ville, ayans leurs bonnetz carrez et tocques de velours sur leurs testes,..[1]

MM. de la Ville estans entrez dans l'église pensoient tourner à main gauche autour du chœur pour aller baiser la châsse de saincte Geneviefve, ainsy qu'il s'est tousjours pratiqué, mais ilz furent estonnez que les

---

[1] La phrase n'est pas terminée.

porteurs d'icelle la tenoient sur leurs espaulles et avoient avancé jusques à costé du grand autel; dont M. le prévost des marchans se plaignit hautement. A quoy lesdicts porteurs, qui avoient faict cela de leur mouvement, suppléèrent en baissant ladicte châsse d'un costé, en sorte que plusieurs la baisèrent.

Ce faict, MM. de la Ville, la plus grande partie desquels n'avoient pas desjeuné, crurent n'avoir pas le temps de le faire, voyant advancer ladicte châsse, et MM. du parlement à la porte qui entre du cloistre dans l'église, qui attendoient pour partir : ce qui les fist un peu considérer pour veoir ce qu'ils avoient à faire. Mais comme le murmure de ceux qui se sentoient foibles emporta la constance des autres, ilz entrèrent dans le cloistre tous ensemble, pensant qu'il n'y eut qu'à se mettre à table et boire chacun un coup ou deux pour s'en revenir promptement à l'église. Ils furent estonnez de ne trouver à qui parler dans ledict cloistre; de façon qu'ils allèrent jusques à la cuisine s'informer où estoit le lieu destiné pour reposer la Ville : à quoy nul ne sceut que respondre. Ce que voyant, ceux qui trouvèrent du pain et de l'eau s'en repurent, et les autres en demeurèrent sur leur apétit. Vray est que, quelque quart-d'heure après que la compagnie fut entrée dans un grand réfectoire, il vint un officier du couvent ayant deux pains soubz son bras et deux bouteilles de vin en ses mains, dont il régalla M. le prévost des marchans et ceux qui se trouvèrent près de luy; ce qui ne paru gueres à tant de peuple. Ce qui fascha d'autant plus MM. du bureau de la Ville, qu'eux-mesmes avoient pris la peine, le soir précédent, d'aller à Saincte-Geneviefve prier l'abbé et les relligieux vouloir destiner un lieu particulier en leur couvent pour recevoir la compagnie de la Ville et la régaller d'un sobre desjeuner. Et, comme l'on dict audict sieur prévost que MM. du parlement commençoient d'entrer en l'église pour la procession, il vint avec toutte la compagnie soubz les galleries du préau dudict cloistre, où il y avoit encorre nombre de MM. du parlement et en suitte MM. de la cour des aydes, ce qui le fist prendre la main gauche, où l'on vist MM. des comptes dans un lieu un peu plus relevé duquel ilz pouvoient sortir sans entrer dans l'église, à desseing de joindre MM. du parlement en sortant de ladicte église et aller coste à coste sans passer les uns dans les autres, ainsy qu'il avoit esté convenu.

Mais la difficulté se trouva à la desmarche des chanoines de Nostre-Dame et des relligieux de Saincte-Geneviefve, à cause qu'il y avoit beaucoup plus de prestres que de moines, ceux-cy ne voulurent poinct sortir qu'en se trouvant derrière en nombre égal, ce qu'ayant ainsy esté reglé par MM. du parlement, il y eut encorre contestation entre M. l'archevesque et M. l'abbé[1], le premier voulant que celuy-cy allast devant à cause de son incommodité et de l'embarras de sa chaire, ce que le régulier[2] ne voulut poinct faire : de façon que pour advancer, il fallut que la cour prononçast qu'ilz y iroient à costé l'un de l'autre, et que le moine auroit la droicte ainsy que la tenoient les relligieux, pour aller de leur église à Nostre-Dame; où ils marchèrent enfin.

Il survint encore un autre différend entre Son Altesse Royalle et le parlement mesme, voulant marcher im-

---

[1] De Sainte-Geneviève.
[2] C'est-à-dire l'abbé de Sainte-Geneviève.

médiatement après lesdictz archevesque et abbé, ce que ledict parlement n'a voulu permettre ny souffrir, disans qu'ilz représentoient le roy; ce qui fut cause que Sadicte Altesse ne parut poinct à la procession et laissa aller ledict parlement, lequel, sortant de l'église, fut joinct par la chambre des comptes et MM. de la cour des aides, par le corps de la Ville, et furent ainsy à costé les uns des autres jusques dans l'église Nostre-Dame, où entrèrent aussy MM. les princes de Condé et duc de Beaufort, qui avoint joinct cette procession au-dessus du Petit-Chastelet, marchant immédiatement après la châsse de saincte Geneviefve : lesquels sortirent de l'église en mesme temps que les compagnies souveraines y arrivèrent. En laquelle chacun prit place en cette façon, scavoir : l'abbé de Saincte-Geneviefve en la premiere chaire à main droicte entrant dans le chœur, les suivantes, jusques à la moitié tirant vers le maistre-autel, occupées par MM. du parlement ; et delà en avant, estoient, en confusion, les relligieux de Saincte-Geneviefve, sans ceux qui estoient aux basses chaires du mesme costé, à la réserve touttefois de quatre chaires hautes les plus proches de la chaire épiscopalle (en laquelle estoit M. l'archevesque avec ses habits pontificaux), où estoient assis MM. les lieutenans civil et criminel et les deux advocats du roy du Chastellet, ayans plusieurs desdicts relligieux debout devant eux. De l'autre costé, à main gauche, estoit M. le doyen de Nostre-Dame à la première chaire, et ensuite MM. de la chambre des comptes, MM. de la cour des aydes, MM. les prévost des marchans et eschevins, et sur les dernières, MM. du chapitre Nostre-Dame.

Touttes les scéances ainsy prises, la grande messe

fut célébrée par M. le grand pénitencier, estant assisté de deux religieux de Saincte-Geneviefve pour diacre et soubz-diacre, et chantée alternativement par lesdictz religieux et chanoines de Nostre-Dame qui estoient dans le lutrain. La messe dicte et la bénédiction de M. l'archevesque donnée, pendant laquelle l'abbé [1] demeura dans son siège, sa mitre sur sa teste, lesdicts religieux récitèrent les prières accoustumées, et l'abbé, l'oraison. Les porteurs prirent les châsses de sainct Marcel et de saincte Geneviefve sur leurs espaulles, sortirent du chœur, et ensuitte les prestres et religieux, puis M. l'archevesque et l'abbé de Saincte-Geneviefve, suivis de MM. de la Ville et de toutte leur troupe seulement; et, en cet ordre, la procession s'en retourna au mesme rang, sinon que ceux qui avoient eu la main droicte en sortant de Saincte-Geneviefve pour venir à Nostre-Dame, prirent la gauche sortant de ladicte église pour retourner à Saincte-Geneviefve. Et furent ainsy jusques à la moitié de la rue Neufve-Nostre-Dame, et les châsses de sainct Marcel et de saincte Geneviefve et tous les ecclésiastiques s'advancèrent jusques au devant de la porte de l'Hostel-Dieu qui rend sur le petit pont, auquel lieu les orphèvres ayans pris la châsse sainct Marcel, et lesdictz marchands [2], estant nudz-piedz,

---

[1] De Sainte-Geneviève.

[2] *Lesdictz marchans*; ce sont les dix-sept porteurs officiels de la châsse de sainte Geneviève que la relation désigne ici. Depuis le règne de Charles VI, ces porteurs formaient une confrérie dont chaque membre était choisi parmi les marchands les plus riches de la capitale. On peut consulter, au sujet de cette confrérie, les deux opuscules suivants : *Antiquités et remarques de la châsse de Madame saincte Geneviève : ensemble de l'institution des confrères porteurs et attendans*, etc. Paris, 1625, in-18.
— *Statuts et réglements de la compagnie de Messieurs les porteurs de la*

celle de saincte Geneviefve. Lesquels ayans pris congé les uns des autres, lesdictz abbé et relligieux, suivis des officiers du Chastellet, ont conduict la chàsse de saincte Geneviefve en son église, et les dictz orphèvres celle de sainct Marcel à Nostre-Dame, aussy suivis de M. l'archevesque de Paris, doyen, chanoines et chantres de ladicte église, et lesdictz sieurs de la Ville. Lesquels, à ce retour, se sont assis dans les hautes chaires du chœur, à main droicte en entrant, où M. le doyen leur avoit ceddé la place pour une seconde fois, pour entendre chanter une antienne. Laquelle dicte, MM. de la Ville, avec leur trouppe, se sont levez et retournez en l'Hostel d'icelle, en pareil rang et ordre qu'ils en estoient partis.

Et est à notter qu'aussy-tost que la messe fut dicte, les châsses enlevées, le clergé et MM. de la Ville sortis, MM. des cours souveraines se retirèrent chacun en leurs maisons.

« Veu la requestre à nous faicte et présentée par les grand maistre, prieur, procureur, receveur et bourciers du collège du Cardinal-le-Moine[1], fondé en l'Uni-

chàsse de sainte Geneviève. Paris, 1731, in-4°. Voyez aussi, l'*Histoire de saincte Geneviève, patrone de Paris, avec un brief recueil des choses antiques de la maison,* par Pierre Le Juge. Paris, 1586, in-8°, fol. 72.

[1] T. Ier, p. 75, nous avons indiqué la position de ce collège, dont les bâtiments, occupés longtemps par l'institution des jeunes aveugles, servent maintenant de quartier à la garde municipale : l'entrée était rue Saint-Victor. Quant aux jardins, ils s'étendaient jusqu'aux remparts dans le vaste emplacement connu depuis sous le nom de chantier du Cardinal Lemoine. Quant au collége des Bons-Enfants, c'est aujourd'hui le petit séminaire. Voyez, sur ces deux établissements, Jaillot, *Recherches sur Paris,* t. IV. *Quartier de la place Maubert,* p. 153—157.

versité de Paris, contenant qu'ils ont ce malheur que leur collège est contigu tenant au rempart de la ville, qui règne depuis la porte de la Tournelle jusques au collège des Bons-Enfans, lequel est entre celluy des exposans et le surplus dudict rempart jusques à la porte Sainct-Victor; quoy qu'il fut certain que la garde, soit de nuict ou de jour, ne peut passer par les maisons particullières et beaucoup moings par celle de la qualité dudict collège, tant à cause de la tranquillité qui y estoit requise pour les estudes, que pour les divers accidens qui pouvoient arriver à la jeunesse, ains que les rondes doivent estres faictes et touttes allées et venues de corps de garde à corps de garde, quand le cas y estoit, par dessus le rempart; néantmoings quelques particulliers, ennemis des estudes, du repos public et des exposans, s'estoient advisez depuis quelques temps, au lieu d'exécuter cette loy qui devoit estre inviolablement observée, de contraindre les exposans de tenir le collège ouvert tant de jour que de nuict, et passer à travers, tambour battant, soit pour monter la garde ou faire exercice dans la cour, tirer au blanc contre les murs, casser les vitres des chambres desdicts exposans, prendre les bancs des classes, en bruler une partie, et tenir corps de garde entre les deux portes dudict collège qui sont sur la rue Sainct-Victor, bien esloignées de la porte de la Ville; le collège des Bons-Enfans, qui joinct audict rempart, estant entre deux; et en estoient venus à tel exceds que d'avoir couppé plusieurs arbres plantez avec soing et despence, et par deux fois brisé et brulé les portes. Ce qui ne pouvoit estre souffert, pour estre contre touttes sortes de loix et de justice, ne pouvant d'ailleurs les choses demeurer en tel estat sans estre tous les jours en péril d'estre tuez et d'estre pillez, mesme brulez et incendiez par le moyen du feu quy se faisoit entre lesdictes deux portes, sans aucune cheminée, sous l'un des principaux corps de logis dudict collège. Pourquoy ils estoient obligez d'avoir recours à nous, et requérir qu'il nous plust commettre tel de nous qu'il nous plairoit pour se transporter sur les lieux, avec les personnes que nous jugerions à propos, pour reconnoistre l'estat d'iceux, la consistance, entrée et sortie du rempart, et le lieu par où devoit passer la garde, tant de jour que de nuict; pour, ce faict, deffences estre faictes à touttes personnes, de quelque qualité et condition qu'ils fussent, sur peine de vingt mil livres ou telle autre qu'il appartiendroit, et de tous les despens, dommages et intérestz des exposans, d'entrer audict collège soubz prétexte de garde ou exercice, ou de quelque autre que ce fut, par l'une ou l'autre des portes d'iceluy, ny de poser ou entretenir aucun corps de garde soubz ledict portail du costé de la rue Sainct-Victor : ains leur enjoindre de prendre les communications et faire les rondes, allées et venues qui seront nécessaires, par les portes appartenantes à ladicte Ville, qui sont aux deux extrémitez dudict rempart; l'une soubz le pavillon de la porte Sainct-Bernard, et l'autre joingnant la porte Sainct-Victor. Sur laquelle requeste aurions ordonné que descente seroit faicte sur les lieux par l'un de nous, en présence du procureur du roy et de la Ville, le colonel des quartiniers du quartier appellé, et rapport faict par le Maistre des œuvres de la Ville, et à cet effect commis le sieur Philippe. Lequel se seroit transporté sur lesdicts lieux avec ledict procureur du roy et de la Ville, du

1ᵉʳ de mois, et iceux veus et visitez en la présence des parties et officiers de la garde, et assisté du Maistre des œuvres de la Ville, qui de ce avoit fait son rapport, duquel la teneur ensuit. » L'an 1652, etc. « Veu ledict rapport, conclusions dudict procureur du roy et de la Ville, auquel le tout a esté communiqué, et ouy ledict sieur Philippes en son rapport, avons le dict rapport enthériné, et, suivant icelluy, ordonné qu'il sera faict un passage pour les rondes et gardes au pourtour de la porte Sainct-Victor, qui communiquera dans la chambre du portier et qui descendra dans le corps de garde de ladicte porte de Sainct-Victor, sans que doresnavant elles puissent passer dans ledict collège du Cardinal-le-Moine. Faict au bureau de la Ville, le 12ᵉ jour de juin 1652. »

DU JEUDY 13ᵉ JUIN 1652.

En l'assemblée de MM. les prévost des marchans et eschevins, conseillers et colonelz de la dicte Ville, ledict jour tenue, en l'Hostel d'icelle, pour adviser à la garde de la porte de Nesle, qui estoit abandonnée, sur ce qu'aucuns de MM. les colonelz demandoient que touttes les colonelles fussent esgallement fortes, à ce que les unes ne fussent plus foullées que les autres à la garde des portes de la ville, comme aussy pour augmenter le nombre des cappitaines pour le retranchement des compagnies qui sont trop fortes, sont comparus :

M. le mareschal de l'Hospital, gouverneur de Paris.

Messire Anthoine Le Febvre, conseiller du roy en ses conseils et en sa cour de parlement, prévost des marchans.

Eschevins.

M. Guillois, conseiller au Chastelet de la ville. — M. Philippes, conseiller et maistre d'hostel ordinaire du roy. — M. Le Vieux, conseiller de ladicte Ville. — M. Denison, ancien consul et bourgeois.

Conseillers.

M. le président Aubry. — M. Barthellemy. — M. Ladvocat.— M. Le Conte.— M. Gaigny.— M. Gervais. — M. Desnoz.— M. Joubert.— M. De la Court.

Colonels.

M. Miron.— M. de La Moignon.— M. Destampes.— M. Favier. — M. Ménardeau. — M. Boucher. — M. le président de Guénégaud. — M. de Vaurouy. — M. le président de Bragelongne.— M. de Camus.— M. Tronson, pour M. de Sève. — M. Michel, pour M. Tubeuf. — M. de Vaujour, pour M. Scaron de Vaure son père. — M. Hierosme, pour M. de Bouville. — M. Rocollet, pour M. de Champlatreux. — M. Musnier, pour M. de Longueil.

La compagnie estant assemblée, au lieu de luy proposer ce pourquoy elle estoit mandée, M. le prévost des marchans, et ensuitte M. Guillois, premier eschevin, furent nécessitez, par le grand nombre de peuple qui s'y trouva pour s'y plaindre des dommages qu'ilz avoient reçus et recevoient chaque jour par les trouppes lorraines, d'y faire le récit de ce qui s'estoit passé la matinée sur cette matière, tant au pallais d'Orléans, où MM. Guillois et Philippes, eschevins, avoient esté députez pour aller avec ce peuple en porter les plaintes à Son Altesse Royalle, et la supplier d'y donner les ordres nécessaires, à ce que ses trouppes se retirassent, qu'en la cour du parlement, où ilz avoient apris que M. le procureur général avoit ce matin présenté deux requestes : la première, à ce qu'il pleust à la cour de donner une année de surséance aux habitans de Champaigne et de Picardie pour le payement de leurs debtes, et l'autre, à ce qu'il fust faict deffence aux bourgeois et artisans de Paris d'avoir aucun commerce illicite avec les troupes de Loraine, et permis de coure sur ceux qui dégradoient les maisons, donner pouvoir de saisir et arrester tout ce qu'on trouveroit en estre provenu; enjoinct à la Ville d'assembler pour faire lire l'arrest qui en interviendroit et de tenir la main à l'exécution d'icelluy. Que les deux arrestz avoient esté rendus conformément auxdictes requestes, et par conséquent qu'il y avoit lieu d'espérer de recouvrer ce que chacun se plaignoit avoir perdu. Ce quy n'auroit pas contenté cette troupe, laquelle demandoit l'esloignement desdictz Lorrains, et permission de les arrester en cette ville, pour représailles des torts qu'ilz leurs estoient faictz. Et après que chacun en son particulier eut faict le récit des outrages, volz et dégradations qui leur avoient esté faict en leurs maisons de campagne, et qu'ils eurent demandé l'assistance de la Ville et du parlement en cette nécessité sy urgente, eux retirez, ouy sur ce le procureur du roy et la Ville en ses conclusions, et l'affaire mise en délibération,

A esté conclud et arresté que, demain matin, MM. de la Ville iroient au parlement, accompagnez de quatre conseillers et de tel nombre d'officiers et de bourgeois qui s'y trouveroient, pour représenter à la cour tous les désordres que cette armée Lorraine faict autour de Paris, la supplier d'y pourvoir en faisant esloigner lesdictes troupes à dix lieues de Paris, ainsy qu'il a esté ordonné par le roy, du consentement de Son Altesse Royale et autres princes, et à cette fin faire toutes les remonstrances requises et nécessaires : et cependant que l'ordonnance de la Ville, du 10e jour de ce mois, et l'arrest de la cour de ce jourd'huy, donné à mesme fin, seroient punctuellement exécutez, et ladicte ordonnance signifiée à la communauté des fripiers et autres mestiers, ainsy qu'il avoit esté résolu ce matin.

Ce faict, la compagnie a esté advertie que les sindic et jurez frippiers de cette ville demandoient à estre ouys. Ce qu'ayant esté résolu, seroient entrez au nombre de six, qui ont dict qu'ayans esté advertis de l'ordonnance de la Ville, ils auroient aussy tost faict une visite fort exacte chez tous les maistres frippiers pour veoir et reconnoistre ce qu'il y pouvoit avoir de marchandise de la qualité portée par ladicte ordonnance, pour en venir faire déclaration à la Ville; mais que, n'en ayant trouvée aucune, ils auroient ce matin esté au Chastelet pour le déclarer, ainsy qu'ils venoient à la Ville pour faire la mesme chose; s'estonnant de ce que, par ladicte ordonnance, il estoit porté que ceux de leur corps viendroient dans trois jours faire déclaration au greffe de la Ville de tout ce qu'ils ont achepté provenant des trouppes de Lorraine, comme s'il estoit constant que la chose fut ainsy arrivée; ce que n'estant point venu à leur connoissance, ils prioient la compagnie de s'en désabuser; l'assurant en mesme temps que, s'il y a de la contravention à ladicte ordonnance de la part de leur corps, qu'ils en donneront compte à la Ville, ainsy qu'il est porté par icelle, dont il leur a esté baillé quantité de coppies imprimées[1]. Et s'estans retirez, l'on auroit faict entrer tous les bourgeois complaignans, ausquelz M. le prévost des marchands a faict entendre la résolution de la compagnie, et leur a donné rendez-vous à demain matin, sept heures, en la grande salle du Pallais. Eux retirez, l'on a commencé à représenter à la compagnie ce pourquoy elle estoit assemblée : qu'il s'agissoit de la garde des portes de la ville par les colonnelles, et augmenter quelques compagnies aux endroicts où elle se trouveroit trop grande. Surquoy la compagnie s'estant longuement entretenue, sans advancer n'y demeurer d'accord d'aucuns desdicts points, ouy sur ce le procureur du roy et de la Ville en ses conclusions, et se faisant tard, l'on a trouvé bon de remettre la conclusion à lundy prochain, deux heures de rellevée, où chacun a promis de se rendre en ce lieu, à cet effect, sans autre mandement.

Ledict jour de lundy, 17° juin 1652, les choses préparées pour travailler au faict dudict reiglement, après avoir attendu jusques à quatre heures de rellevée sans qu'il soit venu que trois de MM. les colonelz, quoy que tous suffisament advertis, cela fist juger à MM. de

---

[1] Cette corporation des fripiers, qui était fort nombreuse et qui demeurait aux Halles, était grandement à ménager dans les occurrences présentes. On peut voir dans les *Mémoires du cardinal de Retz* le rôle qu'ils jouèrent dans la journée des Barricades.

la Ville qu'ilz n'avoient pas à goust de procedder sur cette matière. L'on résolut de prendre un autre temps et d'envoyer de nouveaux mandements lorsque l'affaire seroit en estat d'estre traictée.

DU JEUDY 14ᵉ JUIN 1652.

Ledict jour sont venuz grand nombre de personnes de l'Hostel de cette ville, comme conseillers de la cour, maistres des comptes, secrétaires du roy, advocats et bourgeois, pour se plaindre des désordres arrivez dans touttes les maisons qu'ilz ont ès environs de Paris par les gens de guerre du duc de Lorraine, requérant que la Ville en portast les plaintes à M. le duc d'Orléans et au parlement. Et après plusieurs pourparlers sur cette matière, MM. Guillois et Philippes, eschevins, ont esté députez pour aller avec la mesme trouppe au pallais d'Orléans, représenter à son Altesse Royalle tous lesdicts désordres, et la supplier de faire esloigner lesdicts Lorrains de dix lieues de Paris, ainsy qu'elle avoit sy sollemnellement promis au parlement.

Et s'estant à l'heure mesme mis en chemin, seroient, une heure et demye après, retournez audict Hostel de Ville, où ledict sieur Guillois a faict relation de tout ce qui s'estoit passé près de son Altesse Royale : laquelle estoit bien demeurée d'accord que les trouppes de Lorraine estoient icy venues par ses ordres, mais qu'il n'estoit pas en son pouvoir de les faire retirer sy promptement; qu'il seroit facile de les faire advancer de deux lieues seullement, et que des trouppes n'alloient pas sy viste.

Ce faict, l'on parla d'aller au parlement; mesme fut faict lecture d'un projet de requeste pour y présenter, laquelle fut trouvée ridicule. Et, là dessus, l'on dict que le procureur général estoit ce matin entré dans la grande chambre à mesme fin. Et, après lecture faicte de l'ordonnance de la Ville, résolution prise d'envoyer quérir les sindics des frippiers, pour leur encharger de la faire ponctuellement exécuter, il a esté dict à la compagnie qu'il y avoit assemblée ce jourd'huy, deux heures, en l'Hostel de Ville, de conseillers et colonelz d'icelle; en laquelle l'on délibéra de ce qu'il y aura à faire en conséquence de ce qui s'est passé ce matin.

« Sur ce qui a esté remonstré par le procureur du roy et de la Ville, qu'au préjudice de deux arrestz et reiglemens faicts pour le payement des rentes, mesme des ordonnances par nous rendues en conséquence, et des injonctions faictes aux controlleurs généraux et particuliers desdictes rentes de se faire recevoir ès dictz offices dans un mois, et venir faire leurs charges en personnes, ainsy qu'ils y sont obligez, les propriétaires et titulaires desdicts offices et controlles n'ont tenu compte de se faire recevoir ès dictes charges, ny d'en faire l'exercice, la pluspart des receveurs et payeurs desdictes rentes estant nécessitez de faire leurs payemens sans controlleurs, ce qui apporte confusion et cause un désordre dans lesdicts payemens qui faict un préjudice nottable aux rentiers, dont ils se plaignent journellement, et empesche l'exécution des arrestz, de quoy il est besoing de promptement pourvoir; nous, faisant droict sur lesdictes ordonnances, ordonnons que, dans trois jours après la signification des présentes, les propriétaires et titulaires des offices et controlles des payemens des rentes constituées sur l'Hostel de Ville, se feroient recevoir ès dictes charges et les exerceront en personnes, sinon, à faute de ce faire dans ledict temps, il y sera par nous commis, et les gaiges attribuez auxdicts officiers, à ceux qui seront préposez pour en faire la fonction; à ce faire lesdicts receveurs et payeurs contrainctz, quoy faisant deschargez; et sera la présente exécutée nonobstant oppositions ou appellations quelconques, et sans préjudice d'icelles, et affichée où besoing sera, à ce que nul n'en ignore. Donné au bureau de la Ville, le 14º de juin 1652. »

« Sur le différend mû par-devant nous, au bureau de la Ville, entre les habitans du fauxbourg Sainct-Martin[1], demeurans en deçà le canal de l'Égoust jusques à la porte de la ville, et les capitaine, lieutenant et enseigne, et officiers de la compagnie dudict fauxbourg, composée de particuliers qui demeurent dans l'estendue de ladicte porte de la ville jusques audict canal, ouy sire François Sanson, quartinier dudict quartier, en la maison duquel assemblée auroit été faicte de

---

[1] Le faubourg Saint-Martin comprenait le terrain qui est occupé aujourd'hui par les maisons du côté droit de la rue de ce nom, jusqu'au faubourg du Temple. Le canal de l'Égout était situé un peu plus bas que le canal Saint-Martin actuel, à la hauteur de l'impasse de l'Égout.

nostre ordre, où lesdictes parties seroient comparues le 13ᵉ jour du présent mois, et de leurs dires procès-verbal dressé par ledict Sanson, qui nous avoit icelluy rapporté pour estre ordonné ce que de raison; veu ledict procès-verbal, et après avoir entendu le sieur de La Boche, enseigne de la compagnie colonelle du sieur Favier, et le procureur du roy et de la Ville en ses conclusions, avons ordonné que lesdicts habitans du fauxbourg Sainct-Martin, tant en deçà du canal qu'au-dessus d'icelluy, ne composeront qu'une seulle compagnie, et que les particulliers qui sont demeurans entre ledict canal et porte de la ville, seront tenus monter la garde avec les cappitaines et officiers dudict fauxbourg et obéir à leurs commandemens et ordres, sauf, au cas qu'il arrive vaccation de l'une des charges principalles de ladicte compagnie, d'y pourvoir une personne habitant et demeurant entre ledict canal et porte. Faict au bureau de la Ville, le 15ᵉ juin 1652. »

A nos seigneurs de parlement.

« Supplient humblement les prévost des marchans et eschevins de cette ville de Paris, disans qu'à eux apartient de connoistre et juger tous les différends millitaires qui surviennent des gardes des portes, de jour et de nuict, lesquels ilz jugent sommairement, sans frais et par forme de police, sur les plaintes et rapports qui leur en sont faicts par les capitaines et officiers des compagnies; et, sur les sentences qu'ilz rendent, ne seroit point raisonnable que lesdictz capitaines et officiers en fussent traversez et pris à partie par appellations; autrement ils seroient nécessitez d'abandonner leurs charges, et les gardes cesseroient au préjudice du service du Roy et de la Ville. Or, les supplians ayans rendu les sentences entre le capitaine Milochin contre le nommé Charles Mention, le 14ᵉ juin dernier, portant confiscation de deux chevaux pris au faict desdictes gardes, ledict Mention en a intenté appel et icelluy relevé en la cour, où ledict Mention en poursuict, pour en obtenir arrest sur un parlé sommairement par-devant M. Gontier; et, d'autant qu'il s'agist d'un faict militaire, dont ledict Mention n'a peu, ny deub en traduire ledict capitaine Milochin, ny prendre à partie les supplians, requérant leur estre sur ce pourveu par la cour;

« Ce considéré, nos seigneurs, attendu ce que dessus, il vous plaira renvoyer par-devant les supplians ledict différend militaire, pour faire exécuter leurdicte sentence du 14ᵉ juin dernier, et ferez bien. »

« Veu la requeste à nous présentée par quelques particuliers bourgeois de la compagnie du sieur Périchon, capitaine de la colonelle de M. de Bouville, au quartier de sire Pierre Eustache, jusques au nombre de trente-cinq, demandeurs, d'une part; allencontre de maistre.... Passart, lieutenant de ladicte compagnie, à ce que, pour les causes y contenues, il nous pleust ordonner qu'icelle compagnie seroict assemblée en l'hostel dudict sieur Bouville, pour estre proceddé à l'élection d'un lieutenant de ladicte compagnie au lieu et place dudict Passart; sur laquelle requeste nous aurions, par nostre ordonnance du 10ᵉ jour du présent mois, mandé audict sieur Périchon de se trouver le mercredi suivant, deux heures de rellevée, en l'Hostel de cette ville, avec tous les officiers, bourgeois, propriétaires et principaux loccataires de ladicte compagnie, demeurans dans l'estendue d'icelle, pour entendre ce qui leur seroit proposé et iceux faire advertir par les sergens ou caporaux de ladicte compagnie, à ce qu'aucun n'eust à y manquer à peine d'amende : à laquelle assignation s'estant ledict sieur Périchon trouvé, assisté dudict Eustache, quartinier, et du sieur Crespin, son enseigne, ensemble de la plus grande et saine partye des bourgeois de sa compagnie, jusques au nombre de quatre-vingts ou environ, nous aurions, en la présence dudict capitaine, quartinier et enseigne, mandé lesdicts bourgeois, les uns après les autres. Lesquels, duement informez du faict dont est question, aurions interpellez de nous déclarer leurs sentimens; ce qu'ils auroient faict, et icelluy mis par escript par le greffier de ladicte Ville. Mais, d'autant qu'il s'en trouva dix-neuf deffaillans, nous aurions continué l'assignation au samedy 16ᵉ dudict mois, deux heures de rellevée, et ordonné audict Eustache, quartinier, d'advertir lesdicts deffaillans de se trouver à ladicte assignation, à peine chacun de six livres parisis d'amende. Advenu lequel jour, nous aurions, en présence que dessus, ouy, interrogé et interpellé lesdicts bourgeois de nous déclarer leurs sentimens sur le contenu en ladicte requeste. Ce qu'ayant faict, eux retirez, les voix comptées, où il ne s'en est trouvé que sept qui ayent persisté aux conclusions de ladicte requeste, aucuns ayans déclaré l'avoir signée par mesgarde, les autres par crainte de l'amende, dont on promettoit les descharger, et les autres à la relation de ceux-ci, sans l'avoir leue : ouy sur ce le procureur du roy et de la Ville en ses conclusions, avons ordonné que ledict Passart exercera la charge et fonction de lieutenant de la compagnie dudict sieur Périchon, ainsy qu'il a accoustumé; que les bourgeois et soldats d'icelle seront tenus de luy porter honneur, respect et obéissance, et qu'à cette fin ils seront mandez par-devant nous; que la susdicte requeste demeurera supprimée, et touttes choses dictes de part et d'autre oubliées, sans que, pour raison de ce, il en soit rien imputé à l'advenir audict Passart. Ce qui a esté à l'instant prononcé audict sieur Passart et à tous les bourgeois d'icelle compagnie, pour ce entrez au bureau de ladicte Ville, ledict jour 16ᵉ juin 1652. »

A nos seigneurs des comptes.

« Supplient humblement les prévost des marchans et eschevins de la ville de Paris, disans qu'ilz ont eu advis qu'en jugeant par vous les comptes du payement des rentes des huict millions de livres assignées sur les tailles de l'année 1645, vous auriez ordonné les rentes y estre passées pour le quartier de janvier et le tiers de celluy d'avril de ladicte année, et que les debtes proceddans du fond des comptes de ladicte année seroient portées sur ceux des comptes de pareille charge de l'année 1646, pour d'iceux estre faict recepte au compte de l'année 1647 et despence, ainsy qu'il sera ordonné par la chambre pour estre employez au payement desdictes rentes. Et, d'autant qu'il est très-juste de conserver ces fonds aux rentiers et d'en accellerer le payement, attendu que, par la longueur que les payeurs pourroient apporter en l'exécution de vostredict arrest, ou par les désordres du temps, l'effect d'icelluy en seroit, non-seullement retardé, mais mesmes pourroit estre infructueux auxdictz rentiers par l'insolvabilité desdictz payeurs, qui pourroit en arriver, tant par leur faute que autrement, ce qui seroit contre l'intention de la chambre, ils désireroient qu'il vous pleust sur ce leur pourvoir. Ce considéré, nosdictz seigneurs, et que cesdictz débetz montent à de grandes et nottables sommes, recepte ny despense n'a esté faicte aux comptes de l'année 1647, il vous plaise ordonner que MM. les conseillers audicteurs et rapporteurs des comptes des huict millions des années 1645, 46 et 47, ausquelz les estatz finaux ne sont assis, seront mandez pour y travailler incessamment; au fur et à mesure qu'ils seront mis, en estre deslivré par eux extraict aux supplians, pour en poursuivre par lesdictz supplians le payement, et faire porter incessament les deniers aux coffres de l'Hostel de Ville pour estre distribuez également aux rentiers, suivant l'intention de la chambre. Et vous ferez bien. »

De par les prévost des marchands et eschevins de la ville de Paris.

« Monsieur le président de Guénégaud, colonel. Sur l'advis que nous avons eu que quantité de vaccabons, soubz prétexte de la garde, se débandent par la campagne pour arrester et piller ceux qui viennent à Paris, ce qui oste la sûreté des passagers; à quoy estant nécessaire de remédier, nous vous prions de mander aux capitaines de vostre colonelle de faire deffences à tous leurs soldats d'aller par la campagne arrester aucuns passans, ny hardes, à peine de punition corporelle.

Vous priant n'y vouloir faillir. Faict au bureau de la Ville, le 17ᵉ jour de juin 1652. »

« Veu la resqueste à nous faicte et présentée par les prévost, lieutenans, ouvriers et monnoyers de Paris, du serment de France, contenans qu'encores qu'ils fussent exemps et deschargez d'aller ou envoyer aux gardes, guets et sentinelles, tant de jour que de nuict, ainsy qu'ils y avoient esté maintenus par nos sentences en conséquence des priviléges à eux accordez par les roys, mesmes par le roy à présent reignant, vériffiez en la cour de parlement par arrest du 4ᵉ febvrier 1649, ayant Sa Majesté faict deffences aux capitaines de les y contraindre, comme ne pouvant servir le roy et le public en deux endroictz, d'aultant qu'ilz estoient journellement employez au grand travail qu'il y avoit en l'hostel de la monnoye de Paris, où ilz estoient en garnison depuis le matin jusques au soir, pour y servir Sa Majesté et le public, ce qui est notoire à tout le monde; c'est pourquoy, par nostre sentence du 15ᵉ mars 1651, aurions ordonné que lesdicts prévost, lieutenans, ouvriers et monnoyers, servant actuellement en la fabrication de ladicte monnoye, seroient deschargez d'aller en personnes et d'envoyer à la garde des portes d'icelle ville, tant de jour que de nuict, conformément à leurs priviléges, nonobstant que par autre ordonnance précédente, du 2ᵉ desdicts mois et an, il fust expressément porté que les exemps, privilégiez et non privilégiez, y seroient tenus; néantmoings, les nommez Pierre et Charles Charpentier, père et fils, monnoyers, actuellement travaillans, auroient esté assignez par-devant nous, pour eux veoir condamner d'aller ausdictes gardes, ou payer l'amende ; à quoy les exposans auroient subjet d'intervenir pour la conservation en leurs priviléges, et l'exécution de nostredicte sentence, requérans qu'il nous plust les maintenir en iceux et en ladicte exemption d'aller et envoyer ausdictes gardes; considéré le contenu en laquelle requeste, veu les priviléges desdicts exposans et l'exemption à eux par nous donnée et accordée d'aller et envoyer ausdictes gardes, par nostre sentence dessus dattée, ouy sur ce le procureur du roy et de la Ville en ses conclusions, avons ordonné que lesdicts prévost, lieutenans, ouvriers et monnoyers, servant actuellement à la fabriquation de la monnoye du roy dans Paris, seront deschargez d'aller en personnes et d'envoyer à la garde des portes de cette ville, tant de jour que de nuict, conformément à leurs priviléges et à nostredicte sentence. Faict au bureau de la Ville, le 18ᵉ jour de juin 1652. »

DU MERCREDY 19ᵉ JUIN 1652.

En l'assemblée de MM. les gouverneur, prévost des marchands, eschevins, conseillers et colonels de la ville de Paris, ledict jour tenue, en l'Hostel de ladicte ville, pour juger militairement quelques prisonniers des portes contre lesquels l'on a informé, sont comparus :

M. le maréchal de l'Hospital, gouverneur de Paris ;

Messire Anthoine Le Febvre, conseiller du roy en

ses conseils et en sa cour de parlement, prévost des marchans;

Eschevins, etc. — Conseillers, etc. — Colonelz, etc.

La compagnie estant assemblée, MM. les gouverneur et prévost des marchands y ont faict entendre ce pourquoy elle estoit convoquée. Sur quoy s'estant meu question, sçavoir si l'on jugeroit l'affaire souverainement, comme advenue de soldat à soldat, ou si l'on defféreroit à l'appel, le procès incontinent rapporté par M. Guillois, premier eschevin, à ce commis, ouy sur ce le procureur du roy et de la Ville en ses conclusions, et l'affaire mise en délibération, a esté arresté et conclud que le procès desdicts prisonniers seroit jugé militairement et en dernier ressort, ainsy qu'il se pratique en toutes les armées.

Et après que lecture a esté faicte des informations faictes allencontre du nommé Jacques Jacques, maistre chandelier, enseigne de la compagnie du capitaine Pageois, colonelle de M. Scaron de Vaure, accusé à cause du meurtre, commis à la porte Sainct-Anthoine, de la personne de Germain Chenchon, plumet des jurez porteurs de grains, par ledict accusé, estant lors en faction, du procès-verbal du cappitaine, interrogatoire de l'accusé, récollement et confrontation à luy faict des tesmoings ouys en ladicte information, luy d'abondant ouy sur la scellette, et ensemble le procureur du roy et de la Ville en ses conclusions, et tout considéré,

Il a esté dict, par jugement militaire, que l'accusé sera mandé par-devant la compagnie; deffences à luy d'aller doresnavant à la garde des portes de ladicte ville; enjoinct d'y envoyer un homme en son lieu et place, agréable audict capitaine, duquel ledict accusé demeurera responsable civillement ; icelluy condamné en quatre cens livres parisis pour les dommages et intérestz de la veuve et enfans dudict deffunct, dont le tiers appartiendra à icelle veuve et les deux autres tiers à sesdictz enfans, et à cet effect ladicte somme mise ès mains dudict Pageois, capitaine, pour leur conserver jusques à l'employ qui en sera faict ; payera en outre ledict accusé la somme de vingt-quatre livres parisis, qui sera employée à faire prier Dieu pour l'âme dudict deffunct ; et tiendra ledict accusé prison jusques à l'entier payement desdictes sommes.

DU JEUDY 20ᵉ JUIN 1652.

« Ledict jour sont comparus par-devant nous, au bureau de la Ville, les sieurs Cressé et Carpentier, capitaine et lieutenant d'une compagnie de bourgeois de ladicte Ville, en la colonelle de M. de Bouville, au quartier de sire Pierre Eustache, quartenier, qui ont faict plaincte que les nommez Dubois, Crou et Mauscot, soy-disans soldats de la compagnie du sieur Chasteau-Vert, estans sortis, mardy dernier, des prisons de l'Hostel de Ville, où lesdicts sieurs complaignans les avoient faict conduire, à cause de la violence par eux commise sur une sentinelle posée en garde à la porte Sainct-Denis, le sabmedy 15ᵉ des présens mois et an, l'ayant voulu forcer et coucher en joue avec un mousqueton, eux accompagnez de cinquante personnes, qui s'enfuirent voyant ces gens-cy arrestez, seroient allez à la maison dudict sieur Cressé, capitaine, et à celle de deux des officiers de sa compagnie, ayans leurs espées au costé et des pistolletz en leurs mains, demander leurs armes qui leur furent rendues; après quoy lesdictz soldats auroient avec insolence demandé de l'argent qu'ils supposoient leur avoir esté pris, que non néantmoings insistans avec menasses, juremens et blasphesmes et rodomontade, seroient revenus jusques à trois fois, assistez de sept ou huict aultres personnes, en la maison dudict sieur Cressé, le menaceant que, s'il ne leur faisoit rendre l'argent qu'ilz supposent leur avoir esté pris, qu'ilz luy casseroient les os pour le trouver, sans d'autres imprécations qu'ils ont dictes contre luy; ce qui a causé grande rumeur dans le quartier, au scandalle de la ville et de la qualité qu'il y exerce soubz nos ordres, à quoy il estoit nécessaire de pourveoir; ayant mesme supposé qu'une femme, qui s'estoit trouvée en la meslée lorsqu'ils ont faict touttes ces violences, avoit esté blessée, et pris prétexte sur cela de se pourveoir au Chastelet allencontre desdicts complaignans et autres officiers de ladicte compagnie, qui pourroient en estre en peine s'il n'y estoit par nous pourveu; ouy sur ce le procureur du roy et de la Ville en ses conclusions, nous avons ordonné que touttes les proceddures et décretz décernez en conséquence d'icelles, tant au Chastelet qu'autres jurisdictions, pour raison de ce, ailleurs que par-devant nous, demeureront cassez et annullez; deffences à toutes personnes de se pourveoir ailleurs, et à tous huissiers et sergens de les mectre à exécution, à peine de cinq cens livres d'amande, et en cas de rébellion ou de plus grandes violences que pourroient faire lesdictz accusez alleucontre dudict Cressé, ou autres officiers de ladicte compagnie, permis à eux de s'en saisir et se rendre les plus forts et les amener prisonniers à l'Hostel de Ville. Mandons au premier sergent de la Ville ou autres sur ce requis, de mectre ces présentes à deue et entière exécution, nonobstant oppositions ou appellations quelconques; de ce faire leur donnons pouvoir. Faict au bureau de la Ville, le jour et an que dessus. »

De par les prévost des marchands et eschevins de la ville de Paris.

« Sire Jacques Tartarin, quartinier. Nous vous mandons de faire tendre les chesnes ceste nuict en l'estendue de vostre quartier, et donner ordre que les jours et nuictz suivantes elles soient en estat d'estre tendues à touttes les occasions qu'il sera nécessaire. Si n'y faictes faute. Faict au bureau de la Ville, le 21ᵉ jour de juin 1652[1]. »

De par les prévost des marchands et eschevins de la ville de Paris.

« Il est ordonné à M. Malo, capitaine commandant à présent à la porte Sainct-Anthoine, de conduire pré-

---

[1] Ce mandement et les suivants sont la conséquence d'une émeute qui arriva ce jour-là. Voici ce qu'en dit le cardinal de Retz : « M. de Beaufort fit ce jour-là une lourderie digne de lui. Comme il y avoit eu le matin une fort grande émeute dans le palais, dans laquelle MM. de Vanau et Partial auroient été massacrés sans lui, il crut qu'il feroit mieux, pour détourner le peuple du palais, de l'assembler dans la Place-Royale. Il y donna un rendez-vous public pour l'après-dinée ; il y amassa quatre ou cinq mille gueux, à qui il est constant qu'il fit proprement un sermon, qui n'alloit qu'à les exhorter à l'obéissance qu'ils devoient au parlement.... La frayeur qui avoit déjà saisi la plupart des présidens et des conseillers leur fit croire que cette assemblée n'avoit été faite que pour les perdre. » (*Mém.*, t. III, p. 121. Collection Petitot.)

sentement à la Place-Royalle sa compagnie, à la réserve d'une escouade qu'il laissera pour la garde de ladicte porte, affin de dissiper quantité de gens séditieux et sans adveu que l'on nous a donné advis y estre attrouppez pour y faire désordre, et, en cas de résistance, mettre main basse. Faict au bureau de la Ville, le 21ᵉ jour de juin 1652. »

Pareil envoyé au capitaine qui commande à la porte de Sainct-Bernard et Sainct-Martin, et à M. de Bragelongne, qui monte ce jourd'huy en garde à la porte de Sainct-Anthoine.

DU VENDREDY 21ᵉ JUIN 1652.

En l'assemblée de MM. les prévost des marchands, eschevins, conseillers et quartiniers de la ville de Paris, tous les curez et quatre bourgeois de Paris de chacun quartier, tenue en la grande salle de l'Hostel de ladicte ville ledict jour, deux heures de relevée, pour adviser au secours et soullagement qu'on peult donner à la multitude des pauvres qui sont à présent en cette ville, sont comparus :

Messire Anthoine Lefebure, conseiller du roy en ses conseils et en sa cour de parlement, prévost des marchands.

Eschevins.

M. Guillois, etc.

Conseillers, etc. — Quartiniers de tous les quartiers, et avec, huict notables bourgeois de cette ville, entre lesquels estoient les curez, etc.

La compagnie estant assemblée, M. le prévost des marchands y a bien au long représenté le subject pour lequel elle avoit esté convoquée, qui estoit principallement pour adviser aux moyens qu'il y avoit de pouvoir subvenir à la nourriture des pauvres de cette ville, qui estoient en grand nombre, et dict comme MM. du parlement s'estoient eux-mesmes vollontairement taxez à chacun cent livres à prendre sur leurs gages, MM. de la chambre des comptes à quatre mille livres par mois tant que la guerre dureroit, et adjousté à leur délibération qu'il falloit faire payer au reste des bourgeois et habitans le quatruple de la taxe des pauvres. Ensuitte s'est expliqué sur l'ouvrage du canal[1] qui estoit demeuré là faute d'argent, et représenté que le conseiller de Ville commis à la recepte des deniers estoit en advance de dix mil livres et au delà. Surquoy, ouy le procureur du roy et de la Ville en ses conclusions, et

---

[1] C'était un canal que l'on devait creuser dans Paris pour parer aux inondations. — Voyez, à ce sujet, les pièces suivantes : *Le véritable advis présenté au roi et à la reine régente et à nos seigneurs de son conseil et habitans de Paris, le 27 juillet 1651, touchant le canal qui est à faire pour empescher la creue des eaux ; et commencera au-dessous de Creteil, viendra rendre à la porte du Temple, d'où il renvoiera de l'eau de touz costez où il en sera besoin, tant pour nétoyer les principales rues, les clouaques et grand esgout, soit vers les bastions de l'Arcesnac ou de la Conférence, pour monter les basteaux et bois floté venant de Seine, et pour décharger la grande creue des eaux vers Chaliot, sans faire tort aux basses eaux et à la navigation des rivières, par le sieur de Marsay*; in-4° de 11 pages. — *Propositions et advis donnez en l'Hostel de Ville de Paris pour la deschargée des grandes eaues*. Paris, 1651 ; in-4° de 10 pages. — *Discours fait en l'assemblée de l'Hostel de Ville, tenue le 24 may 1658, touchant le remède qu'on peut apporter aux inondations de la rivière de Seine, donné au public par l'ordre de ladite assemblée, avec la carte nécessaire à l'éclaircissement d'icelui, par le sieur Petit, conseiller du roy, intendant des fortifications*, etc. Paris, 1658; in-4°.

l'affaire mise en dellibération, a esté advisé et résolu de ne faire aucune taxe particulière pour la nourriture et subsistance des pauvres; que toutes les communautez seroient excitées, à l'exemple de MM. des cours souveraines, à y voulloir contribuer de leur part tout ce que la charité et leurs facultez leur pourroit permettre; que MM. les curez seroient priez de continuer leurs exhortations envers leurs paroissiens pour les provocquer à augmenter leurs aumosnes, à cause du grand nombre des pauvres qui augmentoit de jour à autre, et qu'ils eussent à mettre les deniers ès mains de quelques femmes de condition, qui sont dans une haulte dévotion en divers quartiers de Paris[1] et accoustumées à donner charitablement leur temps pour cela; que les distributions des souppes se continueroient aux endroicts où elles se sont praticquées, et s'establiroient aux autres lieux par le soing de MM. les curez, s'il leur plaist en prendre la peine. Et affin de veoir ce que la Ville et habitans d'icelle auront à faire dans la suitte de ce fascheux temps, a esté tenu pour constant qu'il sera convocqué une assemblée générale en l'Hostel de cette Ville, en laquelle MM. des compagnies souveraines seront invitez de se trouver, comme aussy MM. les curez et six notables bourgeois de chacun quartier, après que l'on aura veu ce qui se passera mardy prochain en l'assemblée génералle de la police qui se doibt tenir à la chambre de Sainct-Louis, de l'ordre du parlement, en laquelle M. le prévost des marchands donnera advis de tout ce que dessus, et demandera un arrest de la cour portant contraincte du

---

[1] La *Gazette de France* est remplie des actes de dévotion de la reine.

payement de la taxe faicte pour la construction du canal commencé pour l'évacuation des grandes eaues, contre ceux qui sont en demeure; n'ayant pas trouvé à propos de reprendre cet ouvrage, qu'au préalable le fonds n'en soit perceu; chacun s'estant bien ressouvenu de l'empressement où l'on se trouva lorsqu'il a eu manque. Et comme il semble qu'une bonne paix seroit un remède infaillible à tous noz maux présens, MM. les curez ont esté priez de la compagnie, au cas qu'il se résoude par la prochaine assemblée, [de prier] Sa Majesté de la donner à ses subjectz, et de se joindre au corps de ladicte Ville pour appuyer ses très-humbles remonstrances par leurs présences et fortes persuasions, animez du zelle qu'ilz tesmoignent avoir du salut des âmes de leurs paroissiens.

De par les prévost des marchands et eschevins de la ville de Paris.

« Monsieur, etc., colonel. Sur l'advis qui nous a esté présentement donné que quantité de gens sans adveu se sont attrouppez et continuent de s'attrouper dans la Place-Royalle[1] et autres lieux de cette ville, menaceant de faire désordre et mesme piller cette nuict diverses maisons, à quoy estant nécessaire de pourvoir, nous vous prions de faire mettre présentement touttes les compagnies de vostre colonelle soubz les armes, et faire des corps de garde cette nuict et les jours et nuicts suivantes, jusques à nouvel ordre, en chacune des rues de l'estendue d'icelle, pour empescher qu'il ne s'y fasse aucune assemblée, dissiper ceux qui s'y vou-

---

[1] Voir plus haut la note de la p. 398.

droient attroupper, et en cas de résistance mettre main basse. Vous priant n'y voulloir faillir. Faict au bureau de la Ville, le 21ᵉ juin 1652. »

De par les prévost des marchands et eschevins de la ville de Paris.

« Monsieur, etc., colonel. Nous avons advis de nouveau que les séditieux, qui s'estoient assemblez à la Place-Royale, se disposoient demain à faire violence en divers endroicts de la ville; c'est pourquoy nous vous prions de rechef d'en tenir advertis les capitaines de vostre colonelle, et leur mander qu'ilz fassent prendre les armes à leurs compagnies, pour faire des corps de garde de nuict et de jour dans rues et places publicques de leurs quartiers. Vous priant n'y faire faute. Faict au bureau de la Ville, le 21ᵉ juin 1652. »

De par les prévost des marchands et eschevins de la ville de Paris.

« Sire Jacques Tartarin. Nous vous mandons de rechef de faire tendre les chaisnes ce soir, et de faire sçavoir à vos cinquantiniers et diziniers nostre présente ordonnance affin qu'elle soit ponctuellement exécutée. Si n'y faictes faute. Faict au bureau de la Ville, le 21ᵉ juin 1652. »

De par les prévost des marchands et eschevins de la ville de Paris.

« M. le président de Guénégaud. Nous vous prions de faire trouver la compagnie de vostre colonelle qui doibt entrer en garde ce jourd'huy à la porte Sainct-Anthoine, dès deux heures précises de relevée, dans une des advenues de la Place-Royalle, pour empescher qu'il ne s'attrouppe aucuns vaccabons ni gens de mauvaise vie, comme il arriva le jour d'hier; et donner ordre à celuy qui est maintenant à la garde de ladicte porte d'y laisser une escouade seullement, et d'envoyer le surplus de sa compagnie qui est soubz les armes, en ladicte place, à mesme fin, pour se rendre les plus forts, et en cas de résistance mettre main basse. Vous priant n'y voulloir faillir. Faict au bureau de la Ville, le 22e juin 1652. »

De par les prévost des marchands et eschevins de la ville de Paris.

« M. Boucher, colonel. Nous vous prions de faire promptement mettre une des compagnies de vostre colonelle soubz les armes, et l'envoyer aussy-tost à la Place-Royalle, pour empescher qu'il ne s'y attrouppe aucuns vaccabons, ny gens de mauvaise vie, ainsy qu'il arriva le jour d'hier; et en cas de résistance se rendre les plus forts et mettre main basse. Vous priant n'y voulloir faillir. Faict au bureau de la Ville, le 22e jour de juin 1652. »

FIN DU TOME DEUXIÈME.

NOTES.

Note C.

SUR L'APPROVISIONNEMENT DE PARIS EN BLÉS.

Il y avait très-anciennement dans Paris, pour la vente des grains, une halle située rue de la Juiverie, vis-à-vis l'église de Sainte-Madeleine, dans la Cité. Louis le Gros, sur la fin de son règne, en établit une seconde, que Philippe Auguste fit clore de murs en 1183. Celle-ci occupait l'emplacement où est à présent la halle au Beurre. Cette nouvelle halle servit pour les blés de l'île de France, du Vexin et de la Brie; l'ancienne, pour ceux de la Beauce; de sorte qu'on la nomma indifféremment la halle de la Juiverie ou la halle de Beauce.

Le roi Jean, dans sa fameuse ordonnance du mois de janvier 1350 pour le gouvernement de son royaume, mentionne trois marchés de blé à Paris; savoir : la halle de Beauce, la grande Halle et la Grève. A notre époque, c'est-à-dire sous Louis XIV, il n'y avait plus que la halle de Philippe-Auguste et le marché de la Grève. Tout ce qui concernait la police et l'approvisionnement des blés dans Paris, appartenait, en partie au Châtelet, et en partie à l'Hôtel de Ville. C'était là une suite de la bizarre confusion que l'on retrouve dans toutes les parties de l'ancienne administration de la France. Le Châtelet avait le département des blés venant par terre, et l'Hôtel de Ville celui des blés qui arrivaient par eau. On se rappelle que cette dernière juridiction était avant tout celle de *la marchandise de l'eau*. Le conseiller au Châtelet Delamare a consacré presque tout le cinquième livre de son savant *Traité de la police* à cette importante matière des blés. La partie la plus curieuse de son travail est celle où il expose tout ce qui fut fait au Châtelet dans les temps de disettes. Il s'étend surtout sur celles des années 1630 et 1662, mais il ne dit absolument rien sur celle de 1649 dont notre document nous apprend l'existence. Nous croyons trouver la cause de son silence dans la nature même des choses. L'action du Châtelet, juridiction du pouvoir royal, devait être singulièrement ralentie pendant des temps de troubles, tandis qu'au contraire celle de l'Hôtel de Ville, juridiction du pouvoir populaire, devait s'accroître d'autant. Il ne sera donc resté dans les archives du Châtelet que peu ou point de traces de ce qui fut fait en 1649 pour l'approvisionnement de Paris. Quoi qu'il en soit, nous n'avons à nous occuper ici que de l'Hôtel de Ville, et pour cela nous allons résumer le plus brièvement possible les faits que nous avons trouvés épars dans ses registres sur cet important sujet, en regrettant que le défaut d'espace ne nous permette pas de donner toutes les pièces à l'appui.

L'approvisionnement de Paris était l'une des fonctions les plus importantes de l'ancien Hôtel de Ville. C'était aussi sans contredit la plus difficile dans des temps de troubles comme ceux qui nous occupent. Aussi notre document témoigne-t-il, presqu'à chaque page, des soins incessants que les magistrats municipaux se donnèrent à cet égard. L'histoire de cette partie de leur administration se rattache par des liens intimes et nécessaires à l'histoire générale, et l'on y ressent à chaque pas le contre-coup des principaux événements politiques. Dès le commencement des troubles, on voit s'éveiller la sollicitude de l'Hôtel de Ville sur cette matière. La reine, qui ne pouvait pardonner aux Parisiens les journées des barricades, ayant emmené le jeune roi à Ruel le 13 septembre 1648, la Ville commença à s'inquiéter, et avec raison, du soin des subsistances. Le 23, le pain des halles fut enlevé dès le matin, et comme les ouvriers ne s'en fournissaient que le soir, on craignit de graves désordres. Un mandement fut envoyé à ce sujet au colonel Thibeuf qui commandait dans ce quartier, l'un des plus populeux, et par conséquent des plus remuants de Paris. Le 27, la Ville, pour remédier à une insuffisance des arrivages qui se faisait déjà sentir, écrivit au maire et aux échevins de Melun, qu'ayant le plus grand intérêt à savoir ce qui se passait sur les rivières dont Paris tirait sa principale subsistance, elle leur envoyait l'échevin Héliot pour entretenir avec eux une mutuelle correspondance *pendant ces grabuges dont l'on conçoit ici de grandes appréhensions*. Ce sont les propres termes de cette lettre. Ces craintes de la Ville n'étaient que trop fondées. Le 6 janvier 1649, le roi quitte brusquement Paris, et sa sortie fait éclater la guerre civile. Le parlement et l'Hôtel de Ville prennent aussitôt les mesures les plus énergiques. Pour nous renfermer dans notre sujet, nous ne nous occuperons ici que de ce qui fut fait à l'Hôtel de Ville touchant les approvisionnements. Dès le 8 janvier, elle fit paraître une ordonnance qui enjoignait à tous les marchands de blé et autres, qui avaient des blés dans les environs de Paris, de les envoyer dans cette ville, avec défense aux capitaines et gardes des portes, ports et rivières, de s'y opposer, sous peine de la vie. Le lendemain, dans une assemblée qui se tint à l'Hôtel de Ville et où le travail fut partagé entre divers bureaux, l'échevin Lescot fut chargé de tout ce qui concernait les blés, le pain et les autres provisions de bouche. Diverses pièces qui se trouvent dans les registres de la Ville, témoignent de l'intelligence et du zèle avec lesquels il s'acquitta de ces fonctions. Au reste, pendant toute la première guerre de Paris, c'est-à-dire depuis la sortie du roi jusqu'au traité de Ruel (du 6 janvier au 11 mars 1649), on voit la Ville déployer la plus grande activité pour approvisionner Paris. Dans l'accomplissement de cette tâche, elle eut à vaincre de grandes difficultés. Et d'abord, l'occupation de la plupart des passages par les troupes de Condé arrêtait presque tous les arrivages, malgré les bonnes dispositions de la campagne à l'égard de Paris. Cependant ce n'était peut-être pas là qu'était le plus grand mal : car, d'une part, l'armée parisienne réussissait assez fréquemment à faire entrer des convois; de l'autre, il paraît, d'après les Mémoires de la duchesse de Nemours, que les officiers royalistes ne se faisaient nul scrupule de vendre du pain aux Parisiens; le plus grand mal était plutôt dans la cupidité des marchands et surtout dans la panique qui régnait sur les marchés. C'est ce que prouvent évidemment les mercuriales des prix du blé que nous avons consultées. On y voit, par exemple, que le setier de froment, qui, le 2 janvier, n'était qu'à 13 livres, était dès le 9, c'est-à-dire trois jours après la sortie du roi, à 30 livres, et qu'il monta dans les premiers jours de mars, vers la fin de la guerre, au prix excessif de 60 livres. Il est vrai qu'après le traité de Ruel, ou plutôt après sa vérification en parlement, qui eut lieu le 1er avril, l'espoir et la confiance commençant à renaître, il redescendit à 18 et 17 livres. Quoi qu'il en soit, ce n'était pas tout pour la Ville de faire arriver, à grands frais et avec mille peines, des blés dans Paris; une fois arrivés, il fallait encore les protéger contre le désordre et le pillage. Notre document est rempli de mandements à ce sujet, envoyés par la Ville aux colonels des quartiers. Il y fallait des compagnies entières de la garde bourgeoise. Les blés venant par eau étaient débarqués soit au port Saint-Paul, où ils étaient emmagasinés dans les greniers des Célestins, soit au guichet du Louvre d'où on les portait dans la galerie du Louvre, soit encore au port au Blé, près la Grève. Pour tous ces transports il fallait de fortes escortes ; il en fallait aussi pour pouvoir conduire sûrement aux halles les convois arrivant par la campagne. La vente du pain aux marchés ne pouvait s'effectuer avec ordre que grâce à la présence de ceux des conseillers au parlement qui avaient le plus de crédit sur le peuple. Sur tous les points, à chaque instant, il y avait des désordres à prévenir ou à réprimer. Le 11 janvier, le peuple qui était convaincu, probablement avec raison, que les maisons religieuses avaient de grandes provisions de blé, se porta sur le prieuré de Saint-Martin des Champs. L'échevin Héliot, accompagné de deux conseillers de Ville et de deux conseillers au parlement, s'y transporta en toute hâte. Dans le courant du mois, la Ville fit faire des perquisitions aux Chartreux, aux Célestins, à Saint-Lazare, à Saint-Victor et à Sainte-Geneviève. Elle leur empruntait de la farine, et quelquefois les priait de cuire toute la nuit afin de pourvoir aux besoins du lendemain. Le 22, des blés furent pillés à leur arrivée au port Saint-Paul. Le même jour, il y eut émeute dans le faubourg Saint-Denis, parce que les habitants ne voulaient pas laisser transporter dans la ville le pain qu'on avait fait faire à Saint-Lazare. Il fallut leur céder. Le lendemain, il y eut un conseil tenu à l'Hôtel de Ville à ce sujet, auquel assistèrent six conseillers au parlement, car il faut reconnaître que, pendant toute la guerre de Paris, le parlement seconda activement la Ville dans les mesures qu'elle prenait pour les approvisionnements. Le 26, il donna un arrêt qui enjoignait à toutes les villes de son ressort d'apporter leurs blés à Paris. Mais on comprend qu'un tel arrêt devait rester sans exécution dans les circonstances présentes. Quoi qu'il en soit, comme cette question des subsistances était la plus urgente, tous les pouvoirs s'en préoccupèrent. C'est ainsi, par exemple, que le 11 janvier, le prince de Conti étant venu s'installer à l'Hôtel de Ville, et y ayant établi un conseil de guerre, ce conseil s'occupa ce jour-là même des approvisionnements. Il y fut décidé que les blés seraient portés dans la galerie du Louvre ; que le froment serait mis à 16 livres le setier et le seigle à 9 livres, le pain blanc à 24 deniers la livre, le bis-blanc à 22 deniers, et le plus noir à 20 deniers. Il est à remarquer que ces prix sont très-inférieurs à ceux que donnent les mercuriales. Cela peut s'expliquer en ce que la Ville dut, selon toute apparence, supporter la différence. En effet, on voit par les mercuriales qu'au marché du 9 janvier le froment était à 30 livres, tandis qu'au marché suivant, celui du 13, postérieur de deux jours à la mesure prise par la Ville, il n'est plus qu'à 22 livres. Il est vrai que le 20 janvier il est déjà remonté à 30 livres, et qu'il continue sa période d'accroissement jusqu'aux premiers jours de mars où, comme nous l'avons déjà dit, il atteignit 60 livres, ce qui semble indiquer que la Ville ne put pas continuer longtemps les sacrifices qu'elle s'était imposés à cet égard. On voit, dans le Traité de la police de Delamare, t. II, p. 1032, que le roi prit une mesure semblable pendant la disette de 1662. Le prix du blé était alors de 50 livres le setier. Le roi fit acheter pour deux millions de blés, de Dantzick et du Nord. Ce blé se vendit d'abord 26 livres, ce qui fit baisser celui des marchés de 50 livres à 40. Le roi fit mettre alors le sien à 20 livres, ce qui obligea les marchands à une baisse proportionnelle.

Nous ne pousserons pas plus loin le détail de ce qui fut fait à l'Hôtel de Ville pendant la guerre de Paris, relativement aux blés, nous rappellerons seulement que la crise la plus forte se fit sentir sur la fin de cette guerre. Nous en avons dit un mot dans notre note sur les conférences de Ruel. Pour le surplus, nous renverrons le lecteur au document lui-même. Mais nous devons nous étendre un peu plus sur ce qui fut fait à la fin de cette année 1649, époque où l'insuffisance des récoltes, et les conséquences naturelles de la guerre civile amenèrent une disette, pendant laquelle la Ville eut à redoubler de soins et à surmonter de nouveaux et plus graves embarras.

Comme on vient de le voir, la récolte de l'année 1649 fut mauvaise. Dès que la Ville fut avertie du mal, elle chercha des remèdes. Le 20 août, quelques-uns des principaux marchands de blé de Paris furent mandés à l'Hôtel de Ville, pour savoir d'eux ce qu'ils avaient de blés de disponible, et quels moyens ils pourraient proposer pour pourvoir à l'approvisionnement. Il résulte de cette espèce d'enquête, qu'ils n'avaient, à eux tous, que la quantité de

2 250 muids. Ils dirent qu'on en pourrait trouver 6 000 à Soissons, 18 000 dans le Soissonnais, 12 000 à Châlons-sur-Marne, 4 000 à Vitry, et 5 000 à Chartres. Ils ajoutèrent qu'il y avait beaucoup de blés à Bordeaux et dans le Languedoc; qu'au pays de Caux la récolte avait été bonne; qu'elle était seulement passable en Valois et dans les environs de Châlons-sur-Marne; et qu'enfin, elle était mauvaise en Bretagne, à Provins, en Beauce et en Soissonnais. Consultés sur les moyens de se procurer des blés, ils engagèrent à en tirer par mer de la Hollande et de Dantzick, assurant que c'était le seul moyen de faire baisser les prix. On leur reprocha alors les associations qu'ils auraient faites entre eux pour empêcher les marchands du dehors d'amener leurs blés dans Paris; ils repoussèrent vivement cette accusation et nièrent d'avoir fait entre eux aucune société dans ce but. Le lendemain de cette assemblée, Messieurs de la Ville étant allés saluer le cardinal Mazarin, à l'occasion du retour du roi, le remercièrent d'avoir défendu l'exportation des blés, et du concours qu'il leur donnait dans les soins qu'ils prenaient pour l'approvisionnement de la capitale. Le dernier août, ils firent présenter au parlement par leur procureur, une requête à l'effet d'obtenir de lui qu'il fît lever les obstacles que l'on apportait de tous côtés au passage des blés. Ils obtinrent arrêt le jour même.

Le mois suivant, la Ville, à peine débarrassée des fatigues et des soins du bal qu'elle avait donné au roi, reprit sa tâche avec ardeur.

Elle tint, les 10 et 11 septembre, de nouvelles assemblées où l'on manda encore plusieurs marchands de blé, et où l'on agita les mêmes questions. Elle écrivit le 12, aux maires et échevins de Châlons, Vitry, Château-Thierry, Meaux, Nogent-sur-Seine, Provins, Montereau, Melun, Soissons, Noyon, Beaumont-sur-Oise, Compiègne, ainsi qu'aux lieutenants-généraux de ces lieux, pour les prier de faciliter l'exécution des arrêts du conseil et du parlement, et des lettres du roi, touchant la liberté du commerce des grains.

De son côté, le pouvoir royal était loin de rester inactif. Le roi écrivait aux gouverneurs des provinces. Le 13 septembre, Legros, exempt des gardes de la prévôté de l'Hôtel, partit pour faire exécuter à Melun et dans les autres villes de la Seine les ordres relatifs au blé. Le capitaine Legue, son lieutenant, partit le même jour pour la Champagne et la Picardie. Pendant ce temps, le parlement et le conseil donnaient arrêts sur arrêts, mais malgré tout cela, les difficultés étaient loin de s'aplanir. Les provinces avaient beaucoup souffert. L'inquiétude s'était emparée des populations, qui, sur tous les points, s'opposaient à l'enlèvement des blés. Le parlement de Bretagne défendit la sortie de ceux de sa province. Rouen exigea que les marchands lui laissassent le tiers du blé passant par ses murs. Le 4 septembre, il y eut arrêt du conseil qui défendait l'exportation hors du royaume, et la permettait au contraire de province à province. Par un second arrêt, du 9, il ordonnait l'achat de la plus grande quantité de blé possible pour Paris. Cependant les réponses des villes arrivaient, et elles étaient alarmantes. Le 21 septembre, les échevins de Soissons répondirent au prévôt des marchands et aux échevins de Paris qu'ils feraient tous leurs efforts pour obéir aux ordres du roi et secourir Paris, mais qu'eux-mêmes manquaient de blés; ils se plaignaient des accapareurs. Le 1er octobre, les magistrats de Châlons-sur-Marne écrivirent qu'ils ne pouvaient secourir Paris de blé, dans l'état de disette où ils se trouvaient eux-mêmes; qu'en comptant, non-seulement ce qui s'en trouvait dans la ville, mais encore tout ce que la noblesse et les habitants en avaient resserré pendant le passage des troupes, cela ne faisait en tout que 47 470 setiers; que depuis, ils avaient été forcés d'en livrer 7 000 setiers à un sieur Thiraud, pour la fourniture des armées, et qu'ils n'en avaient pas trop pour nourrir seize mille bouches qui étaient dans leur ville, pendant dix mois. Le même jour, les magistrats de Vitry écrivirent que, pour éviter la sédition et la fureur d'un peuple pressé par la faim, ils avaient été obligés d'arrêter tous les blés; que ce qu'ils en avaient ne suffisait pas pour la subsistance des habitants pendant deux mois; qu'après les semailles, s'il leur en restait quelque peu, ils s'empresseraient de l'envoyer. Cependant la Ville cherchait en vain les moyens de combattre le mal. Le jeudi 7 octobre, elle mandait à son bureau les marchands de blé pour savoir d'eux pourquoi le blé manquait sur les ports. Ils faisaient toujours la même réponse : l'opposition faite par le peuple et même par les officiers des villes au passage des convois, assurant que s'il n'y était pas pourvu promptement, il n'y aurait plus de blé sur les ports à la fin de la semaine. Le 13, il y eut assemblée de Ville dans laquelle on fit lecture d'une lettre de cachet du roi, qui ordonnait à la Ville d'envoyer faire des achats de blé sur la Garonne et la Charente, promettant de payer le déchet s'il y en avait. Après cette lecture, le prévot des marchands exposa l'inutilité des efforts faits par la Ville pour obtenir des blés. Il dit que le procureur de la Ville s'était transporté en Normandie pour ce sujet, et qu'il n'avait rien pu obtenir de la ville de Rouen qui persistait à garder un tiers des blés passant par son port ; que le cardinal Mazarin avait décidé un sieur Bailly à faire venir à Paris 2 000 muids de blés qu'il avait à Bordeaux, à 21 francs le setier, et que Son Éminence avait mis en gage ses provisions pour sûreté de la mévente de ces blés ; qu'un fournisseur offrait d'en faire venir 4 000 muids de Hollande à 24 francs le setier, et un autre, de Bretagne, à 22 fr. Il ajouta qu'il y avait quantité de blé en Languedoc, et que les États de la province avaient demandé au roi la permission de le vendre aux régnicoles ou aux étrangers, pour payer leurs impôts. Il dit encore qu'on avait demandé à un sieur OEuf d'en faire venir de Dantzick, mais qu'il fallait de l'argent comptant, et que la Ville n'en pouvait fournir. Le sieur Bailly, ne s'étant pas trouvé à cette assemblée, elle fut remise au lendemain, où il fit sa soumission pour 2 000 muids venant de Bordeaux, au prix de 252 francs le muid, ou 21 francs le setier. La Ville écrivit au parlement de Bordeaux, pour le prier de faciliter cette opération. Il y eut encore, cette année, deux assemblées de Ville pour le fait des blés, l'une du 25 octobre et l'autre du 18 novembre. Enfin, au commencement de 1650, l'échevin Boucot fut envoyé à Rennes pour solliciter du parlement de Bretagne la sortie des blés achetés pour Paris.

A partir de ce moment, bien que les embarras aient dû renaître avec la guerre civile de 1652, nous ne trouvons plus grands détails sur cette importante matière, dans les registres de l'Hôtel de Ville.

Nous nous arrêterons donc ici. Seulement, pour mettre le lecteur à même de se faire une idée plus nette de la manière dont la Ville entendait ce point particulier de son administration, nous transcrirons ici quelques-unes des pièces relatives à la crise de 1649. Elles renferment des détails curieux sur lesquels nous appelons toute son attention.

Marchands de blé mandés au bureau de l'Hôtel de Ville.

« Ledict jour 20ᵉ aoust 1649, quatre heures de relevée, ont esté mandez au bureau de la Ville plusieurs marchans de grains de cette ville, cy-après nommés, ausquels M. le prévost des marchans a dict qu'il désiroit sçavoir d'eux ce qu'ils avoient de blez acheptez sur les rivières, et où ils faisoient estat d'en pouvoir recouvrer pour la provision de Paris.

« S'est présenté Charles Ferret, marchant de grains à Paris, qui a dict que dans le pays Soissonnois, il y avoit peu de récolte cette année; qu'il y avoit encorres quelques vieux bledz dans Soissons, qui pouvoient monter à 6 000 muids, mesure de Paris; sur laquelle quantité il en avoit achepté audict pays, 200 muids d'une part, et, à Chaalons, 60 muids, d'autre.

« Pierre de Vaulx, aussy marchant de grains à Paris, a dict qu'il a 200 muids de grains dans Soissons, et qu'il y en peult avoir 18 000 muids de vieux dans le Soissonnois; et que pour la récolte de cette année, il n'en falloit rien espérer; que vers Chaalons et Vitry, il avoit 80 muids de bled; et qu'il y en a quantité à Bordeaux et en Hollande.

« Adrien Gogibus a dict qu'il n'a aucuns bledz acheptez; que le pays de Caux avoit une fort bonne récolte cette année; qu'en Bretagne, qu'elle est gastée; qu'à Chartres, en Beausse, il y a quantité de vieux bledz. Et, qu'oultre cela, il falloit en faire venir par la mer, si l'on désiroit l'avoir à prix raisonnable.

« Rousseau a dict qu'il a 100 muids de bledz à Chaalons, et son facteur, qui vient de Provins, a dict que les bledz nouveaux estoient gastez, qu'il n'y en aura pas pour vivre dans le pays, et qu'il en avoit 50 muids dans Provins.

« Louis Presle a dict qu'il a 600 muids de bled dans Nogent, à la grand mesure, qui double mesure de Paris; dans Chaalons 12 000 muids de bled, au moings, mais qu'il y a défenses d'en enlever; que dans Vitry, il y peult avoir 4 000 muids de bledz.

« Pierre Audigier a dict qu'il avoit 100 muids de bled à Chaalons, 50 muids à Provins, et 50 muids à Montereau-Fault-Yonne. Le tout achepté, mais qu'on ne veut permettre de l'enlever.

« Lancelot a 60 muids de bled à Chartres et à Chasteau-Thierry; à Dormans, 20 muids. Que dans Chartres, il y peult avoir

5 000 muids de bled ; et que la récolte est fort petite en Beausse ; mais que dans le pays de Valloys, et à l'entour de Chaalons, il y a assez bonne récolte. Et dans le Languedocq, il y a encore quantité de bledz.

« Et ont tous dict que pour tirer des bledz par les rivières de Seyne, Marne et Oyse, et autres qui descendent en Seyne, il fault avoir du monde sur lesdictes rivières. Et qu'en l'année 1630, qu'il y eust pénurie de grains, l'on envoya M. le Grand prévost et ses officiers sur les lieux ; lequel, ayant fait pendre quelques séditieux, l'on eust ensuite les passages libres ; et qu'il en faudroit user ainsy en ce temps-cy ; et que sans cette autorité il en sera difficile d'en tirer autrement.

« Ont dit encorres que s'il y avoit liberté de faire venir des grains de la ville de Rouen à Paris, qu'il y en viendroit une si grande quantité de Hollande, de Danzic et d'ailleurs, que cela feroit cesser la cherté du bled du costé de Champagne, et qu'il y auroit lieu d'establir le muid de froment à 60 escus dans Paris, pourveu qu'on en vit venir du costé de Rouen : que MM. Pitresson et Chappellier, bourgeois de Rouen, en fourniront quantité, pourveu que la liberté y soit establie.

« Leur a esté représenté que l'on faisoit grand bruit de ce qu'ilz estoient tous associez, et qu'ilz empeschoient tous les forrains d'amener des grains à Paris par cette intelligence ; ce qu'ils ont tous desnyé et assuré qu'aucun d'eux n'estoit associé.

« Picard a dict qu'il avoit 20 muids de bled à Chaalons, 20 muids de bled à Provins, et 40 muids proche Legy sur la rivière d'Ourre. »

Autre comparution des marchands de blé à l'Hôtel de Ville.

Du vendredi 10e jour de septembre 1649, de relevée.

« Ledict jour ont esté mandez au bureau de la Ville, pardevant nous prévost des marchans et eschevins d'icelle, plusieurs marchans de grains, tant de cette ville que forrains, pour nous rendre raison du hault pris qu'ils ont mis aux bledz qui se sont ce matin vendus, tant sur les ports que places publiques.

« Lesquelz estans comparus par les nommez Rousseau, Audiger, Le Picard, Lancelot, la veuve Simon et la veuve Presle, tous marchans de Paris, nous auroient dict et représenté qu'aucuns d'eux n'avoient vendus leurs bledz plus de 23 et 24 livres le septier, et que, de vérité, il y avoit eu quelques forrains qui en avoient vendus quelque petite quantité jusques à 28 livres le septier. Mais qu'il estoit très-nécessaire de faire ouvrir les passages et tenir le commerce desditz bledz libre, autrement qu'il leur seroit impossible d'en faire venir de quelque endroit que ce fust, y ayans quelques-uns d'entre eux qui avoient couru risque de leur vie pour s'estre mis en devoir d'en voiturer; les juges des villes où lesdicts marchans de Paris ont faict serrer et ramasser leurs grains, ayans faict deffences de les enlever, à peine de la vie.

« Et leur ayant esté demandé ce que chacun d'eux pouvoit fournir après que lesdictes deffences auroient esté levées,

« Ils auroient répliqué qu'il ne suffiroit pas d'envoyer du parchemin, et qu'à moins d'y envoyer le Grand prévost et nombre d'archers pour chastier les mutins, ils ne croioient pas qu'on en peut venir à bout.

« Et a ledict Rousseau déclaré qu'il peult avoir environ 150 muids de bledz acheptez, qu'il fera venir aussy tost qu'il en aura la liberté.

« Ledict Audiger, 140 muids.

« Ledict Picard, environ de 60 muids.

« Ledict Lancelot, environ de 90 muids.

« La veuve Simon, qu'elle peult avoir 50 muids de bledz à Chaalons, et pareille quantité à Vitry, et qu'elle et son fils sont en termes de faire quelques traittez pour tirer des bledz du costé de Rouen, lorsqu'il y aura facilité d'en faire venir.

« Le vefve Presle a déclaré qu'elle avoit quelque 100 muids de bledz d'acheptez en divers endroitz, d'où elle ne le peult avoir sans permission.

« A tous lesquelz marchans ayans esté demandé quels expédiens ils pourroient avoir pour tirer des bledz par la mer, ayant la liberté du commerce, ils sont demeurez d'accord qu'il falloit en avoir de ce costé-là, afin de faire amander celuy de Champagne, qu'ils disoient valloir 72 escus le muid en quelques endroicts; n'y ayant eu que ladicte vefve Simon qui ayt faict espérer de traffiquer de ce costé, de Rouen, aussy tost que la liberté du commerce y sera donnée.

« Ce faict, a esté enjoinct ausdicts marchans de bledz de faire incessamment voiturer en cette ville tous et chacuns les grains qu'ils ont à la campagne, et à eux faict deffences d'augmenter le pris des grains d'un batteau lorsqu'il aura esté entamé, à peine de confiscation, suivant l'ordonnance. »

Assemblée de Ville sur le fait des blés.

Du samedi 11e jour de septembre 1649.

« En l'assemblée de MM. les prévost des marchands et eschevins, et conseillers de la ville de Paris, ledict jour tenue au bureau d'icelle, pour adviser à ce qui estoit à faire pour l'achapt des bledz nécessaires pour la provision de Paris, sont comparus :

« Messire Hiérosme le Fénor, etc.

« La compagnie estant assemblée, M. le prévost des marchands y a représenté, qu'ayant veu le peu de récolte qu'on a eu de bled cette année en diverses contrées, ils auroient estimé qu'il falloit de bonne heure pourvoir à la provision de Paris. Mais comme il est dangereux d'en faire connoistre la nécessité, tant par la malice des marchans, que par l'apréhension des peuples, ils auroient faict agir quelques marchans, lesquelz auroient obtenu un arrest du parlement portant main levée des deffences que l'on avoit faictes à Soissons et autres places de Picardye, d'enlever et laisser sortir aucuns bledz du pays. Mais comme la Ville auroit veu que toutes les villes de la Champagne en avoient faict autant, elle auroit elle-mesme présenté requeste au parlement, en conséquence de laquelle, la cour, par son arrest du 4e jour de ce mois, auroit levé lesdictes deffences et ordonné que le commerce des bledz seroit libre à un chacun pour en amener en cette ville de Paris, tant par eau que par terre, et qu'il seroit informé des violences commises et qui se commettroient cy-après aux passages et transport desdicts bledz ; qu'en suitte le roi, par arrest du conseil d'Estat dudict jour, 4e septembre, auroit faict deffences à toutes personnes de transporter aucuns bledz hors le royaume, ayant révoqué tous les passeports que Sa Majesté en auroit donnez jusques à ce jour ; que M. le cardinal Mazarin avoit voulu prendre soing de cette affaire, ayant plusieurs fois mandé la Ville pour sçavoir quel moyen il y avoit de faire venir des bledz à Paris ; ce qui nous a donné la facilité de luy représenter les empeschemens que les officiers des villes de Champagne et de Picardye y apportoient par les deffences qu'ils avoient faictes d'en transporter hors de leurs juridictions, et qu'il n'y avoit que l'auctorité du roy qui peult en rendre le commerce libre, tant par des arrestz du conseil d'en hault, que par les lettres que Sa Majesté en pourroit escrire aux gouverneurs des provinces, des villes particulières, et aux baillifs et lieutenans-généraux, mesmes aux maires et eschevins desdictes villes, et rendre les officiers du Grand prévost, accompagnez de quelques archers, porteurs desdicts arrestz et dépesches, avecq ordre de procéder à l'encontre des contrevenans selon la rigueur des ordonnances. Ce que Son Eminence nous a faict aussy tost espédier, ainsy que la compagnie reconnoistroit par la lecture qui en sera faicte. Nous luy dismes de plus, qu'il y avoit quantitez de bledz en Auvergne, en Poictou, Bretagne et en la Guyenne, mais que cette ville n'en pouvoit estre secourue qu'au préalable le passage n'en fust libre à Rouen et au Pont de l'Arche ; que nous le supplions très-humblement de le faire ainsy ordonner, ce qu'il nous accorda à l'heure mesme : et nous dist qu'il avoit pensé de faire venir des bledz du costé de la Hollande et de la Poulongne, afin que l'abondance nous en donnast le bon marché, et qu'il avoit mesme parlé à quelques personnes qui volontiers en entreprendront la traicte', estans asseurez d'un pris certain pour le débit d'icelluy ; qu'il falloit adviser entre nous ce que la Ville pourroit faire de son chef dans les asseurances que l'on demandoit pour la traicte desdicts bledz ; que c'estoit le subject de cette assemblée, à ce que chacun de la compagnie travaillast de son costé, selon ses intelligences, pour trouver des personnes capables d'entreprendre une affaire de telle conséquence.

« Et après que lecture a esté faicte des lettres que le roy, etc.

« La compagnie a esté d'advis de correspondre aux bonnes intentions de Sa Majesté, et, ce faisant, rechercher le plus promptement que faire se pourra des personnes d'intelligence et solvables avec lesquelles la Ville peut traicter pour le fournissement des bledz du costé de la mer, à quelque pris raisonnable ; et cependant Sa Majesté suppliée de faire armer quelques vaisseaux afin d'empescher les courses et brigandages que fond ceux d'Ostende, ayant depuis peu pris quelques navires chargés de bledz et autres marchandises qui venoient à Rouen, dont plusieurs marchans sont incommodez. Il sera aussy à propos de s'asseurer du passage desdictz bledz à Rouen et au Pont de l'Arche, et envoyer personnes exprès sur les lieux avec les arrestz et dépesches du roy, afin qu'on n'y trouve aucun obstacle. Toute la compagnie s'estant offerte de trouver des gens pour la traicte desdicts bledz à pris modicque, y ayant mesme un de Messieurs les conseillers de Ville qui a faict espérer qu'on en pourroit faire venir bonne quantité de Bretagne, à raison de 14 livres pour septier, y ayant seureté aux passages, et qu'il se trouveroit compagnie à Rouen pour cela. Ce qui a faict dire tout hault à MM. les prévost des marchands et eschevins, qu'aussy tost qu'il se présentera quelqu'un qui veille entendre audict traicté, qu'on rassembleroit le conseil de Ville, comme estant une affaire fort pressée et pour laquelle M. le cardinal Mazarin tesmoignoit grande passion. »

Marchands de blé mandés à l'Hôtel de Ville.

Du jeudy 7ᵉ jour d'octobre 1649.

« Sont comparus pardevant nous, au bureau de la Ville, Pierre Lancelot, Pierre de Vaux, Adrien Gogibus, Charles Féret, la veuve Simon, et autres marchans de bled. Lesquelz, enquis de la cause pour laquelle les ports de cette ville ne sont pas garnis de bledz à l'ordinaire,

« Ont dict unanimement que ce deffault procedde de ce que il leur est impossible de faire venir des bledz de quelque lieu que ce soit, n'ayant la liberté d'en tirer d'aucune ville, par le moyen de ce que les officiers et le peuple ne veullent souffrir le transport et enlevement, et n'estiment pas que, s'il n'y est donné ordre, il reste aucun grain sur les portz de cette ville dans la fin de la sepmaine présente.

« Ledict Lancelot a dict, de plus, que ce qui maintenant empesche que l'on puisse estre secouru de grains, des villes de Chaalons et Vitry, est l'achapt fait par le sieur Thirand, munitionnaire, de plus de 8 000 septiers de bled, desquelz il a faict enlever une partye, et continue journellement.

« La veuve Simon a dict qu'elle a faict achapt de bledz en Bretagne, lesquelz son facteur faict charger. Elle espère de les avoir dans peu, en cas que la liberté soit pour les passages, et que le vent soit favorable.

« Ledict de Vaux a dict, de plus, que le plus expedient seroit de traitter pour le fournissement de cette ville, et que, suivant la proposition par luy cy-devant faicte, le septier de froment se pourra vendre à 24 livres ou 23 livres, le seigle à 16 livres 10 solz ou 16 livres le septier, à Paris.

« Que l'on pourra traitter jusques à la quantité de 5 000 muids de bled, savoir : 2 000 muids froment et 3 000 muids de seigle ; que la première livraison se fera au commencement du mois de janvier, et les autres de mois en mois ensuivant, moyennant le quin d'avance du montant du pris dudict bled, qui est : 250 000 livres ou environ. » — (Bibl. du roi, Ms. Saint-Germain, n° 23, t. II, fol. 127 v°.)

Assemblée de Ville du 25 octobre 1649, sur le fait des blés.

« La compagnie estant assemblée..... s'est présenté M⁰ Gaspard Juston, commis de messieurs Frémen, bourgeois de Thoulouze, qui a offert de délivrer, dans la fin de cette année, sy faire ce peult, 4 000 septiers de froment, bon, sec, net, loyal et marchand, mesure de Paris, du creu de Gascongne, à raison de 21 livres le septier, en luy faisant bailler les passeports et lettres du roy à ce nécessaires, et l'asseurant, par MM. de la Ville, de la mévente desdicts bledz au dessoubz de ladicte somme de 21 livres. Et, s'estant retiré,

« Serait entré le sieur Machon, qui a offert à la compagnie de voicturer à Paris, dans la fin du mois de janvier prochain, si faire se peult, la quantité de 1 000 muidz de bled, froment et seigle, à 22 livres le septier de froment, et à 17 livres celuy de seigle, scavoir : 2 000 septiers dans le quinziesme jour de décembre, et le surplus au plus tost qu'il luy seroit possible, pourveu que l'on luy fournist les lettres et passeportz du roy à ce nécessaires, et que la Ville l'asseurast de la mesvente desdictz grains au dessoubz des pris susdictz, desquelz il n'a voulu faire aucune diminution, quelques instances et remonstrances que la compagnie luy ayt peu faire. Et, s'estant pareillement retiré, ouy sur ce le procureur du roy et de la Ville en ses conclusions, et l'affaire sur ce mise en délibération,

« A esté arresté et conclud que la compagnie embrasseroit toutes les propositions qui luy seront faictes pour faire apporter des bledz en cette ville pour la provision d'icelle, et, qu'à cette fin, messieurs les prévost des marchans et eschevins s'obligeront à payer la mesvente desdictz bledz, et en passeront les contracts ordinaires avec lesdictz Juston et Machon, suivant et au désir de la précédente résolution pour le mesme faict.

« Ensuitte de quoy, M. le prévost des marchans a faict entendre à la compagnie tout ce qui s'estoit passé en l'affaire desdictz bledz, et comme la Ville avoit esté mandée par M. le cardinal Mazarin pour en scavoir le progrès. Dont luy ayant esté donné compte, et remonstré que la ville n'y pouvoit rien advancer davantage, faulte d'argent comptant, à quoy Son Éminence auroit repliqué : que pour de l'argent comptant, il estoit impossible à la reyne d'en fournir à présent, mais que s'il se trouvoit quelques-uns qui en peussent avancer jusques à l'année prochaine, qu'il feroit ensorte qu'on leur donneroit des assignations pour leur remboursement, les plus promptes et les plus asseurées que faire se pourroit : comme sur les entrées de Paris, les cinq grosses fermes, sur les aydes, et telles autres qu'on pourroit demander.

« Ce qui auroit donné lieu à la compagnie de faire plusieurs propositions, qui sont enfin terminées à se rassembler, demain, 9 heures du mattin, pour scavoir ce que produira une conférence, qui se tiendra cette après disnée, d'aucuns de messieurs les conseillers, en la maison de M. d'Oinville, pour adviser de faire un fonds de 3 ou 400 000 livres par le crédit de quatre ou six d'entre eux, en conséquence des indempnitez que leur feroit la compagnie, chacun en leurs propres et privez noms, pour les garentir de l'événement dudict emprunct. Et cependant, qu'elle prendroit les asseurances qui ont esté promises du costé du roy, en cas qu'il y eust quelque deschet sur le trafficq de bled, que ces mesmes quatre ou six conseillers de ville ont offert de faire faire par leurs intelligences ès lieux où il y en a, sans y prendre quoy que ce soit, voulans rendre gratuitement ce service au publicq. »

(Le 26 octobre, il se tint une autre assemblée sur le même sujet. On y exposa ce qui s'était fait dans l'assemblée tenue chez le conseiller Barthelemy d'Oinville, chez lequel il ne s'était rien conclu, et on remit l'assemblée de ville au lendemain, où l'on décida que tous les quarteniers seraient mandés.)

Assemblée du 27 octobre 1649.

« A esté arresté et conclud que la compagnie fera de son chef un fonds de 150 000 livres pour commencer l'achapt de bledz qu'il est nécessaire de faire pour la provision de Paris, en baillant, par forme de prest volontaire, chacun 3 000 livres entre les mains de ceux qui seront pour ce députez de ladicte compagnie. Lesquelles sommes leur seront rendues des deniers provenans de la vente desdicts bledz lorsqu'ils seront arrivez en cette ville, ensemble l'interest et proffit d'icelles à raison de l'ordonnance, sauf à MM. les prévost des marchans et eschevins de s'asseurer de pareil ou plus grand fonds par les assignations qui leur ont esté octroyées par le roy et messieurs les ministres d'État, à prendre sur les entrées de Paris, la ferme généralle des aides, celle des cinq grosses fermes ou autres, au cas qu'il se trouvast de la mesvente, tant sur lesdictz bledz, que sur tous les autres qui viendront par decà en vertu des délibérations prises en cette compagnie et celles qui s'y pourront prendre pendant la nécessité présente. Et pour raison de quoy, la Ville s'est obligée de son chef à payer les mesventes. Et, à ce que chacun soit invité à faire quelque effort pour la patrie, suivant ses facultez, il a esté résolu qu'aux premiers jours d'après la Saint-Martin, il sera faicte une assemblée généralle, où les cours, corps, colleges et communautez seront priez de se trouver, et mandemens envoyés à cet effect en la manière accoustumée. »

(Cette assemblée générale d'après la Saint-Martin, ne se trouve pas dans les registres de l'Hôtel de Ville.)

Procès-verbal de l'assemblée de Ville, du 18 novembre 1649,
sur le fait des blés.

« En l'assemblée tenue en l'Hostel de Ville, composée de MM. les prévost des marchands et eschevins, procureur du roy et de la Ville, conseillers et quartiniers d'icelle, avec quatre bourgeois notables de chacun quartier, M. le prévost des marchands a représenté qu'il estoit question principallement d'adviser aux moyens plus prompts pour faire venir des bledz en cette dicte ville, suffisans pour la nourriture d'un si grand peuple, et en diminuer le pris, lequel est excessif et va jusques à 35 livres le septier du froment, et ainsy des autres grains à proportion ; qu'il reste encorres huict mois jusques à la récolte ; que les pays de Champagne, Picardye, Beaulce et France ont manqué ; que nostre recours est aux pays esloignez et estrangers, d'où nous tirons le secours présent, qui peut manquer en l'arrière saison, à quoy il seroit bien à propos de pourveoir, et adviser de faire quelque contribution sur nous mesmes pour acheter des bledz ès-provinces qui en peuvent fournir, le vendre ici à un certain pris pour se rembourser, et, en cas de mesventes, que le roy promettoit d'indemniser et donner pour cela toutes les seuretés nécessaires ; que le bureau de la Ville avoit traicté avec plusieurs marchans pour amener des bledz à Paris de plusieurs endroicts, à 21 et 22 livres le septier de bled-froment ; que plusieurs marchans avoient obtenu des passe portz et lettres du roy et de la Ville, pour faire passer les bledz par eux acheptez en Bretagne, la Rochelle et autres lieux ; que les villes de Vitry et Chaalons n'avoient rien fourny jusques à présent, et qu'ils faisoient espérer quelque secours bien tost ; qu'en Soisonnois, les paysans s'estoient atroupez pour arrester et piller les batteaux, mais que le roy y mettoit ordre, envoyoit des forces conduites par M. le marquis de Coeuvres pour les réduire à la raison ; qu'il pouvoit assurer la compagnie que toutes les diligences avoient esté faictes de la part de la Ville ; que s'il y avoit quelques expédiens à proposer pour donner l'abondance et rendre le pain à meilleur marché, qu'il prioit l'assemblée d'en faire l'ouverture et d'en délibérer ; ayant assurance certaine que le roy employera toute son auctorité pour ce subject, et que le corps de la Ville prendra aussy tous les soings possibles pour le soulagement de ses concitoiens. Puis après, le procureur du roy et de la Ville prenant la parolle, a dict que le mal estant visible et la disette des bledz reconnue presque partout, il ne restoit qu'à chercher les moyens possibles de pourveoir à la nécessité présente et la faire cesser à l'advenir ; que pour y parvenir, il falloit observer un bon ordre de police pour le dehors et pour le dedans de cette ville. Pour le dehors, qui regardoit les provinces et la liberté des marchans de tirer des bledz avec facilité, l'on n'avoit rien espargné pour cela, y ayant eu plusieurs arrestz du conseil de la cour contre les officiers et habitans des villes de Vitry, Chaalons, Provins, Soissons et autres lieux, pour laisser passer les bledz acheptez par les marchans, destinez pour la provision de cette ville, qui n'ont peu estre exécutez jusques à présent, au moyen de ce qu'ils ont allégué n'en avoir suffisamment pour eux, et que les peuples ont empesché le passage; ce qui a obligé les marchans d'estendre leur commerce plus long et avoir intelligence avec ceux qui traffiquent sur mer pour faire venir des bledz de Dantzic et de Hollande, de Bretagne et de la Rochelle. En sorte que l'on a reconnu que depuis deux mois nous subsistons par les bledz de mer, qui passent par la ville de Rouen, dont les habitans souffrent le passage au moyen de ce qu'ils retiennent le tiers pour eux, obligeans les marchans de le mettre dans leurs greniers, pour le besoing qu'en a la province de Normandye, par convention qu'il [1] avoit faicte avec eux lors qu'il y avoit esté la première fois par l'ordre du roy. De sorte que ce qui rend les bledz chers icy, ce n'est pas tant la rareté, qu'à cause qu'ilz coustent beaucoup aux marchans, les estrangers se servans de nostre besoing pour vendre leurs denrées à hault pris. Les frais de voiture augmentent encorres la cherté, estant besoing de descharger les navires au Hâvre pour passer à Rouen, où l'on descharge encorres les vaisseaux pour mettre le bled dans nos batteaux foncetz qui sont tirez par des chevaux jusques icy, le chemin estant de plus de cent lieues par la rivière. La marchandise estant d'autant plus chargée par tous ces frais, et, comme ce qui arrive à présent est aussy survenu autres fois, mesmes ès-années 1499, 1529, 1565, 1569, 1626 et 1630, les remèdes que l'on y apportoit lors, et principalement en l'année 1565, sont remarquables. Les registres de la Ville font veoir que la nécessité dura toute l'année qui fust stérille en tous grains, mesme en vins. L'on craignoit les désordres. L'année suivante estoit fort apréhendée, et au mois de juillet suivant le bled valoit 21 livres 10 solz. Les pluies continuelles empeschoient de faire l'aoust, ce qui donna lieu à faire lever la châsse de Saincte-Geneviefve. Il se fict lors plusieurs .... [2] Et fust ordonné par la cour, ès-mois d'octobre et décembre de ladicte année 1565, que l'on feroit perquisition exacte des bledz que les bourgeois pouvoient avoir en leurs maisons; qu'ilz seroient tenus de fournir hors

---

[1] *Qu'il*, c'est-à-dire le procureur de la Ville. Il avait été envoyé au mois d'octobre à Rouen, pour traiter du passage des blés.

[2] Il manque un mot.

la prévosté de Paris, affin de laisser les portes libres aux boulangers pour les pauvres; que les plus accommodez en achepteroient sept ou huit muids, pour, leur provision prise, estre le surplus porté au marché. L'on doubla lors les taxes qui se faisoient pour les fortifications, affin d'en faire un fonds pour secourir le public, et en gratifier les marchans qui venoient au secours de la ville. Les aumosnes des pauvres furent aussy augmentées par arrest de la cour. Ce qui se faisoit en ce temps-là par force, se pourroit maintenant pratiquer par une contribution volontaire d'une somme notable, qui seroit déposée entre les mains de bons bourgeois pour faire des achaptz de bledz pour l'arrière saison, qui toucheroient aussy l'argent de la vente pour le rendre à ceux qui auroient assez d'affection pour leur pays de contribuer, et, en cas qu'il y eust mesvente, l'assurance que le roy donnoit de suppléer le surplus, debvoit augmenter encorres le courage des moins affectionnez. Ceste proposition semble d'autant plus faisable, qu'il n'y a à perdre, estant plus tost un prest qu'un don, et, en effect, une assistance rendue à nous-mesmes pour contenir les peuples et leur donner de quoy vivre à meilleur marché. Il remonstra encore que ce n'estoit assez de régler le dehors, mais aussy qu'il falloit penser au dedans de la ville, et à establir une bonne police. A ceste fin, empescher les boulangers d'achepter des bledz ailleurs que sur les portz et places de cette ville, affin de faire venir les laboureurs et autres personnes qui ont du bled à vendre; que les bourgeois de Paris qui sont fournis, n'acheptent plus de bled, et ayent à cuire en leur maison; prendre garde qu'il n'y ayt point de regratiers qui acheptent sur les portz à bon marché pour revendre bien cher aux halles et marchez; que la liberté du marchand pour la vente ne soit point restraincte, mais quand il aura estably un pris, qu'il ne puisse plus l'augmenter; que l'on face ce qu'il sera possible pour l'ouverture des passages, sans laquelle il serait mal aisé de faire subsister un si grand peuple.

« Après ces remonstrances, chacun a donné son advis, l'un après l'autre, lesquelz ont esté à dire qu'il y auroit assez de bledz pour l'année, pourveu que les passages feussent libres, tant par mer que par terre, qui estoient bouchez en plusieurs endroictz; la Bretagne et les autres villes et provinces qui en avoient beaucoup, refusans d'en fournir; que l'on ne pouvoit aller seurement sur la mer, à cause des Ostendois, qui pilloient et prenoient les vaisseaux, qu'il falloit escorter de navires de guerre, ce qui alloit à grandz frais, et augmentoit les marchandises; qu'à la Rochelle, l'on prenoit 4 livres par tonneau, qui est une exaction que les gouverneurs des provinces tolèrent; que l'on pourroit faire une association de personnes bien expérimentez au fait du commerce des bledz, et faire un fondz par le moyen d'une contribution volontaire, à quoy les gens d'honneur et de commoditez seroient d'autant plus portez, qu'ilz seroient remboursez de leurs deniers à intéretz de leurs advances, lors de la vente desdits bledz; et que pour le bien digérer, et les moyens de contributions, qu'il falloit s'assembler ès-maisons des quartiniers pour voir ceux qui seroient de bonne volonté; qu'il faut supplier le roy qu'il n'y ayt point de garnisons et gens de guerre proche les rivières affluentes à Paris; que les gouverneurs des villes facilitent les passages des bledz, empeschent les exactions de leurs domestiques; exhorter les bourgeois de Paris de faire cuire en leurs maisons, du bled qu'ils ont en réserve, affin que celluy qui est sur les portz soit pour les pauvres gens, et ainsy qu'il diminue de pris; que les boulangers doivent achepter sur les portz et places et non aux champs, affin de ne point empescher les marchans et laboureurs de venir en cette ville. Ausquelz advis, MM. les prévost des marchans et eschevins se sont rangez, comme les croyans très-salutaires. »

Note D.

SUR LES RENTES DE L'HOTEL DE VILLE.

Nous nous proposons dans cette note de donner un aperçu sommaire de ce qui a été fait touchant les rentes de l'Hôtel de Ville, pendant la période qu'embrasse notre document; mais auparavant il est indispensable de mettre le lecteur à même de se faire une idée de la matière.

Il n'existe, ou du moins nous ne connaissons, que deux ouvrages qui traitent des rentes de l'Hôtel de Ville. L'un, qui a paru en 1717, est un petit in-12 intitulé : *Mémoires concernant le contrôle des rentes de l'Hôtel de Ville*. Les premiers chapitres y sont consacrés à l'histoire de la création de ces rentes. Ce livre est de Pierre Le Roy, le jeune, contrôleur général des rentes, connu par une bonne dissertation sur l'origine de l'Hôtel de Ville, mise en tête de l'Histoire de Paris de dom Félibien. L'autre ouvrage, qui est resté manuscrit, et qui est actuellement conservé aux Archives du royaume, est un extrait chronologique de toutes les ordonnances, édits, déclarations, arrêts, etc., concernant les rentes de l'Hôtel de Ville, depuis leur création, en 1522, jusqu'à l'année 1755. Il a été composé par un maître des comptes nommé Jérôme Le Marié d'Aubigny, et il est précédé d'une notice historique où tout ce qui concerne l'origine et la nature de ces rentes nous a paru clairement exposé. Nous ne croyons donc pouvoir mieux faire, pour donner tout d'abord une idée suffisante de la question, que d'extraire de cette notice les passages qu'on va lire.

« Trois pièces ont de tout temps été expédiées pour l'aliénation des rentes constituées au prévôt des marchands et échevins de Paris. Premièrement les lettres patentes adressées aux commissaires par Sa Majesté, portant pouvoir de passer constitution auxdits prévôt des marchands et échevins de Paris, de la masse totale des rentes de chaque création, et d'affecter jusqu'à concurrence, telle ou telle partie des revenus du roy suffisante pour le payement des arrérages et pour les frais de la reddition du compte de celuy qui doit être chargé de ce payement; secondement le contrat d'aliénation de ces rentes fait en conséquence auxdits prévôts des marchands et échevins, pour en être passé par eux des constitutions particulières à ceux qui se présenteront pour les acquérir ; troisièmement les lettres patentes portant ratification de la constitution générale faite au nom du roy par les commissaires de Sa Majesté.

« On ne voit point qu'originairement on ait rendu des édits pour la création de ces rentes. L'usage a varié dans la suite, mais, à commencer de l'année 1585, il n'en a point été fait d'aliénation publique, qui n'ait été ordonnée par un édit de création.

« Il y avoit alors quatre natures de rentes constituées aux prévôt des marchands et échevins de Paris. On les distinguoit les unes des autres par différentes assignations qui leur avoient été données : sur les aydes, sur les gabelles, sur le clergé et sur les recettes générales et particulières.

« La plus ancienne de ces quatre natures étoit celle des rentes aliénées sur les aydes. Le roy François Ier, ayant à cœur, en 1522, de recouvrer la pluspart des places du duché de Milan qu'on luy avoit enlevées, eut recours à plusieurs moyens pour trouver les fonds qui luy étoient nécessaires ; un de ceux qu'on luy suggéra fut d'aliéner aux prévôt des marchands et échevins de Paris 16 666 livres 13 sous 4 deniers de rentes au denier douze sur les fermes du bétail à pied fourché vendu en la ville, faubourgs et marchés de Paris, et sur l'impot du vin vendu au quartier de la Grève. Le contrat de cette première vente fut passé par les commissaires du roy le 27 septembre 1522. Il ne s'agissoit que d'un principal de 200 000 livres, et le prompt succès de cette tentative ne fit point encore envisager les grandes ressources que le même expédient devoit fournir dans la suitte. Depuis l'année 1522 jusqu'à la mort de François Ier, en l'année 1547, il ne s'est fait aux prévôt des marchands et échevins de Paris que trois autres aliénations de cette nature ; la première, de 8 333 livres 6 sous 8 deniers de rente, en 1536 ; la seconde, de 16 666 livres 13 sous 4 deniers, en 1537 ; et la dernière, de 18 750 livres, en 1543. Mais elles devinrent plus considérables et plus fréquentes sous les règnes suivans.

« Le premier contrat des rentes sur les gabelles fut de 15 000 livres de revenu sur le magazin et grenier à sel de Paris. Il fut passé le 29 juin 1550, par les commissaires de Henry II. Cette vente fut bientôt suivie d'une autre de 10 000 livres, et d'une troisième de 57 500 livres de rente, en 1551. L'empressement des bourgeois de Paris pour l'acquisition de ces rentes, devint pernicieux à l'État. On reconnut alors la facilité séduisante de recueillir par cette voye de très grandes sommes, et, ce qu'il y avoit à craindre, on en abusa.

« Il est remarquable qu'après le retard et l'interruption du payement de toutes les rentes pendant les troubles de la Ligue, les anciennes rentes assignées sur les gabelles eurent un sort plus favorable que celles des autres natures. On en paya quatre quartiers par année depuis que Henry IV fut affermi sur le thrône jusqu'à la fin du règne de Louis XIII, pendant que les rentes assignées sur les aydes se trouvoient réduites à trois quartiers, et les rentes sur les recettes générales et particulières, à deux quartiers seulement.

« On doit encore observer que, lors des premières aliénations faites par nos roys des rentes sur les gabelles et les aydes, les prévôt des marchands et échevins de Paris étoient mis en possession des fermes particulières qui leur étoient engagées. Ils étoient chargés d'en renouveller les baux, dont le produit annuel augmenta successivement; ce qui donna lieu aux lettres patentes du 21 janvier 1550, portant que cette augmentation de produit seroit employée au remboursement des rentes. L'exécution de cette ordonnance eût insensiblement libéré l'État, mais elle fut bornée à un petit nombre de remboursements. On ne laissa pas au prévôt des marchands et aux échevins le temps d'en effectuer davantage. Une partie de ces mêmes fonds fut destinée à quelques dépenses extraordinaires, et bientôt après on constitua de nouvelles rentes sur l'accroissement du produit des premières assignations.

« Les circonstances des temps donnèrent lieu à la création des rentes de la troisième nature, assignées sur la subvention du clergé et sur les décimes. L'aliénation en a été faite aux prévôt des marchands et échevins de Paris, depuis le mois de novembre 1562 jusqu'au 27 juin 1574, par seize contrats de constitution montant ensemble à 1 189 333 livres 6 sous 8 deniers de rentes, qui sont les plus anciennes de celles qui subsistent aujourd'huy. La singularité de ces rentes mérite une mention plus particulière des événemens qui les ont fait naître, et des réductions qu'elles ont souffertes, mais qui m'engageroient icy dans une digression trop étendue. Je me réserve d'en donner à part un detail exact, ainsy que des subventions et des secours fournis à l'État par le clergé, depuis le contrat de Poissy.

« La dernière des quatre natures des anciennes rentes de l'Hôtel de Ville étoit assignée sur les recettes générales des finances et sur différentes recettes particulières. Je ne vois aucune aliénation de cette espèce faite aux prévôt des marchands et échevins de Paris, avant celle de 30 000 livres de rente, portée par le contrat du 27 juin 1570, dont les fonds etoient délégués sur la recette générale de Paris, et conjointement sur le domaine et les plus valeurs des aydes précédemment engagées. Par un autre contrat, du 13 octobre de la même année, il fut aliéné 50 000 livres de rente sur la recette générale de Bretagne, sur la ferme des impôts et billots et sur la recette générale de Tours. On usa fréquemment depuis de la même ressource jusqu'à la fin de l'année 1585. Mais les troubles de la

Ligue qui survinrent alors, ne permirent plus, les années suivantes, d'y avoir recours.

« Longtemps après, sous le règne de Louis XIII, il fut créé, par édit de mars 1634, 112 000 livres de semblables rentes sur les recettes générales de Paris, Rouen, Caen et Orléans. On trouvera dans le corps de cet ouvrage plusieurs mentions de ces dernières rentes, qui sont appellées rentes de Payen, parce que l'aliénation en a été faite, ainsy qu'on l'expliquera plus au long, pour le remboursement d'une partie des dettes de ce traitant et de ses associés.

« Le receveur de la ville de Paris fut chargé seul du payement des quatre natures de rentes de l'Hôtel de Ville, jusqu'à l'édit du mois de septembre 1593, qui créa deux trésoriers généraux de gabelles, et qui leur attribua la fonction de payer les rentes assignées sur les fonds de leur recette. Nicolas Parent, acquéreur de l'un de ces deux offices, se rendit depuis adjudicataire général des gabelles, à commencer du 1er octobre 1599, et, en cette qualité, il demeura seul en possession de payer les rentes sur les gabelles pendant les six années de son bail. Le même payement fut continué par Jean de Moisset et Philippes de Gondy, successivement adjudicataires des baux subséquens. Mais le dérangement des affaires de Gondy ayant été reconnu en 1613, Jean de Moisset fut nommé pour recueillir ses effets et payer pour luy; et, par édit du mois d'aoust de la même année, il fut créé deux payeurs de rentes sur les gabelles.

« L'édit du mois de septembre 1593 n'avoit point ôté au receveur de la ville de Paris l'exercice de sa commission pour le payement des rentes sur les aydes, sur le clergé et sur les recettes générales, mais elle fut bientôt entièrement révoquée par l'édit du mois d'avril 1594, portant création de six receveurs et payeurs, dont il y en avoit deux pour chaque nature de ces rentes. Neuf ans après, ces nouveaux payeurs furent obligés de céder leurs places à des traitans; les six offices furent réunis en un seul, dont Jean de Moisset fut pourvu, et, comme il n'y a point de principes fixes et longtemps suivis dans l'administration des finances, cet office unique ne tarda pas à être démembré, et les deux payeurs de chaque nature furent rétablis dans leurs fonctions. Leur nombre se multiplia dans la suitte, ainsi que les rentes de l'Hôtel de Ville, dont on vit éclore de nouvelles espèces qui furent assignées sur les tailles, sur les entrées et sur les cinq grosses fermes.

« Les plus remarquables sont celles dont l'assignation étoit sur les tailles. Elles prirent leur origine des édits de janvier et de février 1634, dont le premier joignit à la création de 505 000 livres de rentes sur les aydes au dernier seize, celle de 465 833 livres 6 sous 8 deniers de rentes sur les tailles au même denier, qui furent appellées petites tailles, pour les distinguer de celles qui suivirent de près leur établissement.

« Le second édit portoit suppression de tous les droits aliénés, tant sur les tailles que sur les gabelles, et sous le prétexte de satisfaire au remboursement des propriétaires suivant la liquidation de ses droits, qui devoit être faite par les commissaires du conseil, il créa 11 millions de rentes au denier tournois dix-huit, dont 3 millions sur les gabelles et 8 millions sur les tailles.

« On n'avoit jamais entendu parler d'une création aussi monstrueuse, et l'on n'en voit point de pareilles sous les règnes suivans, hors le cas d'une refonte générale des rentes de l'Hôtel de Ville. Ce fut sans doute la principale ressource du cardinal Richelieu pour se préparer à la guerre qu'il méditoit contre la maison d'Autriche.

« Les 3 millions de rentes sur les gabelles furent entièrement levés ; mais on ne parvint jamais au débit total des 8 millions de rentes sur les tailles, quoiqu'on les ait donnés en payement à plusieurs particuliers, et qu'on ait forcé, en 1639, les riches et aisés de tout le royaume, d'en acquérir jusqu'à concurrence de 600 000 livres de rente, suivant les rolles de répartition que l'on en dressa.

« Ces rentes, ainsi que celles appellées petites tailles, rentes de Payen et autres assignées sur les recettes générales, tombèrent par la suite dans un discredit plus grand que celles des autres natures. La déclaration du roy, du 13 janvier 1665, les réduisit à 300 livres par an pour chaque mille livres de rente. On les remboursa depuis, en 1679, en distinguant les rentes acquises depuis 1665, et dont le prix véritable étoit énoncé dans les contrats de vente. Celles-là furent remboursées sur le prix de leurs acquisitions, et à l'égard de toutes les autres, on les évalua sur le pied du denier dix de leur produit actuel.

« Il est nécessaire d'observer icy que la différence des assignations des rentes de l'Hôtel de Ville n'eat lieu que jusqu'à l'édit d'avril 1671, qui porte que les fonds de leurs arrérages seroient remis par semaine à tous les payeurs indifféremment par l'adjudicataire des fermes-unies. Ce qui s'est toujours observé depuis.

« Les officiers municipaux de la ville de Paris ne sont pas les seuls à qui les commissaires nommés par le roy ayent constitué des rentes. On voit dès l'année 1536, de pareilles aliénations faites aux échevins et habitans des villes d'Orléans, de Troyes et de Lyon. L'usage en devint fréquent dans la suitte. On distribua des rentes aux principales villes de toutes les provinces où il se trouva des acquéreurs, avec cette différence que le denier des rentes constituées en Normandie, fut toujours plus avantageux aux rentiers, que celuy qui étoit fixé pour tout le royaume. Une partie de ces rentes provincialles fut aliénée par des édits, tels que celuy du mois de juillet 1553, qui me paroît être le plus ancien de cette nature. Ce fut d'abord le receveur des octroys de chaque ville qui fut chargé de la recette et du payement des rentes dont l'aliénation avoit été faite à ses habitans. On accorda depuis, à ceux qui passoient d'une ville dans une autre, d'être payés de leurs arrérages dans les lieux de leur résidence, mais cette facilité mit une telle confusion dans toutes les recettes, que ce fut le principal motif de la création qu'on fit en 1608, d'un receveur et payeur provincial des rentes en chaque généralité. Le nombre de ces officiers s'accrut dans les années suivantes, et on leur donna des contrôleurs, mais ils furent tous supprimés avec les rentes provincialles par le même édit, du mois de décembre 1665. »

Ce travail sur les rentes constituées sur le clergé, que l'on vient de voir ici annoncé par Le Marié d'Aubigny, nous croyons le retrouver dans un manuscrit conservé aux Archives du royaume, et qui est un traité des rentes sur le clergé. Dans l'avant-propos on voit qu'il a été fait à l'instigation d'un M. Dodun, lequel avait été contrôleur-général des finances. Il est vrai que ce traité ne porte point de nom d'auteur, tandis que celui des rentes sur le roi porte le nom de Le Marié d'Aubigny; mais, comme ce second traité n'est pas favorable au clergé, cela suffit pour expliquer l'anonyme que l'auteur aura voulu garder. Quoi qu'il en soit, c'est un travail remarquable où la matière est traitée dans ses relations avec l'histoire. Nous y avons puisé le peu que nous allons dire sur ces rentes.

Au mois d'août 1560 il y eut à Fontainebleau une assemblée des princes et des grands du royaume, au sujet des troubles de la réforme. Le cardinal de Lorraine, qui avait l'administration des finances, y accusa un déficit de 2 500 000 livres, et proposa comme remède, les états généraux. Ils furent convoqués d'abord à Melun, puis à Orléans. Ils se tinrent dans cette dernière ville ; mais le roi François II y étant mort, le 5 décembre 1560, il n'y fut rien arrêté. D'autres États se tinrent à Saint-Germain dans le mois d'août 1561. L'orateur du tiers état, soutenu par le chancelier de L'Hôpital et l'amiral Coligny, s'y éleva très-fortement contre le clergé. Il alla jusqu'à proposer de dépouiller tous les ordres religieux de leur juridiction temporelle et de tous leurs biens, assurant qu'on en tirerait plus de 120 millions, dont un tiers pourrait être mis en rentes pour assurer à chacun une pension modique, et le reste être employé à acquitter les dettes de l'État et racheter les domaines engagés. Enfin il demanda que ceux qui avaient administré les finances eussent à en rendre compte. C'était une attaque contre le cardinal de Lorraine. La noblesse appuya le tiers état, et dit que puisque la guerre que l'on soutenait et qui avait épuisé le trésor, était une guerre de religion, c'était au clergé à en supporter les charges. Les députés du clergé, effrayés, donnèrent aussitôt avis de ce qui se passait aux prélats assemblés à Poissy pour y disputer contre Théodore de Bèze. Ceux-ci, après délibération, offrirent de payer 4 décimes par an durant six années, sur le pied de ce qui avait été fait précédemment en 1516, qui était de 373 471 livres 5 sous, ce qui ferait 1 493 885 livres pour chacune de ces six années, et pour les six, 8 963 310 livres. Ce que le roi accepta. En conséquence le clergé, en étendant ses premières offres, s'obligea envers le roi par un contrat qui dès lors et depuis a toujours été appelé le *contrat de Poissy*, et qui fut passé à Saint-Germain en Laye le 21 octobre 1561 :

« 1° A payer dans les coffres du roi par forme de subvention, 9 600 000 livres dans le courant des six années qui expireraient au dernier décembre 1567, à raison de 1 600 000 livres par an, à commencer du 1ᵉʳ janvier 1562, pour être employés au rachat des domaines, aides et gabelles du roi aliénés *dans les provinces*.

« 2° Qu'après ces six années expirées, le clergé serait tenu de remettre le roi en possession de tous les autres domaines, aides et gabelles qui avaient été aliénés à *l'Hôtel de Ville de Paris* avant ce contrat, pour les sommes fournies à Sa Majesté et à ses prédécesseurs par les bourgeois de la même ville ou autres particuliers, montant alors en sort principal (en capital) à 7 560 056 livres 16 sous 8 deniers que le clergé serait tenu de rembourser en dix années consécutives, à commencer au 1ᵉʳ janvier 1568; et cependant d'en payer les intérêts audit Hôtel de Ville, en l'acquit de Sa Majesté, aux quatre quartiers accoutumés de chaque année, à raison de 630 000 livres par an, qui diminueraient à mesure des remboursements de ce sort principal. »

Or, ce fut cette subvention de 1 600 000 livres par an, pour six années, qui donna lieu aux premières constitutions de rentes sur le clergé constituées, les unes par le roi, les autres par le clergé lui-même. La première création de rentes sur le clergé, constituées par le roi, date du mois d'octobre 1560. Charles IX, qui alors assiégeait Rouen sur les huguenots, donna un édit portant création de 100 000 livres de rentes sur le clergé, au denier douze [1], à la faculté de rachat perpétuel. Le contrat d'aliénation fut passé aux prévôt des marchands et échevins de Paris le 12 novembre. Cela produisit au roi un fonds comptant de 1 200 000 livres. Il y eut cinq autres créations royales successives qui, avec cette première, firent à la fin de l'année 1567, terme fixé pour l'expiration de la subvention de 1 600 000 livres par an accordée par le premier article du contrat de Poissy, un total de 494 000 livres de rentes; non compris 70 000 livres de rentes que le clergé avait constituées lui-même aux prévôt des marchands et échevins de Paris, par contrats des 23 octobre 1566 et 6 juin 1567.

On vient de voir que par le second article du contrat de Poissy, le clergé s'obligeait de racheter à la fin de l'année 1567, c'est-à-dire à la fin des six subventions annuelles de 1 600 000 livres chacune, toutes les rentes aliénées par le roi à l'Hôtel de Ville, et cela à raison de 630 000 livres par an jusqu'à parfait remboursement. Un peu avant l'expiration de cette année 1567, le roi offrit au clergé de le tenir quitte de ce remboursement moyennant la continuation, pour six autres années, de cette subvention de 1 600 000 livres. Mais le clergé aima mieux payer les 630 000 livres par an du remboursement. Des lettres lui furent accordées à ce sujet. Cependant le prévôt des marchands et les échevins ayant re-

---

[1] C'est-à-dire à 8 1/3 pour 100.

fusé cet échange de débiteur, le roi s'obligea, subsidiairement au clergé ; et par contrat du 22 novembre 1567, le clergé s'engagea à payer en l'acquit du roi, à l'Hôtel de Ville, ces 630 000 livres par an.

Les bornes de cette note nous forcent, à notre grand regret, de nous arrêter ici ; nous ajouterons seulement qu'en 1578, le clergé eut de grands démêlés avec ses rentiers. Comme alors le danger était passé pour lui, il voulut alors désavouer le contrat de Poissy.

En résumé, on a vu par tout ce qui précède : 1° que la première constitution des rentes de l'Hôtel de Ville, date de l'an 1522 ; 2° que ces rentes étaient de deux sortes : celles constituées sur le roi et celles constituées sur le clergé ; 3° que les unes et les autres furent payées par le receveur de la Ville jusqu'en l'année 1594, où l'on créa six payeurs de ces rentes, nombre qui fut considérablement accru dans la suite. Il ne nous reste plus qu'à ajouter que le contrôle des rentes fut établi dès l'année 1576. L'auteur que nous avons cité, Le Roy, dit qu'à cette époque elles montaient à environ 3 140 000 livres. Il faut encore observer qu'antérieurement à la première création des rentes constituées par le roi sur l'Hôtel de Ville, ce corps en constituait sur lui-même dans certains cas. Ainsi, l'on trouve dans ses registres qu'en l'année 1513, la Ville obtint du parlement l'autorisation de constituer sur elle-même 600 livres de rentes sur l'aide du vin, ce qui lui procura une somme de 8 000 livres qu'elle employa à parfaire un don de 20 000 livres qu'elle avait accordé au roi. Examinons maintenant ce qui fut fait relativement aux rentes de l'Hôtel de Ville pendant la Fronde.

La question des rentes de l'Hôtel de Ville prend à cette époque une grande importance, tant à cause des souffrances des rentiers, que parce qu'elle fournit matière à l'une des menées les plus dangereuses des Frondeurs. Il faut prendre les choses à leur origine ; et comme à nos yeux le point de départ de la Fronde est dans l'assemblée de la chambre de Saint-Louis, c'est par là que nous commencerons. On sait que peu après le fameux arrêt d'Union, des députés, choisis dans les quatre compagnies souveraines, s'assemblèrent dans la chambre de Saint-Louis au palais, pour y délibérer sur les affaires du temps. Cette assemblée tint neuf séances, depuis le 30 juin jusqu'au 9 juillet 1648. On y agita, avec la liberté la plus grande, la plupart des questions de l'administration et du gouvernement, qui furent formulées en vingt-sept propositions. Ces propositions de la chambre de Saint-Louis engagèrent la lutte avec le pouvoir royal sur presque tous les points, mais nous n'avons à nous occuper ici que de celles qui touchent les rentes. Trois articles y traitent de cette matière : les 4e, 5e et 9e. L'article 4 s'opposait à tout retranchement. L'article 5 portait qu'aucun rachat n'aurait lieu qu'après la paix publiée. Il y était dit que toutes les rentes constituées par le prévôt des marchands et échevins, sans édits vérifiés, seraient déclarées nulles, avec défense à ceux-ci d'en ordonner le payement, et aux receveurs et payeurs de l'effectuer. Cet article ajoutait encore, que, comme plusieurs remboursements de rentes et d'offices avaient été faits au préjudice des finances du roi, destinées à l'entretien des armées, montant au commencement de la guerre à plus de 30 millions, les propriétaires desdites rentes et offices seraient contraints à remettre dans les coffres du roi les deniers par eux reçus pour ces remboursements, dont le prévôt des marchands et les échevins leur passeraient de nouveaux contrats de constitution au denier quatorze; que, de plus, comme plusieurs particuliers, par mauvaise foi, s'étaient fait rembourser au denier dix-huit au lieu du denier quatorze, qui avait été celui de leur versement, ils seraient tenus à rembourser le quadruple de ce qu'ils avaient reçu en trop[1]. L'article 9 portait qu'en attendant que l'état des affaires du roi permît de payer les quatre quartiers des rentes, il serait laissé dans les états un fonds de deux quartiers et demi pour les rentes des gabelles, des aides, du huitième et du vingtième de Paris et du clergé; et de deux quartiers seulement pour celles des 8 millions des tailles, celles des recettes générales et provinciales et petites tailles, celles des aides et gabelles du Lyonnais, et enfin celles des cinq grosses fermes; que le payement de toutes ces rentes serait fait préférablement à toutes charges. Pour remédier aux abus qui se commettaient dans les payements, cet article statuait encore que, chaque semaine, les deniers seraient portés par les receveurs et payeurs des rentes, des bureaux des fermes dans les coffres de la Ville, et cela en présence d'un notable bourgeois et de deux con-

---

[1] D'après nos calculs, ils auraient reçu un peu plus d'un onzième de plus qu'ils n'avaient payé, et par conséquent ils avaient à restituer plus des quatre onzièmes du principal.

seillers de chacune des quatre compagnies souveraines, conjointement avec le prévôt des marchands et les échevins. Ces coffres devraient être fermés à deux clés, dont le receveur de la partie aurait l'une, et le notable bourgeois, l'autre. Les payements seraient faits par les receveurs et payeurs en présence des contrôleurs, de l'un des échevins et de ce notable bourgeois, lequel pourrait être changé de trois mois en trois mois. Enfin, il était dit que les députés des cours souveraines s'assembleraient au commencement de chaque quartier dans la salle de Saint-Louis, pour aviser au payement des rentes. Toutes ces mesures furent adoptées par le parlement dans ses arrêts du 1er et du 4 septembre. Dans le dernier, il alla jusqu'à défendre de traiter du retranchement des rentes, à peine de la vie.

Pendant que la Chambre de Saint-Louis s'occupait des rentes, pour ainsi dire, comme pouvoir législatif, l'Hôtel de Ville s'en occupait en sa qualité de pouvoir administratif et judiciaire. Le 16 juillet 1648, il s'y tint une assemblée où le prévôt des marchands remontra que les rentes constituées sur la Ville se montaient à plus de 16 millions, et que les seuls gages et droits des officiers qui en étaient chargés, absorbaient plus de 1 600 000 livres par an. On résolut dans cette assemblée de faire des remontrances au roi, et quatre conseillers de Ville furent nommés pour les dresser, conjointement avec le prévôt des marchands et les échevins. Ces remontrances furent lues dans une assemblée du 30 juillet. Elles portaient sur deux points principaux : 1° l'assignation du fonds des rentes ; 2° sa distribution aux rentiers. Quant au premier point, la Ville demandait que, pour éviter le détournement du fonds des rentes assignées sur les gabelles, aides, clergé, recettes générales, tailles et cinq grosses fermes, les sommes que les fermiers devaient fournir pour les rentes fussent spécifiées dans leurs baux, sans qu'il en puisse être rien retranché sur les états ; que, de plus, ils donnassent bonnes cautions et se soumissent aux contraintes de la Ville. Elle demandait encore le rétablissement de trois quartiers des rentes pour le soulagement des familles incommodées, des hôpitaux et communautés. Sur le second point, celui de la distribution des arrérages aux rentiers, la Ville signalait un grand mal dans la multiplication excessive des offices, y ayant alors jusqu'à cent soixante payeurs des rentes, sans compter les contrôleurs dont le nombre s'était accru dans une progression semblable, ni les greffiers des feuilles, qui recevaient les quittances et en donnaient des certificats sur lesquelles les receveurs payaient, ce qui était une charge pour les rentiers. Enfin, quant au mode des payements, elle proposait un règlement que nous donnerons ici dans ses propres termes, parce qu'il servira à faire apprécier ses vues sur cette matière.

Reïglement à faire pour les rentes[1].

« Aussitôt que la prise des quictances pour l'ouverture des quartiers aura esté publiée et affichée, les greffiers des feuilles prendront les quictances des particuliers; en bailleront certificatz en bonne forme sans prendre plus grandz droictz que ceux attribuez par l'édit de création de leurs offices.

« Lesdits greffiers bailleront un estat desdictes quictances, de trois jours en trois jours, ausdicts receveurs pour en faire la distribution suivant l'ordre qui leur sera donné.

« Lesdicts receveurs seront tenus d'ouvrir le quartier au jour prescript, et d'apporter, par chacun jour de paiement, le bordereau des espèces qu'ilz auront receues des fermiers, signé de l'un d'eux ou de leurs commis, pour estre distribuez aux rentiers sans coupper les parties et en faire plusieurs paiemens.

« Les controleurs desdictes rentes seront tenus d'assister aux paiemens, les controller et prendre garde que l'argent soit distribué suivant ledict bordereau; et apporter, chacun jour de paiement, au greffe de la Ville, coppie signée de luy, du controlle qu'il aura tenu.

« Lesdicts receveurs feront leurs charges en personnes, sinon en cas d'excuse légitime.

« Lesdicts receveurs paieront à différens jours les restes des quartiers passez et le quartier courant, sans en confondre les paiemens.

« Pour faire en sorte que les rentiers, ou leurs domestiques, puissent recevoir facilement et sans remise, aux jours qu'ilz se présenteront au bureau des rentes, et le sçavoir ponctuellement, seront dresseez trois feuilles semblables pour la distribution à faire par chacun receveur, par ordre alphabétique, extraictes des re-

---

[1] Au registre XXXI, fol. 229.

gistres desdicts receveurs, pour estre mises : l'une au greffe de ladicte Ville ; la seconde baillée au receveur en charge, et la troisième à son controlleur.

« Lesdictes feuilles contiendront le nom et surnom des rentiers et les sommes à eux deues, dans lesquelles sera faict mention de la semaine et du jour que chacun sera ordonné d'estre paié, pour esviter la confusion de plusieurs qui se présenteroient tous à la fois. et comme le greffe de la Ville est publicq, aussi la feuille qui demeurera audict greffe, sera exposée aux yeux de tout le monde, ou bien imprimée si besoing est.

« Seront tenus lesdicts receveurs de venir le lendemain du jour qu'ils auront paié le quartier courant, pour acquitter les restes des jours précédens et quartiers passez ; et, en cas qu'ilz n'y satisfassent, sera décerné exécutoire par corps contre eux pour les sommes contenues èsdictes feuilles, et condamnez ès despens, dommages et intéretz des rentiers, pourveu qu'il n'y ait saisie ou empeschement légitime.

« Et s'il arrive que lesdictes rentes viennent à changer de main, ceux qui les possèderont par quelque tiltre que ce soit, seront payez à la lettre de ceux desquelz ilz auront le droict et qui se trouveront immatriculez sur les registres et emploiez sur lesdictes feuilles, auxquelles sera faict addition du nom du nouveau propriétaire. Et pour en avoir la connaissance entière, seront tenuz lesdictz receveurs d'apporter au greffe de ladicte Ville, à l'ouverture de chacun quartier, un extraict, signé d'eux, des noms de ceux qui auront esté nouvellement immatriculez.

« En cas qu'il y ait saisie ou opposition sur les rentes d'aucuns particuliers, qui donne lieu ausdicts receveurs de rebutter les quictances, ils seront tenuz de mettre au bas desdictes quictances, la cause du rebut, et en faire un estat sur lequel ilz appelleront lesdicts rentiers les premiers, pour leur rendre leurs quictances, affin qu'ilz les puissent réformer.

« Les receveurs viendront paier aux jours et heures qui leur seront ordonnées, sans faire attendre les rentiers.

« Sera faict mention sur les affiches qui seront mises pour l'ouverture du quartier, du nom et demeure des greffiers des feuilles, et des receveurs en exercice, ensemble des constitutions qu'ils debvront paier, affin que chacun soit instruict de l'ordre qu'il aura à tenir à cet effet ; mettront, tous lesdicts officiers au greffe de ladicte Ville, un roolle de leurs noms et demeures.

« Seront tous rentiers et autres, receuz à dénoncer au procureur du roi et de la Ville les désordres qu'ilz connoistront au faict desdictes rentes, pour y estre incontinant et sans delay pourveu.

« Et d'autant que l'on reconnoist souvent les deffautz des loix et règlemens par l'exécution d'iceux, il sera nécessaire, pour y remédier, et aux désordres qui se pourroient glisser au faict desdictes rentes, de faire assemblée à l'Hostel de Ville, de trois mois en trois mois, des prévost des marchands, eschevins, et conseillers de Ville, ou sera advisé de faire assemblée général, s'il y eschet [1]. »

Il existe dans les registres de la Ville un nombre considérable d'ordres et de mandements de la Ville adressés aux adjudicataires des fermes et aux payeurs des rentes, pendant toute cette année 1648 et les suivantes. Leur seule énumération nous entraînerait trop loin ; nous nous bornerons donc à dire qu'ils sont tous dans l'esprit de ce règlement. Seulement nous devons nous étendre un peu plus sur l'année 1649 à cause de l'importance que prit alors la question des rentes.

Ici, comme dans la question des blés, nous retrouvons encore le contre-coup des événements politiques. En effet, dès le 7 janvier 1649, c'est-à-dire le lendemain de la sortie du roi, Fourcoal du Mousseau et Marcillac, fermiers-généraux des aides, viennent à l'Hôtel de Ville se plaindre de ne pouvoir rien lever de ce qui leur était dû par les cabaretiers de Paris. Quelques jours après, l'adjudicataire général de cette ferme, déclare qu'il ne peut continuer les versements du fonds des rentes assignées sur les aides. Même déclaration est faite le 4 février par les payeurs des 8 millions des tailles. D'un autre côté, la cour et le parlement se combattaient sur ce terrain des rentes. La cour donnait l'ordre aux trésoriers de France de la généralité de Moulins de faire conduire à l'Épargne, à Saint-Germain, les deniers des rentes. Le parlement, par un arrêt du 25 janvier, ordonnait aux payeurs des rentes de ne payer que les rentiers restés dans Paris après la sortie du roi, à l'exclusion des absents.

[1] Cela fut exactement suivi, car dans nos cinq années, nous trouvons trente-six assemblées de Ville tenues pour le seul fait des rentes.

Cependant comme les payements devenaient de jour en jour plus difficiles, la Ville tint à ce sujet deux assemblées, le 10 et le 18 février. Comme elles se trouvent dans notre document, nous y renverrons le lecteur [1].

Le traité de Ruel et la déclaration de Saint-Germain avaient amené la cessation des troubles sans en faire disparaître les conséquences, et les rentes ne furent guère mieux payées après la paix qu'avant. Cependant la Ville s'efforçait d'y pourvoir. Elle tint le 28 avril et les 5 et 7 mai, des assemblées à ce sujet. Dans cette dernière un des intéressés dans les tailles de la généralité de Moulins fit un triste tableau de tous les désordres dont cette province avait été et était encore le théâtre. Il parla des violences exercées contre lui et ses commis, violences telles qu'elles l'avaient forcé à quitter le pays. Il conclut en demandant, tant en son nom qu'en celui de ses associés, la résiliation de leur traité. Les choses n'allaient pas mieux dans la généralité d'Orléans, et c'était précisément sur ces deux recettes qu'était assigné le fonds des rentes des 8 millions, partie importante des rentes de l'Hôtel de Ville. Le gouvernement du roi, qui commençait à se rétablir, chercha des remèdes au mal. Le 10 mai, le chancelier fit tenir chez lui une assemblée à la Direction des finances. Le prévôt des marchands, les échevins, le procureur et le greffier de la Ville, avec les conseillers de Ville Barthélemy et Le Vieux, partirent de l'Hôtel de Ville, à trois heures du soir, en carrosses, pour s'y rendre. Dans la cour du chancelier, ils trouvèrent un conseiller au parlement nommé Ladvocat, accompagné d'un grand nombre de rentiers, au lieu d'une douzaine seulement qu'on avait averti de s'y trouver. « Aussi, dit le procès-
« verbal, ne les a-t-on pas voulu laisser entrer en la salle où s'est
« tenue ladicte direction; du moins les a-t-on fait sortir, à la ré-
« serve d'une vingtaine, qui ont demeuré, entendu et parlé à ladicte
« Direction. » Cette assemblée avait de la solennité. Elle était présidée par le chancelier, et il s'y trouvait les deux directeurs des finances, d'Aligre et de Morangis, le contrôleur-général Le Camus, et les trois intendants des finances, Tubeuf, de Mauroy et Charron. Derrière MM. de la Ville se tenaient les rentiers, debout et tête nue. Le chancelier exposa le motif de l'assemblée, qui était d'aviser

[1] Voy. t. Ier, p. 215 et 241.

aux moyens de faire payer les rentes. Il dit qu'un arrêt du parlement y avait pourvu pour les gabelles; que les adjudicataires de cette ferme paieraient les 230 000 livres à quoi ils étaient condamnés par provision, à raison de 30 000 livres par semaine; il ajouta que les fermiers des aides abandonnaient un fonds de 600 000 livres qui leur était dû par les cabaretiers de Paris, pour la perception duquel il n'était besoin que d'un arrêt de la cour des aides, que MM. des finances avaient eux-mêmes sollicité; qu'il n'y avait pas de difficulté quant aux cinq grosses fermes; que, quant aux rentes assignées sur les entrées, puisqu'elles étaient rétablies, il fallait que les fermiers les payassent. Dans ses remercîments, le prévôt des marchands dit qu'il y avait quantité d'hôpitaux et de pauvres qui avaient grandement souffert du défaut de payement des rentes; que les 30 000 livres par semaine n'étant que pour les arrérages passés, cela ne soulageait en rien les rentiers, et qu'il faudrait que les fermiers des gabelles fournissent de plus une somme notable. Alors M. d'Aligre insista sur le mauvais état des gabelles et sur la nécessité de laisser aux fermiers le temps de se reconnaître. Il dit qu'ils avaient présenté une requête au conseil, à l'effet d'être déchargés de leur bail, en leur remboursant seulement le sel qu'ils avaient fait venir dans les greniers. Il termina en exhortant les rentiers à la patience. Ce qui lui attira des répliques de plusieurs d'entre eux, les unes modérées, les autres plus vives. On proposa de faire trouver de l'argent aux fermiers des gabelles en donnant des rescriptions sur les greniers, « ce qui fut trouvé bon et bien faisable; » et de prendre d'eux des promesses pour les sommes qu'ils devaient aux rentiers. Le prévôt des marchands se plaignit ensuite du long retard de payement des rentes des aides, ce qui faisait retentir l'Hôtel de Ville des clameurs des rentiers. Il fit de semblables plaintes touchant les rentes des tailles, disant que les traitants des généralités d'Orléans et de Moulins n'avaient pas achevé le payement du traité de 1647 et annonçaient ne pouvoir faire celui de 1648, à cause des désordres survenus dans ces provinces. Il se plaignit encore de ce que les rentes sur le clergé étaient aussi mal payées que les autres. A cela M. d'Aligre répondit que le roi n'avait rien pris sur ces rentes.

Sept jours après cette assemblée, il s'en tint une seconde où le chancelier dit que tout ce que lui et le premier président avaient pu obtenir des adjudicataires des gabelles, c'était 40 000 livres par semaine, et qu'il conseillait à la Ville de payer 30 000 livres pour le courant, et 10 000 livres pour les débets « pour un mois seulement, pendant lequel temps les affaires pourroient se remettre. » Sur quoi, le prévôt des marchands remontra qu'il faudrait plus de 1 200 000 livres pour remettre les rentes sur le pied qu'elles devaient être depuis leur réduction à deux quartiers et demi par an, et qu'il n'y avait pas d'apparence que les rentiers se contentassent d'une modique somme de 40 000 livres. D'Aligre dit qu'on ne pouvait espérer le rétablissement du courant des rentes que vers le mois d'octobre, et proposa d'offrir aux rentiers des gabelles de prendre des rentes pour les arrérages qui leur étaient dus. Un avocat, nommé Chandelier, ayant prétendu que les fermiers des gabelles avaient en main le fonds des rentes, le chancelier nomma à l'instant une commission pour les faire compter. Un autre avocat fit la proposition que les fermiers donnassent leurs promesses aux rentiers pour les sommes qu'ils leur devaient. Ce qui fut goûté. L'assemblée arrêta que le compte des gabelles serait examiné; qu'en attendant on se contenterait de 40 000 livres par semaine, pendant un mois, savoir : 30 000 livres pour le courant, et 10 000 livres pour les débets. Après quoi, l'on passa aux rentes des aides, et le chancelier dit aux rentiers que la cour des aides n'avait pas voulu donner arrêt pour toucher au fonds qui est entre les mains des cabaretiers de Paris, et qu'ils eussent à se pourvoir devant cette cour. Quant aux tailles, d'Aligre conclud à la contrainte contre Monnerot, receveur général des finances à Orléans. Enfin, le prévôt des marchands se plaignit de ce que le sieur de Mannevillette, receveur général du clergé, devait de grandes sommes aux rentiers, bien qu'il dût être obligé à faire des avances, puisqu'il prenoit pour cela tous les ans 36 000 livres sur sa recette. Il fut ordonné qu'il compterait devant Messieurs de la Ville.

Il se tint encore plusieurs assemblées chez le chancelier. Dans celle du 14 juin, on dit à la Ville : qu'à l'égard des rentes sur les aides, il y avait arrêt de la cour des aides pour la levée des deniers dus par les cabaretiers de Paris[1]; qu'à l'égard des gabelles, il y

---

[1] Cette levée fut très-difficile. On délivra quantité d'exécutions sur divers particuliers, mais on sentit qu'on ne pourrait procéder aux ventes

avait grande désolation à cause des faux saunages, et qu'il fallait envoyer des contrôleurs dans les greniers; que pour les quartiers dus des rentes sur les aides et les gabelles, on ne pouvait proposer à la Ville que deux moyens : 1° d'en constituer des rentes sur les cinq grosses fermes pour toutes les parties au-dessus de 100 livres, et de payer les autres, au-dessous, par les voies ordinaires [1]; 2° ou bien de surseoir au payement desdits quartiers jusqu'en 1651 : « que le roi, dans la conjoncture des affaires, ne pouvoit faire autre chose. »

Tandis que par la tenue de ces assemblées, le chancelier et les administrateurs des finances cherchaient à trouver quelque remède au mal, la Ville, de son côté, y travaillait sans relâche. Le 29 mai 1649, elle fit comparaître devant elle les traitants des généralités d'Orléans et de Moulins. Les uns et les autres s'excusèrent sur l'impossibilité où ils étaient de fournir le fonds des rentes assignés sur eux. Ceux de Moulins, auxquels on dit que les offres qu'ils avaient faites précédemment n'étaient pas suffisantes, répondirent qu'ils ne pouvaient même plus les accomplir dans l'état actuel des choses; que tout était en révolte dans le Bourbonnais; qu'un de leurs commis avait failli être tué dans la paroisse de Donjon; qu'en un mot, ils ne pouvaient se charger du recouvrement de 1648, à quelque condition que ce fût, à moins qu'on n'envoyât sur les lieux des gens de cour souveraine pour y faire exécuter les ordres du roi. La position des traitants semble en effet avoir été au pire dans cette année 1649. Dès le commencement de la Fronde, le parlement avait forcé la cour à consentir à des dégrèvements considérables d'impôts. Le parlement avait demandé beaucoup plus que la cour n'avait pu accorder, et dans l'état où étaient alors les esprits, les peuples, non contents des décharges considérables octroyées par la cour, voulaient encore toutes celles proposées par le parlement, qu'ils regardaient, et qui se considérait lui-même, comme souverain en cette matière. De sorte que, non-seulement ils ne

sans causer de grands bruits, et l'on jugea plus aisé de s'emparer de quatre ou cinq des plus récalcitrants pour faire payer les autres par cette voie. Cela même ne put s'exécuter, la cour des aides n'ayant pas voulu donner de contraintes qu'au préalable il n'y eût eu quelque acte de rébellion.

[1] Les rentiers ne voulurent nullement entendre à ces nouvelles constitutions de rentes pour leurs quartiers arriérés.

voulurent plus payer ce qu'ils ne devaient plus, mais qu'ils ne voulurent plus payer ce qu'ils devaient encore, non plus que les arriérés des années précédentes. C'est ainsi que les restes dus des impôts des années antérieures à 1648, dont le parlement avait exigé la décharge, décharge que la cour n'avait pu consentir ou n'avait consentie que pour une partie, ne purent, quoiqu'elle fît, rentrer au trésor; ce qui devait ruiner les fermiers des tailles. Quant à ceux des gabelles, ils ne durent guère se trouver dans une meilleure condition, à cause de l'effroyable extension de la contrebande du sel ou faux saunage, conséquence inévitable des désordres du temps[1]. Or, comme c'était sur ces deux natures d'impôts qu'était assise la plus forte partie des rentes de l'Hôtel de Ville, de là s'ensuivaient les plus grands déficits dans le payement de ces rentes et les souffrances les plus vives des rentiers. La ville s'épuisait en vains efforts pour parer au mal. Elle s'adressait sans cesse, soit au parlement, soit au roi et à son Conseil. Elle décernait contraintes sur contraintes contre les fermiers généraux, et contre les payeurs des rentes. Elle en faisait emprisonner quelques-uns, et saisir leurs biens. Elle tenait assemblées sur assemblées et dressait règlements sur règlements. Pendant les mois de juin, juillet et août de l'année 1649, on trouve dans ses registres quantité de pièces de cette nature. En septembre, la question allait prendre encore plus de gravité.

Le mercredi 22 septembre 1649, il se tint à l'Hôtel de Ville une assemblée où se trouvèrent : le prévôt des marchands, les quatre échevins, huit conseillers de ville, cinq conseillers au parlement, deux maîtres des comptes, deux conseillers à la cour des aides et cinq secrétaires du roi, lesquels, comme le remarque le procès-verbal, n'avaient pas été mandés. Le prévôt des marchands commença par rappeler tout ce qui avait été fait touchant les rentes des gabelles, depuis le commencement de l'année ; puis il fit le récit de ce qui s'était passé à une assemblée tenue au sujet des rentes, quelques jours auparavant, au palais d'Orléans. Après quoi

---

[1] Douze cents hommes armés, traînant du canon, avaient fait passer en contrebande une énorme quantité de sel le long de la Loire. On en vendait jusqu'à la porte des églises. Voy. les *Mémoires d'Omer Talon*, collection Petitot, t. LXII, p. 15.

lecture faite de plusieurs arrêts du conseil relatifs au payement des rentes sur les aides, les gabelles, les tailles et le clergé, on fit comparaître les adjudicataires généraux des gabelles. Ils s'excusèrent de ne point obéir aux arrêts, sur l'impossibilité où ils étaient de le faire, par suite des désordres de la ferme des gabelles, des faux saunages, et des violences exercées contre leurs commis dans l'Anjou, le Maine et la Touraine. Ils avancèrent que M. d'Aligre était tombé tacitement d'accord avec eux, que les arrêts n'avaient été donnés que pour apaiser les rentiers. Ils offrirent de faire porter dans les coffres de la Ville, la somme de 50 000 livres par semaine, qui était tout ce qu'ils pouvaient faire. Ils avouèrent que depuis que le roi avait envoyé des commissaires dans les provinces, les recettes augmentaient et que la ferme pourrait se relever. Ils terminèrent en disant qu'ils étaient en avance de plus de 14 millions, et qu'ils en devaient 10 à leurs créanciers. On envoya le greffier de la Ville dire aux rentiers de députer une douzaine d'entre eux, mais il en vint plus de trois cents; ce qui causa beaucoup de confusion. Le prévôt des marchands leur fit le récit de ce qui s'était passé. Les rentiers réclamèrent hautement l'exécution des arrêts du conseil. Ils dirent qu'il fallait faire arrêter sur-le-champ deux des adjudicataires, pendant que les autres travailleraient à faire valoir la ferme, et vendre leurs biens. Deux rentiers affirmèrent que les adjudicataires avaient exprès ruiné leur ferme, et qu'ils en avaient la preuve. Ce qui causa une grande rumeur, et fit que l'on eut beaucoup de peine à faire sortir les rentiers pour faire rentrer les adjudicataires. La Ville les pressa fort d'augmenter leurs offres, en vue de leur propre conservation et de la sûreté de la Ville elle-même. Ils répondirent que, quand même ils seraient sur le point de mourir, ils ne pourraient faire plus. La fin de la séance fut très-tumultueuse, et la Ville se vit forcée de décerner contrainte contre les adjudicataires pour l'entière exécution des arrêts du conseil. Deux d'entre eux furent arrêtés et gardés à vue dans l'Hôtel de Ville.

Il se tint le dernier septembre une assemblée composée des mêmes personnes, pour arrêter les comptes entre les payeurs des rentes des gabelles et les adjudicataires de cette ferme. On y reconnut qu'il fallait pour un quartier entier de la première partie des anciennes rentes des gabelles, une somme de 89 794 livres;

pour la seconde partie, 96 456 livres 18 sous; pour la troisième, 92 848 livres 12 sous. « Mais aussy qu'on vouloit poursuivre comme dessus, les rentiers se sont mis à frapper si fort à la porte du petit bureau, qu'il leur fallut ouvrir. Lesquelz entrez se sont mis à parler sy confusément, qu'on n'en a pu rien recueillir. » Cette assemblée fut continuée les 28 et 29 octobre. On y appela les payeurs des rentes. Il résulte de leurs réponses, que pour les années 1638, 1639, 1640 et 1641, et jusqu'au mois de juillet 1642, il avait toujours été laissé dans les États du roi, pour trois quartiers desdites rentes et quatre quartiers des gages; que depuis ce mois de juillet 1642 jusqu'à présent, il n'y a eu fonds que pour deux quartiers et demi, tant des rentes que des gages [1], et qu'il s'en fallait de plus de 2 500 000 livres que ce fonds ne leur ait été remis. Au reste, ils accusèrent fortement les adjudicataires, et il fut résolu que les États des gabelles seraient remis au greffe de la Ville, où les parties pourraient en prendre connaissance. Le moment approchait où toutes ces difficultés allaient singulièrement se compliquer par l'affaire du syndicat, sur laquelle nous devons entrer ici dans quelques détails.

L'Hôtel de Ville se trouvait alors chargé de 16 millions de rentes. Ces rentes, qui appartenaient en général à des bourgeois de Paris, à des conseillers du parlement ou des autres cours souveraines, et autres gens notables, étaient assises, les unes sur le roi, les autres sur le clergé. Dans le mauvais état où les finances se trouvaient réduites à la suite de la guerre, elles étaient plus mal payées que jamais. Celles que devait le roi, et c'était la majeure partie, étaient assignées sur une partie des revenus des aides et gabelles et des tailles. Or, comme ces revenus eux-mêmes étaient devenus insuffisants pour les besoins du Trésor, on n'avait pas craint d'en entamer la portion destinée au payement des rentes. De là les souffrances et les plaintes journalières des rentiers. Ces souffrances, qui s'étaient considérablement accrues depuis le commencement des troubles, avaient, au moment où nous sommes arrivés, atteint leur apogée. En effet, les blessures faites par la guerre civile, loin de se cicatriser, comme on l'avait d'abord es-

---

[1] Jusqu'en 1637, on avait payé les quatre quartiers des rentes sur les gabelles.

péré, semblaient prêtes à se rouvrir. Depuis la paix de Ruel, la hauteur et les exigences du prince de Condé avaient toujours été en s'augmentant. Maintes fois une rupture avait paru imminente entre lui et Mazarin. Ce dernier, il est vrai, était toujours parvenu à l'éviter par des concessions, mais leur bon accord ne paraissait jamais devoir être de bien longue durée. Pourtant les frondeurs s'en inquiétaient, et comme ils voyaient la ruine de tous leurs plans, ils cherchaient de tous côtés de nouvelles causes d'agitation. Aussi saisirent-ils avec ardeur celle que leur offrait cette question des rentes. La situation était des plus difficiles pour le pouvoir. Il se tenait dans Paris des assemblées de la noblesse au sujet de *l'affaire des tabourets*, affaire dans laquelle le duc d'Orléans se trouvait en lutte avec la cour. Le parlement de Bordeaux, en faisant celui de Paris juge de ses démêlés avec le duc d'Épernon, augmentait encore le crédit déjà si grand de ce corps remuant et redoutable. Enfin le rappel du surintendant d'Émery, qui était fort haï, ajoutait au mécontentement des esprits. C'est dans ces circonstances défavorables qu'éclata l'affaire du syndicat.

Dès le mois de septembre, les rentiers avaient commencé à s'assembler dans l'Hôtel de Ville. Ils accusaient hautement le prévôt des marchands et les échevins de connivence avec la cour, à laquelle ils reprochaient de prendre sous sa protection les fermiers des gabelles. A propos des rentes, le cardinal de Retz et Guy Joly jettent tout le blâme sur le ministre et sur les magistrats de la Ville. De quelque côté que soit venu le désordre, ce n'en fut pas moins dans les mains des frondeurs une arme dangereuse et dont ils ne se firent pas faute. A peine les assemblées des rentiers furent-elles formées, qu'ils s'y jettèrent et leur donnèrent une marche menaçante. Un arrêt de la chambre des vacations, du 23 octobre, les défendit. Loin de les cesser, les rentiers allèrent plus loin, car, sur la proposition de Guy Joly, conseiller au châtelet, ils nommèrent douze syndics, qu'ils chargèrent de veiller à leurs intérêts. On afficha dans tout Paris des billets imprimés pour avertir les rentiers de se trouver à l'Hôtel de Ville. « Où, dit Guy Joly, les principaux n'osèrent pourtant pas aller de peur d'être remarqués, se contentant d'appuyer sous main la conduite des autres. » Une fois le syndicat créé, Joly s'entendit avec les frondeurs pour présenter requête au parlement, à l'effet d'en obtenir la confirmation.

C'était précisément ce qu'ils désiraient, comptant bien pouvoir, à cette occasion, obtenir l'assemblée des chambres. Ces assemblées des chambres, où les conseillers des enquêtes, qui étaient presque tous frondeurs ardents, formaient la majorité, avaient été dès le commencement de la Fronde l'auxiliaire le plus puissant de ce parti. Suivant ce qui avait été convenu au traité de Ruel, il n'en avait pas été tenu depuis le premier avril 1649, et c'était leur renouvellement que voulaient avant tout les frondeurs. La cour, soutenue en cela du premier président, s'y opposait de tout son pouvoir. La requête des rentiers, signée de plus de cinq cents d'entre eux, ayant été présentée au parlement le 3 décembre, les enquêtes demandèrent l'assemblée des chambres, que le premier président refusa, prétendant que la grand'chambre avait seule à en connaître. Comme moyen terme, il proposa une conférence chez lui, qui se tint le lendemain. Joly et deux rentiers y furent admis. Elle fut assez calme au commencement, mais les esprits n'ayant pas tardé à s'échauffer, le premier président leva la séance. A la sortie, les rentiers apostrophèrent ceux qui ne leur étaient pas favorables en les traitant de traîtres et de mazarins. Il y eut une grave altercation entre Champlatreux, fils aîné du premier président, et Joly. Le prévôt des marchands fut injurié et courut des dangers. Il y avait des gens armés parmi les rentiers, ce qui ne les empêcha pas, dans une assemblée qu'ils tinrent le 6 à l'Hôtel de Ville, de se plaindre des prétendues violences que le président aurait voulu exercer contre eux. La cour, voyant les choses dans cet état, voulut faire un coup d'autorité. On envoya des archers chez Parain des Coutures, l'un des syndics et capitaine de son quartier, qui ne se trouva pas chez lui. Le lendemain, les rentiers présentèrent requête au parlement, pour demander justice de la violence qu'on avait voulu faire à l'un de leurs syndics. Ce fut alors que quelques-uns des principaux meneurs de la Fronde s'avisèrent d'un des plans les plus bizarres qui soit jamais venu à l'esprit d'un parti. Ils convinrent de simuler un assassinat sur la personne de Guy Joly, l'un des syndics, espérant par là, en portant au comble l'exaspération des esprits, obtenir forcément cette assemblée des chambres qu'ils avaient tant à cœur.

Le 11 décembre 1649, sur les sept heures du matin, comme Joly passait dans la rue des Bernardins, non loin du logis du président Charton, un cavalier s'approcha de son carrosse, et lui tira un coup de pistolet, au moment où il se baissait comme ils en étaient convenus. Aussitôt le coup fait, le cavalier disparut et Joly fut conduit chez un chirurgien qui demeurait au bout de la rue, vis-à-vis Saint-Nicolas du Chardonnet : en procédant à son pansement, on lui trouva sur le bras, à l'endroit où la balle eût du passer, une égratignure qu'il s'était faite pendant la nuit. Cependant le président Charton, auquel on avait persuadé que c'était à lui qu'en voulait l'assassin, courut en toute hâte au palais, où une foule de rentiers et de frondeurs commençaient à s'ameuter. Il entra tout armé dans la grand'chambre, et se plaignit avec emportement du prétendu attentat dirigé par la cour contre sa personne. Il alla jusqu'à demander des gardes. Tandis que tout était ainsi en émoi dans le palais, le marquis de La Boulaye, auquel on avait laissé ignorer le complot, crut l'occasion favorable pour pousser les choses plus loin. Suivi d'une troupe d'environ deux cents hommes armés qui criaient « Aux armes! » il se jeta dans les rues disant que la cour avait fait assassiner un conseiller, syndic des rentiers, et qu'elle voulait se défaire également de M. de Beaufort. Mais personne ne bougea. On ferma seulement quelques boutiques, et en un instant le pain fut enlevé sur tous les marchés. Sur le soir, La Boulaye, voyant le mauvais succès de son entreprise du matin, voulut la couvrir par une autre bien plus téméraire, car il ne s'agissait de rien moins que de s'attaquer à la personne du prince de Condé, alors fort mal avec les frondeurs. La Boulaye, après avoir disposé deux à trois cents hommes dans la Cité, s'embusqua avec quelques cavaliers sur le Pont-Neuf, à la hauteur de la place Dauphine. Il y attendit le passage du prince, lorsqu'il s'en retournerait du Palais-Royal à son hôtel. Quand le carrosse passa il essuya une décharge de mousqueterie. Condé n'y était pas. La cour avait eu l'éveil, et Mazarin avait fait avertir ce prince que les frondeurs machinaient quelque chose contre lui. La reine l'avait retenu au Palais-Royal. Quoi qu'il en soit de cette échauffourée du marquis de La Boulaye, elle eut de graves conséquences. On profita de la colère du prince de Condé pour impliquer le coadjuteur, le duc de Beaufort et Broussel dans le procès qui fut fait à La Boulaye. Pendant ce procès et tandis que les partisans de Condé et les frondeurs étaient vingt fois sur le point d'en venir aux mains, le Cardinal faisait avec les chefs de la

Fronde, un traité secret dont le résultat fut l'arrestation des princes et l'absolution éclatante des accusés. Quant aux rentiers, ils craignirent d'être inquiétés pour leurs assemblées, et sollicitèrent une amnistie, qui leur fut promise dès lors, mais qui pourtant ne fut publiée et enregistrée au parlement que le 12 mai 1650.

A travers tant d'événements, la Ville continuait toujours sa tâche difficile. Le 22 décembre 1649, elle tint une assemblée pour entendre la relation de ce qui avait été fait au Louvre, en exécution d'un arrêt du parlement du 1er octobre, pour la publication de la ferme des gabelles. Plus de soixante rentiers y assistèrent. Les adjudicataires offraient de prendre la ferme pour six années, de payer la première année 30 000 livres par semaine, et les cinq autres, 40 000 livres, et de prélever sur les premiers fonds une somme de 600 000 livres pour les années 1648 et 1649. Ces offres parurent insuffisantes. Les rentiers demandèrent que les adjudicataires fussent contraints à exécuter le traité pour 1650, et que, si pendant cette année la ferme n'était pas prise, elle fût mise en régie. Ce que la Ville agréa. Dans une autre assemblée du 30 décembre, il fut décidé que les adjudicataires des gabelles continueraient ladite ferme pendant l'année 1650, et qu'ils payeraient chaque semaine une somme de 88 800 livres pour le courant des rentes, à raison de deux quartiers et demi par an, conformément à la déclaration du roi, sans préjudice de l'arriéré. Tout cela éprouva de grandes difficultés dans l'exécution. Le parlement, de son côté, cherchait par tous les moyens à mettre de l'ordre dans les rentes. Il pensa que la nomination de députés spéciaux lui ferait atteindre ce but, et le 29 décembre 1649, il rendit un arrêt à cet égard, portant : 1° Qu'il serait fait une assemblée à l'Hôtel de Ville, où seraient mandés des gens du parlement, de la chambre des comptes, de la cour des aides, et quatre bourgeois de chaque quartier, pour élire dix-huit députés pour le fait des rentes, savoir : trois pour les rentes des gabelles, trois pour celles du clergé, trois pour celles des aides, trois pour celles des recettes générales, tailles anciennes et nouvelles, trois pour les rentes des entrées, et trois pour celles des cinq grosses fermes ; 2° que les quatre bourgeois seraient nommés par trente autres ayant au moins 500 livres de rentes, et n'étant ni traitants, ni caution des traitants ; 3° que de pareilles assemblées seraient faites, à l'avenir, de six mois en six mois, avec un roulement tel qu'aucun bourgeois ne pût être député plus d'un an; 4° que les fonctions de ces dix-huit députés seraient de veiller à l'exécution des articles de la déclaration du roi du 22 octobre 1648, et des arrêts du parlement des 1er et 4 septembre 1648, et autres, concernant les rentes ; 5° qu'ils pourraient se plaindre, soit au parlement soit au prévôt des marchands, des contraventions qui surviendraient ; assister aux enchères et adjudications des fermes, aux comptes rendus par les payeurs, et aux payements. Il se tint, au commencement de l'année 1650, plusieurs assemblées à l'Hôtel de Ville, pour l'exécution de cet arrêt. Les dix-huit députés furent nommés dans celle du 22 février. Leur renouvellement par moitié eut lieu en 1651 et 1652, comme le prescrivait l'arrêt. Il paraît qu'il amena des améliorations, car, dans une assemblée du 25 janvier 1652, nous voyons que le prévôt des marchands s'y félicite de ce que les rentes ont été assez bien payées depuis deux ans en çà. Malheureusement la guerre allait renaître et ramener avec elle ses funestes conséquences.

Nous ne suivrons pas plus loin la Ville dans sa marche relativement aux rentes. Ce sont toujours les mêmes soins et les mêmes travaux de sa part ; elle rencontre toujours les mêmes difficultés dans les malheurs des temps et dans le désordre des finances. Ce que nous en avons dit nous semble devoir suffire pour se faire quelque idée de la question, et c'est là tout ce que nous nous sommes proposé. Pour la traiter, il faudrait un livre.

FIN DES NOTES DU TOME DEUXIÈME.

TABLE CHRONOLOGIQUE

DES MATIÈRES COMPRISES DANS LE DEUXIÈME VOLUME.

AVRIL 1649.

Dimanche 4. — Mandements de la Ville pour le *Te Deum*, p. 1.

Lundi 5. — *Te Deum* pour la paix, 4. Marche de la Ville, etc., *ibid.* La garde des portes continuée, 6.

Mercredi 7. — Départ de la députation de la Ville pour Saint-Germain, 7. Discours du prévôt des marchands au roi, 8.

Jeudi 8. — Ordres pour lever la garde des portes et détendre les chaînes, 12. Assemblée de Ville pour entendre la relation de la députation de Saint-Germain, 13. Information sur les dégâts causés dans les maisons par les corps de garde, 16.

Jeudi 15. — MM. de la Ville vont saluer le duc d'Orléans, 17.

Samedi 17. — MM. de la Ville vont saluer le prince de Condé, *ibid.*

Samedi 24. — Désordres à la porte Saint-Antoine à cause des entrées, 18.

Lundi 26. — Remercîments de la Ville au duc de Longueville au sujet du baptême du comte de Saint-Paul, *ibid.*

Mercredi 28. — Lettre du roi à la Ville, lui annonçant son départ pour la Picardie, 19.

Jeudi 29. — Autre semblable pour l'envoi à Paris du chancelier et d'une partie du Conseil, 20.

JUIN 1649.

Mercredi 30. — La Ville reçoit une lettre du roi, datée d'Amiens du 28 juin, touchant le siége de Cambrai, 21.

JUILLET 1649.

Lundi 3. — La Ville mandée au Luxembourg, au sujet des désordres causés dans Paris par des libelles, 25. Assemblée de Ville et mandements à ce sujet, 27.

Mardi 20. — Procès-verbal du corps de la Ville sur l'affaire de l'imprimeur Morlot, 33.

Mercredi 21. — Assemblée de Ville à ce sujet. Mandements aux colonels. Députation vers le roi, 30.

Vendredi 23. — La Ville se rend au parlement pour l'affaire de l'imprimeur Morlot, 35. Chez le chancelier, 36.

Mardi 27. — Mandements aux colonels et aux quartiniers pour la même affaire, 38.

Jeudi 29. — Voyage de la députation de la Ville à Compiègne, 39. Discours du prévôt des marchands au roi, 42. Au duc d'Orléans, 45.

AOUT 1649.

Mercredi 18. — Entrée du roi à Paris, 47. Discours du prévôt des marchands, 50. Feu d'artifice tiré sur la place de Grève.

Samedi 21. — Préparatifs du bal de l'Hôtel-de-Ville, 53. Explication du feu d'artifice, 57.

SEPTEMBRE 1649.

Jeudi 2. — Invitations au bal de l'Hôtel-de-Ville, 60.
Dimanche 5. — Relation du bal de l'Hôtel-de-Ville, 63.

DÉCEMBRE 1649.

Samedi 11. — Coup de pistolet de Gui Joli. Echauffourée du marquis de La Boulaye, 70.

Dimanche 12. — La Ville mandée au Palais-Royal, 72. Ordres aux colonels et quartiniers pour la sûreté de la Ville, 75. Lettre du roi au parlement touchant l'affaire de Gui Joli, 76.

Mercredi 15. — La Ville mandée au Luxembourg, 78. Ordres aux colonels pour la tranquillité publique, 80.

JANVIER 1650.

Mardi 18. — Arrestation des princes, 81.
Jeudi 20. — La Ville mandée au Palais-Cardinal, 83.

DES MATIÈRES.

Samedi 22. — Assemblée de Ville pour entendre la lecture de la déclaration du roi (du 19 janvier) contre les princes, 86. Teneur de la déclaration, 87.
Samedi 29. — La Ville mandée au Palais-Cardinal, 116.

FÉVRIER 1650.

Mardi 1er. Déclaration du roi contre le duc de Bouillon, le maréchal de Turenne et le prince de Marsillac, 117.
Samedi 5. — Son enregistrement au parlement, 121.

MARS 1650.

Vendredi 4. — Lettre du roi à la Ville, touchant son voyage de Bourgogne, 123.

JUILLET 1650.

Lundi 4. — Autre touchant le voyage de Guyenne, 124.

AOUT 1650.

Lundi 8. — La Ville mandée au Luxembourg, 128.
Mardi 9. — Propositions du duc d'Orléans pour la pacification de Bordeaux, 131.
Vendredi 12. — Règlement pour les archers des trois compagnies de la ville de Paris, 133.

OCTOBRE 1650.

Mercredi 5. — Lettre du roi à la Ville, 136. Déclaration du roi sur la paix de Bordeaux (du 1er octobre), 139.
Dimanche 30. — Ordre d'informer sur l'assassinat de Saint-Églan, 149.

JANVIER 1651.

Dimanche 29. — Assemblée de Ville, tenue en vertu d'une lettre du roi, pour pourvoir à la sûreté publique, 150. — Ordres aux colonels en conséquence, 153.

FÉVRIER 1651.

Samedi 4. — La Ville mandée au Palais-Cardinal au sujet de la rupture du duc d'Orléans avec le cardinal Mazarin, 154. Arrivée du marquis de Sourdis à l'Hôtel-de-Ville et son discours, *ibid.*

Dimanche 5. — La Ville se rend au Palais-Royal et de là au Luxembourg, où elle avait été mandée, 160. Discours que lui adresse le duc d'Orléans, 163.

Lundi 6. — La Ville mandée au parlement, 166.

Mardi 7. — Le prévôt des marchands apporte à la Ville la nouvelle de la retraite du cardinal Mazarin, 167.

Vendredi 10. — Différents ordres pour la garde des portes, 168.

Samedi 11. — Assemblée de Ville pour la garde des portes, 172.

Lundi 13. — Divers ordres concernant la garde des portes, 176.

Mercredi 15. — Assemblée de Ville sur une déclaration du roi touchant l'apanage du duc d'Orléans, 183.

Vendredi 17. — MM. de la Ville vont saluer les princes, 185.

Samedi 18. — Suite de l'assemblée du 15, 186.

Samedi 25. — Déclaration du roi sur l'innocence des princes, 190.

MARS 1651.

Mardi 21. — Arrêt du conseil d'État attribuant au prévôt des marchands et aux échevins la connaissance des délits commis par la garde bourgeoise, 195.

AVRIL 1651.

Lundi 3. — Les sceaux retirés à M. de Chateauneuf et donnés au premier président Molé, 200. Rappel du chancelier Séguier, *ibid.*

Mardi 4. — La Ville va saluer le garde des sceaux, 201.

Mercredi 5. — La Ville va saluer le chancelier, *ibid.*

Jeudi 13. — Le premier président donne sa démission de garde des sceaux, 202.

AOUT 1651.

Jeudi 17. — La Ville mandée au Palais-Royal pour y recevoir la déclaration du roi contre le prince de Condé, 203. Teneur de cette déclaration, 204.

SEPTEMBRE 1651.

Mardi 5. — La Ville invitée à assister aux cérémonies de la majorité du roi, 210.

Mercredi 6. — Don du roi à la Ville pour achat de robes de velours, 214.

Vendredi 8. — La Ville va complimenter le roi sur sa majorité, 217. Discours du prévôt des marchands, *ibid.*

Samedi 9. — La Ville va saluer les nouveaux ministres, 221.

Mardi 26. — La Ville mandée au Palais-Royal, 222.

OCTOBRE 1651.

Dimanche 1er. — Lettre du roi à la ville touchant son voyage de Berri, datée de Fontainebleau, 223.

NOVEMBRE 1651.

Mardi 17. — Autre, datée de Poitiers, 224.

DÉCEMBRE 1651.

Jeudi 7. — Arrêt du parlement touchant des désordres commis la veille dans Paris, 226.

FÉVRIER 1652.

Lundi 11. — Lettre du roi à la Ville touchant les desseins du prince de Condé, 228.

AVRIL 1652.

Mardi 2. — Assemblée de Ville au sujet de l'arrivée à Paris du prince de Condé, 231.

Samedi 6. — Lettre du roi à la Ville, pour qu'elle s'oppose à l'arrivée du prince de Condé, 233.

Jeudi 11. — Acclamations dans Paris sur le passage du prince de Condé, 235.

Samedi 13. — Déclaration du duc d'Orléans et du prince de Condé, relativement à l'éloignement du cardinal Mazarin, 236.

Mardi 16. — Lettre du roi à la Ville sur les projets du prince de

Condé, 237. Autre, pour défendre la tenue d'une assemblée de Ville, 245.

Mercredi 17. — Assemblée de Ville en exécution de l'arrêt du parlement du 13, 246. — L'arrêt, 271.

Vendredi 19. — Assemblée générale pour la paix, 251.

Samedi 20. — Protestations des six corps marchands, 265. Défense faite par le roi de continuer l'assemblée générale, 266. Suite de l'assemblée générale pour la paix, 267.

Mardi 23. — Ordonnance du roi pour la liberté des passages, 269. Assemblée pour la nomination de députés pour les remontrances à faire au roi, 270.

Jeudi 25. — Désordres à la porte Saint-Antoine, au sujet des droits d'entrée, 273.

Vendredi 26. — Assemblée de Ville pour aviser à la sûreté de Paris, 276.

Samedi 27. — Lettre du roi à la Ville où il se plaint de ce qu'on a arrêté ses maréchaux de logis, 280.

Dimanche 28. — Assemblée pour la lecture de lettres de cachet du roi à la Ville, 281.

Lundi 29. — Réponses de la Ville au roi et au chancelier, 283.

Mardi 30. — Insultes faites au prévôt des marchands et aux échevins. Plaintes de la Ville au duc d'Orléans, 286. Ordres de la Ville pour la sûreté publique et la vente du pain, 290.

MAI 1652.

Mercredi 1er. — Assemblée de Ville au sujet des désordres de la veille, 293.

Jeudi 2. — Lettres de la Ville à ce sujet, 299. Autre, adressée à la Ville par le secrétaire d'État de Guénégaud, 298.

Jeudi 2. — Lettre du roi à la Ville sur l'attentat du 30 avril, 303. Semblable du garde des sceaux, 305.

Vendredi 3. — Arrêt du parlement touchant les outrages faits à la Ville le 30 avril, 295. Assemblée de Ville, 301. Ordre pour la garde des portes, 306.

Mardi 7. — La Ville se rend à Saint-Germain pour rendre compte au roi du résultat de l'assemblée générale tenue les 19, 20 et 22 avril, 309. Discours du prévôt des marchands au roi, 311.

Vendredi 10. — La ville insultée en se rendant au parlement, 319. Évasion des prisonniers de la Conciergerie, 321.

Samedi 11. — Le peuple se porte à l'Hôtel-de-Ville pour demander des armes, 322. Assemblée de Ville, 326.

DES MATIÈRES.   459

Dimanche 12. — Prise de Saint-Denis par le prince de Condé (dans la nuit du 11), 325.

Lundi 13. — La ville de Saint-Denis reprise par les troupes du roi (le 12). Le roi en confie la garde à la Ville. Plusieurs lettres à ce sujet, 329 et suiv.

Mardi 14. — Assemblée générale pour la relation de la députation envoyée à Saint-Germain, 338. Lettre de la Ville au roi, pour lui demander la démolition des fortifications de Saint-Denis, 340.

Jeudi 16. — Lettre du roi à la Ville, 342. Autre du bailli de Saint-Denis, 343. Pillage dans la rue Saint-Martin, 347.

Vendredi 17. — Lettre du roi à la Ville, 345.

Vendredi 24. — Assemblée de Ville pour la garde des portes et celle des passages des environs de Paris, 349.

Samedi 25. — La Ville se rend au parlement pour demander la descente de la châsse de sainte Geneviève, 352.

Mercredi 29. — Assemblée de Ville touchant le rétablissement des entrées pour le payement des rentes, 354. Lettre du roi, 355. Arrêts du parlement et de la cour des aides, 356.

JUIN 1652.

Lundi 10. — Ordre pour la garde des portes, 361. Défense de rien acheter des soldats, 362.

Mardi 11. — Procession de la châsse de sainte Geneviève, 364.

Mercredi 12. — Ordonnance de la Ville relative à un passage qui est dans le collége Cardinal-Lemoine, 377.

Jeudi 13. — Assemblée de Ville pour aviser à la garde de la porte de Nesle. On y parle des ravages causés par les troupes lorraines, 380.

Vendredi 14. — La Ville va se plaindre au duc d'Orléans des ravages causés par les troupes lorraines, 385. Ordonnance de la Ville touchant les rentes, 386. Autre touchant le service de la garde bourgeoise, 387.

Mercredi 19. — Assemblée de Ville pour le jugement des prisonniers, 394.

Vendredi 21. — Ordre de tendre les chaînes, 398.

Vendredi 21. — Assemblée de Ville pour aviser au soulagement des pauvres, 399. Ordres donnés en conséquence des attroupements de la Place-Royale, 402.

FIN DE LA TABLE DU TOME DEUXIÈME.

www.ingramcontent.com/pod-product-compliance
Lightning Source LLC
Chambersburg PA
CBHW060516230426
43665CB00013B/1532